田东江 著

今古一凭栏

报人读史札记初集

中山大学出版社
·广州·

版权所有　翻印必究

图书在版编目（CIP）数据

今古一凭栏：报人读史札记初集／田东江著．—广州：中山大学出版社，2018.12

ISBN 978-7-306-06494-3

Ⅰ．①今…　Ⅱ．①田…　Ⅲ．①史评—中国—文集　Ⅳ．①K207-53

中国版本图书馆 CIP 数据核字（2018）第 280754 号

出 版 人：	王天琪
责任编辑：	裴大泉
封面设计：	林绵华
责任校对：	佟　新　赵　婷
责任技编：	黄少伟
出版发行：	中山大学出版社
电　　话：	编辑部 020-84111996，84113349，84111997，84110779
	发行部 020-84111998，84111981，84111160
地　　址：	广州市新港西路 135 号
邮　　编：	510275　　　　　传　真：020-84036565
网　　址：	http://www.zsup.com.cn　　E-mail：zdcbs@mail.sysu.edu.cn
印 刷 者：	佛山市浩文彩色印刷有限公司
规　　格：	880mm×1240mm　1/32　15.5 印张　381 千字
版次印次：	2018 年 12 月第 1 版　2018 年 12 月第 1 次印刷
定　　价：	59.00 元

如发现本书因印装质量影响阅读，请与出版社发行部联系调换

序

张应强

说老实话，从较早以前东江提起希望为他的其中一种"报人读史札记"作一序文开始，心里就颇感忐忑；今年夏末，《今古一凭栏》修订付梓，这一压在心头的负荷益发沉甸。因为笔耕不辍的他，在过去的十来年中，已有洋洋洒洒十余种"新闻时评精选"和"报人读史札记"集结出版，而很多前辈师长先学好友都应邀作序，对东江的勤读深研、博学锐思，乃至为人作文的心气才情等，都有了很多中肯的介评和深刻的解读。是以要遵嘱为文作序，以我的资历、能力、笔力，实在是一项过于艰巨的任务，以至于延宕至今，不敢起笔。

幸得东江不断地催促和鼓励，也好在我们有将近三十年交往情同手足的熟稔于心，特别是早年曾同在中山大学人类学系求学，这种相同相类的学习生涯和专业训练，或许给了我们某些共同的东西，型塑了我们的眼光、见识以及思考问题的习惯。从这样一个角度，从日常交往和记忆脑海中拾掇出点点滴滴，连贯成未必逻辑清晰的文字，或可作为我对东江读史札记的一知半解的理解与解读，以此助益读者从另一个侧面来了解东江学养心识以及文章字里行间的独特意蕴。

东江"报人读史札记"以新闻起兴、史论解读的独创性评论文体风格，已经受到论者最广泛的认可、肯定和赞赏，自不待言。重要的是，这些话题的选取每每寻常无奇，只是缘于东江作为报人关心时事报道的本职与本能；看似"意外"或"偶然"，实则有其必然。现实生活中，太多人们因为习以为常而熟视无睹的事物，尤其在资讯高度发达的今天，各种各样的传媒报道的重大新闻和焦点事件已经令人目不暇接，快速浏览中岂有寻常故事的容身之处？然而，社会生活丰富多样性的构成中，普通人、平常事正是甚至更是其中的重要部分；日常生活中人们的行为、经验、思想，也正是人类学用以整体性理解文化解释社会的重要内容。关注社会生活的方方面面，留心其间常令人不假思索或易生不言而喻感受的社会现象，这或许就是学科专业型塑的独特眼光和视野。我以为，东江在平实的日常生活，信手拈出一个个话题，以小见大，有话可说有感可发，或许就与他广阔的视野和独到的眼光有关。

当然，东江这么一路写过来，驾轻就熟，开合自如，还跟他是个已很少见的典型的读书种子有关。数十年来，读书尤其是读史于他不仅是一种嗜好一种习惯，已然成为他的生活方式。前贤评介他饱读"三色书"（即中华书局版《二十四史》等"绿皮书"、《资治通鉴》等"黄皮书"、《历代史料笔记丛刊》等"白皮书"）可见其阅读系统广博之一斑，前些天随着在朋友圈小叹"'三通'终于齐备"（指唐杜佑《通典》、宋郑樵《通志》、元马端临《文献通考》），则亦见其读史嗜好的延绵无终期。而且，我以为大概用陈寅恪先生"读书不肯为人忙"来指称东江读书的境界是合适的——对于认识和理解一个真正的读书人，这一点尤为重要，这种超越感又岂是读书获取知识甚或读书产生乐趣所可比拟的？

时下，真正能够像东江这样静下心来读书读史的人，可以说实在不多。尤依稀记起早年在中山大学求学期间，人类学系复办之后首任系主任梁钊韬先生所强调的，中国历史和世界历史是人类学这驾马车的两个轮子。对于仍在人类学领域工作的我来说，研读历史的深度与广度均远远不够，东江实可做一面镜子，虽望尘莫及，但却可对标体认自我提升。东江读书读史，以史论今，在对当代社会整体把握的前提下，能够将历史中的零枝碎叶、日常生活的只鳞片爪，与当下社会生活的的点点滴滴那么恰当地放在一起咀嚼品味，特别是他对于相关话题的历史渊源及历史掌故，如数家珍信手拈来，讲出一个道理暗示种逻辑，启人思索发人深省。这种自由穿行于历史与现实之间，的确是东江于细微处见精神、于习以为常中发现意义，为读者不断带来思想资粮的最具魅力之处。

《今古一凭栏》即将呈现在读者面前，东江所作的增补修订，饱含了他一如既往读书读史的新感悟。我们不难看到，东江不仅唤醒了史料和史料记载的历史，而且也使得时闻因史论的加入而延续和丰富了其生命和价值。在某种意义上，在这种历史与现实的勾连中，在平实而流畅叙述展开的一幅幅水墨轴卷里，我们亦可更深刻理解历史、历史书写、历史智慧对于当代的重要价值。

原本希望可以在一种如东江读书读史为文述论非常纯粹状态下，作文为序。然仅能留下以上文字记录零星感受，聊以表达对东江嘱托、朋辈信任的一种珍惜之情。

2018 年 11 月 18 日于中山大学马丁堂

目 录

序　Ⅰ

上　编

可以避免的恶果　1
"裁汰胥吏"，谈何容易　4
公孙轨的"独不探把"　7
唐朝的一次"跑官"　10
琼之"陋"俗与贪泉冤案　13
"以酬廉吏"与"量增官俸"　16
武三思的"善恶"逻辑　19
上计，"官出数字"之始　22
"居官以正己为先"　25
朱全忠的"指柳为毂"　28
官场的猜疑　31
曾铣上疏的悲剧　34
腹中物　37
"青词宰相"　40
"言路虽开犹未开"　43
反躬自责　46
"恐人知"与"恐人不知"　49
省官不如省事　52
科场舞弊　55
崔暹遇骂与路岩挨打　58

挑地方当官　61
省察"杯中物"　64
王世充的工作作风　67
索贿的方式　70
取悦之道　73
"万世辨奸之要"　76
书法是门艺术　79
"不可不问，不可深问"　82
有所惧　85
印把子　88
"能说话者"　91
张绰的门面话　94
"平生要识琼崖面"　97
祖珽的"不负身"　100
文彦博的逸事　103
纳小妾、包二奶　106
科场"竞争"　109
杨荣的"进谏之方"　112
赵大鲸的"劲贪"态度　115
"未有无士之时"　118
"润笔"种种　121
"不与徐凝洗恶诗"　124
邓绾的"笑骂从汝"　127
王安礼眼中的"小人"　130
碑刻的时运　133
吃不吃河豚　136
洁癖　139
耐弹的"刘棉花"　142
"居官必如颜真卿"　145
下臣为何"以货事君"　148
诈与诚　151
热官冷做　154
范仲淹的"自计"　157

不能欺、不忍欺与不敢欺　160
"贪不在多"　163
做官与做贼　166
话外音　169
谥　172
"语简事备"　175
能、逞能与劝人逞能　178
何用碑为？　181
"声色"事　184
"悻门如鼠穴"　187
"清白信居官之要"　190
推下兴磨　193
官讳　196
科举录取　199
居家之俭与居官之廉　202
政绩的考察问题　205
出警入跸　208
不敢、不敢……　211
窥"哭"　214
当"名片"左右办案　217
窥"谣言"　220
周锡恩的无行　223
阮大铖的"推之不去"　226
正己之难　229
孝行的名与实　232
王恕的"指窖止贪"　235
"人无百事皆行"　238
官与妓　241
阎立本的"伏地吮毫"　244
裴宽的自律　247
荔枝叹　250
"枪手"考　253
奔竞之风　256

名人崇拜　259

　　下　编

意外或偶然　262
誓　265
胥吏的能量　268
纪晓岚　271
取名　274
贬损与虚誉　277
科举录取（续）　280
是非之心　283
暧昧之事　286
只恐有人还笑君　289
睡　292
丑女　295
改名　298
互嘲　301
无知者无畏　304
文身　307
杀狗·驱鳄　310
象牙笔　313
景点之争　316
过目不忘　319
下围棋　322
拆迁　325
仆　328
须知痛痒切吾身　331
古人诗句犯师兄　334
封杀　337
酬恩报怨　340
饮酒　343
考绩　346
元旦　349

山口百惠·杨贵妃　352

言清行浊　355

之乎者也　358

影射　361

杀情妇　364

外号　367

"秦桧墓"　370

自比　373

长相　376

假冒　379

助哭　382

叶公好龙　385

印文　388

陶侃癖　391

天×星　394

诚　397

绍兴酒　400

改名（续）　403

端午节　406

酷暑　409

剽窃　412

赝品　415

口碑　418

庸医　421

不认识　424

前世　427

直言，多言　430

胡子　433

借书，还书　436

陋吏铭　439

中秋节　442

重名　445

憾事　448

坊 451
文字何曾值一钱 454
鸦片 457
前苏联·故明 460
鹦鹉 463
六字箴言 466
做事与做官 469
下围棋（续） 472
读书 475

后记 478

可以避免的恶果

官吏的任免、升迁,是国家政府行使治理职能的一个常态。虽然在不同时代,选拔官吏的准则各有不同,但只要那个时代还算正常的话,总是有章可循的,无论奖优罚劣,还是新陈代谢。提拔什么样的人,该人为官一任,对一方造福还是贻害,可能无法预料;但在提拔之前,该人的品质如何却是可以考察、了解的。作为相对客观的标准,提拔准则较之单纯的长官意志,毕竟"保险"得多。但是,如我们从历史中窥见的,许多原本可以避免的恶果,却恰恰因为长官意志而由百姓吞咽苦果。唐朝时,德宗提拔严砺,是为一例。

德宗是把严砺由州刺史兼监察御史"超授"为兴元尹兼御史大夫,山南西道节度、支度营田、观察使的。超授,也就是越等授官,而非按部就班。《晋书·慕容皝载记》载,前燕慕容垂战功赫赫,摄政的慕容评却"素不平之",对他没什么好看法。慕容垂"言其将孙盖等摧锋陷锐,宜论功超授",慕容评便"寝而不录"。说得多了,慕容评有"谋杀"之的打算,吓得慕容垂投奔了苻坚。这样来看,就是正常提拔孙盖等恐怕也是够呛。严砺要被超授的兴元尹,位置相当有分量。泾原兵变之时,德宗避难梁州(今陕西汉中),那里起过"陪都"的作用,所以他将还京师时,"改梁州为兴元府,官名品制,同京兆、河南府",他甚至还用"兴元"做过短暂的年号。但是严砺的问题不在官大官小、是否破格,也不在于他是否"资历甚浅",而在于其人"人望素轻","多奸谋,以便佞在军",完全是个德行俱差的人物。声誉先已不堪,又焉能委以重任?所以李繁当面向皇帝直陈:"昨除拜严砺,众以为不当。"某官云何,又有谁人在场,一一列举。

在皇帝与大臣的意见不统一,甚至遭到强烈的反对的情况下,皇帝当然可以继续贯彻自己的意志,可怕的是以听取民意为幌子,行扫除障碍之能事。德宗遣三司核实李繁的说法,实际上是去抠李繁的字眼,转移问题的焦点。比如李繁说谏议大夫苗拯"云已三度表论,未见听允",他们就在苗拯究竟说了几次上做文章;调查结果苗拯承认"未言三度",许孟容等作证"实言两度"。但连苗拯本人都认为问题不在于他说了"几度",而在于自己的观点是不该提拔严砺,所以他坚持"请依众状"。果然,德宗不仅没有接受大臣们的反对意见,反而"贬拯万州刺史,李繁播州参军"。

严砺最终还是被提拔了。《旧唐书·严砺传》载,他"在位贪残,士民不堪其苦";别说百姓了,即使为官者与之不睦,他也不会放过,如他"素恶凤州刺史马勋,诬奏贬贺州司户"。而这些,原本是可以避免的后果。在他死后,御史元稹奉使按察,"纠劾砺在任日赃罪数十万"。而严砺在任,不过才十年时间。

严砺这样的小人物能够青云直上,得到皇帝直接提拔,其本人显然力有不逮,但他的宗人严震是他的"保护伞"。严震于德宗有护驾之功,德宗狼狈西逃的时候,"震既闻顺动,遣吏驰表往奉天迎驾,仍令大将张用诚领兵五千至盭屋已东迎护,上闻之喜"。正因为有了严震,"舆驾无警急之患",所以他死的时候,德宗"令百官以次赴宅吊哭"。但是,这样一个史称"纯臣"的人物,却起了非常不好的作用,"遗表荐砺才堪委任"。一纸"遗表",准则的大厦轰然倾塌。严砺事发,"诏征其赃,以死,恕其罪"。死了,倒不用为什么负责了。

这类的事情,实际上历代历朝都不鲜见。再举《温公日录》所谈一例。宋神宗初登基,想要提拔张方平,结果大家一致反对,"言张方平参政奸邪贪猥,不叶物望"。神宗很不高兴,作色曰:"朝廷每有除拜,众言辄纷纷,非朝廷好事。"司马光不这么看,连说了两遍"此乃朝廷好事也",因为"知人,帝尧所难,况陛下新即位,万一用奸邪,台谏循默不言,陛下何从知之?"所以,"若其竞来论列,陛下可以察其是非:若所言公当,虽制命已行,亦当追寝;若挟私非是,自可罪言者"。当晚,司马光"复以一札言方平",说了什么他没记下,张方平此番得到提拔与否亦暂不知晓,但正如司马光所言,用人之前,必须听取大家的意见。

客观地看,严砺的提拔与封建国家本身的阶级意志也是相违背的。谏臣之设在于直言,触动"龙颜"不可避免,否则何有存在的必要?然而苗拯、李繁等第二天即被贬出京师,此种事实足以助长曲意阿从、尸位素餐之辈。不过,从封建国家"人治"的本质来分析,像提拔严砺这种貌似可以避免的恶果,实际上很难避免,甚至无可避免。

1998 年 1 月 19 日,2018 年 6 月 25 日修订

"裁汰胥吏",谈何容易

宋朝的官吏之多在历史上是出了名的。其"冗吏"问题不仅为后人所诟病,就在当时,也为有识之士所意识。

《续资治通鉴长编》载,哲宗元祐三年(1088),御史翟思直指时弊:"昔以一官治之者,今析而为四五,昔以一吏主之者,今增而为六七。故官愈多而吏愈众,禄愈广而事愈繁。"官吏多了,不仅是财政支出的增加问题,什么事情办起来反而都更难了。为什么会难呢?"尚书省既以六曹分治政事,其下又各置寺、监,凡文移之行于下者,朝廷既付尚书省,尚书省又付本部,本部又下寺、监,寺、监复下所领库、务。在下而达于上者亦然。"就是说,政令既出,每成公文旅行,一级推给一级去办,"盖省部以下有寺、监,而不肯决其事,寺、监以上有省部,而不敢专其事,以故稽留迁枉,不能亟决"。归根到底,机构设置叠床架屋,谁都管事,又谁都不管事。所以翟思建议,"朝廷参考古制,以救今弊,政事一皆专付六曹"。

说起来容易做起来难。具体到怎样"精兵简政",宋朝应当说有过诸多努力,但是都不成功。那些决心大的,方法不适合"国情";合"国情"的,差不多与犹犹豫豫、躲躲闪闪同义,又等于几乎没有变革。比如哲宗元祐年间的那一次,从《宋史》范百禄、苏辙、吕大防等本传中可窥全貌。

以吕大防为代表,主张"趣废其半",斩钉截铁。用白中孚的话说:"旧法,日生事以难易分七等,重者至一分,轻者至一厘以下,积若干分而为一人。今若取逐司两月事定其分数,则吏额多少之限,无所逃矣。"这种办法是按实际工作量来设职位,多余的一概裁去。以范百禄、苏辙为代表则主张"渐消",慢慢来,所谓"阙吏勿补"。这种办法要求单位部门先"据实立额",然后"俟吏之年满转出,或事故死亡者勿补,及额而止"。先根据客观实际明确机构编制应该有多少,然后别管机构里都是些什么素质的人,既然已经占了那个位置,没出什么事,又活得好好的,那就慢慢去耗,人总要退休吧?总有因病而亡干不到退休的吧?耗下一个少一个,这个萝卜坑不再填上就是。这样一来,终有耗到"及额"的那一天,乐观地看,"不数岁,减斯过半矣"。

面对积重难返的问题,吕大防是果敢的,况其当时大权在握,断然否决了拖泥带水的后者。然而没过多久,他却不得不屈服于"阙吏勿补"。因为他犯了众怒,只知道大刀阔斧,全然未顾及"国情"。

"阙吏勿补"照顾了所有现职人员的切身利益,是讲"情"的。范百禄说了,"功虽稍缓",但"废半则失职者众"。苏辙说了,那些岗位虽然多余,却是"群吏身计所系也",是人家的饭碗,"若以分数为人数,必大有所损,将大致纷诉,虽朝廷亦不能守"。这一个"众"字两个"大"字,道出了可能产生的严重后果:那么多养尊处优的人一下子饭碗没了,不闹起来才怪! 此之"大致纷诉",与今日所言之"群体性事件"无异。而"阙吏勿补"的好处,是"老人老办法",可使"现吏知非身患,不复怨!"大抵人们肚子里的小九九都是:无论怎么改革,只要改不到自己头上,就不要紧。没有人会感到惊慌,朝廷与冗吏相安无事,社会也能因之稳定。所以此法尽管消极了些,却又不失为一剂"良方"。

吕大防不该忘记,此前几十年,范仲淹已经碰过类似的钉子。《宋史纪事本末》载,仲淹提出有名的《十事疏》,前五项就属于澄清吏治。他选监司,"取班簿,视不才者一笔勾之",干脆得很。富弼在一旁敲边鼓了:"一笔勾之甚易,焉知一家哭矣!"仲淹答:"一家哭何如一路哭邪!"路,宋行政区域名,犹明清时的省。仲淹的意思是,一家丢官的损失,总比一地百姓的可能受害要小得多吧。道理是这个道理,然而仅仅不到一年,仲淹就在因此而产生的强大反对声浪中不得不"仓皇乞身而去",仁宗心里什么都明白,却保不了他。范仲淹是想痛下决心,现实中行不通罢了。

以"渐消"法"裁汰胥吏",当然也没能奏效,讲"情"的事情不可能寄予希望。但是"冗吏"问题必须解决,回避不得,它不仅是"财政之蠹",而且是政治的绊脚石。北宋仅有的两次大的变革,均因之而失败。范仲淹庆历变政,矛头直指,不行;王安石熙宁变法,从经济入手,试图绕过去,同样不行。钱穆先生指出:"当时是冗官冗兵的世界。冗官耗于上,冗兵耗于下,财政竭蹶,理无幸免。虽国家竭力设法增进岁入,到底追不上岁出的飞快激增。"且"宋之不振,始终病于官冗"。可见这个必须解决的问题解决不了,带来的是何种惨痛的后果。

1998年2月9日,2018年6月24日修订

公孙轨的"独不探把"

皇帝要干什么，有时纯粹是兴之所至，但这种无意之举在客观上往往连带出意想不到的效果。比如其赏赐，并无标准可言，有时却等同于给大臣们出了一道测验的题目，不同的举动代表了不同的答案。当然，像末代皇帝溥仪那样，将大量珍贵的宫廷字画、书籍赏赐给溥杰等，实际上是假赏赐之名，而进行的有预谋、有计划的盗窃行动，不在言说之列。溥仪晚年回忆，当年通过这种手段盗窃的，有王羲之、王献之父子的墨迹《曹娥碑》《二谢帖》，有钟繇、僧怀素、欧阳询、宋高宗、米芾、赵孟頫、董其昌等人的真迹，有司马光《资治通鉴》的原稿，张择端的《清明上河图》，还有阎立本、宋徽宗等人的作品……

此处单表另外一种赏赐，亦即真正的赏赐。《魏书·公孙轨传》载，北魏世祖拓跋焘平掉赫连昌，"引诸将帅入其府藏，各令任意取金玉"。战利品，随便拿。结果，"诸将取之盈怀"，而公孙轨"独不探把"。独不探把，也就是手都不伸，什么都不要。无独有偶，《隋书·厍狄士文传》载，文帝杨坚有次"置酒高会"，喝得太高兴了吧，"赐公卿入左藏，任取多少"。左藏，即国库。多数人都极尽所能，能拿多少拿多少，但厍狄士文"独口衔绢一匹，两手各持一匹"。文帝问其故，士文曰："臣口手俱满，余无所须。"这么多就足够了。

公孙轨和库狄士文,两个人的所为都出乎当时人们的意料,境界明显地高出同僚一大截,无疑也很受赏识。因此,隋文帝是"别加赏物,劳而遣之",另外又给了库狄士文补偿;世祖则被感动得不得了,当众对公孙轨"亲探金赐之",并夸奖道:"卿可谓临财不苟得,朕所以增赐者,欲显廉于众人。"显廉于人,是要把公孙轨树为廉洁的榜样,期望值可谓不低,其意义已经不在于鼓励个人而在于示范全社会了。

这样看来,在财物的诱惑面前,起码有了三种答案。必须明确,因为有"任取"的特定前提,怎样的答案其实都不为过。然而比较起来,公孙轨的"独不探把",无疑还是胜出一筹,甚至高过库狄士文的"口手俱足"。但这毕竟是一种"测试",拿多拿少甚至不拿,还只是在皇帝面前的表现,实际做得如何,"临财苟得"与否,有待日后行动的验证。公孙轨的行为证明,他恰恰属于寡廉鲜耻之辈。

"取之盈怀"的人不用讲了,即使要说他们贪,他们也是"贪"在表面,假如一定要防范这样的人,也有明确的目标。库狄士文呢?在"口手俱足"之前,他以严于律己闻名,连自己的儿子"唊官厨饼",也"枷之于狱累日,杖之一百,步送还京";至于"僮隶无敢出门,所买盐菜,必于外境。凡有出入,皆封署其门,亲旧绝迹,庆吊不通。法令严肃,吏人股战,道不拾遗"。公私分明,绝不含糊,实践印证了库狄士文表里如一,廉洁这一点上绝对没得说。在"口手俱足"之后,他也能够继续保持,"至州,发摘奸隐,长吏尺布升粟之赃,无所宽贷,得千余人而奏之,上悉配防岭南"。比较遗憾的是,库狄士文也滑向了"酷吏"的一面,那千余人发配岭南之时,"亲戚相送,哭泣之声遍于州境。至岭南,遇瘴疠死者十八九,于是父母妻子唯哭士文。士文闻之,令人捕捉,挝捶盈前,而哭者弥甚"。

公孙轨则不然,他的"廉",只是廉给皇帝看的;离开了皇帝的视野,就暴露了自己的本相。世祖将北征,让他组织雍州的民驴运粮,他趁机"令驴主皆加绢一匹,乃与受之",不向他"进贡",别想打这份工。至于"众共嗤之",且为时谚云:"驴无强弱,辅脊自壮。"他死了之后,世祖拓跋焘对崔浩恨恨地谈起:"吾行过上党,父老皆曰:公孙轨为受货纵贼,使至今余奸不除,轨之咎也。"而且他还了解到了公孙轨"受货"的程度,"其初来,单马执鞭;返去,从车百辆,载物而南"。从"单马执鞭"发展到"从车百辆",公孙轨哪里还是一般意义上的贪官,算得上大贪、巨贪了!想一想这个被自己当初作为"廉吏"推介的人物,拓跋焘咬牙切齿地说:"轨幸而早死,至今在者,吾必族而诛之。"

可见,官吏的廉与不廉,首先不能凭自己说了算;公孙轨的事例又告诉人们,即便是自己做的,也要考察时间、场合之类的背景。做个逆反的"诛心"推断:那些凡事调门越高、做得越绝的人,越需要或有必要"观其行"。像公孙轨这样的沽名钓誉之徒,在皇帝、同僚面前"独不探把",暗地里却极尽贪赃枉法之能事,古往今来,都并不鲜见。甚至可以说,这个品种有一类人。

1998年3月23日,2018年7月2日修订

唐朝的一次"跑官"

"跑官"之名是今人的提法,行其实者代不乏人。唐代宗时的陈少游便深谙此道。

所谓"跑官",是通过非正常的渠道当官。魏人裴植尝曰:"非我需尚书,尚书亦需我。"此等豪迈与自信,击中"跑官"人的要害。他们想当官、想当更大的官,想按自己的意愿当官,或者想当有油水的官,然而正常的渠道行不通,便只有施展自己的"活动"本领,搞些偷偷摸摸或者干脆明目张胆的勾当。

《旧唐书·陈少游传》载,陈少游的学识是不低的,"幼聪辩,初习《庄》《列》《老子》,为崇玄馆学生,众推引讲经"。若干"私习经义者"不大服他,"期升坐日相问难",到那天,"少游摄齐升坐,音韵清辩,观者属目。所引文句,悉兼他义,诸生不能对"。少游的这种本领,"甚为大学士陈希烈所叹赏,又以同宗,遇之甚厚"。跑官又是怎么回事呢?永泰二年(766),少游得了"桂州(今广西桂林)刺史、桂管观察使"的位子。正常情况下,任命下来就该为动身做准备了,陈少游不然,"以岭徼邈远,欲规求近郡",认为那地方太远,天热,瘴气重,是个打发左迁官吏的地方,不合他的意。《新唐书》其本传载,"少游不乐远去,规徙近镇"。不愿去就可以不去,"跑官"的人正有这种本事。在"交结权悻"方面,陈少游早已亮出自己的一手,并曾"以是频获迁擢",屡试不爽。靠什么呢?"厚敛财货"。那么,摆平面前的事情,不过是重祭"杀手锏"而已。综合新旧两《唐书》,不难窥见这次"跑官"的全过程。

当时宦官董秀"掌枢密用事",且"有宠",少游"乃宿于其里,候其下直,际晚谒之"。两家许是离得较远之故吧,少游先就近住下,黑夜里才摸去董秀的家。进了门,《旧唐书》说他"从容曰",《新唐书》则说他"因鄙语诣谓秀曰",这似乎意味着,刘昫等落笔之际,心态尚能平静,欧阳修已然相当蔑视。总之,陈少游到了董家,先不提自己的要求,而是嘘寒问暖拉家常:"七郎家中人数几何?每月所费复几何?"董秀应该是叹了气吧:"久忝近职,家累甚重,又属时物腾贵,一月过千余贯。"千余贯在唐代宗时是什么概念,交由专业人士考证,在董秀这里,"哭穷"的意味显而易见。概董秀知道少游的用意,而少游也正需要这样的"哭穷"。他马上说了,这么算下来,你的那点儿俸禄岂不是"不足支数日"?怎么办,"其余常须数求外人,方可取济",靠朋友帮忙吧。他给董秀出主意:"倘有输诚供亿者,但留心庇覆之,固易为力耳。"如果有人愿意在这方面提供,你也能(用手中的权力)关照一下人家,解决这点儿花费是很简单的事。董秀开的价码显然没出陈少游的预料,他把身上带的钱立马掏了出来,拍胸脯说:"少游虽不才,请以一身独供七郎之费。"你这点儿事,我一个人就能搞掂。你不是每月要花千余贯吗?我一年送五万,平均下来四千多,这里是一大半,"请即受纳,余到官续送",如此"免贵人劳虑,不亦可乎?"董秀没想到陈少游这么大方,"欣惬颇甚,因与之厚相结"。此刻该轮到陈少游摊牌了,他哭着说,我要是去到桂州,恐怕有命去没命回。董秀也知道此时自己的"责任",赶忙开解,说以你这样的美才,"不当远官",给我几天时间,"冀竭蹇分"。来董家之前,陈少游又"已纳贿于元载子仲武"。有了元载、董秀的双管齐下,果然几天之后,陈少游"拜宣州(今安徽宣城)刺史,宣歙池都团练观察使"。一出"跑官"曲目至此告终,当事双方完成了一次双赢的交易。

终陈少游之一生,"跑官"始终是他奉行的宗旨。这结果,使他十余年间"三总大藩,皆天下殷厚处",哪里容易发财就去哪里,因此而"敛积财宝,累巨亿万"。反过来,这些不义之财,除了自己挥霍享受,又使他有了"赂遗权贵"的资本。其"初结元载,每年馈金帛约十万贯,又多纳赂于用事中官骆奉先、刘清潭、吴承倩等",他们给他吹出不俗的"政绩",甚至使"美声达于中禁"。然行事之中,陈少游不要说"视文雅清流之士,蔑如也",就是官员一旦在他眼里"没用了",他也马上转向。"元载在相位年深,以过犯渐见疑忌,少游亦稍疏之",元载的另一个儿子伯和贬官扬州,"少游外与之交结,而阴使人伺其过失,密以上闻。代宗以为忠,待之益厚",人品之卑劣,可窥一斑。然其能将"官位"跑成,奸佞之风得以助长,全赖掌管"官位"的元载、董秀们。此种权钱交易的存在,足以把朝政推向腐败的深渊。

1998 年 6 月 22 日,2018 年 6 月 10 日修订

琼之"陋"俗与贪泉冤案

《明史·刘仕貆传》载:"琼俗善蛊。"琼,指的是琼州(今海南);蛊,即以诅咒、祈祷的方式来害人的巫术。《左传·昭公元年》已谈到蛊,云"晋侯有疾",郑伯派子产"如晋聘,且问疾"。叔向乃咨询子产:"寡君之疾病,卜人曰'实沈、台骀为祟',史莫之知。敢问此何神也?"为祟致病,正是蛊所要达成的功效的一种。当然,这里的蛊还是一种病名。如后面的"晋侯求医于秦",秦的医生诊断后说:"是谓近女,室疾如蛊。非鬼非食,惑以丧志。"得这病不是别人做了什么手脚,也不是因为吃了什么东西,而是女人玩儿得太多了,所谓"淫则生内热惑蛊之疾,今君不节、不时,能无及此乎?"这个蛊就关联巫术了。

以蛊来害人,很早已经出现,西汉发生过一件很大的事。《汉书·江充传》载,武帝老了,江充"恐晏驾后为太子所诛",便利用武帝"疑左右皆为蛊祝诅"之机,"奏言上疾祟在巫蛊",武帝乃"以充为使者治巫蛊"。江充于是"将胡巫掘地求偶人",然后设下圈套大肆抓捕无辜,抓到的,"烧铁钳灼,强服之",致"民转相诬以巫蛊",前后杀了数万之众。最后弄到了太子头上,"掘蛊于太子宫,得桐木人",太子害怕了,"自临斩之",事态才算告一段落。放蛊是怎么进行的呢?《红楼梦》第二十五回提供了一个实例。

赵姨娘欲置凤姐、宝玉于死地,请马道婆放蛊。马道婆"向赵姨娘要了张纸,拿剪子铰了两个纸人儿,递与赵姨娘,叫把他二人的年庚,写在上面;又找了一张蓝纸,铰了五个青面鬼,叫他并在一处,拿针钉了",然后她再去家中作法。

因此,"琼俗善蛊"不足为奇。放蛊之事在今人眼里荒诞不经,古人迷信得很。然而琼州的蛊很怪,不仅害对手,而且害清官。每逢官员到任,当地人就带上"所产珍货"去拜见,官员接受了,他们就高兴;反之则要"蛊杀之"。这么一来,搞得"仕琼者多为所污"。移橘成枳,好端端的一个官,到那儿就变坏了。

琼俗"陋"至如此,令人不可思议,然而作个参照似乎能得些启示。再以《红楼梦》为例。贾政放外任离京,一心想当个好官,凡州县馈赠,一概不受,对上司也不巴结,结果惹来上责下怨。上责很好理解,如何会有下怨?衙役李十儿为他道破了天机:"百姓说,凡有新到任的老爷,告示出得越厉害,愈是想钱的法儿",所以,"那些乡民心里愿意花几个钱早了事";你这般举动,叫百姓莫测你的胃口,反而不知所措,因而"那些人不说老爷好,反说不谙民情"。在李十儿看来,装样子的官早把百姓给装怕了,已然全无信任感。这就对了,琼俗之"陋"并非民贱,实乃无奈!刘仕翙司琼州,什么也不接受,照旧平安无事,真正的原因不是"夷人不忍害",而是刘仕翙"轻徭理枉,大得民和",属于真正"廉且惠"的一类。这样的好官,百姓纵能加害,又岂有加害之理?

由此想到广州那眼"饮之辄使人贪"的贪泉。泉水能使人"易心为墨",亦可称奇,然晋人吴隐之及唐人冯立诸辈何以能够例外?吴隐之任广州刺史,专门跑到泉所"酌而饮之",并赋诗曰:"试使夷齐饮,终当不易心。"冯立任广州都督,也表达了相同的志向。他说:"饮一杯水,何足道哉!吾当汲而为食,岂止一杯耶,安能易吾性乎!"说罢"毕饮而去"。结果二人在职数年,均"甚有惠政"。吴隐之"常食不过菜及干鱼",人们以前没见过这些,一开始还都说他矫情,装样子,然吴隐之"终始不易"。晋安帝知道后,非常满意,称赞他"处可欲之地而能不改其操",因为当初派他前来,正是"欲革岭南之弊"。

岭南之弊,唐相房玄龄有过一说:岭南珍异所出,"一箧之宝,可资数世","故前后刺史皆多黩货"。第一个从岭南满载而归的,大约是西汉时的大夫陆贾。南越回归,陆贾功劳不菲,赵佗他们送了他不少钱财,借此他置办了田地,一车驷马,"从歌鼓瑟侍者十人",过着悠哉游哉的日子。这一切令士大夫们看在眼里,"莫不艳之",乃至"至(广州)则甘心"。清代学者屈大均是广东人,他对家乡的泉水负"贪"之恶名十分不服。他说这不过是历史上来岭南做官的人,捞得脑满肠肥之后,无法向粤民交代的一种托词罢了。贪泉喝了能"易心为墨",东莞还有廉泉,怎么就没有喝了变得廉洁的呢?为什么同样是泉水,"廉者不能使人廉,贪者乃独使人贪?其人累泉乎?泉累人乎?"此问真是振聋发聩。

不受则蛊杀与饮之辄贪,本质完全相同。因此,所谓琼之"陋"俗,未尝不是贪泉冤案的变体,明了后者,也就不难理喻前者了。

1998年8月3日,2018年6月16日修订

"以酬廉吏"与"量增官俸"

如何杜绝官吏的贪污腐化,是一个世世代代议论不休的话题。官吏要贪的无非是钱财,所以"药方"往往就在"俸禄"上打主意。公元5世纪,北魏有过一次"以酬廉吏";15世纪,明代又提出过"量增官俸"。目的都是要"养廉",通过"养",使得官员能够奉公守法。

北魏之初,百官无俸。当官没有报酬,如何生活呢?靠皇帝赏赐、自己经商,再就是贪了。这种情况下,十分考验官员的个人修养。《资治通鉴·宋纪十》载,高允以切谏闻名,颇受北魏文成帝拓跋濬的赏识,他说:"如高允者,乃真忠臣也。朕有过,未尝不面言,至有朕所不堪闻者,允皆无所避。朕闻其过而天下不知,可不谓忠乎!"然而,"允所与同征者游雅等皆至大官,封侯,部下吏至刺史、二千石者亦数十百人,而允为郎二十七年不徙官",皇帝都看不过眼了,谓群臣曰:"汝等虽执弓刀在朕左右,徒立耳,未尝有一言规正;唯伺朕喜悦之际,祈官乞爵,今皆无功而至王公。允执笔佐我国家数十年,为益不少,不过为郎,汝等不自愧乎!"乃拜高允为中书令。有人告诉皇帝:"高允虽蒙宠待,而家贫,妻子不立。"的确,高允"常使诸子樵采以自给"。拓跋濬不相信,你早怎么不说,"今见朕用之,乃言其贫乎!"马上就去了高允的家,看到的果然只是"草屋数间,布被、缊袍,厨中盐菜而已"。一声叹息之余,"赐帛五百匹,粟千斛,拜长子悦为长乐太守",高允固辞,皇帝"不许",必须要接受。

高允之辈确是不可多得的典范。但靠个人修养而非制度保证的行为,显然难以得到普遍推广,北魏百官"少能以廉白自立者",这一现象非但不足为奇,而且是制度缺陷的必然产物。因此,张白泽提出"以酬廉吏",给官吏以相应的报酬,使之廉洁奉公。高闾进一步明确了其必要性:"饥寒切身,慈母不能保其子。今给禄,则廉者足以无滥,贪者足以劝慕;不给,则贪者得肆其奸,廉者不能自保。"

同样的思路,到明代被再次端出了台面。不同的是,明代不是无俸,而是"禄入过薄",工资奖金什么的太少。按照宣宗时知县孔有谅的说法叫作"禄入过薄,则生事不给",待遇这么低,如何"仰事俯育,与道路往来"?所以他主张让"户部勘实天下粮储,以岁支之余,量增官俸",根据财政状况涨工资。孔有谅坚定地认为,俸禄可以养廉,但是在现在这种情况下,难免人贪,借机"放利行私"。这是《明史·黄泽传》的记载。宣宗朝"俸薄"到什么程度?不得而知,但同书《顾佐传》披露,官员为了增加收入,甚至在国家配给他们的役使身上打主意,就是役使如果能够交出一定的"赎身费",他们就可以回家。以"纠黜贪纵"著名、时人比之包拯的顾佐,就因"得隶金,私遣归"而为人告发。宣宗不大高兴,大学士杨士奇却觉得"隶得归耕,官得资费",两全其美。他说官员待遇这么低,能怎么办,并且"中朝官皆然,臣亦然"。杨士奇都这样,宣宗也就视异常为正常了,而"量增官俸"并未被采纳。到了英宗正统年间,陈泰再次上章乞"量增禄廪,俾足养廉",仍然被搁置下来。

北魏的"以酬廉吏"付诸行动之后，收到了立竿见影之效，明朝的"量增官俸"终于只是说说而已。细思之，明朝不是没有实行的条件，而是没有用以制约的后续手段。《资治通鉴·齐纪二》载，孝文帝太和八年（484），北魏在"班禄"的同时，附加了严格的约束："旧律：枉法十匹，义赃二十匹，罪死；至是，义赃一匹，枉法无多少，皆死。"所谓义赃，"谓人私情相馈遗，虽非乞取，亦计所受论赃"。就是说，纯粹出自私下联络感情的馈赠也属赃物。令下之后，先拿秦、益二州刺史李洪之开刀，元宏命将其"锁赴平成，集百官亲临数之"，只是"犹以其大臣，听在家自裁"，受此案牵连而处死的，前后达40多人。因"洪之以外戚贵显"，所以此举既出，朝野为之一震，"受禄者无不踧踖，赇赂殆绝"。反观明代孔、陈的建议，均无保障机制。孔以为"重加旌赏"廉洁之士，就可以使"贪者知戒"，陈以为厚禄则"贪风自息"，都太过理想化。他们的这一套，用在高允身上，当然可以行得通，但是换了另外一种人呢？厚禄照拿，钱财照贪，又怎么办？"和珅跌倒，嘉庆吃饱"，一人的财富抵得上国家两年的财政收入，以和氏的胃口，怎样的厚禄才能满足其所需？

　　由此可见，缺乏法律及其实施作后盾，所谓"量增官俸"只能算是空谈的一种，并不可行，大约当时的人们也意识到这一点了吧。

1998年8月24日，2018年6月17日修订

武三思的"善恶"逻辑

每个人都有自己的生活逻辑。一定文化模式塑造出的价值取向,仅仅是种取向。具体到该模式下的个体,效果不会等同,甚至可能大相径庭。

唐太宗说:"凡有功于我者,必不能忘;有恶于我者,终亦不记。"一国之君有这样的胸襟和气度,实乃百姓之幸,这样看,"贞观之治"的出现就不是偶然的。北齐魏收持的是另一种态度,他写《魏书》时公开宣称:"何物小子,敢共魏收作色,举之则使上天,按之当使入地!"意思是说,哪个朝臣的祖宗想在青史上留下什么样的声名,取决于他的笔,让你香就香,让你臭就臭。他把撰写史书当成了酬恩报怨的工具,以致书成之后,被称为"秽史",即使偏向他的皇帝也只好下令"且不施行",修改两次,方成今天的样子。"人称魏收之才而鄙其行",《北齐书》中的这句评价深中肯綮。这也可见,不同的生活逻辑对于做人及其事业成败是有直接影响的。

武三思是武则天的侄子,他没有魏收那么嚣张,但其生活逻辑同样是令人鄙夷的。用他自己的话说,叫作"我不知代间何者谓之善人,何者谓之恶人;但于我善者则为善人,于我恶者则为恶人耳",完全以自我的利害得失作为价值取舍的标准,完全是功利的。这句话见于《资治通鉴·唐纪二十四》,在新旧《唐书》其本传中还有不同的版本,如《旧唐书》中是"不知何等名作好人,唯有向我好者,是好人耳";《新唐书》中是"我不知何等名善人,唯与我者殆是哉"。字句出入虽然较大,但意思一般无二,以《资治通鉴》的最为完整、全面。

　　武三思很有野心,时人比之曹孟德、司马仲达,不是说他的智慧如何,而是说他想"篡逆",有"窥鼎之志"。他一度"权倾人主",也险些成功。当其时也,"兵部尚书宗楚客、将作大匠宗晋卿、太府卿纪处讷、鸿胪卿甘元柬皆为三思羽翼",另有"御史中丞周利用、侍御史冉祖雍、太仆丞李俊、光禄丞宋之逊、监察御史姚绍之皆为三思耳目,时人谓之五狗"。明末魏忠贤手下有五虎、五彪、十狗等等,或许魏忠贤知道这段历史吧。古人对曹操一向颇有成见,对这个既可以"鞍马间为文",又可以"横槊赋诗"的雄杰横竖看不惯,曹家代了汉,司马家又代了魏嘛,所以才会把他和武三思并列,这一并列无疑侮辱了曹操,这里且不展开,单看武三思如何践行他的"善恶"观。

　　武则天当上大周的皇帝后,曾经"数幸其(三思)第,赏赐甚厚"。那么,武则天无疑于其最"善",所以武三思便竭尽所能讨姑姑的欢心,在大山之中迭修宫观,要姑姑"每岁临幸"。至于是不是"工役甚众,百姓怨之",不在他的考虑之列。不仅如此,薛怀义、张易之兄弟等因为深受武则天之宠,对他有现实的或潜在的"善",也都小心翼翼地伺候。他给张昌宗献马屁诗,"盛称昌宗才貌是王子晋后身",还令"朝士递相属和",跟着起哄。薛怀义本是"以鬻台货为业"的市井之徒,武则天给他改了姓,又取了名,硬把他拉入士族行列。被宠到这个份上的人,武三思当然更不会怠慢,竟至每每"折节事之"。折节事之,即是说可以全然不顾颜面。

于是,当啥头衔也没有的薛怀义要骑马,早已为朝廷命官的武三思兄弟"必为之执辔",拉好马缰绳,一副毕恭毕敬、低三下四的样子。

与武三思交"恶"者,则是另一番结局了。趁武则天病重,桓彦范、敬晖等诛杀张氏兄弟,恢复了李家天下。这对于武三思而言,无疑是搅了他的好梦。韦皇后干政之后,武三思重又"威权日盛",这就使他有条件除掉已"掌知国政"的"恶人"。他是靠与韦氏"奸通"重新起家的,却又不惜以之作为利器置对手于死地。他"令人阴疏韦后秽行,榜于天津桥,请行废黜"。把皇帝惹怒之后,借追查后台之机,诬陷桓、敬等人,然后将他俩一一刺杀于流放途中。其中,"桓彦范于竹槎上曳,肉尽而死",极其悲惨。

武三思已为历史所不齿。实际上,不论是不是武三思,也不论是什么时代,握有大小权力的各级官员,如果把这样的善恶逻辑付诸生活之中,都注定要为历史所不齿。《资治通鉴·唐纪二十三》载,与武三思同时期有个叫张昌仪的,"新作第,甚美,逾于王主"。有人夜里在他家大门上写了几个字:"一日丝能作几日络?"一天生产的丝能织几日的帛?那是在间接问他能够张狂到几时。抹了,人家又写上,"如是六七",张昌仪索性留着,但在底下添上四个字:"一日亦足。"本着这样心态的话,一切就要另当别论了。

1998 年 10 月 12 日,2018 年 7 月 15 日修订

上计,"官出数字"之始

兵法策略中的"三十六计",据说语源于南北朝。《南史·王敬则传》载,齐明帝疑忌旧臣,王敬则乃起兵造反。时"东昏侯在东宫议欲叛,使人上屋望,见征虏亭失火,谓敬则至,急装欲走"。有人报告给了敬则,敬则曰:"檀公三十六策,走是上计,汝父子唯应急走耳。"檀公,即檀道济,东晋末及南朝宋初的将领。其中的上计,乃上策之意。

这里所要说的"上计",非指这些,而是古代中央对地方官员进行政绩考核的一种制度,盛行于战国、秦、汉。它要求每到年终岁尾,地方官要将境内的人口、财政、粮草、治安、狱讼等状况编造成"计簿",然后遣吏逐级上报。东汉的做法是:"丞尉以下,岁诣郡,课校其功。功多尤为最者,于廷尉劳勉之,以劝其后。负多尤为殿者,于后曹别责,以纠怠慢也。"颇有后世"末位淘汰"前驱的意味。至于郡国,则要向州"岁尽遣吏上计,并举孝廉"。州呢,"岁尽诣京都奏事",开始的时候是州刺史本人出马,"中兴但因计吏"。计吏,或上计吏、上计掾,都是专司此事的官吏。《后汉书·应奉传》载:"奉少聪明,自为童儿及长,凡所经履,莫不暗记。"李贤注引三国吴谢承《后汉书》曰,应奉其初就当过上计吏,时许训为计掾,二人俱到京师。"训自发乡里,在路昼顿暮宿,所见长吏、宾客、亭长、吏卒、奴仆,训皆密疏姓名",想考考应奉,不料,应奉看了他之后问:"前食颍川纶氏都亭,亭长胡奴名禄,以饮浆来,何不在疏?"如此超强的记忆力,令"坐中皆惊"。

上计制度的初衷,是为国家全面了解地方现状提供依据,其中的统计数据无疑是关键,必须真实、准确。然而这数据是来自地方的,偏偏又用以作为考核地方官政绩的凭证,所以在实际操作中,就免不了背离本意,导致后世所说的"官出数字"。《汉书》中有两处记载颇能说明问题。

其一,《宣帝记》载,黄龙元年(前49)宣帝诏曰:"方今天下少事,徭役省减,兵革不动,而民多贫,盗贼不止,其咎安在?"问题在哪里呢,他认为是"上计簿,具文而已,务为欺谩,以避其课"。颜师古注曰,"具文而已",即"虽有其文,而实不副也"。汉宣帝已经知道,地方为了逃避责任,往往不惜干出欺骗中央的勾当。其二,《贡禹传》中贡禹向元帝指出,郡国为了达到谎报实情的目的,"则择便巧史书习于计簿能欺上府者,以为右职"。颜师古又注曰:"上府谓所属之府。右职,高职也。"看,"习于计簿",不是像应奉那样专注于本职,而是会在文字或数字上大做文章,竟然成了"能欺上府"的一技之长,成了飞黄腾达的资本!值得一提的是,宣帝在明了真相的同时,责御史核查计簿,"疑非实者,按之,使真伪毋相乱"。汉宣一朝史称"中兴",中兴的前提,与其"信赏必罚"恐怕密不可分。但接下来的元帝便又回归了老路,表明剔除痼疾的艰难程度,政策行之有效是前提,若不能持之以恒仍然会前功尽弃。

上计的"具文而已",有一种出于自下而上的主动,但还有一种践踏却是自上而下,同样不能忽视。前者的漏洞在制度本身,后者的漏洞则在掌握制度的人。

春秋时的齐国名相晏子治东阿,以及战国时的魏国西门豹治邺,都曾分别作为地方官员晋京上计。以西门豹为例,其为邺令,"秋毫之端无私利也",但他这样严格要求自己可以,推而及人就不见得行,因别人不具备他这种素质和境界。事实上,西门豹只知道埋头苦干,不懂得巴结讨好,结果竟致国君魏文侯的左右"因相与比周而恶之"。比周,即结党营私,就是说西门豹只要"惹恼"了一个官员,等于得罪了一大片。这样一来,西门豹工作干得再好也没有用。第一年来上计簿,"左右"先使了坏,魏文侯对他颇不满意,要收他的印,罢他的官。西门豹明白了,恳求文侯再给他一年的机会,如果还不胜任,情愿"伏斧锧之罪"。这回西门豹"重敛百姓",但却"急事左右",把他们打点得好好的,果然第二年再来上计簿时,文侯"迎而拜之"。西门豹失望至极:"往年臣为君治邺,而君夺臣玺;今臣为左右治邺,而君拜臣。臣不能治矣。"这是《韩非子·外储说左下》的记载。《晏子春秋》中,晏子治东阿已经先期面临了这样的遭遇,性质几乎一模一样。

晏子、西门豹以国家利益至上,反而碰得头破血流。此种悲剧发生在正常的社会乃是极不正常的现象。它至少说明,坏的制度固然会使好人变坏,但是好的制度如果遇上"歪嘴和尚",势必走样。"上计"成"官出数字"之滥觞,可谓明证。

1998年10月26日,2018年5月13日修订

"居官以正己为先"

"居官以正己为先",明臣刘大夏语。

这话说的是一个很浅显的道理。不幸的是,这个浅显的道理要由世人反复提及。比如晋代豫州刺史王沈悬赏征求"逆耳之言",手下人说:"冰炭不言,而冷热之质自明者,以其有实也。"你是什么样的官,别人不会看你怎么说,而是看你怎么做;自己如果行不正,失信于人,"虽悬重赏,忠谏之言未可至也"。又比如唐太宗在庄稼还没收完的时候就忙着要去打猎,刘仁轨说:"屋漏在上,知之者在下。"居庙堂之高,对自己的行为不觉得什么,老百姓可是要倒霉的。诸如此类,说法不同,讲的都是同一道理。不同的是,刘大夏的话干脆、直接、简明。

居官者倘能"以正己为先",许多棘手的事情也就很好办了。《旧唐书·郭暧传》载,唐代宗大历十三年(778),诏令"毁除白渠水支流碾硙,以妨民溉田"。碾硙,是利用水力启动的石磨。胡三省曰:"公输班作硙,后人又激水为之,不烦人力,引水击轮,使自旋转,谓之水磨。"动力取代人力,自然是生产力的进步,但碾硙的负面作用也不小,就是把水给截流了,"妨民溉田"。因此,整顿碾硙,此前已有过类似举动。《通典·食货二》载,唐高宗永徽六年(655),雍州长史长孙祥奏言:"往日郑、白渠溉田四万余顷,今为富商大贾竞造碾硙,堰遏费水,渠流梗涩,止溉一万许顷。请修营此渠,以便百姓。"高宗对此表示认可:"疏导渠流,使通溉灌,济拨炎旱,应大利益。"长孙无忌也是这样的观点:"白渠水带泥淤,灌田益其肥美。又渠水发源本高,向下枝分极众。若使流至同州,则水饶足。比为碾硙用水,泄渠水随入滑;加以壅遏耗竭,所以得利遂少。"上下达成共识之后,乃"遣祥等分检渠上碾硙,皆毁之"。然而,"至大历中,水田才得六千二百余顷",百把年过去,不仅水田数量远远没有达到"往日"的成效,反而连高宗时还不如了。可见,治理碾硙的工作进展极不顺利,

在当时没有其他办法的情况下,看起来不加大力度毁碾硙是不行的。但是,毁一般人的好办,毁权贵的如何?比如郭暖家有碾硙四轮,但他是"安史之乱"中领军收复两京功臣郭子仪的六儿子,他妻子是当代皇帝的四女儿昇平公主,谁敢动他家的?因此,"所司未敢毁撤"是必然的。在这种情况下,只有取决于他家"正己"的态度和程度如何了。公主先是去找爸爸"诉之",《资治通鉴》这样记载的:"昇平公主有二硙,入于见上,请存之。"摆明是来找爸爸求情,但代宗告诫女儿:"吾行此诏,盖为苍生,尔岂不识我意耶?可率为众先。"你说代宗假惺惺也罢,毕竟要求公主作出了"正己为先"的姿态。果然,公主"即日命毁"自家碾硙之后,"势门碾硙八十余所,皆毁之"。这说明,别的权贵人家也在等着看你。倘若代宗没有这个认识,公主没有切实的行动,这纸政令恐怕就形同"白条"了。

"政者,正也。""其身正,不令而行;其身不正,虽令不行。"诸如此类,先贤的教诲人们耳熟能详。这句"居官以正己为先"也是一样,道理简单,实际上是一个很高的要求。尤其在从前的社会,许多人是做不到的,所以如此,盖因为它不仅取决于为官者的个

人修养,而且更需要一种示范——居大官者的垂范作用,如同上例。明嘉靖时的王廷相一针见血地指出:"大臣法而后小臣廉","大臣污则小臣悉效,京官贪则外臣无畏"。然而对有些甚至许多"大臣"而言,"正己"无异奢望,他们不去害人已经万幸了。明武宗南巡扬州,"权悻以扬繁华,要求无所不至",陪同的同时准备大捞一把。扬州知府蒋瑶不满足他们,他们竟在蒋瑶护送"驾旋"的路上,"用铁缃系瑶",把他用铁链子拴起来以泄愤,"数日始释"。这样的京官"示范"了什么?意志坚定非如蒋瑶者,定会与之同流合污了。

  刘大夏位居高官,所以他这话无疑是说给自己和同僚的,他们这个层次的尤需"正己为先"。刘大夏本人做到了,而且做得很好,实现了其"人生盖棺论定,一日未死,即一日忧责未已"的诺言。奸臣刘瑾想搞倒他,以为抄他的家,资财必"可当边费十二",结果发现"实贫",鸡蛋里挑不出骨头。换个角度想想,倘若居官者自己不正,而有法律能够正之,法律有一种强大的威慑力量令其不敢不正,也就不必过于强调修养的重要了。那么,这句"居官以正己为先",颇有种退而求其次的无奈味道。

1998 年 11 月 16 日,2018 年 6 月 2 日修订

朱全忠的"指柳为毂"

秦相赵高"指鹿为马"的故事尽人皆知。《史记·秦始皇本纪》载:"赵高欲为乱,恐群臣不听,乃先设验,持鹿献于二世。"告诉他这是"马也",二世笑了:"丞相误邪?谓鹿为马。"再问左右,"左右或默,或言马以阿顺赵高"。那些据实说鹿的人呢,赵高暗地里都给"以法"处理了。从"后群臣皆畏高"不难推断,所谓"以法"定然是"枉法"无疑。

无独有偶,《资治通鉴·唐纪八十一》里还有个朱全忠"指柳为毂"的故事,讲的是唐朝末代哀帝天祐二年(905)六月的一天,朱全忠与僚佐及游客"坐于大柳之下",全忠貌似自言自语地说:"此柳宜为车毂。"长官说话而没人应答,该是件十分尴尬的事,但如何作答,却令同行的人们十分为难。车毂,是车轮中心装轴的那部分,亦泛指车轮。柳树的材质是否适宜,这问题比较专业,不好回答;而且最弄不清的,是大家不知朱全忠在江山即将得手之际,为什么无端端地冒出这么一句。于是好半天也没人吭声,既然长官意志未明,那就琢磨琢磨吧。终于有"游客数人"或是记起了前典,"起应曰:'宜为车毂。'"不料朱全忠勃然厉声喝道:"车毂须用夹榆,柳木岂可为之!"然后他环顾左右,一句"尚何待",左右数十人立刻抓住说"宜为车毂"的那几个,"悉为扑杀之"。朱全忠杀人的理由是:"书生辈好顺口玩人,皆此类也。"

指鹿为马,顺从赵高的得以幸免;指柳为毂,逢迎朱全忠的却掉了脑袋。外表差不多的问题,"标准"答案如此截然相左,折射出的是飘忽不定的长官意志。或曰,唯唯诺诺、盲目顺从者都是拍马屁的谀佞之徒,就该受到惩罚。放在这里,则此言谬矣。无它,赵与朱的这两"指",性质完全不一样。

就赵高而言,当时的秦人也不是分不清鹿和马,二世一眼就看出来了嘛。而明明对着鹿,却先给出"马也"的"标准答案",赵高目的就是要有意颠倒是非,混淆黑白,然后借此来诛戮异己,展示淫威。但朱全忠的"标准答案"实际上是含糊不清的,宜还是不宜没有那么泾渭分明。朱全忠本名朱温,在唐王朝行将崩溃之际归顺,被赐名"全忠"。唐本来是要借助他的一臂之力,他却瞅准时机,占据了唐的江山,代之以后梁,后人因此讥之为"全不忠"。他的这一次"测试",就是他大功即将告成之时,与赵高"欲为乱"的背景一般无二。朱全忠想干什么? 甄别骨鲠之士,杜绝盲从者的谀佞之途? 说不通吧。柳木宜为车毂与否,没有那么绝对,当然可以但可能寿命短些就是,且并非"游客"必备的常识。即便有逢迎的成分,也不一定为"谀佞"。它所反衬出的,更多是依附他的"游客"那种诚惶诚恐的心态,这倒十分值得长官们深思。而"环顾""尚何待"云云,似乎还表明这是他与左右配合演出的一出戏码。有意思的是,宋初薛居正监修的《旧五代史》中没有写上这一段,倒是乾隆时期补充和考证史实的注文,引吕本中《师友杂志》交代了这一点,表明这件事发生在那年的十一月,在朱全忠"深悔淮南之行,躁烦尤甚"的字样之下,那么,朱全忠就是想杀人的动机更加清楚无疑了。

骨鲠之士,不是"指鹿为马"或"指柳为毂"可以甄别的,原则问题上才能体现出来。汉朝的汲黯、唐朝的魏徵等莫不如是。汲黯讲话,曾令汉武帝"怒,变色而罢朝。公卿皆为黯惧",但汲黯坦言:"天子置公卿辅弼之臣,宁令从谀承意,陷主于不谊乎?且已在其位,纵爱身,奈辱朝廷何!"明朝嘉靖初年有件闹得举朝不宁的"争大礼"事件,亦可窥一斑。嘉靖继武宗朱厚照为帝,二人乃同祖父的堂兄弟,朱厚照既无子息也无兄弟,这才轮到了嘉靖。但嘉靖一上台,却要把自己去世了的父亲追封为帝并入祀太庙,把生母也尊为皇太后,这就违背了自古以来封建正统礼法。所以首辅杨廷和倡言抗争,群臣相率跪伏,"撼门大哭",修撰杨慎甚至说:"国家养士百五十年,仗节死义,正在今日。"此间"逆龙鳞"的朝臣最后大都招致了杀身、谪戍之祸。因为这里长官意志明确,结局如何人们都预料得到,嘉靖杀得明白,群臣死得也明白,所以尽管"哭大礼"有维护封建礼教的背景因素,但从宏观着眼,杨廷和等仍是十分难得,值得称道的。

  值得一提的是,赵高时的那些"左右或默"者,朱全忠时的那些没有"起而作答"者,都完好地保住了头颅。看起来,对付飘忽不定的长官意志,只有封住自己的嘴巴了。当然,这要有允许你可以不表态的前提在先。

           1998年11月30日,2018年5月30日修订

官场的猜疑

封建社会的官场中,往往存在诸多猜疑。猜疑什么?官吏升迁贬免的因素是为其一。这不奇怪,因为虽然可能有白纸黑字的准则存在,但是掌铨衡者或拍板算数的人素质不同,"口味"不同,执行起来标准也就不一。该上去的没有上去,该下来的没有下来,或者莫名其妙地上去或下来,能不让人生出联想吗?

《旧唐书·徐晦传》载,唐朝御史中丞李夷简为徐晦"请为监察",徐晦就感到不能理解:"生平不践公门,公何取信而见奖拔?"他觉得没什么道理啊,我连你家都没去过,私下里没打过交道,你又怎么了解我呢?而李夷简的理由很简单,故相权德舆讲过一件事,说杨凭被"贬临贺尉",亲朋好友怕受连累,都没人敢去送行,独徐晦"送至蓝田,与凭言别"。权德舆和杨凭的交情很深,对徐晦说:"今日送临贺,诚为厚矣,无乃为累乎!"徐晦说自己"自布衣受杨公之眷,方兹流播,争忍无言而别?如他日相公为奸邪所谮,失意于外,晦安得与相公轻别?"这番话令权德舆很感动,"嘉其真恳,大称之于朝",李夷简据此便认定徐晦"不顾犯难,肯负国乎"?忠于一人,便能忠于国家,这种提拔逻辑,别说徐晦,大约谁也不会得到。

宋朝王俊义的境遇则相反。《宋史》其本传载,俊义"以太学上舍选,奏名列其下,徽宗亲程其文,擢为第一"。及见面,看见他"容貌甚伟",更高兴了,顾侍臣曰:"此朕所亲擢也,真所谓'俊义'矣。自古未有人主自为主司者,宜即超用。"皇帝虽然已经钦点了,但是因为没有登太师蔡京的门,结果使他"仅拜国子博士"。不同的是王俊义犯不着猜,蔡京已经有言在先:"一见我,左右史可立得。"话挑得这样明,你还是不来嘛,那就拉倒。蔡京负责具体事务,给谁什么职位他说了算。这也可见,制度掌握得如何,还有个"良心"因素。

不过,取决于"良心"的制度同样是靠不住的。蔡京类的奸贼不用说了,李夷简何尝又有私心,举荐徐晦的理由还不是让人感到有些荒谬?再比如唐朝名相姚崇、卢怀慎这样"良心"绝对不坏的人物,在触及自身利益时亦不免拨动个人算盘。《旧唐书·崔沔传》载,姚崇的儿子光禄少卿姚彝,"颇通宾客,广纳贿赂";监察御史宋宣远仗着是卢怀慎的亲戚,"颇犯法",检校御史中丞崔沔以"为人舒缓,讷于造次,当官正色,未尝挠沮"闻名,刚有依法处理他们的想法,姚、卢二人就"遽荐沔有史才,转为著作郎",把他调离那个岗位,让他干不成。姚、卢自以为这一手干得很巧妙,但时人皆知"其实去(沔)权也"。工作需要,他适合干那个,理由何其冠冕堂皇!《旧唐书·窦参传》载,唐德宗时的窦参,"每议除授",爱跟族子窦申商量,从"申或泄之,以招权受赂"来推断,不排除窦参有意通过窦申透点儿风声的可能。于是,窦申走到哪里,"人目之为喜鹊",这就更有谁肯出钱谁就能达到目的的可能了。德宗亦"颇闻其事",几次提醒窦参:"卿他日必为申所累,不如出之以掩物议。"如果窦参的"良心"果为"贪心"所取代,能指望通过他选拔出德才兼备的官员来?

正是有了这很多客观存在的事实,才极大地丰富了人们的想象空间。这样一来,那些在用官原则上坚持客观公正的人就有可能因猜疑而被冤枉。宋真宗时的宰相王旦,朝士多其所荐,但这是他死后人们查阅档案才知道的。他生前从来不借此居功,只是按原则行事,以至"宾客满堂,无敢以私请"。寇準曾经托人"私求为使相",王旦正告他:"将相之任,岂可求耶!"王旦其实比较看重寇準,不能接受的只是他的这套做法,所以寇準后来位居宰相,还是王旦力拔之功。然而寇準按照正常推理,恨透了王旦,弄得真宗也看不过眼,对王旦说:"卿虽称其美,彼专谈卿恶。"寇準的这类猜疑,史多所见,极具代表性。倘若王旦心胸偏狭一些,非但就此不荐,反而再踩上几脚,则王旦不去,寇準便很可能不会再有出头之日。达不到目的而迁怒于人,"忠直"如寇準者亦有这般劣性,可见其他。至于那些危及自身利益而无须猜疑的,甚至雇请杀手。《明史·马文升传》载,文升"严核诸将校,黜贪懦者三十余人。奸人大怨,夜持弓矢伺其门,或作谤书射入东长安门内"。

官场猜疑的危害,可能误事,更可能误国。无论什么时候,倘若把用人的公正与否只寄托在用人的人而不是用人的制度上,都是很可能让人"想入非非"的。

1998 年 12 月 21 日,2018 年 7 月 18 日修订

曾铣上疏的悲剧

臣下向皇帝进呈奏章,叫作上疏。《汉书·董仲舒传》载,仲舒廉直,"为凡相两国,辄事骄王,正身以率下,数上疏谏争"。晚年总结起来,"仲舒所著,皆明经术之意,及上疏条教,凡百二十三篇"。杜甫有"上疏乞骸骨,黄冠归故乡"句,不想在朝廷继续干了,告老回家了,也要上疏,讲清楚理由。上疏,是大臣对皇帝言时事、表达自己观点的重要途径。

曾铣是明朝的大臣。《明史》其本传载,嘉靖二十五年(1546),总督陕西三边军务的他,"念寇居河套,久为中国患",因而有个上疏,讲的是收复西北河套地区的作战方略。令曾铣始料不及的是,这个上疏最终竟给自己招来了杀身之祸。悲剧的起因并不在于方略本身如何,《史记·孝武本纪》早就说了,汉武帝刘彻笃信成仙,迷恋长生不老,"齐人之上疏言神怪奇方者以万数,然无验者"。无验就无验,武帝再找其他门路就是。曾铣的悲剧也是无关上疏本身,而在于皇帝对其上疏的前后不同态度,决定了各级官员的行为取向。他的命运,正是随之而发生了戏剧性的变化。

曾铣虽然是进士出身,但是很懂得打仗。他巡按辽东,迅速平定辽阳兵变,"悉斩诸首恶,悬首边城,全辽大定";巡抚山东,

"俺答数入内地,铣请筑临清外城。工毕,进副都御史";巡抚山西,"经岁寇不犯边",因此荣升兵部侍郎。总督陕西三边军务后,无论"寇十万余骑由宁塞营入",还是"以轻骑入掠",均能击之却之,因此又"增俸一级,赐银币有加"。朝廷这样重视战功,是因为自明初以来,北部边防一直虚弱得很。比如河套地区虽已被划入明朝版图,但早就为左近游牧之人侵占了去,有名无实。曾铣既屡蒙恩宠,更欲有所作为。他在做了一番调研之后,认为把河套重新夺回来并不是什么难事,只要"以锐卒六万,益以山东枪手二千,每当春夏交,携五十日饷,水陆交进,直捣其巢",就可以一劳永逸。曾铣的方略一共"条八议以进",是否切实可行,不在本文的讨论之列。

　　对于曾铣的上疏,开始时并非没有不同声音。曾铣提出的"西自定边营,东至黄甫川一千五百里,筑边墙御寇,请帑金数十万,期三年毕功",疏下兵部,"部臣难之,请令诸镇文武将吏协议"。这个时候,皇帝发话了,他说占据河套之贼久为祸患,使他"宵旰念之",而"边臣无分主忧者。今铣倡恢复议甚壮,其令铣与诸镇臣悉心上方略,予修边费二十万"。话说到这个地步,分明对不少边臣颇有责备的味道,明白无误地在褒扬曾铣,因为曾铣上疏为他分了忧。然而西北边陲的几个巡抚,如延绥的张问行、陕西的谢兰、宁夏的王邦瑞等表现得不大知趣,对曾铣之策仍"以为难,久不会奏"。从后面发生的事情看来,这里的所谓不知趣,就是不骑墙,倒颇有些可贵的成分在内。

　　中央的官员们是知趣的。他们"见上意向铣",也就毫不犹豫地"一如铣言",纷纷投赞成票。偏偏嘉靖"复套"的兴致虽有,却又时怀隐忧,特别是想到"土木之变",生怕一旦不成而引起祸端。有一天,他"忽出手诏"于辅臣,动摇了:"今逐套贼,师果有名否?

曾铣上疏的悲剧　35

兵食果有余,成功可必否?一铣何足言,如生民荼毒何。"皇帝的态度一变,倏忽之间,朝臣也纷纷倒戈——事情的可悲之处正在这里。先前"欲倚以成大功,主之甚力"的首辅夏言害怕了,"请帝自裁断";兵部尚书王以旂则"尽反前说,言套不可复"……不过,嘉靖"虽怒铣,然无意杀之也",然而架不住大臣们的添油加醋。仇鸾因与曾铣有隙,乃"诬铣掩败不奏,克军饷钜万,遣子淳属所亲苏纲赂当途",尽管"其言绝无左验,而帝深入其说"。给事中齐誉等见嘉靖愈发怒甚,干脆"请(将曾铣)早正刑章"……

更可悲的是,嘉靖的举棋不定,给首辅严嵩提供了斗倒夏言的有利契机。夏言与严嵩本是同乡,严嵩还是他引入内阁的,但严、夏两人后来的争斗,此起彼伏,反复之多、历时之久、手段之阴毒,在明代的阁臣争夺中可谓达到了顶峰。严嵩利用曾铣的上疏,不仅终于致夏言于死地,而且连带曾铣也被判了斩刑。曾铣之冤,直到其后的隆庆朝仍有人在鸣不平,说是"铣志在立功,身罹重辟,识与不识,痛悼至今"。再后的万历朝,终于为之建祠陕西,因为曾铣还是个"家无余赀"的廉官。但身后的正名对于曾铣本人已经毫无意义了。

一道出自良好意愿的上疏,就这样折射出朝臣的肮脏丑陋。曾铣的悲剧,何尝不是当时朝政的悲剧?

1999年1月4日,2018年7月20日修订

腹中物

腹者,肚子也。人的腹中装些什么东西,从生理学的意义来说,并没有本质上的不同。但是,倘若从社会学或是别的什么视角来观察,则是另外一种视野。

北齐徐之才曾在周舍的家里听过一堂《老子》课。之才那时只有七八岁,边听边吃,周舍戏之曰:"徐郎不用心思义,而但事食乎?"不料小孩子答道:"盖闻圣人虚其心而实其腹。"圣人的"实腹"是不耻下问,日有所知,并不是果腹阶段的"实腹"。徐之才当然知道这层弦外之音,但是有意错用,显示出他的机智,结果也令周舍"嗟赏"不已。

生理学意义之外的"腹中物"令人目不暇接。"边氏腹"在今天是学问的代名词。边氏,指东汉的边韶。他的学生曾嘲笑他"腹便便",他说"腹便便,五经笥",腹大不假,装的都是学问。《世说新语·排调》云,七月七日古有"曝经书及衣裳"的民俗,郝隆这天则"日中而卧",躺在太阳底下晒肚皮。人家问他怎么回事,他说"我晒书"。像边韶一样,郝隆也自负满腹诗书。《资治通鉴·唐记三十一》载,安禄山特别胖,尤其"腹垂过膝",自称"腹重三百斤"。唐明皇拿他开玩笑:"此胡腹中何所有?其大乃如此尔!"安禄山答得妙:"更无余物,正有赤心耳!"这么大的一颗"赤心",该是何等忠心耿耿？《明史·轩𫐐传》载,轩𫐐被同僚拉去赴宴,"归抚其腹"说:"此中有赃物也。"轩𫐐知道自己吃的是民脂民膏。这几个人的"腹中物"不就是各具千秋吗？

"腹中物"之因人而异,自然取决于个人的人品、学识以及修养,前提不同,所决定的境界也便不同。轩𫐐能说出腹内有赃物的话,不是偶然的。他与耿九畴俱以清操闻名天下,时人"语廉吏必曰轩、耿"。正统年间,他任浙江按察使,力矫前任的奢汰之风,"寒暑一青布袍,补缀殆遍,居常蔬食,妻子亲操井臼"。他给手下定的规矩是"三日出俸钱市肉,不得过一斤",令"僚属多不能堪"。老朋友来了,也是"食惟一豆"。他要是偶尔吃只鸡,"则人惊以为异"。然而,也正是榜样的示范,"时镇守内臣阮随、布政使孙原贞、杭州知府陈复、仁和知县许璞居官皆廉,一方大治"。过了十几年,天顺皇帝还记得他:"昔浙江廉使考满归,行李仅一篚,乃卿耶？"因而轩𫐐之言,发自肺腑,以搜括为能事的贪官岂能产生这样的认识？即使能说出来,充其量也是一时的矫情。

安禄山腹中的"赤心",完全是权一时之需的阿谀逢迎。史载安氏"外若痴直,内实狡黠",他把部将刘骆谷专门留在京师,刺探"朝廷旨趣",以能"动静皆报之"。为此他每年都把大量的奇禽、异兽、珍玩运往京师,弄得"郡县疲于递运"。一句"赤心",该令玄宗何等欢喜！但是结果呢？正是安禄山发动的"安史之乱"直接导致了大唐的由盛及衰。起兵之后,安禄山自己也会觉得"赤心"有多可笑。相形之下,其"本家"安金藏的"赤心"才货真价实。武则天怀疑儿子也就是皇嗣李旦要谋反,使来俊臣穷鞫其左右。安金藏明白这是欲加之罪,乃"请剖心以明皇嗣不反",言毕即以佩刀自剖其胸,致使"五脏并出,流血被地"。武则天为之感动,叹曰:"吾子……不如尔之忠也。"即令来俊臣停推。安禄山暗藏的实际上是一颗"祸心",别说主动,就是让他剖开也是不敢的。

《清稗类钞》云,左宗棠体胖腹大,尝于饭后茶余,自捧其腹大笑曰:"将军不负腹,腹亦不负将军。"有天傍晚他问左右,你们知道我肚子里都装些什么吗?有的说"满腹文章",有的说"满腹经纶",有的说"腹中有十万甲兵",更极端的说"腹中包罗万象",什么都装。但左宗棠没一个认可的,"否,否"不绝。忽然有个小校大声曰:"大帅腹中无他物,皆矢耳。"左宗棠高兴了:"斯言近之矣。"话音未落,又有一小校曰:"将军之腹,满贮马绊筋耳。"左宗棠这下拍案大赞了:"是,是。"马上提拔了他。马绊筋,草名,"湘人呼牛所食之草为马绊筋"。左宗棠"素以牛为能任重致远,尝以己为牵牛星转世",他甚至在"后园凿池其中,而左右各列石人一,肖织女与牛郎状,并立石牛于旁,隐寓自负之意"。

"书堆至万卷,岂无三千斤。如何腹之藏,重与凡人均。"(袁枚句)多数人皆自诩满腹诗书或希望他人虚誉自己满腹诗书,左宗棠不按牌理出牌,测试出了不少马屁精。由此看来,探究人的"腹中物",是件挺有意思和挺有意义的事,它能够折射出的东西很多,尤其是人的品性。

1999 年 1 月 18 日,2018 年 4 月 16 日修订

"青词宰相"

青词是道士上奏天庭或征召神将的符箓。有人相信，用朱笔把自己的心愿书写在青藤纸上，然后焚化，心愿就能够得以实现。如元王恽《玉堂嘉话》引王鹿庵的话说："青词主意，不过谢罪禳灾、保佑平安而已。"这种信仰在一定的历史时期内盛行于民间，不值得大惊小怪。但是如果一个国家的主宰不仅笃信而且沉湎其中，是值得忧虑的；如果他身边的臣子推波助澜，并借此争功邀宠、争权夺利，那就十分可怕了。

明朝的嘉靖皇帝及其身边的"青词宰相"们，则的的确确为历史上演了这样一幕戏码。《明史·顾鼎臣传》载："词臣以青词结主知，由鼎臣倡也。"顾鼎臣是弘治十八年（1505）状元，嘉靖"好长生术，内殿设斋醮。鼎臣进《步虚词》七章，且列上坛中应行事。帝优诏褒答，悉从之"。顾鼎臣算是"青词宰相"的开山人物了。

众所周知，明朝取消了宰相一职。朱元璋为增重自己的权势，并为子孙建立起稳固的基业，废除了明初设置的左右丞相，职能分散给了吏、户、礼、兵、刑、工六部。嘉靖时已没有宰相，何称"青词宰相"？当然这并不是实指，而是指借撰写青词而达到宰相这样一种地位的人。嘉靖从其执政的中期开始，迷恋于服食成仙之道，每日除去征伐诛杀的事情过问一下，便只与方士混在一起。

由于青词是一种赋体文章,要能以极其华丽的文笔表达出求仙的诚意和对上苍的要求,要写好并不是件容易的事。正因为不容易,皇帝本人写不出来,又求仙心切,对青词的要求既多且急,捉刀代笔的人写好了,也就有了扶摇直上、平步青云的条件。嘉靖时的许多阁臣,如李春芳、严讷、郭朴及袁炜等,都有这样一手本事。他们因擅写青词而入阁,时人把他们称为"青词宰相",既是直陈,又颇有讽意。

人们讥讽"青词宰相",不仅是他们入阁的手段,而且在于许多人入阁之后,仍以青词为主业,贻误了朝政。"撰青词,最称旨"的首推袁炜。《明史·袁炜传》载其"才思敏捷",嘉靖即使半夜里拿出点儿新思路,他也能"举笔立成",举凡"遇中外献瑞,辄极词颂美"。不仅如此,嘉靖养的一只猫死了,袁炜也能写出"化狮作龙"的句子,令嘉靖高兴得不得了,"其诡词媚上多类此"。对这种所谓的人才,尽管嘉靖舍不得多用,急需的时候才搬出来,"恩赐稠叠,他人莫敢望",然于朝政何补?

不难看到,"青词宰相"也带坏了风气。为了取悦皇帝,撰写青词便成了许多人不得不下的功夫,而且谁的功夫好,谁还可能在权力斗争中占据上风。明朝无宰相但是有首辅,地位与宰相相当,一直都是阁臣争夺的目标。严嵩斗倒夏言,徐阶又斗倒严嵩,都把青词作为利器之一。起初,夏言"撰青词及他文,最当帝意";后来因为失宠,连带"进青词往往失帝旨",严嵩便抓到了他的这条软肋,"益精治其事"。徐阶始而自度没办法和严嵩争高下,"乃谨事"之;与此同时"益精治斋词迎帝意",到了"帝或有所委,通夕不假寐,应制之文,未尝逾顷刻期"的地步,因此"帝日益爱阶"。青词这诸种功能,把嘉靖朝政的不堪暴露得淋漓尽致。

敢于发表反对声音的,虽然有,但是极其微弱。《明史纪事本末·世宗崇道教》载,嘉靖二年(1523),给事中郑一鹏针对"或连日夜,或间日一举,或一日再举"的斋醮行为上言:"伤太平之业,失天下之望,莫此为甚。"他说那帮道士,"曩以欺先帝,使生民涂炭,海内虚耗。先帝已误,陛下岂容再误! 陛下急诛之远之可也"。这个时候,嘉靖还能听进去,十八年(1539)太仆卿杨最在上言中,说了"不期仙而自仙,不期寿而自寿。黄白之术,金丹之药,皆足以伤元气,不可信"一类的话,惹得嘉靖大怒,竟将杨最下狱,未几便瘐死狱中。海瑞就更知名了,他预料到自己会有生命危险,上疏之前干脆把棺材一起带上。他直截了当地指出:"陛下之误多矣,其大端在于斋醮。"连民谚诙谐谑嘉靖这一年号,他也毫不客气地和盘端出:嘉者,家也;靖者,尽也。嘉靖是"民穷财尽,靡有孑遗"啊。你不是崇拜天师道士陶仲文吗? 陶仲文已经死了,连他都长生不了,"而陛下何独求之"? 什么得道升仙,"此左右奸人,造为妄诞以欺陛下,而陛下误信之,以为实然,过矣!"

宋臣有言:"平居无极言敢谏之臣,则临难无敌忾致命之士。"十分精辟。的确,只凭一身媚骨,关键时刻如何慷慨悲歌! 但如我们所见,"极言敢谏之臣"与"青词宰相",其实历代均不乏其人,朝政及社会风气如何,关键是看哪一种能够占据上风。

1999 年 2 月 8 日,2018 年 7 月 15 日修订

"言路虽开犹未开"

"求言非难,听之难;听之非难,察而用之难。"宋徽宗时大臣王涣之语,颇能令人回味。王涣之所以讲出这番话,基于他的一种认识:"今国家每下求言之诏,而下之报上,乃或不然,以指陈阙失为讪上,以阿谀佞谄为尊君,以论议趋时为国是,以可否相济为邪说",因而,"志士仁人知言之无益也,不复有言,而小人肆为诡谲可骇之论,苟容偷合"。他希望徽宗能"虚心公听,言无逆逊,唯是之从;事无今昔,唯当为贵;人无同异,唯正是用"。

求言,无疑是求真言,阿谀之言不求自至;而真言往往是直言,就是听着可能不大舒服的那种。"听之难",实际上是听直言难。求言的确不难,古时每逢日食地震,帝王们都要"诏求直言",但直言真的来了,态度往往也就变了。比如明朝永乐十九年(1421),三大殿火灾,成祖"颇惧,下诏求直言"。如邹缉说,"工大费繁,调度甚广,冗官蚕食,耗费国储。工作之夫,动以百万,终岁供役,不得躬亲田亩以事力作"等等,都还尚好,"及言者多斥时政",成祖不高兴了;"而大臣复希旨诋言者",他彻底怒了,"谓言事者谤讪,下诏严禁之,犯者不赦"。最后,"侍读李时勉、侍讲罗汝敬俱下狱;御史郑维桓、何忠、罗通、徐瑢,给事中柯暹俱左官交阯"。嘉靖皇帝则干脆说直言的人是"胁君取誉",为自己获取直臣的声名而胁迫君主,这项罪名可是不轻。

　　大名鼎鼎的宋相王安石也属于"听之难"的一类。熙宁变法,那么大的事情,触动方方面面的利益,有不同甚至激烈反对的声音肯定是正常的。任何一种理论上完善的政令,都有可能在实践中暴露出种种问题,及时修正十分必要。可惜,安石却是只捡好话来听。他的学生陆佃直截了当地批评道:"公乐闻善,古所未有。"因而他提醒老师要注意纳谏,比如青苗法,"法非不善,但推行不能如初意,还为扰民"。扰民,无疑失去了变法的本意,不改进不行。安石很不以为然,说自己不是拒谏的人,不过如果"邪说营营",当然也就"顾无足听"。把自己觉得不好听的、不愿听的视为"邪说",则"听之难"的关键恐怕就在这里。但对不同意见不屑,往往是要付出代价的,"新政"的夭折,可以说王安石自己首先就种下了前因。可叹的是,在这一点上秉承其衣钵的大有人在。明朝万历时,顾宪成疏论时弊谪官,陈瓒质问大学士王锡爵:"宪成疏最公,何以得谴?"王锡爵给出的理由就是:"彼执书生之言,徇道旁之口。"陈瓒说:"恐书生之言当信,道旁之口当察,宪成苦心亦不可不知也。"锡爵听了,默然无语,他心里清楚得很,陈瓒指责得确实有理。

　　求言了,姿态摆了,听不进也就罢了,实不必陷言者以罪,因为这里面有个很重要的前提:让人家说人家才说。陷人以罪,惟令天下忠直之士寒心。《旧唐书·颜真卿传》载,代宗"车驾自陕将还,真卿请皇帝先谒五陵、九庙而后还宫",宰相元载谓真卿曰:"公所见虽美,其如不合事宜何?"真卿怒了:"用舍在相公耳,言者何罪?"《宋史·王岩叟传》载,哲宗时,岩叟每"言之益切"。他说自己身为谏官即当言,"非臣好为高论,喜忤大臣",而是担心"命令斜出,尤损纪纲"。《明史·王家屏传》载,为促使早立储君,家屏上疏，惹来万历皇帝大怒。家屏曰："言涉至亲，不宜有怒。事关典礼，不宜有怒。臣与诸臣但知为宗社大计，尽言效忠而已，岂意激皇上之怒哉？"但是，如历史记载告诉我们的，很多人，当然是握有绝对或相当权力的人不这么认为，他们把逆耳之言，无论言者是否忠心耿耿，也无论所建之言是否积极且富于建设性，统统敌对起来，无情打击，人为地酿就悲剧。

唐朝那个因写出《元和郡县图志》而名闻后世的李吉甫，听到代宗"察而用"了他的建议，高兴得"拜贺"。代宗却觉得没有什么："卿，此岂是难事。"他告诉吉甫："但勤匡正，无谓朕不能行。"只是这样的人和事，得不到什么保证，完全视乎帝王自身的素质和彼时的心境，连以开明而著称的唐太宗不是也气得几次想轰走进谏不休的魏徵吗？"察而用之"，当然是有的，只是如王涣之所说，"难"！

明朝景泰时尚褫的另一番话，似乎能使人对诸多"求言"的本质认识产生启示。他说："忠直之士，冒死陈言。执政者格以条例，轻则报罢，重则中伤，是言路虽开犹未开也。"末一句，何其精辟，无疑戳中了诸多"求言"的真正要害！

        1999 年 3 月 29 日，2018 年 6 月 26 日修订

反躬自责

汉语里有"反躬"一词,意谓反身自省,反求诸己。《礼记·乐记》云:"好恶无节于内,知诱于外,不能反躬,天理灭矣。"前人很早就强调自省的作用,反躬每与自问、自责搭配。然而反躬自责一类,却不容易做到,同样需要相当之深的修养。因为对许多人来说,认识到自己有可责之处,本身就难乎其难。

西汉杜周治狱,完全遵从武帝的旨意,"上所欲挤者,因而陷之;上所欲释者,久系待问而微见其冤状"。有人说他:"君为天子决平,不循三尺法,专以人主意指为狱。狱者固如是乎?"哪有像你这么断案的,总要依照一下法律,讲点原则吧。杜周振振有词地回答:"三尺安出哉?前主所是著为律,后主所是疏为令,当时为是,何古之法乎!"杜周酿就了不少冤案,《汉书》把他归为"酷吏",这是必然的;但他认为自己的所作所为都是奉命行事,冤案再多,便也丝毫谈不上反躬,遑论自责。

其实,有的人即便反躬了,也作出了相应的自责姿态,仍然要定睛看去。因为同样是反躬自责,抽丝剥茧的话,还可以划分出若干种类,不是一旦沾上这四个字眼便当然地高尚。试举三例。

其一,《旧唐书·苏世长传》载,苏世长"初在陕州,部内多犯法",他管不了,乃"责躬引咎"。他采取的方式很特别,"自挞于都街",站在大街上让个伍长用鞭子抽打自己。长官这样惩罚自己,百姓应该感动才是,可惜苏世长以前面子上的事干得太多。高祖李渊就这样说他:"名长意短,口正心邪,弃忠贞于郑国,忘信义于吾家。"那是他才从王世充那边投奔过来,李渊取笑他的。李渊还让他给自己下个定义:"卿自谓诌佞耶,正直耶?"他说"臣实愚直"。李渊又问:"卿若直,何为背世充而归我?"正因为有这些前科,大家搞不清他这一回是真是假,但负责动手的伍长最清楚怎么回事,"嫉其诡",加了把力,"鞭之见血";苏世长"不胜痛",大叫着跑掉了。围观的人们哄然大笑,知道他这一番"苦肉计"还是做样子给大家看的。

其二,《明史·赵贞吉传》载,隆庆时的赵贞吉去职之前也有过自责:"臣自掌院务,仅以考察一事与(高)拱相左。其他坏乱选法,纵肆作奸,昭然耳目者,臣噤口不能一言,有负任使,臣真庸臣也。"自责到真是庸臣的份上,也堪称痛心疾首了。高拱是个十分霸道的人物,首辅徐阶荐之入阁,马上就"负气颇忤阶",便不把徐阶放在眼里。能与这样的人产生不同意见,哪怕只是一件事,也有难能可贵的成分。不过细看之下,却有利益纷争的问题。赵贞吉因为李春芳的关系得掌都察院,掌吏部的高拱"以私憾欲考察科道",借机"欲去贞吉所厚者"。触动了自己的利益,赵贞吉忍不住了,所以才"抗章劾拱"。他不是"亦持拱所厚以解"嘛,但是"斥者二十七人,而拱所恶者咸与",表明最后还是高拱赢了。那么赵贞吉先前的"噤口不能一言",主要还不是不敢,而是与己无关。与己无关,明哲保身,是不是"昭然耳目"又有什么关系呢?!那么,赵贞吉的这种所谓"反躬",尽管所言皆实,终究属于无奈之余的泄愤。

其三,明朝万历年间的梅国桢要求为魏学曾平反时的自责,才真正值得称道。《明史·魏学曾传》载,万历十九年(1591),魏学曾总督西北军务,梅国桢任监军,共同抗击俺答。他们的仗打得十分不顺,招降不成,攻城不果,甚至屡屡失利,令万历很不高兴,怪罪魏学曾消极抗敌。因为魏学曾曾经上疏请求不要让监军参与军事,万历"饬国桢如其言",梅国桢便借机弹劾魏学曾,说了不少坏话,"我军咫尺不敢前"云云,致其被逮入京,"夺职为民"。实际上如果再给魏学曾一点儿时间,他是能够成功的。在他被逮后不足一个月,明军便依照他先前的部署破城而入,"贼竟以破灭"。功成名就的梅国桢,对自己一时意气用事十分后悔,他说:"逮学曾之命,发自臣疏,窃自悔恨。学曾不早雪,臣将受万世讥。"积极推动为魏学曾平反。并没有什么人要找梅国桢算账,这样的自责,当真发自心灵。

或曰,能够反躬自责,究竟要比不能的要强。如我们所见,实际情况恐怕不尽然。苏世长的那种极具欺骗性,赵贞吉的那种也很容易蒙蔽人们的视野。《新唐书·柳公绰传》中,柳公绰有个观点,"赃吏犯法,法在;奸吏坏法,法亡",说的正是这层道理。赃吏坏法,坏在明处,人们可以警觉得多。

1999年4月26日,2018年7月18日修订

"恐人知"与"恐人不知"

清廉的官吏历来受人爱戴,所以才有清官戏的长演不衰。清官的前提是廉洁,倘若受了人家的贿赂,断案、裁决等就不可能有什么公正可言。除了拒贿,清廉与否还表现在许多方面。包拯从盛产名砚的端州卸任,一点儿特产也不带走,别人偷偷塞了一块给他,发现后还是被他扔掉了。后人便在那传说发生的地方给他修了"掷砚亭",这亭子今天还在,当然不必强求原装与否。综观包拯的秉性,人们宁愿相信存在过这样的事实,反映出一种对清廉的渴望。

历史上以清廉闻名的人数不胜数。同样做到了清廉,西晋的胡威又把它划分成"恐人知"与"恐人不知"两类。《晋书·胡威传》载,武帝与胡威聊天,感叹其父胡质的清廉,问他:"卿孰与父清?"胡威答自己不如父亲。武帝再问为什么这么说呢?胡威道:"臣父清恐人知,臣清恐人不知,是臣不及远也。"在胡威看来,父亲的清廉不声不响,而自己的清廉则到处嚷嚷,其高下一目了然。胡氏父子清廉到什么程度?父亲任荆州刺史,儿子自洛阳去探望,"家贫,无车马僮仆,自驱驴单行。每至客舍,躬放驴,取樵炊爨,食毕,复随侣进道"。回来之前,"父赐绢一匹为装"。儿子问:"大人清高,不审于何得此绢?"父亲答:"是吾俸禄之余,以为汝粮耳。"那么,胡威的"恐人知"与"恐人不知",无疑有自贬的成分,但这种划分很有意味。

客观地说,清廉乃为官的起码要求,委实不值得张扬,本该如此的事有什么可夸耀的呢?但这种境界在人治社会里却弥足珍贵,因为事实上,许多本该如此的事并不如此。然而"恐人不知",倘若前提是清廉,也并没有什么不好。所以强调前提,在于有些骨子里贪得无厌的人,受贿无数回,假惺惺地拒绝一两回,就要大造声势。在有些情况下,清廉的人很有必要让世人知道什么才是真正的清廉。

东汉杨震"暮夜却金"的故事十分著名。《后汉书·杨震传》载,杨震上任,"道经昌邑,故所举荆州茂才王密为昌邑令,谒见,至夜怀金十斤以遗震"。杨震对他的行为不解:"故人知君,君不知故人,何也?"你知道我的秉性,为什么还要这么做呢?王密曰:"暮夜无知者。"震曰:"天知,神知,我知,子知。何谓无知!"这"四知",令王密"愧而出"。有人怀疑,只有"天知神知子知我知"的事情,是如何传播开去的?非常蹊跷。但是我想,即便是杨震本人说出去的,也没什么了不起。杨震"性公廉,不受私谒"是出了名的,因此,"子孙常蔬食步行,故旧长者或欲令为开产业",杨震不肯,他说:"使后世称为清白吏子孙,以此遗之,不亦厚乎!"从这个"关西孔子"一贯的品行与人格来看,暮夜却金,难道属于意外吗?让打着各种旗号贿官跑官的人亮一亮相,使之知羞,倘能使后来者引以为戒,这种"恐人不知"反而太少了呢!

三国时曹魏的田豫也是个相当清廉的人。《三国志·田豫传》载,其镇西北,令"胡人破胆",但朝廷的赏赐,他"皆散之将士";而"每胡、狄私遗,悉簿藏官,不入家",尽管"家常贫匮",以至于"虽殊类,咸高豫节"。《魏略》云,鲜卑头领几次送来牛马,他都"转送官"。人家以为牛马目标太大,他不敢收,再次登门时就"密怀金三十斤",让他避开左右,说:"我见公贫,故前后遗公牛马,公辄送官,今密以此上公,可以为家资。"斯时也颇具"四知"情境,不同的是,田豫从民族关系的角度来考虑,"张袖受之,答其厚意",而在"胡去之后,悉付于外,具以状闻"。田豫的做法,本质上仍是"却",他把事情的前后经过明明白白地告诉大家,该是另一种十分必要的"恐人不知"了。

一个清廉的官员,即使主观上"恐人知"也是不可能的。《旧唐书·范希朝传》载,唐朝北部边界民族成分复杂,节度使到任,党项等族人"必效奇驼名马"。在许多人看来,这是工作性质的需要,不算受贿,况且收了还能搞好关系,何乐而不为?因而以往的节度使们"虽廉者犹曰当从俗,以致其欢"。但范希朝到任,"一无所受",且整整十四年,"皆保塞而不为横"。城中原本缺少绿荫,范希朝就从别处购来柳树种子,"命军人种之,俄遂成林,居人赖之"。令百姓怀念的范希朝,声名早已不胫而走了!不知道在他之后,"俗"尚存否,但前面那些所谓"廉者",由此可打个大大的问号。

总之,有了清廉这么一个关键的前提,"恐人知"与"恐人不知"都没有关系,二者并无高下之别。说回到胡威,大可不必自贬,即使是类比父亲。

1999年5月24日,2018年6月30日修订

省官不如省事

西晋司马氏政权比较重视农业生产。奠定家业的司马懿曾经说过："灭贼之要,在于积谷。"公元240年,他采用邓艾的建议,掘宽漕渠,引黄河水入汴河;又在淮北淮南,大兴屯田,屯田兵力五万人,轮番分出一万人守边,四万人则经常种田。屯田积累了雄厚的物质基础,武帝司马炎因此得以灭吴,使三国归晋,结束了180多年的分裂混战局面。

立国之后,晋武帝为了强化重农政策,甚至有过一次大规模"精兵简政"的想法,就是"省州郡县半吏以赴农功"。《晋书·荀勖传》载,荀勖对此表示异议,他说:"省吏不如省官,省官不如省事,省事不如清心。"他讲这话,是总结了前人经验教训的。关于省吏,三国曹魏搞过一次,"遣王人四出,减天下吏员"。省官呢?汉光武帝刘秀的手术动得颇大,当然不乏历史的因素使然。经过西汉末年的动荡和战乱,到东汉初,人口锐减,较之前代,史载户口不过十之二三。原来庞大的行政机构已变得没有必要,因此刘秀下令裁并郡县,并且"吏职减损,十置其一"。但所有这些,荀勖认为于今并不紧要,如果真正要在农业上做文章,"则宜以省事为先"。

荀勖眼中的"清心之本",是西汉惠帝时的萧规曹随,"载其清静,致画一之歌"。而"省事"的典范是文帝时的统治模式,就是"文景之治"中的那个"文"。那是怎样的一幅社会生活图景?轻徭薄赋,与民生息,"断狱数百,几致刑措",一年才不过几百起案子,刑具几乎要闲置起来了。汉文帝很"省事",他想建一座露台,算一下费用相当于中等人家一年的收入,就不建了。相形之下,西晋该省的事也确实太多,王朝虽短,但其腐朽的程度在历史上却是出了名的。何曾日食万钱,犹曰"无下箸处";王恺和石崇斗富,皇帝也参与其中。傅咸当时即上书曰:"奢侈之害,甚于天灾。"但要求那些重量级的"大老虎"省事,无异于与虎谋皮。荀勖是不敢触动也触动不了的,他所强调的"省事"之本,只有眼睛向下,在官尽其职、令出必行等方面做文章。

比如他说,凡居官位者,"务思萧曹之心",该干什么的就干好什么。"位不可以进趣得,誉不可以朋党求",要有实绩。"事留则政稽,政稽则功废",该办、能办的事情拖着不办,政令不畅,失去信誉,再怎么承诺也是白搭。如果"处位者而孜孜不怠,奉职司者而夙夜不懈",则虽仅有挈瓶汲水之小智的官吏,也能守其器而不以假人。在实际工作中,还要"简文案,略细苛,令之所施",必使人"愿之如阳春,畏之如雷霆",不要一会儿一个细则,一会儿又一个补充规定,不仅"为百吏所黩",也"为百姓所餍"。荀勖也讲竞争,但他强调"心竞而不力争,量能受任,思不出位",比干劲大小而不是比官职大小。荀勖认为这些都是"省事之本"。他乐观地展望,如果他说的这些都能实现,"虽不省吏,天下必谓之省矣",都不用精简机构了。

荀勖出了这么多主意,大约知道"请神容易送神难"吧。"上来"的谁也不愿意"下去",精简—膨胀—再精简—再膨胀,在他之前就已被证明是一条重复循环的老路。同时,真要执行起来的话,也不好操作,各州郡县的具体情况不同,"若直作大例,皆减其半",不分青红皂白,"恐文武众官郡国职业,及事之兴废,不得皆同",有的地方怕就要误事了。另外一个关键问题是,裁人的依据要把握好,"使忠信之官,明察之长,各裁其中",必须保证能者上,庸者下,而且一旦明确之后,则"不可动摇",会闹的孩子总有奶吃是不行的。无论如何,"与其先前所省,皆须叟辄复,或激而滋繁",不如慎重行事为好。

元张养浩《牧民忠告》中,也有"省事"的观点。他这么说的:"为治之道,其要莫如省心。心省则事省,事省则民安,民安则吏无所资。"把"省事"提到了"民安"的高度,以为二者具有紧密的逻辑关联。当然了,"事亦有必不能省者",那么考验的就是官员运筹帷幄的程度。在他看来,"古人谓多算胜少算,少算胜无算,不特用兵为然",因此"一役之修,一宴之设,一狱之兴",虽然都是省不了的,但"诚能思虑周详繁略毕,则民之受赐不浅矣"。他在基层干过,更有切身的体会。

必须承认,荀勖说得都很有道理,但他忽略了一点,不"省官"而"省事",几乎是不可能的。多余的官吏为了显示自己的存在,会自觉不自觉地找事、争权。荀勖"理论"的意义在于,既然现行的一切触动太难,精简机构从减事着眼,未尝不可作为一种无奈的选择。当然,多余的机构与"省事"之间,同样是一对矛盾的存在。

1999年6月7日,2018年6月17日修订

科场舞弊

科场舞弊,应当伴随科场出现而生吧,本身称不上稀奇。概因为举子高中与否,对个体的前途影响太大,没有真本事——姑且这样认为——的人不能不在场外绞尽脑汁。细看科场舞弊,似可分为两类,一类是民间的,一类是官场的。前两年某地发现了一种印刷非常精致的书,掌心大小,却印满了四书五经。今人度其用途,大抵就是便于考生偷带进考场。这种作弊,可划入民间的,乃是小人物的伎俩。而官场人士的同类行为,则有质的不同,它侵入了社会肌体,破坏的是制度,折射的是腐败。

《明史》中有两处此类记载。其一,见《汤显祖传》。云张居正"欲其子及第,罗海内名士以张之。闻显祖及沈懋学名,命诸子延致",借以抬高儿子们的身价。没骨气的名士什么时候都不缺,"谢弗往"的也什么时候都有,前者如沈懋学,后者如汤显祖。当然了,"识趣"的上得便快些,沈懋学就与张子嗣修同时得中进士,汤显祖则要为此付出再等上几年、等到张居正死后才能得中的代价。其二,见《饶伸传》,这里披露的就是张居正的手脚了,源于万历十六年(1588),黄洪宪典顺天试,以大学士王锡爵的儿子王衡"为举首,申时行婿李鸿亦预选",先有礼部主事于孔兼"疑举人屠大壮及鸿有私",再有礼部郎中高桂"遂发愤谪可疑者八人,并及衡,请得覆试"。饶伸说得更一针见血:"张居正三子连占高科,而辅臣子弟遂成故事。洪宪更谓一举不足重,居然置之选首。子不与试,则录其婿,其他私弊不乏闻。覆试之日,多有不能文者。"他建议将王锡爵等"巧护己私,欺罔主上"之辈,"请俱赐罢"。

张居正事败之后,丁此吕更有进一步揭发,事见《明史·李植传》。丁此吕说:"礼部侍郎何雒文代嗣修、懋修(均居正子)撰殿试策,而侍郎高启愚主南京试,至以'舜亦以命禹'为题,显为劝进。"张居正在台上时没人敢说什么,现在他倒了,也该对这些"捉刀"的官员有个说法了。此语甫出,不料惊动了大学士申时行,他申辩说考官评卷依据的只是文字水平,根本不知道是谁的卷子,"不宜以此为罪";接着他锋头一转,矛头直指丁此吕,最后硬把他撵出了京城。申时行的话当然不堪一驳,但他来出头辩解,并非平白无故,一方面他是张子那科的主试官,肯定参与其中了;另一方面,他自己在类似的事情上也有说不清的地方。江东之就不客气地指出:"时行以二子皆登科,不乐此吕言科场事。"曝得多了,他自己也就露馅了。的确,申时行不光是两个儿子的问题,他的女婿"预选"之后,不是也被人揭发"有私"吗?这些人的子弟底气不足是肯定的,虽不至于到交白卷的地步,但是老子们如果不动用权力、关系,显然就不能登榜。

科场之外,在选拔官员的问题上也是如此。《旧唐书·苗晋卿传》载,玄宗天宝二年(743),安史未乱,社会相对承平,"每年赴选常万余人",时"李林甫为尚书,专任庙堂,铨事唯委晋卿及同列侍郎宋遥主之"。从万余人中录取64人,该有多大的挑选余地?但对大人物的子弟,是谈不上挑选的,打个招呼固然更奏效,对于许多试图巴结上去的人来说,这个招呼即使不打,他们也知道该做什么。御史中丞张倚的儿子张奭参选,苗、宋二人便乖巧得很,他们看到张倚正在得宠,"欲悦附之",那么,把张奭这件事情办好了,日后当然也就有了张倚的照应,所以他们不仅录取了张奭,而且"奭在其首",录取为第一名。不幸的是,张奭不读书在当时是出了名的,谁都知道,瞒不了人,因而结果一出,舆论大哗。在唐玄宗亲自主持复试之下,那位"状元"哥"手持试纸,竟日不下一字",最后交了白卷,留下"曳白"的笑柄。

  国家选拔人才的方式,就这样被一些人当成了结党营私甚至交易的工具,种种明火执仗的行为对社会所构成的腐蚀和危害不言而喻。究其原因,往往都是缺乏有效的监督。没人监督不行,监督不是高声大气、真刀真枪也不行。苗晋卿和宋遥主事之时,上头不是也明令"务其求实"吗?但苗、宋上演丑行,众议纷然不假,却只是窃窃私语,始终没有人站出来,结果还是靠尚是红人的安禄山偶然听到而向玄宗提及才暴露出来的。《安禄山事迹》云:"其时选人张奭者,御史中丞倚之子也,不辨菽麦,假手为判,中甲科。时有下第者,为蓟令,以事白禄山。禄山恩宠渐盛,得见无时,具奏之。玄宗乃大集登科人,御花萼楼,亲试升第者一二。"

  提到监督,建立制度是必要的,但有了制度又是远远不够的,倘若缺了丁此吕、江东之、高桂之辈,同样无从谈起。

1999 年 6 月 28 日,2018 年 6 月 23 日修订

崔暹遇骂与路岩挨打

检验一个官员在百姓心目中的地位如何,可以有许多方式。对一些官员而言,不同的检验方式可能会得出不同的结论。比如百姓在知道可能的后果之时、在慑于淫威之时,就难免言不由衷。因而必欲得到百姓的真实评价,大约只有在百姓不知道他是官员,或者那官员下台之后的前提下,才有可能。兹拈二例。

《魏书》载,北魏崔暹迁平北将军、瀛州刺史时,"贪暴安忍,民庶患之",行为非常恶劣。但是有一天出城打猎,不知怎的突发奇想,"单骑至于民村",来了个微服私访。村中有个老妇人正在井中汲水,崔暹一面"令饮马",一面借机考察一下自己的形象,便向老人试探性地问道:"崔瀛州何如?"崔暹这样问,一定是自信能够听到溢美之词的,反之就叫作自取其辱了。不料老妇人并不认识崔暹,更不知道眼前这位"路人"正是堂堂崔大人,就对他愤愤地说了实话:"百姓何罪,得如此癞儿刺史!"癞儿,犹无赖,指狡诈蛮横之徒。癞儿刺史,此乃瀛州人民原汁原味儿的评价,就此成为崔暹的代称。老妇的话令崔暹扫兴至极,"默然而去"。

《资治通鉴》载,唐懿宗时的宰相路岩被谪官出京,"待遇"就更不妙了。京城有人不是骂他,而是在他出城时"以瓦砾掷之",抄起砖头瓦块什么的打他,以泄胸中之愤。路岩脸上很挂不住,对送行的京兆尹薛能自我解嘲说:"临行,烦以瓦砾相饯!"京兆尹是京都的卫戍长官,薛能又是路岩一手提拔上来的,所以路岩这样说,颇有些责备薛能的意思。薛能对"恩公"这样不知趣颇感意外,"徐举笏对曰":"向来宰相出,府司无例发人防卫。"听了这话,路岩才惭愧不已。的确,宰相谪官出京并不鲜见,但是又有哪个挨过打呢?挨了打,自己难道不该问问为什么吗?

显然,崔湜遇骂与路岩挨打,都不是无缘无故,只是他俩官儿当得自我感觉不错而已。崔湜和路岩究竟是怎样的人物呢?《魏书》把崔湜列入了《酷吏传》,说他"性猛酷,少仁恕,奸猾好利,能事势家"。这一归类等于给他定了性,区区三四百字的记载,也的确活现出这个贪官污吏的嘴脸:初以秀才迁南兖州刺史,"盗用官瓦,赃污狼藉",为御史中尉李平所纠,免官;行豫州事,"坐遣子析户,分隶三县,广占田宅,藏匿官奴",甚至围堤侵夺水面,为御史中尉王显所弹,免官。遇骂这一次,是他第三度为官,此后不久,又"以不称职被解还京"。

路岩这个人形象不错,标准的美男子,按《北梦琐言》的说法,"风貌之美,为世所闻",所谓"卫玠、潘岳,不足为比"。他还"善巾裹",颇能引领时尚,但是为政同样不堪一提。镇成都时,"委执政于孔目吏边咸",自己则"日以妓乐自随",动辄宴会,写些"离魂何处断?烟雨江南岸"的酸句子,"播于娼楼"。《南部新书》云,宣宗时路岩与曹確、杨收、徐商同时秉政,民谣曰:"確確无余事,钱财总被收。商人都不管,货路几时休。"《唐语林》中,曹確作"曹确",诗亦稍异:"'确''确'无论事,钱财总被'收'。'商'人都不管,货'赂'几时休?"将四人的名或姓嵌入其中,说他们什么也不干,整天想着捞钱,嘲讽意味溢于言表。

《旧唐书》载,路岩虽"幼聪敏过人",也登了进士第,步入仕途却是父亲运作的结果,"父友践方镇,书币交辟,久之方就。数年之间,出入禁署"。《新唐书》则比较详细地记载了路岩的种种恶行。其"顾天子荒阔,且以政委己,乃通赂遗,奢肆不法",与韦保衡统揽朝政大权后,"二人势动天下",时人目其党为"牛头阿旁"。被比作地狱中的厉鬼,为政该是何其凶恶可怖!而因为权力相争,"故与保衡还相恶",他两个互相也打得不可开交。路岩出过一个非常残忍的主意:对那些赐死的三品以上官员,"皆令使者剔取结喉三寸以进",就是把喉咙上下相接的那部分挖下来,以"验其必死"。他没有料到的是,自己最终也被赐死,也是"剔取喉,上有司"。人们说他"俄而自及",以害人之心终于害己。

不妨作这样一个假设,如果崔遏对老妇人直截了当地说:"我是崔瀛州,你觉得我官儿当得怎么样。"那么他还会遇骂吗?如果路岩还是宰相,在京城里耀武扬威,那么他会挨打吗?绝对不会。这种百姓真情实感的流露,看起来是出自个人或部分人之口、之手,实际上代表着一种广泛的民意。它可以被压抑,但无法改变其本身的存在,并终究有释放的可能。崔遏和路岩已经作古,而后人哀之,倘"后人哀之而不鉴之",可哀的则是后人了。

1999年7月19日,2018年6月2日修订

挑地方当官

官员任什么职,到哪里去任职,理论上讲要看个人的能力与工作的需要如何,实际中的情形却往往不是地方挑人,而是人挑地方。捐官即买官的人不用说了,出钱不只是为了过官瘾,还要把付出的如数捞回来,甚至要一本万利。能"跑官"的人也不用说,能"跑"说明他有"本事",有"本事"的人当官,当然要挑职位、挑地方。除此之外,有些还不错的官,也免不了要讨价还价,不理想或者不对胃口的地方,就不去。

《旧唐书·张九龄传》对九龄的"负面"信息,仅有寥寥几个字,"性颇躁急,动辄忿詈,议者以此少之"云云,其他都是赞誉有加。宏观地看,张九龄也确实是一位有胆识、有远见的政治家和文学家。政治方面,"开元盛世"的出现有他的一份功劳;文学方面,"海上生明月,天涯共此时"的句子,至今脍炙人口。不过,正是《旧唐书》其本传中透露,开元十三年(725),玄宗要九龄去当冀州(今河北冀州市)刺史,他就不愿意去。他的理由是"母老在乡,而河北道里辽远",于是"上疏固请换江南一州",结果"优制许之,改为洪州(今江西南昌)都督"。张九龄是广东曲江人,他讲的"道里辽远",是按其老家的方位来衡量的。路远,回家看老娘不方便,这个借口即使在张扬孝子的时代,也显得比较荒谬。然张九龄所以能"挑",主要在于玄宗的赏识。玄宗有一句关于九龄的名言嘛,就是宰执每荐引公卿,必问:"风度得如九龄否?"这话虽然是后来说的,但良好的印象是早早就有了的。所以,不久九龄又"转桂州(今广西桂林)都督,仍充岭南道按察使",与此同时,玄宗"又以其弟九章、九皋为岭南道刺史,令岁时伏腊,皆得宁觐",让他们三兄弟回家探望老母都方便。

但是在张九龄之前,也是唐朝,太宗的时候,因为挑地方当官,太宗曾开杀戒。《旧唐书·卢祖尚传》载,太宗贞观初年,交州(今越南河内)都督李寿以"贪冒得罪",太宗想找个合适的人选去接替。大臣们都推荐年轻有为的卢祖尚,说他"才兼文武,廉平正直"。太宗很高兴,把卢祖尚从瀛州(今河北河间)刺史的任上招至京师,当面委以重任:"交州大藩,去京甚远,须得贤牧抚之。前后都督皆不称职,卿有安边之略,为我镇之,勿以道远为辞也。"太宗的话并非虚饰,须知李寿乃高祖李渊的堂弟,建立唐朝的有功之臣。皇上这么看得起自己,卢祖尚很高兴地答应了,但是"既而悔之",说自己的老毛病犯了,去不了那里。太宗派杜如晦去劝,还是不行,便很不高兴,再让祖尚的大舅哥传话:"匹夫相许,犹须存信。卿面许朕,岂得后方悔之?"但他还是作了让步,说不会让你一辈子呆在那里,"三年必自相召",你就当是镀镀金、捞个在边远地区工作过的资本吧,并且保证"朕不食言"。话说到这个份上,卢祖尚已经没了退路,条件这样优厚,还想怎么样?没办法,他只好讲出了心里话:"岭南瘴疠,皆日饮酒,臣不便酒,去无还理。"去无还理,那是怕把命送在那里,这是卢祖尚所真正害怕的原因。太宗终于忍无可忍:"我使人不从,何以为天下!"当即下令斩之于朝。唐太宗为政宽怀,这回却杀了一个能干的且年龄不过30来岁的部下,不是气愤至极决不至于斯。这也表明,再有能力的官员,如果自恃过甚,性质便可能发生逆转,这倒是某些"挑地方"挑得过火的人不能不小心的。

相形之下,南朝刘坦的"挑"显得弥足珍贵。《资治通鉴·齐纪十》载,萧齐内乱,想派个人去镇守湘州(今湖南长沙)就是找不出,刘坦站出来说:"湘土人情,易扰难信,用武士则侵渔百姓,用文士则威略不振;必欲镇静一州,军民足食,无逾老夫。"刘坦在湘州干过,清楚那里的底细,知道是块硬骨头,他认为无论文官还是武将,都不见得有自己合适,所以挺身而出。果然,刘坦一到湘州,马上就能"选堪事吏分诣十郡,发民运租米三十余万斛以助荆、雍之军,由是资粮不乏"。刘坦的"挑",知难而上,体现了勇气和能力,对后世的官员或准官员来说,一定要"挑"的话,这才是正途。

唐太宗杀卢祖尚,无疑走了极端,人头不是韭菜,割了不能再长,所以他自己也"寻悔之,使复其官荫"。但对卢祖尚的"挑",不严厉处置一下恐怕也是不行的。政令不畅是一方面,当官的总是打个人算盘,拈轻怕重,实则是将个人利益凌驾于国家利益之上,对于同僚,也起到了极坏的示范作用。此外,如果当官都要按自己的意志挑地方且能如愿以偿的话,无异于那个社会已经没有原则可讲。

1999 年 8 月 23 日,2018 年 6 月 30 日修订

省察"杯中物"

陶渊明《责子》诗曰:"天运苟如此,且进杯中物。"大约从这时起吧,"杯中物"开始指代酒。

能喝酒不一定必然是坏事。古之圣贤无不能饮,"尧饮千钟,孔子百觚"。虽然夸张,但也可见圣贤们的海量。不过,正因为多数人不是圣贤,把握不住自己,所以我们才更多地看到"杯中物"带来的坏处。《史记·殷本纪》载,纣王"以酒为池,县肉为林,使男女倮相逐其间,为长夜之饮"。见存至今的殷商青铜器实物似可为之佐证,概酒类器皿所占比重最大,且有些器物的造型代表着这一时代最高的工艺水平。按陈梦家先生的分类,这些青铜酒器分为温酒器、盛酒器等,前者如斝、爵、角,后者又可细分为尊类、瓶类和壶类,尊、觚、觥、罍,各式各样的酒壶酒杯,一应俱全。商的亡国即与"杯中物"相关。

殷商的例子有些极端,但它起码说明,酒喝多了绝不是什么好事。位高权重的人好这口,带动的风气糟糕不说,如果再别有用心,为政就更不堪了。

《晋书·苻生载记》载,前秦皇帝苻生极端残暴,居丧期间也是"游饮自若,荒耽淫虐"。有一次他"飨群臣于太极前殿,饮酣乐奏",自己"亲歌以和之",且让尚书令辛牢掌管劝酒。辛牢一定是劝得不得力,没有死气白赖,因有苻生的责备:"何不强酒?"竟至于"引弓射牢而杀之",辛牢可是前秦开国元勋之一!在场的大臣们这下吓坏了,"无不引满昏醉,污服失冠,蓬头僵仆"。苻生已不是借助"杯中物"来强化与群臣之间的情感,而是把它作为体现自己意志的一种手段。

　　《三国志·孙皓传》载,东吴末帝孙皓召集群臣喝酒,不问能否,"率以七升为限"。孙皓生性十分偏狭,"每宴群臣,咸令沉醉",也包含一层险恶用心。喝多了的人,嘴上难免把门不牢,"醉时是醒时语",苏东坡誉为"此最名言",孙皓已深谙此道。他就让人留神听谁都讲了些什么,倘给他抓到把柄,抓起来不说,"至于诛戮"。这样,"杯中物"在孙皓那里又有了铲除异己的功能。中书令张尚说孙皓的父亲没当过皇帝,只应作传,不宜为纪,他便忌恨在心。他问张尚:"孤饮酒可以方谁?"张尚说:"陛下有百觚之量。"这当然也是赞他,但孙皓找的茬子是,张尚"以孔子不王,而以孤方之",是低瞧了他,因此便杀了张尚。

　　撇开这些暴君不谈,一些算是正面的人物,在对待"杯中物"的态度上也大有可非议之处。就说"不为五斗米折腰"的陶渊明,一当上彭泽令,"公田悉令种秫谷",为什么呢?"令吾常醉于此中足矣。"其"妻子固请种粳,乃使一顷五十亩种秫,五十亩种粳"。粳,稻谷;秫,高粱。陶渊明种秫的目的,正是要用来酿酒。他在一首诗里道得分明:"春秫作美酒,酒熟吾自斟。"一个地方的"父母官"倘若把自己的偏嗜作为正业,尽管有愤世嫉俗的成分,还是早点儿"归去"为好,回到家里爱怎么喝就怎么喝。因此,他归隐后的《饮酒》组诗,"借饮酒说出了自己内心对仕隐选择的看法和对自己平生出处的反省",尽管有二十首之多,然"陶诗读得越多,我们对他的人格、品性、修养的了解也就越深"。(叶嘉莹先生语)

这二十首《饮酒》组诗,历来也备受推崇。昭明太子说:"有疑陶渊明诗篇篇有酒,吾观其意不在酒,亦寄酒为迹焉。"苏东坡元丰五年(1082)三月三和人饮酒,人请其书写其中一首,书罢,东坡感慨:"正饮酒中,不知(陶)何缘记得此许多事?"

不难看到,史上许多留下治声的人,往往与酒无缘,或者即使好酒,关键时刻也能很好地控制自己。《南齐书·傅琰》载,刘玄明为山阴县令,"大著名绩",人家问他当官有什么秘诀,他说每天只吃一升饭,"而莫饮酒"。刘玄明不相信只有在酒桌上才能处理政事。《明史·史可法》载,"可法素善饮,数斗不乱",但是他"在军中绝饮",指挥作战时滴酒不沾。《明史·王章传》载,王章少孤,从小母训非常之严,他做诸暨县令后,有一天醉醺醺地回来,母亲"诃跪予杖",责之曰:"朝廷以百里授酒人乎!"王章伏在地上不敢仰视,"亲友为力解,乃已"。但他随即痛改前非,"治诸暨有声",半年后调任鄞县,诸暨人不肯放他走,鄞县人则强烈要求他快点去。

"朝廷以百里授酒人乎!"这句话实在掷地有声。一个封建时代的老太太能有这种见识,今天那些把"一瓶两瓶不醉"视为能耐、本领的"父母官"们,真该无地自容才是。一定要迷恋"杯中物"的话,就不妨学学陶渊明回家去。倘若做不到——基本上是可以肯定的,也不要像文同"也待将身学归去,圣时争奈正升平"那样矫情,而要学一学曾巩的坦诚:"独有田庐归,嗟我未能及。"

1999 年 9 月 6 日,2018 年 4 月 21 日修订

王世充的工作作风

王世充原本是隋朝的大将,隋失其鹿,他与李渊、李世民父子等共逐之。李氏父子立国曰"唐",他也不甘示弱,第二年便立国曰"郑",年号开明,并且足足当了两年的郑国皇帝。不过,像当时林士弘的"楚"(年号太平)、窦建德的"夏"(年号五凤)、高开道的"燕"(年号始兴)等等一样,正史中并不承认他们履历上的那些风光,把他们自封的皇帝视之为"僭",根本不算数。成者为王,败者为寇,不足为奇。但李氏父子之"成",他人之"败",都非平白无故,总有一定的原因可寻。以王世充来说,他的工作作风就很值得一议。

《旧唐书·王世充传》载,起兵之初,作为隋将,他是战功赫赫的,且很有智谋。"李密破(宇文)化及还,其劲兵良马多战死,士卒疲倦"。王世充欲乘其人疲马乏而击之,"乃假托鬼神,言梦见周公。乃立祠于洛水,遣巫宣言周公欲令仆射急讨李密,当有大功,不则兵皆疫死",他的队伍里"多楚人,俗信妖言",于是"众皆请战"。大胜而归,他所拥立的炀帝之孙杨侗,"拜世充为太尉,以尚书省为其府,备置官属",他就在府门之外公开张贴了三纸求贤告示,"一求文学才识堪济世务者,一求武艺绝人摧锋陷阵者,一求能理冤枉镛抑不申者",大张旗鼓地招募人才。告示即出,各路能人纷至沓来,致使"上书陈事,日有数百"。王世充也不含糊,来的人"悉引见",上的章"躬自省览,殷勤慰劳",很有些要使野无遗贤的架势。然《资治通鉴·唐纪三》又载,这架势使得"人人自喜,以为言听计从",从此可真有了一试身手的天地。但是日子一长,人们发现始终不见下文,你的建议切中时弊也好,有建设性也好,统统是说了也白说,他那里"终无所施行"。有识之士这时也就发现,王世充其实"心口相违",说的和做的相差太远。于是这几纸告示非但没有收到预期效果,反使人"颇以怀贰",失去了对他的信任感。

"假为侗诏策禅位",当了皇帝之后,王世充很想摆出一副亲民的姿态。自己有时骑马到街上去遛遛,也不像多数皇帝那样先要清道,把老百姓赶得远远的,"百姓但避路而已",他则"按辔徐行",和百姓直接地随意交谈。他说,以前那些皇帝坐在深宫大院里面,哪里能真实地了解外面的情况?"世充非贪宝位,本欲救时",我如今决心放下皇帝的架子,像个州刺史一般,"每事亲览,当与士庶共评朝政"。又一次对公众、对社会公开承诺。同时,王世充还担心"门禁有限",干脆在顺天门外"置座听朝",现场办公,同时又令西朝堂受理冤屈,东朝堂受理直谏,场面摆得很大。于是大家献章上事,又是"日有数百"。这么多的东西,王世充哪里看得过来?几天工夫他就烦了,"不复更出",干脆面都不露了,信誓旦旦的一切再一次全都拉倒。

作为乱世枭雄,王世充自然是有两下子的,打李密时假托鬼神,表明他很会利用将士的文化心理。这跟他"颇涉经史,尤好兵法及龟策、推步之术",且"善敷奏,明习法律",显然密切相关。他这个人还特别能说,"或有驳难之者,世充利口饰非,辞议锋起,众知其不可而莫能屈",明知他说的不对但是说不过他,还要照他的办。这本身已不是什么好事,况且王世充的能说,过犹不及,说不对地方就变成了啰里啰唆。因而其每听朝,"殷勤诲谕,言词重复,千端万绪",也就是长篇大论,磨磨叨叨,没完没了,好像手下都弱智得很,不这样讲话他们就明白不了一样。效果呢,适得其反,不仅使"侍卫之人不胜疲倦",而且使"百司奏事,疲于听受"。御史大夫苏良实在忍不住了,很不客气地指出:"陛下语太多而无领要,计云尔即可,何烦许辞也!"苏良的这番直言,令王世充"沉默良久"。在此之前,他似乎没有意识到自己的喋喋不休给人们留下了那么恶劣的印象。

  从以上可以看出,王世充的工作作风,实在有些虎头蛇尾。如果说他的设榜、亲民,是摆摆样子,一定是冤枉了他;但是说他雷声大雨点小,或者只有三分钟的热度,那是不会冤枉的。这样的话,即使是再动听美妙的承诺,显然也不能取信于民。至于他的后一种作风,苏良能当面指陈,本来是十分难得的,正是他借以重塑自我的契机。然而所幸的是,"亦不罪良";不幸的是,他这个人"性如是,终不能改也",这就等于把他在朝臣中的形象彻底破坏得一干二净。内外都恭敬不起来,威信无存,王世充最后又焉有不败之理?

1999 年 10 月 4 日,2018 年 6 月 22 日修订

索贿的方式

官吏凭借职权索贿,如同利用职权受贿一样,是封建官场的毒瘤。如果说二者稍有不同,那就是受贿似乎被动一些。于是,今天东窗事发的不少贪官污吏往往抓住这点为自己开解,说什么朋友送的,不收不好等等,装出一副无奈无辜的模样。索贿,即伸手要,则纯属于主动出击。官吏的品性,往往决定索贿的方式。

明朝恶名昭著的宦官刘瑾,索贿直截了当。奉命出使地方的官员回京,"瑾皆索重贿"。《明史·周钥传》载,兵科给事中周钥"勘事淮安",回来前为此着实犯愁,所幸他与淮安知府赵俊比较要好,"俊许贷千金",然而不知什么原因赵俊没有兑现诺言。拿不出什么东西,见到刘瑾绝对交代不了,周钥实在没有办法,想来想去,只有一条死路,"舟行至桃源,自刎"。随从把他救起时,他已经说不了话,写了"赵知府误我"几个字之后就咽了气。可怜的周钥到死都认为是赵俊害了他,而不敢怪罪刘瑾。《明史·刘瑾传》佐证了此事:"瑾故急贿,凡入觐、出使官皆有厚献。给事中周钥勘事归,以无金自杀。"想来此事当时轰动不小,盖事发之后,赵俊也没有幸免,被系之"至京,责钥死状,竟坐俊罪"。刘瑾的霸气,以及当时他所"例行公事"而达到的程度,由此可见一斑。

明朝另一个声名狼藉的官员严世藩索贿,则是按图索骥,事见《明史·奸臣传》。严世藩是奸相严嵩的儿子,"由父任入仕",父子俩同时把持朝政,严嵩精力不济的时候,"诸司白事",他就叫他们"以质东楼",找严世蕃去。这严世藩虽"短项肥体,眇一目",外表不堪一提,但却并非酒囊饭袋,而"颇通国典,晓畅时务,尝谓天下才,惟己与陆炳、杨博为三"。但严世藩把精明用在歪门邪道上,便非常可怕。严世藩"熟谙中外官饶瘠险易,责贿多寡",意谓他十分了解什么地方的官、什么职位的官,其油水的程度如何。这样一来,从富庶之地来的官想哭穷根本是不可能的,"毫发不能匿"。所以他的索贿,多寡并不划一,而是因地而易,因职而易,倒是绝不至于把人逼上绝路。因此,对他的这一招,虽"士大夫侧目屏息",然"不肖者奔走其门,筐筐相望于道",送礼的络绎不绝。自己的底牌人家清楚,没有人敢不来,况且有的人来之唯恐不及。

宋朝的王彦昇索贿,不是明说而是暗示。《宋史·王彦昇传》载,其为京城巡检使时,有一次半夜里巡逻巡去了宰相王溥的家。王溥"惊悸而出",不知道是怎么一回事。坐下了,王彦昇才告诉他,没什么,"此夕巡警甚困,聊就公一醉耳"。王溥居相位,官比他大,王彦昇当然不敢直接要钱,但王溥心里明白,他这不是转悠累了,找碗酒喝,而是"意在求贿"。王溥家里很有钱,他父亲"频领牧守",又"能殖货",走到哪里把田宅置办到哪里,"家累万金"。然而王溥如何肯买王彦昇的账?于是他"佯不悟",来个装糊涂,顺水推舟,你不是说要喝酒吗?"置酒数行",我就给你摆酒。第二天,王溥毫不客气地参了他一本,王彦昇因而"为唐州刺史",被贬出京城。高官也不能免于被索贿,普通官吏的境遇就可想而知了。而王彦昇所以胆子这么大,在于"陈桥兵变"中,除了石守信、高怀德等六大开国功臣外,他与罗彦环二人也有"翊戴"

之功,只是前六人为高级军官,后二人为中级军官就是,但在"最亲近扈从者"上,并无本质区别。然石守信等并无过失仍然被"杯酒释兵权",宋太祖与其说大怒王彦昇,不如说正好有个借口而已。

像王溥一样,明朝的寇天叙对付索贿者也有自己的一套办法。《明史·寇天叙传》载,武宗驻跸南京,随从就带了十多万人,地方不仅"日费金万计",不堪重负,而且近悻也纷纷来向地方官敲竹杠。软一点儿的来了,寇天叙就说:"俟若奏即予。"你跟皇上说清楚了我就给,寇天叙当然知道他们没有这个胆子。江彬是武宗的红人,谁也惹不起他,他派人来要钱,寇天叙也有办法对付。他说:"民穷官帑乏,无可结欢,丞专待遣耳。"老百姓已经没油水了,官府的钱也差不多用光了,我想巴结你老人家都没办法,正等着给打发回家呢。来了几次都这么说,道理就是这个道理,我连官都不想当了,你还能把我怎么样? 与此同时,"禁军攫民物,天叙与兵部尚书乔宇选拳勇者与搏戏。禁军卒受伤,惭且畏,不敢横"。

看起来,索贿的方式尽管五花八门,拒绝索贿,也不是全然没有办法。社会风气的影响固然重要,但是污淖中保持一股清风还是可能的,前提是具备正气、勇气和智慧。

1999 年 10 月 31 日,2018 年 5 月 31 日修订

取悦之道

取悦,谓博取别人的欢喜。汉张释之的儿子张挚"以不能取容当世,故终身不仕"。取容犹言取悦。在有些人士看来,不能取悦当世是件不可思议的事情,取悦何难?当不了官就罢了,因此而一辈子不想当官了,简直是个傻瓜。的确,深谙取悦之道的人数不胜数,尽管方式千差万别。

《续资治通鉴长编》卷八载,宋太祖"幸讲武池,临流观习水战",视察水兵操练,无意中对左右发表感慨说,人们都说忘身为国,其实讲起来容易,"死者人之所难"。站在一旁的李进卿听到了,立即说,我就不是那样,"令死即死耳"。说完还没等"令",就一头扎进水中。"上急令水工数十人救之得免,几至委顿",差点儿淹死。宋太祖哪里就是要人即死的意思?但在李进卿看来,这却是个绝佳的取悦时机,这种死法有什么意义根本不用管它,太祖高兴就行。

《倦游杂录》云,王安石当丞相的时候,好多人取悦于他,有好几个例子为证。其一,程师孟说他特别恨自己,为什么呢?因为自己的身体"日益安健",而实际上很想早死。这人的神经没有毛病,他的意思是早点儿死就能得到丞相给他写篇墓志铭,"名附雄文,不磨灭于后世",点睛之处在于赞美安石的文章。其二,王安石过生日，巩申来他家放生，不仅"跪而放之"，且每放一鸟，嘴里都要叨咕一句"愿相公一百二十岁"。其三，常秩"旧好治《春秋》，凡著书讲解，仅数十卷，自谓圣人之意，皆在是矣"。然而，因为王安石不喜欢《春秋》，常秩"遂尽讳所学"。

《啸亭杂录》云，清朝著名学者高士奇取悦康熙很有一套。康熙"喜其才便捷，凡遇巡狩出猎，皆命江村（士奇号）同禁御羽林诸将校并马扈从"。高士奇"遇事先意承志，皆惬圣怀"。有一次康熙打猎时，马匁蹶子，很不高兴。高士奇知道了，"故以潴泥污其衣，趋入侍侧"。康熙怪问之，士奇曰："臣适落马堕积潴中，衣未及浣也。"康熙大笑曰："汝辈南人，故懦弱乃尔。适朕马屡蹶，竟未坠骑也。"他掉下去了我没掉，康熙心里得到平衡，"意乃释然"。还有一次，康熙登金山，"欲题额，濡毫久之"，士奇乃拟"江天一览"四字于掌中，"趋前磨墨，微露其迹"，解了康熙的围。

《世载堂杂忆》云，清末的李盛铎（木斋）早年奔走于大学士徐桐之门，无所不用其极。徐桐乃其座师而已，并无实质上的师承关系。徐桐讲宋学，他就谈宋学，这都不算什么。康有为、梁启超入京，"将开保国大会于南海会馆，遍发传单，木斋为首先签名之发起人"。朝廷知道后，下令禁止集会，李盛铎便悄悄溜号了。徐桐后来听说了这件事，盛铎"自谓不入虎穴，焉得虎子"，硬是把自己打扮成英雄，令徐桐"极赞赏"。还有一次，徐桐看见李盛铎鼓捣鸦片烟具，"大责其不谨"，他立即起身谢罪之余，且将所有烟具"尽锤碎之"。这些东西都是他家祖传下来的，价值不菲。徐桐说，不吸就是了，何必砸东西。李盛铎说："非破釜沉舟，不足笃守老师教训。"自己的几句话有这么大威力，徐桐的感觉舒服极了，不几天就给了李盛铎一个"江南乡试副考官"的美差。然而知情人说，李盛铎本来就知道徐桐憎恶鸦片，"故作此举，所以坚其宠信也"。徐桐自缢之后,李盛铎"变其作风",又去走别人的门路了。

梁鼎芬取悦张之洞,则有自己的另一套。他用重金买通了张之洞的两个侍从,一个是检书的,一个是缮写的,让他们把张之洞每天看了什么书,看到哪里了,发了些什么议论,"随时密告,随时赏钱"。得到信息后,他就把那些书找来,"熟读而揣摩之",把握好张之洞的心态,这样和张之洞谈天,句句能说到他的心坎上,唬得张之洞以为梁鼎芬无书不读,学问渊博得不得了,以至对他"重信不疑"。

袁世凯时代有个"女志士"沈佩贞,不仅"凡府中要人,深相结纳",到处认干亲,而且干脆还攀上袁氏本人。她在名片上醒目地注明"大总统门生",旁边弄行小字,说自己"原籍黄陂,寄籍香山,现籍项城"。广东香山(今中山)是孙中山先生的故乡,河南项城则是袁世凯的故乡。沈佩贞连老家也不肯要了,跟定了袁世凯。不过袁世凯并不满意自己的出身,很想冒认为明朝大将袁崇焕的后代,连籍贯也搬去广东东莞,可惜真正的袁崇焕后人不给大总统颜面,硬是不认他这一支才作罢。沈佩贞倘若知道这件事,想必会再缀个"将籍东莞"。袁氏称帝,她又自称洪宪"女臣"……

"士为知己者死,女为悦己者容。"取悦,原不应含有贬义,然而向权势取悦,已与献谀无异,是不能不另当别论的。种种取悦之道,能把取悦者的内心世界暴露无遗。

2000 年 2 月 14 日,2018 年 5 月 26 日修订

"万世辨奸之要"

把历史人物以忠、奸来区分,不知道是不是我们中国人的发明,但很为我们中国人所接受。渐渐地,不论是官方还是民间,对国家层面的败仗因此产生了新的认识,形成了新的公式,那就是"奸臣误国"。岳飞抗金未果,因为有秦桧;清军入关,因为有吴三桂;鸦片战争蒙辱,因为有琦善等"投降派"。换言之,只要国家发生危机,"奸臣误国"这四个字足以把庸君、昏君、暴君的责任轻轻带过。所以,即便是按照修史时的衡量标准,也难免出现替罪羊式的"奸臣"。有学者云,《明史》中陈瑛不当列入《奸臣传》,他的所作所为实乃成祖的授意,只是属于助纣为虐。又,按国人盖棺论定的传统,保持了晚节的马士英放进《奸臣传》,亦颇为不当。

那么什么样的人才是真正的奸臣呢?《明史·刘宗周传》载,崇祯八年(1635),刘宗周在上《痛愤时艰疏》中提出了一个"万世辨奸之要",那是教给崇祯皇帝的一种方法,要义为唐朝大臣李勉的一句话。在《旧唐书·卢杞传》里,可知李勉说的究竟是什么。当年,唐德宗怎么也不能理解为什么自己看好的卢杞就是得不到大家的认同,满面狐疑地问:"众人论杞奸邪,朕何不知?"李勉回答:"卢杞奸邪,天下人皆知;唯陛下不知,此所以为奸邪也!"这句似乎有些强词夺理的话,令"德宗默然良久",几百年后的刘宗周还念念不忘,并以之为"万世辨奸之要"。"要"在哪里?在于如果一个人在长官面前是人,而在大众面前是鬼,他就是奸邪无疑。唐德宗与卢杞的关系就是一个活生生的实例。

正史中出现《奸臣传》,始于欧阳修、宋祁所修《新唐书》,德宗时的宰相卢杞正为首批"进驻"的九名奸臣之一。"杞貌陋而色如蓝,人皆鬼视之",这样的用语带有明显的情感色彩倾向,不足为凭;但卢杞"颇有口辩",能说,而且"不耻恶衣粝食,人以为能嗣怀慎(杞祖)之清节",生活方面没有一点讲究,更谈不上奢侈,这些也都是事实。其之为奸,在于宰相生涯不过区区三年,"穷极凶恶"却是出了名的。袁高对他的一句评价很有代表性:"三军将校,愿食其肉;百辟卿士,嫉之若雠。"就是这么一个被大众恨得咬牙切齿的人,却非常得到德宗的赏识。有一回卢杞"奏对于上前,阿谀顺旨",萧复当场指出:"卢杞之词不正。"德宗愕然之余,不去检讨萧复何出此言,反而得出"萧复颇轻朕"的结论。接着还说,看不起卢杞,就是看不起我,谁要再有类似的言论,免谈。卢杞被罢免之后,德宗还想重新提拔他,赵需等谏官联名上疏曰,这种"公私巨蠹,中外弃物"如果再加擢用,会使"忠良痛骨,士庶寒心"。德宗就退了一步:"朕欲授杞一小州刺史,可乎?"李勉又说了:"陛下授杞大郡亦可,其如兆庶失望何?"卢杞能如此赢得德宗的信赖,在德宗那里不下功夫是不行的;使恶名达成美声,没有过人的手段也是不行的。卢杞之奸,正在这里。

刘宗周概括出"万世辨奸之要",旨在谏言崇祯:不要为官员的表面举动所蒙蔽,概"陛下恶私交,而臣下多以告讦进;陛下录清节,而臣下多以曲谨容;陛下崇励精,而臣下奔走承顺以为恭;陛下尚综核,而臣下琐屑吹求以示察",诸如此类,"似信似忠之类,究其用心,无往不出于身家利禄。陛下不察而用之,则聚天下之小人立于朝,有所不觉矣。天下即乏才,何至尽出中官下?"可惜的是,对刘宗周之疏,崇祯大怒,加上温体仁"又上章力诋",宗周乃被斥为民。众所周知,九年之后,崇祯十七年(1644),李自成大军攻破北京时,只有一个随从陪伴的崇祯,跑到煤山去上吊了。那时他才终于明白:"诸臣误朕也,国君死社稷,二百七十七年之天下,一旦弃之,皆为奸臣所误,以至于此。"

历来"辨奸"的方法当然有很多。《古文观止》里有苏洵的《辨奸论》,"凡事之不近人情者,鲜不为大奸慝"云云,洋洋洒洒。前人指出,此文针对的是王安石,视之为"奸"。这种指摘,显见是出于政见的不同,不必理他。李勉的话对于长官们来说简单明了,且十分易于操作,所以刘宗周名曰"之要"。这个道理长官们不见得不懂。京房曾经问汉元帝:周幽、厉王时国政不堪,他们用的都是些什么人?元帝答:"君不明,而所任者巧佞。"问:知道巧佞还要用?答:过后才知道。问:齐桓公、秦二世提起幽、厉也要"非笑之",然而也因为任用竖刁、赵高,使"政治日乱",这是怎么回事呢?答:"唯有道者能以往知来耳。"汉元帝在京房的循循善诱下明白了:不是什么人都能吸取教训的。

2000年3月5日,2018年6月11日修订

书法是门艺术

书法是一门艺术,汉字的书写艺术。这话大约只有真正的书法家和真正懂得书法的人才明白。因为在有些权要看来,书法是一种权力。有权了,书法自然受到追捧,自己也就成了当然的书法家。这样说,不是要把书法家与权要截然地对立,事实上,颜真卿、柳公权诸人都当过大官,否则今天的人未必知道他们。像发明活字印刷术的毕昇,因为"布衣"的身份,那么大的功劳也只是在《梦溪笔谈》里留下个名字,"庆历中,有布衣毕昇,又为活版"而已,事迹则无从考证。书法家也是这样,如《太平广记》云"荀舆能书,尝写狸骨方。右军临之,至今谓之《狸骨帖》",然荀舆是谁,不得其详了。

问题的关键是权要们要正确地认识自己,摆准位置,行就行,不行就是不行。《宋书·刘穆之传》载,南朝刘宋的开国皇帝刘裕,"书素拙",字写得不好,刘穆之直截了当地说:"此虽小事,然宣彼四远,愿公小复留意。"刘裕的字本来不是要拿去题词或制成店铺之类的招牌悬于闹市,想来只是给内部达到一定级别的人传阅。刘穆之这样一说,刘裕也觉得不好意思,但又实在没有这个天分,不知如何是好。穆之又出主意:"但纵笔为大字,一字径尺,无嫌,大既足有所包,且其势亦美。"刘裕接受了,"一纸不过六七字便满"。刘穆之没有一味奉承,刘裕也就摆正了位置。

同样是帝王,宋太宗的书法很不得了。《杨文公谈苑》云,其"善草、隶、行、八分、篆、飞白六体,皆极其妙,而草书尤奇绝"。太宗的飞白,"其字大者方数尺,善书者皆伏其妙"。飞白,乃一种特殊的书法。李绰《尚书故实》云:"飞白书始于蔡邕,由鸿门见匠人施垩帚,遂创意焉。梁萧子云能之。"传说中正是这样,东汉灵帝修饰鸿都门,匠人用刷白粉的帚写字,令蔡邕颇受启发,因此创制了"飞白书",笔画中露出丝丝白地,犹如枯笔写成。汉魏宫阙题字,广泛采用飞白书。李肇《国史补》虽在前,却正能与《尚书故实》相衔接,云:"梁武帝造寺,令萧子云飞白大书'萧'字,至今一'萧'字存焉。"宋太宗弘扬了这一传统,淳化中,崇文院秘阁落成,"内居从中降图画及前贤墨迹数千轴以藏之",他就曾为之"飞白书额"。有一天太宗对左右说,天下的事情这么多,我哪有那么多工夫还鼓捣书法,"但心好之,不能舍耳",所谓技痒难忍。另外他还有一层考虑:"江东人多称能草书,累召诰之,殊未知向背。小草字学难究,飞白笔势难工,吾亦恐自此废绝矣。"就是说,好多号称不错的书法包括飞白,根本入不了他的眼,于是他写了"数十轴藏于秘府"。水平高,也不是拿出去炫耀,而是从如何传承这门艺术的角度着眼。

关于宋太宗的记载或许有夸饰的成分,但他的行为确是一种书家的态度。讲到书家,不可不提元朝的赵孟頫。陶宗仪《南村辍耕录》云赵孟頫"以书法称雄一世,画入神品",但他也不是到处去乱写。兴圣宫落成,太后懿旨他书匾额,这本来是个极好的表现机会,但赵孟頫对来人说:"凡禁扁皆李雪庵所书,公宜奏闻。"找到李雪庵,李很奇怪,"子昂(孟頫字)何不书,而以属我耶",倒叫我来写呢?陶宗仪感慨道:"前辈谦让之风,岂后人所可启哉。"赵孟𫖯偶得米芾《壮怀赋》一卷,中间缺了几行,"因取刻本摹拓",想把它补齐,但摹了好几张纸也不满意,乃叹曰:"今不逮古多矣。"实则赵孟𫖯"无帖不习",他写的《千字文》,见者"以为唐人字,绝无一点一画似公法度",看到最后的题记,才知道是他写的。陶宗仪又感慨道:"公之翰墨,为国朝第一,犹且服善如此,近有一等人,仅能点画如法便自夸大者,于公宁不愧乎?"

滥竽充数的权要"书法家"固贻笑大方,然而不是说专家就不可以不警觉。陈其元《庸闲斋笔记》谈到,他有个好朋友钱晓庭,弃官回家"惟以书画自给,不问外事",晚年声价益高,"吉光片羽,人争宝贵"。但是要得到他的画并不难,孔方兄开路就行。陈其元有次戏言以己之字易彼之画,钱笑其"太不自谅",陈说:"我之字,嘉兴一郡,除太守一扇外,更有何人能得寸缣尺幅?若渠之画,但须赠以润笔,便可捆载。此时皂隶驵侩之家,谁不高悬钱晓庭画者!以我之扇易彼之画,我犹怏怏耳。"粗制滥造,当成谋财工具,就不该是专家的态度。

书法是传统文化的精华之一,权要们要认识到那是一门艺术,不要因为自己是一地长官,便恨不得满大街的招牌都是自己的墨宝;书法家们要有意识地弘扬、光大这门艺术,双方都有责任爱护它,而不要把它糟蹋了。

2000年3月6日,2018年6月16日修订

"不可不问,不可深问"

梃击案乃明朝万历年间的一个著名案件,与红丸案、移宫案一起,被史家合称为"明末三案"。

梃击案的大致内容是,万历四十三年(1615)五月初四日黄昏时分,手持枣木棍棒的汉子张差闯入皇太子居住的慈庆宫,第一道门寂然无人,第二道门只有两名老太监把守,张差打伤了其中一个之后,被太子内侍擒拿。显而易见,张差的目的是要行凶。为什么要这样呢?《明史纪事本末》载,张差初始这样供认:被人烧了供差的粮草,气愤之余,赴朝诉冤,"从东进,不识门径",路上碰到两个男的告诉他:"尔无凭据,如何进?尔拿杠子一条来,便可当作冤状。"于是,他就这么干了。得,奉旨审问的刑部郎中胡士相、岳骏声觉得可以就此结案,依照"宫殿前射箭放弹投砖石伤人律",处张差以死刑完事。不过,那些对事件感到十分蹊跷的官员并不打算到此为止,刑部主事王之寀再审张差,开始他"不敢说",继而招供,"有马三舅、李外父,叫我跟不知姓名老公,说'事成与尔几亩地种',老公骑马,小的跟走",就这么来北京了。到了个"不知街道大宅子,一老公与我饭,说:'你先冲一遭,撞着一个,打杀一个,打杀了我们救得你。'遂与我枣木棍,领我到厚载门进到宫门上"。事情至此,又是一起经过策划的谋杀确凿无疑了。

但是，一个懵里懵懂的普通农民进京加害未来的皇帝，不可能不是受人指使。受谁的指使呢？王之寀主张公开审讯，但万历采取了不予理睬的态度，将王疏压下不发。大理寺王士昌对此表示不解，万历批示"法司提了问"，士昌再认为："如此冷语，如路人赴诉于不相知者。"关联到你儿子啊，怎么好像没事人一样？万历心里大约清楚，这案子牵涉到了深受他宠爱的郑贵妃。如何处理这一案件呢？棘手之际，孙承宗出了个极好的主意，叫作："事关东宫，不可不问；事连贵妃，不可深问。"问，在这里等同于追查、追究。谋害皇太子，这么大的事情，不问能行吗？但是，点到为止。俗话说"拔出萝卜带出泥"，深问就是把萝卜拔出来的同时，连泥也一起带出来。想把泥带出来的时候当然有此必要，使劲拔就是，能带出多少带多少，完全取决于萝卜和泥的依附程度。然而许多时候，人们却只想拔出个萝卜而已。

在梃击案中，谁是萝卜谁是泥，清楚无比，这就是"不可深问"的缘由。

万历有一次去慈宁宫探望母亲，索水洗手，看中了捧着水盆伺候的王宫女，从此"私幸"有加，还赏了一副"头面"。一来二去，王宫女有了身孕，生了皇长子朱常洛。事情干得上不了台面，万历讳莫如深，而起居注忠实地记录着他的一举一动。万历的皇后无子，"无嫡立长"，皇长子便理应成为太子；偏偏甚投万历心意的郑贵妃后来也生了个儿子朱常洵，成了太子的有力竞争者。究竟该立谁，朝臣前后争执了十几年，终以"正统派"的胜利而告表面结束。再审张差之时，其又供认，"不知姓名老公，乃修铁瓦殿之庞保。不知街道大宅子，乃住朝外大街之刘成"，他们告诉他："打小爷（太监称皇太子为小爷），吃也有，著也有。"而庞保、刘成正是郑贵妃左右的执事太监。所以除非将郑贵妃也挖出来，否则就不必深问下去,深问下去连万历都给牵扯进去也说不定。孙承宗很清楚这一点,他具体地说:"庞保、刘成而下,不可不问也;庞保、刘成而上,不可深问也。"把这几个小萝卜轻轻地拔出来就得了。

"不可不问,不可深问"早就是官场处理问题的惯用逻辑,不过到了明朝,由孙承宗概括得言简意赅罢了。《宋史·王钦若传》载,王钦若"知贡举",考生任懿托人走他的门路,愿"以银三百五十两赂钦若",中间人传话过去,王已经进贡院了,他老婆赶紧派家里的一个仆人去通知,还把任懿的名字写在仆人的胳膊上,怕弄错。谁知任懿没有马上"交钱",考上了就走了,中间人驰书去催,"始归之"。就是这封信,暴露了他们之间的肮脏交易。选拔人才而公然舞弊,不问当然不行,但是"帝方顾钦若厚",正对他好着呢,怎么办?深问下去皇帝也要弄个灰头土脸。经办的人于是来个装糊涂。王钦若说他家根本没那个仆人,没有就没有;任懿说他的大舅哥认识知举官洪湛,他们两个一起去过他家,得,那就是洪湛受贿。结果洪湛被流放儋州。"人知其冤,而钦若恃势,人莫敢言者。"索性连萝卜也不拔了,是"不可深问"的另一个恶果。

"不可不问,不可深问"的可恶之处还在于,遇到关系是非的原则性问题,不是研究应该怎样处理,而是考虑应不应该处理。如何掌握,全凭官场的利害冲突和利益平衡,而对已有的制度和原则毫不放在眼里。

2000 年 3 月 19 日,2018 年 6 月 9 日修订

有所惧

惧者,怕也。《诗·小雅·谷风》云:"习习谷风,维风及雨。将恐将惧,维予与女。将安将乐,女转弃予。"严粲《诗辑》曰:"来自大谷之风,大风也。……又习习然连续不断,继之以雨,喻连变恐惧之时,犹后人以震风凌雨喻不安也。"表现的是对大风大雨的一种恐惧。世上怕什么的人都有,有的令人捧腹,有的令人不解,有的令人赞叹击节。怕什么,不一定需要理由,有些也根本讲不清楚。

文莹《湘山野录》云,安鸿渐惧内。老丈人死了,他去吊唁,"哭于柩",但老婆不满意,"呼入縰幕(灵帐)中诟之",说他根本没有眼泪。安鸿渐说,我用手帕擦干了。老婆说,行啊,"来日早临,定须见泪",看你明天有没有。安鸿渐没办法,第二天偷偷地先把纸蘸湿了放在额头上,然后"大叩其颡而恸"。哭完了,老婆又把他拉过来看,惊问之:"泪出于眼,何故额流?"而"有滑稽清才"的安鸿渐这时候显本领了,"仆但闻自古云'水出高原'"。

戴震《忧庵集》云,有个家资数万的商人特别好喝酒,但喝完了就耍酒疯,骂人,谁跟他喝谁倒霉。后来大家发现,商人特别怕红枣,于是再看到他醉了,要讲粗口了,"即以红枣一盘置案上",果然他就赶快乖乖地躲到一边去。商人有个朋友不相信,认为他是装的,哪有怕这东西的人呢?就把枣子用针线穿起来几十颗,冷不防套到他的脖子上,商人立即"扑地昏眩欲绝",差点儿给吓死。

刘成禺《世载堂杂忆》云,民国时的大学者黄侃平生有三怕:兵、狗、雷。均有事实为例证。如其怕兵,他在武昌居黄土坡之时,"放哨兵游弋街上,季刚(侃字)惧不敢出,停教授课七日"。其怕狗,是友人在家中宴客,他都坐车来到门口了,"狗在门,逐季刚狂吠",他马上掉头回家。主人寻上门来,"约系狗于室外,始与主人往"。其怕雷,是他和别人争论音韵时,"击案怒辩",气壮得很,忽然天上打了一个响雷,大家吓了一跳,等回过神来,却找不着黄侃了,结果发现他"蜷踞桌下"。人们开玩笑说:"何前耻居人后,而今之甘居人下也?"因为外面还有雷声,黄侃连连摆手,就是不肯出来。秀才遇到兵和狗,怕得有理,然而被雷也吓成那个模样,让人忍俊不禁。

但有些怕的理由是可以分析的。大名鼎鼎的曾国藩怕鸡毛,"遇有插羽之文,皆不敢手拆",甚至不论走到哪里,鸡毛掸子都得赶快收起来。有人附会曾国藩是巨蟒转世,蟒蛇之类特别害怕鸡毛的味道。更有人活灵活现地说,曾国藩每天早起,床上都留一堆癣屑,像蛇蜕下来的皮。曾国藩固然有癣疾,而且似乎还不轻,他也的确常在家书中提及此事,但前面那些毕竟是夸大其词的"谣传"乃至无稽之谈。相形之下,倒是另一说觉得可信:当年对太平军的战事频仍,搞得他焦头烂额,鸡毛信必是军情紧急的信,所以才怕。

开篇所引之《小雅·谷风》,后世对诗意乃弃妇之怨达成共识,"恐惧之时,则置我于心而不忘;安乐之时,则弃我如遗物"。汉光武帝熟悉该诗,因之也有一惧,担心成为阴皇后的独白。《后汉书·皇后纪上》载,建武九年(33),光武诏曰:"吾微贱之时,娶于阴氏,因将兵征伐,遂各别离。幸得安全,俱脱虎口。"进而以为"风人之戒,可不慎乎?"

对于某些官员而言,意识上先觉的怕,预见了自己的行为可能产生的负面影响,不仅难能可贵,而且让人油然而生敬意。明朝有个施邦曜,当官从不收礼,人家送他一株墨竹也不要。他说如果收了,"我则示之以可欲之门矣",表明自己身上有缺口。他特别钟情山水,但当四川按察使的时候,却连峨眉山也不去,"上官游览,动烦属吏支应,伤小民几许物力矣"。施邦曜怕的是自己得了浮生半日闲,却劳民伤财。

唐朝的宋璟从广州调去中央为相,广州吏民欲立遗爱碑并刊刻遗爱颂。宋璟不同意。他对玄宗说,"颂所以传德载功也,臣之治不足纪"。实际上宋璟对广州是很有贡献的。《新唐书·宋璟传》载,"广人以竹茅茨屋,多火",宋璟教当地"陶瓦筑堵",用砖瓦建房,改善居住条件;"列邸肆",对城市建设着实规划了一番,"越俗始知栋宇利而无患灾"。单凭这一点就是很了不起的。但宋璟怕的是做了点儿分内的事情就要张扬,带坏了风气,况且有人立碑的动机就不良,"以臣光宠,成彼谄谀"。他建议玄宗,"欲革此风,望自臣始",从我做起,哪里也不要来树碑立传这一套。

有没有理由都好,人有所惧,不是什么坏事,起码可以产生制约之效。对太平时期的官员来说更是如此。什么也不怕,"和尚打伞,无法无天"的话,其人对社会就有些危险了。

2000年3月20日,2018年7月14日修订

印把子

印把子,权力的代名词,但它又是一件实实在在的真家伙。《二十年目睹之怪现状》第七十一回,河泊所司官焦理儒把夜里在珠江妓船上滋事的藩台少爷和藩署师爷抓了起来,藩台两次来捞人,理儒均未理会,一定要把这"两个闹事伤人的凶徒"法办。但是因为得罪了藩台,手下人都吓坏了,"到得天明,合衙门的书吏差役,纷纷请假走了,甚至于抬轿的人也没有了。理儒看见觉得好笑,只得另外雇了一乘小轿,自己带了那一颗小小的印把,叫家人带了那少爷、师爷、鸨妇,一同上制台衙门去"。

旧时的官员更看重印把子这个硬件。某种程度上,官员与之形影不离。争权的同时还要争印,印没了,等于官就不被承认。

《资治通鉴·唐纪七十二》载:"李克用至晋阳,大治甲兵,遣榆次镇将雁门李承嗣奉表诣行在,自陈:'有破黄巢大功,为朱全忠所图,仅能自免,将佐已下从行者三百余人,并牌印皆没不返。'"胡三省在这里详细阐述了官与印之间的关系:"古者授官赐印绶,常佩之于身,至解官则解印绶。至唐始置职印,任其职者,传而用之。其印盛之以匣,当官者置之卧内,别为一牌,使吏掌之,以谨出入,印出而牌入,牌出则印入,故谓之牌印。"于慎行《谷山笔麈》照抄了这一大段,只加了"即今日之制也"等若干字眼,表明到了明朝还是这样。

正因为印的重要,地方首脑往往也委派自己信得过的家仆"司印"。明朝另一位叫蒋廷璧的,还曾建议州县长官亲自保管,制作一个能露出印柄的印盒,这样"非惟举目就见,虽夜间放在床上睡觉,时以手摸之,睡亦安稳也"。

但也有人不把这东西看得那么了不起。《三国演义》第二十六回,"身在曹营心在汉"的关羽,被曹操封为"汉寿亭侯",他就不大稀罕。打听到刘备的去向之后,毅然离去。临走之前,"一面将累次所受金银,一一封置库中",同时,"悬汉寿亭侯印于堂上",即所谓"挂印封金",一切都拱手奉还。但像关羽那么潇洒的人不多。关羽有气节,更主要的是有本事,有本事的人到哪里也不怕,不会拘泥于官衔。有的人好不容易抓到了印,当然是不肯轻易放手的。

《世载堂杂忆》"逋臣争印"条云,辛亥革命时,江宁布政使樊增祥不仅自己"渡江潜逃",而且把大印也给带走。害得继任的李梅庵没办法,只好自己刻个木头的,凑合着用。后来两人都"避地"上海,脑袋上也都没了头衔,但是因有铜印木印之嫌,仍"各避不见面",且双方的拥戴者以之"互为诮让之词"。李梅庵一方坚持要樊增祥把印交出来。陈散原老先生还出来打过圆场,"铜印如存,留在樊家,作一古董;木印已灰,事过景迁,何必争论"云云。樊增祥死不交印,与他的官迷心态有关,到了晚年也还想着攀龙附凤。袁世凯、黎元洪、徐世昌,谁在台上他巴结谁。对黎元洪,他近乎哀求道:"如大总统府顾问、咨议等职,得栖一枝,至生百感。"但黎元洪一点儿面子也不给这个同乡前辈,大庭广众之下说他"又发官瘾",态度也很干脆:"不理,不理。"这样的人争到了印,把玩回味不及,哪有肯交出来的道理?

该书"纪伍老博士"条,谈到了张勋复辟时,伍廷芳与江朝宗也有过一次争印。张勋逼黎元洪限期解散国会,黎"惧允之"。但总统下令,须国务总理同时签署,而伍廷芳不愿负此恶名,声言"欲我副署,先取我头去"。黎元洪因此免了伍职,由江朝宗代理。江朝宗签署之后,接着就赶到伍家"索国务总理印章"。伍廷芳打心眼里看不起他,派人告诉他:"请你回去,着人送来。"但江朝宗声称:"不给印章,死也不走。"叫闹一阵看看没什么效果,干脆搬来兵马,"金鼓齐备",把伍家团团围住。你不理我,我就让士兵"大吹大擂,狂呼不已,继以枪声",骚扰你;天黑后,仍"号令从人,嘈杂不息"。半夜时,又在附近放火,告诉伍家:"大火烧过来了。"伍廷芳识破了他的诡计,坚决不理。但这边"终夜无片刻不轰闹",把个伍老先生闹得根本不能休息,疲惫不堪。儿子便劝父亲,给他算了,反正您老人家没在解散国会令上署名,也算对得起中华民国了。伍廷芳才叫人"掷印章于门外",鄙夷地说:"汝可盖印作大官。"江朝宗如获至宝,竟至于"倒地拾印",继而发布解散国会令。

在官本位的社会,争夺印把子实乃稀松平常之事。但像樊增祥那样死皮赖脸大可不必,像江朝宗那样厚颜无耻更该唾弃。印把子标志着权力,但这权力不可以滥用。得到了印把子,还要时刻想到捍卫它的尊严,这一点要学学伍廷芳才是。

2000年4月17日,2018年7月14日修订

"能说话者"

陈其元《庸闲斋笔记》"居官以能说话得便宜"条云,嘉庆皇帝问四川总督勒保:"尔等为督抚,僚属中何等人最便宜?"觉得什么样的僚属最称心如意呢?便宜,此可作适宜解。勒保回答:"能说话者。"嘉庆曰:"然。"表示赞许。这里的"能说话",显然是"会说话"。嘉庆有个奇怪的逻辑:"工于应对,则能者益见其善;即不能者,亦可掩不善而著其善。"度嘉庆、勒保的语意,未必是欣赏巧舌如簧、巧言令色之辈,而是"政事不借敷奏不能畅达,往往有极好之事,为拙于词令者说坏",需要那些说话能够很好地把握分寸的僚属。

陈其元认为这种说法有一定道理。他举例说:"昔人有详文用'毫无疑义'四字,致被驳诘往返,改'毫'字为'似'字乃已,然所费已不赀,时人谓为'一字千金'也。"从这个角度看,所谓"能说话者"亦有讲究说话艺术的意味。但是在现实中,"能说话者"往往走向了嘉庆、勒保本意的反面,有了前文所云"便巧史书习于计簿能欺上府"的"上计吏"那种意味。陈氏名该条曰"居官以能说话得便宜",已经道出端倪:现实中,官员的政绩如何,"做"得如何是次要的,关键是"说"得如何。

"楚王好细腰,宫中皆饿死。"变体的"能说话者",无疑也是应时的产物。该笔记的另一条谈到,浙闽总督汪志伊向以严厉著称,手下人向他汇报工作,"无不惴惴"。但是监道麟祥懂得他的心思。陈其元的父亲"督造军工厂战船,工竣,例归总督验收",麟祥怕他"辞有舛误",专门找了"妙于语言"的达泰去陪同,"可帮同陈君应对,免致触忤也"。果然,达泰一路上的"喋喋搀言"令总督和颜悦色,可惜最后"验及贮淡水之井"时出了问题。总督说那井太深,恐怕小孩子掉下去会淹死。他是笑着说的,本来想视察一回,总要指出些不足才是。谁知达泰能过了头,接过来说:"不然,即大人跌下,亦要淹死。"惹得总督"色庄而去"。麟祥痛责达泰说:"好好一篇文字,被汝闹坏!"监道、总督把注意力完全集中在"能说话者"的身上,他们的正业都该是什么呢?

"能说话者",说得过了头固然不行,不分对象后果也不堪预料。《南村辍耕录》谈到,吕珍驻守绍兴,参军陈庶子赋诗、饶介之染翰,"题一纨扇以寄吕"。陈是名流,饶也素负书名,"且诗语俊丽,为作者所称"。这回他写了"闻说锦袍酣战罢,不惊越女采荷花",本来是赞吕珍军纪严明,不扰百姓,不料吕珍文化太低,听人读罢,以为是把他当成好色之徒了,不领情不说,反而大怒:"我为主人守边疆,万死锋镝间,岂务爱女子而不惊之耶?见则必杀之!"另有李姓元帅,"杭州庚子之围解,颇著功劳"。一士人"投之以诗,将有求焉",但是那句"黄金合铸李将军"坏了,士人显然是把他与汉代名将李广相提并论,纯粹阿谀之词。不料李元帅也是大怒:"吾劳苦数年,止是将军,今年才得元帅,乃复令我为将军耶!"立刻把那士人给鞭打出去了。

"能说话者",仅仅伶牙俐齿,阿谀逢迎,危害尚在其次;其最大的危害是在政绩上"掩不善而著其善",是一种恶劣的必须严加杜绝的官场作风。陈其元又举实例说,同治丁卯(1867),他在南汇县"掩埋暴露",三个月内"共劝葬及代葬四万二百余棺",还有一万余"或以子孙在外,或因方位不利,不能尽葬,须待来年"。同时有另外一个县,仅掩埋了一千七,"遂以境内悉数葬尽具报"。结果后面这个县"为办理认真,记以大功",陈其元他们"以尚有一万余棺未葬",则遭"申饬"。本来,陈其元的幕友已经写好了"掩埋净尽"的上报材料,陈没有同意,"若是,则下一年不复举办,此万余柩终暴露矣",他还是想到了自己的职责。但"葬数最多而皆无功",令陈其元"乃信公事不可不作欺饰之语",悲愤之情可见一斑。在他看来,"彼一县之得奖厉者,是能说话之类也"。

《南齐书·顾宪之传》载,顾宪之论及了官员的基本素质:"应简廉平,廉则不窃于公,平则无害于民矣。"接着又说到了"便宜",不是"居官以能说话得便宜",而是"便宜者,盖谓便于公,宜于民也",然而如今"之言便宜者,……率皆即日不宜于民,方来不便于公。名与实反,有乖政体。凡如此等,诚宜深察"。那些欺下媚上的"能说话者"所以能得到赏识,大约是他们的长官不惜以暂时的蒙混过关来逃避不利于己的现实,进而达到个人的某种目的吧。

2000 年 5 月 15 日,2018 年 6 月 21 日修订

张綵的门面话

通常说来,门面话是指那种应酬性的或冠冕堂皇而不解决实际问题的话,客套而已。百姓之间日常礼尚往来,少不了讲些门面话,"气色看起来不错""衣服真好看"之类。即便是官员在正式、严肃的场合往往也不能例外,如一些致辞、表态。门面话谁都要说,无可避免。但是礼节性的与别有用心的,需要区分开来,如何定性则要因人因事而异。因为在任何时代,都不难见识口头上的正人君子、骨子里的男盗女娼,这种人的门面话就极具欺骗性。当然了,这种门面话不仅在当时成为笑柄,在历史上也要遗臭。明朝的张綵就是这样一个人。

王士禛《古夫于亭杂录》云,明朝弘治年间臭名昭著的太监李广身败之后,吏部员外郎张綵向皇帝进言:"李广招权纳贿,致陛下受奸谀蛊惑之名而不自知,军民罹贪残剥削之害而无所诉。今纵不追戮其罪,岂可并置其恶党漫不惩戒乎?伏望断自圣心,凡营求馈遗者,大臣致仕,小臣罢黜。"这一番话,用王士禛的评价叫作"其言颇正"。愤慨之情溢于言表就不用说了,既指出了李广招权纳贿的危害,又提出了解决问题的办法:清除其残余势力,把跑官买官上来的人,无论现职大小,全都打发回家,一个不留,以儆效尤。张綵的认识的确深刻,但是其人做得又如何呢?正德初刘瑾乱政,张綵与焦芳"首相比附,躐致通显,卒陷大辟,身名俱败,贻笑千古",连结局都活脱脱是李广的翻版。王士禛对此深有感慨:"(张綵)前言竟自蹈之,何哉!"

何哉?想一想也没有什么,讲这种门面话的人本来就"心与迹违",遇到适宜的土壤,便要本能地爆发。《明史·宦官传》载,李广的招数是"以符禄祷祀蛊帝"。装神弄鬼,在别人看来荒诞,但对笃信这个的人,作用可不得了。比如太平天国的杨秀清自称天父(上帝)附身,替天父下凡传语,还抽过洪秀全鞭子,天王信,老老实实地就让他抽;只是杨秀清得寸进尺,为夺他宫中的四个美女,要再揍四十大板屁股,他才不干了。弘治信符箓,李广就有了"矫旨授传奉官"的权力。传奉官是明代特有的产物,这种官可以不经吏部铨选,而由太监视其人进呈珍异的多寡以谕旨来直接任命。李广可以"矫旨",权力就大了,他说的等于皇上说的,想当官的人岂能不"四方争纳贿赂"?不仅如此,李广"又擅夺畿内民田,专盐利巨万。起大第,引玉泉山水,前后绕之"。李广死后抄家,发现他的受贿记录本,上面文武大臣"馈黄白米各千百石"之类写了不少。弘治看了,惊曰:"广食几何,乃受米如许。"不能理解李广要那么多米干嘛,手下人说,那是隐语,黄代表金,白代表银。这些"黄白米"都是李广卖官的凭证。弘治大怒,"下法司究治",然当初那些交结李广的,"走寿宁侯张鹤龄求解,乃寝勿治"。

张綵的门面话,也许就是弘治动怒时说的。《明史·阉党传》所载,表明他与李广走的完全是相同的路径,有过之而无不及。张綵虽然左右不了皇帝,但他是刘瑾的红人,刘瑾和他一见面,便"执手移时",曰:"子神人也,我何以得遇子!"后来更到了"凡所言,瑾无不从"的地步。而刘瑾当时"权擅天下,威福任情",他要让谁当官,写张条子,"某授某官"就行了,有关部门根本"不敢复奏"。张采凭借这一靠山,同样有了李广的资本,其结果当然也是"贿赂肆行,海内金帛奇货相望涂巷间"。贪财者往往也是好色之徒,太监李广对此有心无力,张采就毫不含糊了。抚州知府刘介是他的同乡,"娶妾美",张采先专门给刘介提了一级,然后就跑到他的家,表面上"盛服往贺",问人家用什么来报答他,刘介惶恐谢曰:"一身外,皆公物。"张采说那好吧,"即使人直入内,牵其妾,舆载而去"。平阳知府张恕也有个美妾,张采"索之不肯",硬给张恕定了个罪名,准备发配他去戍边,张恕吓坏了,赶快把人献出来,"始得论减"。在腐败这一点上,门面话漂亮的张采较李广已经有过之而无不及了。

　　孔夫子早就教导我们,要"听其言而观其行"。他说"吾始于人也,听其言而信其行",可见他是受过骗的。记起此言,王士禛大约就不会有"何哉"之慨了。不要说张采这种"议论便利,善伺权贵指"的人,说的什么话不能当真,便是诸多形象正面人物,无论讲的是好听的还是不好听的话,也不能"望文生义"。毕竟,言不由衷的好话也是要讲的,开放之后,观"老外"讲话,动辄使用最高级来调动气氛,可以当真吗?

2000 年 6 月 11 日,2018 年 6 月 28 日修订

"平生要识琼崖面"

周密《齐东野语》云,洪君畴在福建当官的时候,写过一副春联:"平生要识琼崖面,到此当坚铁石心。"琼崖,和后面提到的朱崖是同一个地方,就是今天海南的海口。在历史上相当长的一段时期内,仕宦岭南都为官员所畏惧,用杨亿的说法,"岭南诸州多瘴毒,岁闰尤甚。近年多选京朝官知州,及吏部选授三班使臣,生还者十无二三,虽幸而免死,亦多中岚气,容色变黑,数岁发作,颇难治疗",夸张得很。但是毋庸讳言,那里主要是左迁官吏的地方,左迁至此是一种很重的惩罚。

洪君畴为什么要见识这样一个地方呢?原来是在言志。洪君畴曾为御史,职司行政监察。监督这种事情在人治社会中是件极苦的差事,除非当一天和尚撞一天钟,否则很容易触怒什么人。洪君畴一上任,"首疏以'正心格君'为说",且对皇帝公开表态:"臣职在宪府,不惟不能奉承大臣风旨,亦不敢奉承陛下风旨。"一时间"耸动听闻"。这种话,好多当官的人都会说,可能说得还更动听一些,然而一旦出了事情,他们对自己的懦弱不仅不能正视,甚至还会表现出一副很无奈的模样。洪君畴则不然,周密评价道:"近世敢言之士,虽间有之,然能终始一节,明目张胆,言人之所难者,绝无而仅有,曰温陵洪公天锡君畴一人而已。"所以洪君畴后来的这一言志,表明他对仕途早做了最坏的打算。周密说,终其一生,"刚劲之气,未尝一日少沮也"。

"平生要识琼崖面",体现的是一种十足的勇气。勇气是坚持原则、保持独立人格的重要前提,对官员来说,理应成为必备的素质,不可以因职而异,因时而异。宋孝宗淳熙年间张说当权,朝士纷纷依附。有一天他"奏欲置酒延众侍从",想犒劳犒劳手下,皇帝说可以啊,到时候"当致酒肴为汝助"。开宴那天,他请的人全都来了,"独兵部侍郎陈良祐不至"。张说的专横容不得半个不字,皇帝致的酒肴到了,他"表谢"的同时马上祭出一顶大帽子:"臣尝奉旨而后敢集客,陈良祐独不至,是违圣意也。"皇帝看了,问张说你们散了没有,答曰"彼既取旨召客",肯定会弄个通宵。皇帝说那就再送点儿酒菜。御赐又至,张说更得意了,再告御状说他三番五次去请陈良祐,还不肯来。然而令所有人都没有料到的是,天快亮的时候,陈良祐任谏议大夫的任命到了,"坐客方尽欢,闻之,怃然而罢"。谏议大夫是干什么的?举凡朝政阙失、百官任非其人、失职渎职,都属其职责。那么,宋孝宗无疑是通过张说宴客看出,大臣中只有陈良祐不趋炎附势,能够担当此职。"坐客"们的"怃然",恐怕是因为陈良祐这面镜子照得他们自惭形秽吧。

《杨文公谈苑》中有个被杨亿津津乐道的窦仪。《三字经》曰:"窦燕山,有义方,教五子,名俱扬。"这里的窦燕山即窦禹钧,就是窦仪的父亲,窦仪是"五子"中的长子;"名俱扬",乃五兄弟"并举进士",又都做了官。广州话把父亲昵称为"老窦",可到此溯源。在杨亿看来,窦仪的优点正在"不攻人所短";实则呢,窦仪的宗旨是明哲保身,不得罪人。他不是对自己有个评价嘛:"我必不能作宰相,然亦不必诣朱崖,吾门可保矣。"不想往上爬,也不想丢掉眼前的位子。窦仪的心态很能代表相当一部分人。勇气不足,老老实实地承认,也是可嘉的了。尤其可嘉的,是"五子"中的窦偁全然不是兄长这般模样。窦偁开始在晋王赵光义府里做记事,时贾琰为判官,"每诸王宗室宴集,琰必怡声下气,动息褒赞,谄辞捷给"。窦偁看不下去,叱之曰:"贾氏子,何巧言令色之甚?独不惧于心邪!"晋王始而大怒,到皇帝哥哥那告状,贬了窦偁;后来,自己当了皇帝,"思之,召为枢密直学士"。原因就是:"以卿尝面折贾琰,故任卿左右,思闻直言耳。"

最可鄙的,是那种表面上豪情万丈骨子里却龌龊不堪的人。还说张说当权之时,王质和沈瀛很"看不惯"朝士们的媚态。这两位是名流,当学者的时候已经名气在外,"既而俱立朝,物誉亦归之"。二人相互勉励曰:"吾侪当以诣(张)说为戒。"他们依附他们的,我们两个要把握好自己。"众皆闻其说而壮之",很感钦佩。然而没过多久,王质就偷偷地溜进了张说的家,刚要落座,发现沈瀛已经先来了。二人"相视愕然",弄了个大眼瞪小眼。

毋庸讳言,现实中洪君畴、陈良祐凤毛麟角,多的是窦仪,以及王质和沈瀛之流。唯其如此,"平生要识琼崖面"更是一句值得推广的名言。大不了如此嘛!对帽上的乌纱没有丝毫的贪恋,面对违纪枉法的官员,才可能勇气十足。

2000 年 6 月 12 日,2018 年 6 月 16 日修订

祖珽的"不负身"

东魏北齐时的祖珽,有句常挂嘴边的话,叫作:"丈夫一生不负身。"不负身,说白了就是不管干什么都不能亏着自己。孟子有言在先:"贫贱不能移,富贵不能淫,威武不能屈,此之谓大丈夫。"祖珽的主张则俨然有与之对撼的意味。或许他无意与孟夫子叫板吧,因为孟夫子那样说,是他的一种人生准则,最多只能算作倡导,但法律法规都不放在眼里的大有人在,遑论倡导呢?所以孟夫子愿意那样说就说去,祖珽自有自己的"小九九"。

怎样才算"不负身"呢?按祖珽的亲身实践,吃喝玩乐必不可少;当官了,有条件了,可以再加上贪婪;继续往上爬呢?还可以不择手段。《北史·祖珽传》载,祖珽这个人很聪明,"凡诸伎艺,莫不措怀"。魏收赋《出塞》及《公主远嫁诗》二首,"珽皆和之,大为时人传咏"。并且,"文章之外,又善音律,解四夷语及阴阳占候。医药之术尤是所长"。而他也的确很会玩儿,每"招城市年少,歌舞为娱,游集诸倡家",与一帮士大夫"为声色之游";又喜欢小偷小摸,到胶州刺史司马世云家饮酒,悄悄藏起人家两面铜碟,"厨人请搜诸客,果于珽怀中得之。见者以为深耻"。高欢宴僚属,"于坐失金叵罗,窦太令饮酒者皆脱帽",又是"于珽髻上得之"。这个人也的确会捞,他还只是个仓曹的时候,因为代管征收赋税,就大肆收纳贿赂,芝麻小官也能弄得"丰于财产"。衙门里缺胥吏,让他补十几个人,他也"皆有受纳",谁给钱谁进来。具有讽刺意味的是,当他想当宰相需要打倒和士开的时候,竟义正词严地斥责人家"卖官鬻狱,政以贿成"。斛律光很讨厌祖珽,曾遥见窃骂之,以为"多事乞索小人,欲作何计数!"祖珽知道后,把斛律光恨透了,为了铲除他,干脆编出一套民谣在市井传播,中心意思是斛律光要造反,搞到斛律光族灭。祖珽的"不负身",真被他实践得淋漓尽致!

封建时代也有法律,也有对贪赃枉法官吏的严厉制约,但事实令人不能不承认,那个法律是有弹性的,如何把握,全在于人。《北齐书·阳州公永乐传》载,高欢派给高永乐一个肥缺,就这么告诉他的:"尔勿大贪,小小义取莫复畏。"但怎样才叫"大贪"呢?这就是弹性尺度。常见的情形是:根据需要来定。需要有人祭刀的时候,即使贪得不是很多也可能要倒霉;不需要的时候,贪得再多也可能平安无事。于是,对许多人而言,有条件就贪,因为挨刀未必然。所以辽道宗时的宰相张孝杰敢于赤裸裸地说:"无百万两黄金,不足为宰相家。"这个观点可谓奉行"不负身"者的经典宣言。在张孝杰的思维中,当官就是要赚钱,当小官赚小钱,当大官就要赚大钱;当上宰相,家里没个一百万还像话吗? 简直要有愧于这个官职的含金量了! 张孝杰是个状元,讲道理的话,你说他什么不懂? 但他有这么个为官的宗旨,行动起来必然会"贪货无厌"。《辽史·张孝杰传》载,道宗诵《诗·黍离》诗:"知我者谓我心忧,不知我者谓我何求。"孝杰即奏:"今天下太平,陛下何忧? 富有四海,陛下何求?"令道宗大悦。"贪货无厌"的人,往往也正有这奸佞小人的一面。

也正是人治的因素,使得封建社会中留下口碑的官员,往往是自身修养得好,而与制度无涉,《隋书·房彦谦传》载:"彦谦居家,每子侄定省,常为讲说督勉之,亹亹不倦。"有一回他总结往事,"从容独笑",对儿子房玄龄说:"人皆因禄富,我独以官贫。所遗子孙,在于清白耳。"他家本来是"家有旧业,资产素殷"的,本人又当了那么多年的官,积蓄应该还有一些。但房彦谦不看重身外之物,所得俸禄,都用去"周恤亲友",自己则"车服器用,务存素俭。自少及长,一言一行,未尝涉私,虽致屡空,怡然自得"。隋文帝仁寿年间,"上令持节使者巡行州县,察长吏能不,以彦谦为天下第一"。这么有能力的官员而"贫",按祖珽的逻辑当然是"负身"的,但房彦谦"为长葛令",被称为慈父;"超授都州司马",吏民号哭。"负身"与否,历史自有见证。

《宋史·詹体仁传》载,詹体仁为官同样颇得美声,真德秀早年跟随他,"尝问居官莅民之法",他说:"尽心、平心而已,尽心则无愧,平心则无偏。"相形之下,祖珽们的"不负身",时刻计较的都是个人得失,工作起来是不可能尽心的;有那么点儿权力就要以之作为索取的资本,工作起来也不可能是平心的。那么可以肯定地说,当官而不"负身",就要负社稷、负百姓。

2000年6月25日,2018年6月20日修订

文彦博的逸事

邵伯温《邵氏闻见录》卷十提到了宋相文彦博的一件逸事。说是逸事,在于其并不著录于正史,不知是史家的回护,还是认定那是"飞语"而不屑于采用。

从《宋史·文彦博传》记载来看,文彦博这个人是相当不错的。他"逮事四朝,任将相五十年,名闻四夷",苏东坡说他"综理庶务,虽精练少年有不如","贯穿古今,虽专门名家有不逮",评价相当之高。并且他极能礼贤下士,和旧时的朋友们一起赋诗饮酒,也是"序齿不序官",不摆出级别欺人。正因为文彦博不错,这件不甚光彩的逸事才不可能成为正史吧。

事情是这样的。文彦博当成都知府的时候,"多宴集",喜欢交朋友,吃吃喝喝,于是"有飞语至京师"。飞语,有流言的意思,一般来说不会是什么好话。文彦博那时还不到四十岁,属于朝廷重点培养的对象,"飞语"云何,不得其详,想来不会仅仅是公款消费,但不妨从野史中的蛛丝马迹来推断。《邵氏闻见录》卷九就说到,"公为成都日,多宴会。岁旱,公尚出游,有村民持焦谷苗来诉"。《鹤林玉露》提到,"文潞公(彦博封潞国公)知成都,大雪,会客帐下"。他们喝得舒舒服服,随从们苦不堪言,"卒有谇语,共拆井亭,烧以御寒"。文彦博知道后说,那边还有一个亭子呢,一起烧了吧。《东斋记事》中亦有一则,同样可作为参照。"张尚书(咏)再任蜀,承甲午、庚子年后,户口凋丧。久之,乃谕僧司,令作大会,集四路僧,以观民心,与其登耗。是时,荐更乱离,人家稍复生业,公大喜。文潞公守成都,僧司因用张公故事,谓作大会,公许之"。结果这回出事了,"四路州军人众,悉来观看,填溢坊巷,有践踏至死者"。死了人,而且是在群体性事件中死了人,自然有恶性的意味。此外,百姓来看个大会,"客店求宿,一夜千钱",想来也招致了大量不满。

无论"飞语"说的究竟是什么吧,对有培养前途的人,当然还是"清白"些好。御史何郯是成都人,刚好要回家探亲,仁宗皇帝就派他"伺察之",了解一下究竟是怎么回事。自己都干了些什么,文彦博当然清楚,尽管也许没什么大不了的,毕竟影响形象。所以何郯快到的时候,文彦博也就行动起来,想办法怎样过关。文彦博是以聪明著称的,"幼时与群儿击毬,入柱穴中不能取",小朋友们束手无策,他却想到了往窟窿里灌水、让皮球浮出来的办法。这个故事与司马光砸缸救人的故事比肩,历来都是表现少儿机智的生动教材。但在此时,聪明的文彦博并没有什么好主意,倒是手下有个叫张俞的站出来拍胸脯说:"圣从(郯字)之来无足念。"他已经有了应对的办法。

张俞都有些什么办法呢?专门到汉州(今四川广汉)去接何郯,让他先感受到热情;然后再摆上酒席,把军中的官妓找来助兴,让他再感受到温暖。张俞知道,"上面"的人虽然地位不低,但是想要所谓"潇洒""开眼界",还得跑基层,不说别的,基层的"色"绝对就是个诱惑。果然何郯很快就看中了一个"善舞"的小姐,问人家贵姓,妓曰"姓杨",他说以后就叫"杨台柳"吧,给人家起了个雅号。张俞则抓住机会,"即取妓之项上帕罗",在人家丝巾上挥笔题了一首,"蜀国佳人号细腰,东台御史惜妖娆。从今唤做杨台柳,舞尽春风万万条"云云,然后让小姐用个曲牌把它唱出来。张俞这场面见得多了,但是何郯美得哟,"为之霑醉"。霑醉,醉得可是不轻。胡三省注《资治通鉴》释"霑醉":"言饮酒大醉,胸襟沾湿,不能自持也。"这就是说,何郯已经完全失态了。

何郯的这点儿出息早就汇报到了文彦博那里,所以过几天他到了成都,重又摆出御史那副严肃稳重的姿态时,文彦博根本不以为意,暗自好笑也说不定。他照搬张俞的做法,"大作乐以宴圣从",何郯看中的那个小姐也早就暗中送来,"歌少愚之诗以酹圣从",许是羞愧难当吧,"圣从每为之醉"。最后的结果呢?"圣从还朝,潞公之谤乃息"。你既然让我这么满意,我也理应要关照你;或者,完全自己落下了把柄,只好"哑巴吃黄连"。在邵伯温眼里,张俞也是个"奇人",文彦博"固重其人",倒是真没走眼。

正史中的何郯也是个不错的人物,他不阿权势,以"言事无所避"而著称。但他此番"伺察"恐怕要带累这个引以为骄傲的声名。有趣的是,《宋史·何郯传》对他去成都这件事同样没有提及。然邵伯温是很推崇文彦博的,想必不至于编他的瞎话。这就说明正史的取舍态度值得玩味。民间为什么对"路边社"消息津津乐道,怕不是全无来由的。

2000年6月26日,2018年5月21日修订

纳小妾、包二奶

纳小妾、包二奶，在古人眼里是件颇有些理直气壮的事情。有权有才有钱或者其他，资本多得很，有点儿理由，都可以作老婆的文章，多娶几房或者多包几个。有权的人更可以放心大胆，因为这种问题还称不上腐败。休言古人，就在几十年前，这种封建余孽也还相当盛行。民国总统袁世凯便拥有一妻九妾。

范成大使金日记《揽辔录》云，大金那边"宫多内宠，其最贵者，有元德、淑丽、温恭、慧明等十妃。臣下亦娶数妻，多少视官品，以先后聘为序，民惟一妻"。官儿当得越大，娶妻的数量就可以越多。当然了，无论娶了多少，往往都只有一个"正妻"也就是"主妇"，其他的只能叫作姨太太，属于妾的范畴。这个是要分清楚的。《吕氏春秋·慎势》已经说了："妻妾不分则家室乱。"《红楼梦》里，贾政有一妻二妾，正妻是王夫人，生了二儿一女：贾珠、宝玉和元春；两妾分别是赵姨娘和周姨娘，前者生了探春和贾环，后者没有儿女。至于那些连个名分都没有的，只能算是二奶。再用《红楼梦》说，如尤二姐之于贾琏。

但是，即使在封建制度允许的前提下，纳小妾、包二奶仍然不是被社会绝对认同的价值取向。若干有识之士对此虽不致嗤之以鼻，但做到了不屑一顾。比如宋朝的王安石和司马光，二人虽然政见迥异,甚至势同水火,但在"不好声色,不爱官职,不殖货利"(宋邵伯温语)几方面,却有着惊人相似的一致。

《泊宅编》云,有一次王安石大白天睡着了,醒来后跟人说,刚才做了一个梦,梦见自己"三十年前所喜一妇人",并填词相赠,现在还记得后半阕。说罢便诵与人听,"隔岸桃花红未半,枝头已有蜂儿乱。惆怅武陵人不管。清梦断,亭亭伫立春宵短"云云,小资得很。安石亦血肉之躯,有这样的梦不足为奇,但他到此为止。《邵氏闻见录》云,安石老婆曾主动"为买一妾"。然而,见到身旁多了个女子,安石吓了一跳,问她在这干什么,女子曰:"夫人令执事左右。"安石又问她是谁,女子曰:"妾之夫为军大将,部米运失舟,家资尽没犹不足,又卖妾以偿。"安石愀然曰,夫人多少钱买你的?曰:"九十万。"于是,安石"呼其夫,令为夫妇如初,尽以钱赐之"。司马光的儿子还没出世的时候,上司庞籍的老婆很替他着急,给他张罗了一个小妾,但司马光"殊不顾",看都不看一眼。庞妻还以为他不好意思,教其妾:"俟我出,汝自装饰至书院中。"特意为他们安排个二人世界,"冀公一顾也"。小妾照办了,不料司马光还是将她"亟遣之"。这件事令庞籍赞叹不已,"对僚属咨其贤"。

这种不认同甚至可以追溯到春秋战国时的齐相晏婴。《晏子春秋·外篇》载,晏子老妻"发斑白,衣缁布之衣而无里裘",田无宇来他家作客,还以为是个老仆,对晏子连讥讽带嘲笑:"位为中卿,食田七十万,何以老妻为?"该换了。的确,以晏子的地位而言,这是小菜一碟,属于要多少有多少的事,更何况齐景公还要把自己的爱女嫁给他!但晏子有自己的价值观:"去老者谓之乱,纳少者谓之淫。且夫见色而忘义,处富贵而失伦,谓之逆道。婴可以有淫乱之行,不顾于伦,逆古之道乎。"千百年来,晏子的人格魅力不衰,政绩是一个主要方面,他的"从一而终"也该是重重的一笔。同样,王安石之成为"中国十一世纪的改革家",司马光留下不朽的《资治通鉴》,都不是偶然的,寄情于自己的事业,对所谓的时尚不屑,这样的人们,焉有不名垂千古之理?

《旧唐书》卷一百三十二记载了一件颇有意思的事情。李元素还没有在官场上崭露头角的时候,娶了老婆王氏,"甚礼重",可是等到他的官当大了,心也就花了,"溺情仆妾,遂薄之";不久,给几个生活费后,更干脆把王氏休了。王氏"性柔弱",忍气吞声,但她的家人咽不下这口气,告了御状。宪宗皇帝居然受理且作了判词,说李元素的做法"不唯王氏受辱,实亦朝情悉惊,如此理家,合当惩责";具体措施呢?"宜停官,仍令与王氏钱物,通所奏数满五千贯",不仅罢免了他的职务,而且责令他必须对王氏作出相应的经济补偿。应当承认,这件事具有极大的偶然性,缺乏法律保障的判决更带有一定的随意性,但它起码反映出,即便在封建时代,高级官员纳小妾、包二奶行为有时也是不能被容忍的。

忽然对司马光之"贤"又有了点新的感悟。在有权的人纳小妾、包二奶被绝对视为腐败现象的当代,尤有人对这种封建余孽抱守不放,咀嚼之并津津乐道以为能事以为荣光,何况在那个称不上腐败的时代而并不为之呢!

2000年7月17日,2018年7月14日修订

科场"竞争"

科举的弊端今人已认识得清清楚楚。作为选拔官吏方式的一种,制度本身不见得有什么过错。此之前有九品中正制,有察举,有征辟,但哪个不是把出身门第作为主要考虑因素?有了考试这么一个硬性标准,不管怎么说,对平民百姓有了相对公平的意味。只是一些试卷外的因素以及后来逐渐变成了八股,逼得读书人"代圣人立言",在前人的条条框框里寻找前程,扼杀了人的才智,科举才变得千夫所指罢了。

科举讲究的是竞争,名额有限,冀望的人多,那就要看谁更"出色"。王士禛在《古夫于亭杂录》中谈到他乡里的一个前辈入秋闱,考的是天文,他知道得不多,却记起自己做过的一篇地理,"遂用塞白"。考完出来,自己也觉得没什么希望,不料却中了,原来评卷的人认为:"题问天文,而子兼言地理,可称博雅之士。"事情虽荒诞不经,但因为没有标准答案之说,对了评卷人的心思,也可谓竞争取胜。

《涑水纪闻》云,宋太祖时还有一次比较荒诞的竞争,那是决定王嗣宗和赵昌言谁该得状元。文字方面没分出高下,太祖不知怎么想出了一个馊主意,"命二人手搏,约胜者与之",比一回打斗。结果赵昌言因为秃头,戴的头巾一下子被王嗣宗打落在地,嗣宗报告:"臣胜之。"于是,"上大笑"之后,状元就归了王嗣宗。但是,这种得法也成了嗣宗的心病。《宋史·王嗣宗传》载,种放得告归山,"嗣宗逆于传舍,礼之甚厚"。但是种放喝醉了,因为真宗待之以殊礼的缘故,牛皮哄哄,"稍倨",嗣宗很不高兴,说我好歹也是个状元,"以语讥放"。不料种放揭了他的疮疤:"君以手搏得状元耳,何足道也!"嗣宗在愧恨之余,上疏弹劾种放,说他"所部兼并之家,侵渔众民,凌暴孤寡,凡十余族,而放为之首。放弟侄无赖,据林麓樵采,周回二百余里,夺编甿厚利",一五一十,说了一大通,"疏辞极于诟辱,至目放为魑魅"。

既曰竞争,自度能力不行的人,考场上就难免要作弊。夹带、抄袭的那些就不用说了,不胜枚举,办法无所不用其极。《铁围山丛谈》在谈到"世独以不记出处为苦"时举例说,才高八斗的苏东坡当年也没能例外,比较隐晦就是。东坡和苏辙一起"入省草试",卡壳了,怎么也想不出考题的出处,便"对案长叹,且目子由(辙字)",等弟弟帮忙。苏辙会意后,"把笔管一卓,而以口吹之",东坡于是恍然大悟,原来出自《管子注》啊。两兄弟之默契,亦可窥一斑。

既曰竞争,也难免有人要在考场外不择手段。《世载堂杂忆》云,清咸丰六年(1856)的状元,人们一致认为不是孙毓汶就是翁同龢,不会有第三人。孙毓汶,"大学士玉庭之孙,尚书瑞珍之子,道光二十四年状元毓溎之弟";翁同龢,他爸爸是大学士翁心存。这两家,"状元宰相,同列清要",又有世交。但是,"孙家锐意欲使毓汶获状头,俾与毓溎成兄弟状元",还是使出了阴招。殿试的前一个晚上,请翁来家吃饭。因为翁家住得较远,"向例,赴殿试进士,住家离殿廷稍远者,当夜寄宿朝门附近",跟今天高考的家庭就近租住酒店差不多;而"孙府则近皇城",所以,"孙家当晚以通家之谊,延同龢来家夜饭"。饭毕,孙父打发儿子早早去休息养神,自己则拉着翁继续畅谈;等到翁深夜回到馆舍刚要休息,孙家又使人在四周大放鞭炮,"彻夜不断",弄得翁同龢"终夕不能成寐",第二天在考场上,"执笔毫无精神"。但令孙家备感失望的是,即便如此,儿子还是没有考过翁。

诸如此类的"竞争",笑谈而已,尚无伤大雅,然其一旦超出试卷,和负责的官员纠缠到一起,就不同了,关系到吏治的腐败与否。《涑水记闻》另云,宋太祖时宋白知举,"多受金银,取舍不公"。干得太明显了,他也担心"群议沸腾",索性把录取名单拿到太祖那儿审批。皇帝如果稀里糊涂地钦定了,量谁也不敢吭气。不料太祖大怒道,我派你知举,"何为白我?我安能知其可否?"太祖还一家伙戳到了他的痛处:"若榜出别致人言,当斫汝头以谢众。"《宋史·萧燧传》亦载,秦桧当相国的时候,为了稳妥起见,便打算先将萧燧安排为儿子考点的主考官。按秦桧的逻辑,萧燧刚刚"擢进士高第",没理由不高攀他这个相国,给他个机会,是看得起他。可贵的是萧燧还有股血气,对秦的亲党说:"初仕敢欺心邪!"但萧燧不干,有人愿意,"易一员往",秦子后来"果中前列"。

科举的本意要求公正。它的"一考定终身"未必合理,但也并不存在可以肆意践踏的必然理由。宋白之流的铤而走险,实际上是权力腐败与道德败坏的一个缩影。

2000年8月7日,2018年6月24日修订

杨荣的"进谏之方"

所谓进谏,是向皇帝或者尊长直言规劝。言而直,一般来说可能不大中听,要违背某种意志。皇帝的意志岂是可以轻易违背的?碰上刚愎自用且又心胸狭窄的,直言了,便存在后果问题。所以对皇帝进谏,不免是一门学问。

当然,这类皇帝基本上是坐稳位置的那种,社会动荡、朝代面临更迭之际,皇帝自身难保,又要另当别论。《魏书·孝静帝纪》载,东魏皇帝元善见还没下台时,当然少不了"朕、朕"地自称,但宰相高澄觉得不舒服,有一次他侍宴劝酒,元善见又说"自古无不亡之国,朕亦何用此活",亦即自己并不需要皇帝这个虚名的时候,高澄便大骂起来:"朕!朕!狗脚朕!"还不解气,让手下的崔季舒上去"殴之三拳",自己则"奋衣而出"。狗脚,意思是傀儡。骂了就骂了,打了也就打了,元善见的鼻涕、眼泪还只能背后去流。第二天,高澄"使季舒劳帝,帝亦谢焉",元善见道什么歉?不该说那句话吧。不仅如此,他还要"赐绢",只是"季舒未敢受"。自己被当众羞辱,反倒给来"赔礼"的人赔礼,瞧这皇帝当的。此前,元善见打猎时"驰逐如飞",马跑得快了点儿,手下人也要在后面大叫:"天子莫走马,大将军怒。"高澄没当上皇帝,他弟弟高洋后来废了东魏,建立了北齐,然斯时高家天下已经显露了端倪,狗脚皇帝,怎么能让高澄放在眼里?吕思勉先生认为:"北齐基业,虽创自神武(高欢),而其能整顿内治,则颇由于文襄(高澄)。"

这件事情多少有些极端。在社会常态之下,向皇帝进谏,是不可能不讲究方法的,方法更是一种保身之道。《资治通鉴·唐纪五十八》载,气盛之时的白居易不懂这个道理,元和五年(810)他在论事的时候,居然斗胆对宪宗说了句"陛下错",惹得宪宗很不高兴,"色庄而罢",退朝。私下里他指示大臣李绛:"白居易小臣不逊,须令出院。"得把他赶出翰林院去。相形之下,李绛救白就聪明得多。他先给皇帝戴高帽子,"陛下容纳直言,故群臣敢竭诚无隐",那是皇上能够接受直言不讳的劝谏,大臣们才竭尽忠诚而无所隐瞒。白居易"言虽少思",讲话不够慎重,但他也是"志在纳忠"呀,如果把他赶出去了,"臣恐天下各思箝口,非所以广聪明,昭圣德也",以后谁还敢吭声呢?"上悦,待居易如初"。李绛既把自己的意思表达了,也把白居易给救了,这就是方法。倘若并非如此,而是指责皇帝让人直言又问罪,出尔反尔,那么,连李绛一起罢官也说不定。

但这样的进谏方法客观上也是要求原则的,那就是保住自身的同时,亦要于朝政有益。《水东日记》里有宋朝杨荣的进谏之方,则突破了原则的底线。杨荣之方,正史中给取了个好听的说法,叫什么"遇人触帝怒致不测,往往以微言导帝意"。野史中则让我们明了了他的具体做法,那是杨荣自己的举例说明。他说,谁都知道《千字文》的第一句是"天玄地黄",但是如果皇上读成了"天玄地红"呢,你明知道他读错了,也"未可遽言也",不要马上纠正他,因为"安知上不以尝我?安知上主意所自云何?安知'玄黄'不可为'玄红'?"先得怀疑自己,对自己多问几个为什么。如果种种怀疑都否定了,或者皇帝醒悟过来了,觉得不太对劲,再问起来,也不要说他错了,应当这样回答:我小时候读《千字文》,见书本上写的是"天玄地黄",也不知道写得对不对。把是和非的决定权仍然留给皇帝。杨荣能"历事四朝",且"恩遇亦始终无间",这一招该是资本之一。他洋洋自得地说:"事君有体,进谏有方,以悻直取祸,吾不为也。"

杨荣说的悻直,无疑指那些极言敢谏之士。如西汉时成帝的老师张禹跋扈得很,满朝大臣却噤口无声,独有朱云高声叫道:"今朝廷大臣上不能匡主,下亡以益民,皆尸位素餐。"说着自请尚方宝剑,要斩张禹。成帝大怒,让人把朱云拖出去,朱云抱住殿前的栏杆,继续申明自己的观点,把栏杆都拉折了。按杨荣的"进谏之方",此举便纯属"取祸",当然也为他所不屑。推而论之,倘若皇帝说,不对,你小时候读的是错的,就是"天玄地红",那么杨荣一定会故作惊讶,继而自责记忆。所以杨荣的进谏之方,分明让人看到了奴才的嘴脸。

与杨荣同朝的王禹偁尝作《三黜赋》以言志,最后写道:"屈于身而不屈于道兮,虽百谪而何亏!"十足的大丈夫气概。杨荣逾越了原则底线,一味自保,形同取媚,虽未屈于身、更未一谪,但是不是屈于道呢?答案不言自明。

2000 年 9 月 11 日,2018 年 6 月 15 日修订

赵大鲸的"劾贪"态度

清吴庆坻《蕉廊脞录》云,赵大鲸的门生永贵即将"抚浙",临行前来向他辞别。赵大鲸问他,你到那里之后,"政当奚先?"打算先从什么工作抓起呢?永贵很干脆地答道:"劾贪。"他满以为会得到老师的首肯,不料赵大鲸笑曰:"贪吏赃入己者,不必劾也。"永贵一脸愕然,不知老师是什么意思。赵大鲸慢慢讲道,那些光知道往自己碗里划拉的贪吏,如果没有"分润上官"的前提,"上官早劾之矣,不待君也"。下属干没干过什么,上司清楚得很,哪里就等到你来动手呢?他接着说:"今之巧宦,全取诸民,而半致之上,或且全致之,以贡媚而营私,上下固结,牢不可破。"如果明白了这种利害关系,你想劾贪,劾得了吗?

"不必劾也",赵大鲸讲的当然是气话,甚至是反话。应该说,赵大鲸对社会现实是深切关注的,耳闻目睹,对官官相护导致贪吏不绝的丑恶现象深恶痛绝,但是毫无办法,话语中不免流露出无奈乃至绝望。所以说绝望,在于门生是不是到浙江上任已经并不重要,而在于无论他去哪里,都将面临同样的状况。如果赵大鲸采用的是一种"事不关己,高高挂起"的生活态度,就绝对讲不出这样的话。你贪你的,你相护你的,干我什么事!这种态度可贬也罢,不正是很多人的实用逻辑吗?而赵大鲸在这里说的话,不妨理解为大爱若恨。

"欲结人心,莫若去贪吏;欲去贪吏,莫若清朝廷。大臣法则小臣廉,在高位者以身率下,则州县小吏何恃而敢为?"宋朝的柴中行如是说。"大臣污则小臣悉效,京官贪则外臣无畏",明朝的王廷相如是说。"郡守廉,县令不敢贪;郡守慈,县令不敢虐",明朝的吴麟徵如是说。类似的话,还可以列举很多。赵大鲸所表述的和他们的都是同一个意思:"下面"的人所以胆子大,王法也敢置诸脑后,一方面是"上面"有"榜样"可寻,另一方面则是通过种种手段的运用而有所倚仗。那么这些话的潜台词实际是:要"劾贪",要反腐败,既治标又能治本,就必须从"上面"抓起。

《南村辍耕录》云,元朝徐琰"任西浙廉访使日,遇有诉讼者,必历问其郡邑官吏臧否",借诉讼之机搞调查研究,然后根据百姓的臧否程度将官吏分为三等:"第一等,纯臧者;第二等,臧否相半者;第三等,极否者"。谁谁谁,应该归为几等,"载诸籍",记录在案。等到相应的分管部门出去巡视时,把这个考察报告交给他们,并提出了处置建议:第一等的,众口称赞,无疑要大加褒扬;第二等的呢,"勿问",人无完人嘛,虽然背负了骂名,毕竟也为百姓谋了利益;但第三等那些一无是处,纯粹被百姓戳脊梁骨的,"惩戒之使改过可也,慎勿罢其职"。徐琰这个人"时皆称为厚德长者",能够容忍他人的过失,忽必烈时其为陕西省郎中,"有属路申解到省,误漏圣字,案吏指为不敬,议欲问罪"。徐琰改其牍云:"照得来解内,第一行脱去第三字。今将元文随此发下,可重别申来。"但徐琰对"极否"官吏的态度,初初看去比较难以理解,赵大鲸的话似乎给了提示,应该不是不想"罢其职",而是他都那个德行了还居于官位,显见后台过硬,别人奈何他不得,使之改过的建议已经算是很有勇气的了。

那么贪官污吏毕竟有不少落马的,又该怎么看待呢？赵大鲸做了个比喻:"胠箧百万"的盗贼,往往是不会落网的,因为他们"有所恃焉,则无敢踪迹之"。凭他们的后台,一般来说查都没人敢查;被抓到的,不过是"窃铁攘鸡辈耳",小贼,提不到台面上的。胠箧,胠,撬开;箧,箱子。《庄子·胠箧篇》云:"将为胠箧、探囊、发匮之盗而为守备,则必摄缄縢、固扃鐍;此世俗之所谓知也。然而巨盗至,则负匮、揭箧、担囊而趋;唯恐缄縢、扃鐍之不固也。"这是说,为了对付撬箱子、掏口袋、开柜子的那些蟊贼而做防范准备,必定要收紧绳结、加固门插闩和锁钥,这是一般人所谓的聪明做法。可是一旦大强盗来了,他会连窝端,把柜子、箱子、口袋一起拿走,这个时候,他还唯恐你的绳结、插闩与锁钥不够牢固哩。

当年,永贵听罢再拜曰:"微先生无能言及此也!"然赵大鲸以之类比劾贪,不免走了极端,但说明虽然不断有贪官污吏被揪出来,现实却依旧如此,令赵大鲸们并不觉得解气。他的"不必劾也",确有端正的必要,但是前面说了,他并不一定是要阻止门生的作为,而是为他指出"劾贪"问题的严重性和艰巨性,告诉他果真要施展抱负,则必须有足够的思想准备。

2000 年 9 月 25 日,2018 年 6 月 1 日修订

"未有无士之时"

唐人魏元忠说:"士有不用,未有无士之时。"士,在此乃智者、贤者,引申出去就是人才。干事业需要人才,任何明智的统治者都能认识到这一点,但在具体的落实上,却往往没有那么明智。

汉高祖刘邦曾经如数家珍地点过,干这个他不如萧何,干这个他不如张良,干那个他又不如韩信。占有天下之前,对人才的认识,清楚得很;但是一朝得志,韩信、彭越、黥布等人也就走向了人才的反面,成为眼中钉,必诛戮殆尽而安心。所以他在家乡父老面前"慷慨伤怀"弄出的那半首《大风歌》,很让人觉得虚伪,"安得猛士兮守四方"?应该扪心自问才是。

《史记·李将军传》载,汉文帝对李广说:"惜乎,子不遇时!如令子当高帝时,万户侯岂足道哉!"又《冯唐传》载,文帝"既闻廉颇、李牧为人,良说",一拍大腿:"嗟乎!吾独不得廉颇、李牧时为吾将,吾岂忧匈奴哉!"不料冯唐说:"主臣!陛下虽得廉颇、李牧,弗能用也。"冯唐的意思,魏元忠上封事时正有过阐发,以为文帝"不知魏尚之贤而囚之,不知李广之才而不能用之",而"以李广才气,天下无双,匈奴畏之,号为'飞将',尔时胡骑凭凌,足伸其用。文帝不能大任,反叹其生不逢时。近不知魏尚、李广之贤,而乃远想廉颇、李牧。故冯唐曰,虽有颇、牧而不能用,近之矣"。元忠就此进而指出,文帝"疏斥贾谊,复何怪哉"。

《三国志·蜀书·诸葛亮传》中,裴松之注引《汉晋春秋》云:"晋武帝问亮之治国于樊建,建以对,帝曰:'善哉!使我得此人以自辅,岂有今日之劳乎?'"这是晋武帝司马炎的抱怨。

南朝宋文帝也觉得缺人才。有一天,他和刘坦谈论历史,感慨地说:"金日䃅忠孝淳深,汉朝莫及,恨今世无复如此辈人。"金日䃅是西汉霍去病征匈奴时带回来的俘虏,他爸爸是休屠王,不肯降汉而见杀,他则被"没入官,输黄门养马"。但他的自身气质和养马成绩得到了汉武帝的赏识,所以被破格提拔;更因为他成功地制止了莽何罗的谋反,被"勒功上将,传国后嗣"。刘坦抓住这个话题说,陛下对金日䃅的评价的确不错,但是假使金日䃅"生乎今世,养马不暇,岂办见知"?刘坦的话也说得很重,矛头直指其时的用人机制。五胡乱华,大量中原人民包括原本的望族都纷纷南迁,然而尽管他们当中不乏优秀人才,"朝廷常以伧荒遇之"。伧荒,是一种讥讽的口吻,在"土著"们的眼中,北地荒远,北人粗鄙。因而这些人才"每为清途所隔",得不到重用。刘坦对此就有切肤之痛,所以尽管文帝脸色已经变了,嘟嘟囔囔地叨咕"卿何量朝廷之薄也",他仍然不依不饶地说,朝廷的这种态度,便是金日䃅在世,能够脱颖而出吗?"臣恐未必能也"。

宋英宗也觉得缺人才。继位之后,用来用去,都是他在藩邸时身边那几个用过而且"信得过"的人。贾黯当庭指出:"俊乂满朝,未有一被召者,独亲近一二旧人,示天下以不广。"英宗呢?不是检讨自己洞察的能力,反觉得满腹委屈:"朕欲用人,少可任者。"贾黯毫不客气地反驳说:"天下未尝乏人,顾有用如何耳。"

明朝抗倭名将戚继光和俞大猷是一对好朋友,两人都具有同样的壮志和宏图,锐意于本朝的军事改革。然而前者以"戚家军"

闻名于世,俞大猷却屡被参劾并受到申斥。黄仁宇《万历十五年》云,原因很简单,就在于戚继光同时精通政治间的奥妙。所幸的是,戚继光"没有把这些人事上的才能当成投机取巧和升官发财的本钱,而只是作为建立新军和保卫国家的手段"。《明史》亦载,戚继光"赖当国大臣徐阶、高拱、张居正先后倚任之",尤其张居正的"事与商榷",使"欲为继光难者,辄徙之去",以自己的权威直接为他扫清障碍。所以张居正死了,戚继光的作为也就结束了,他立即被弹劾并郁郁而终。

"未有无士之时""天下未尝乏人",任何时代都的确如此。当年,冯唐刚说完,文帝便大怒而"起入禁中"。良久,又召冯唐责备他说:"公奈何众辱我,独无间处乎?"冯唐谢曰:"鄙人不知忌讳。"后人自然更不用忌讳了,以两位唐人诗句为例,崔道融云"汉文自与封侯得,何必伤嗟不遇时",张耒云"李广才非卫霍俦,孝文能鉴不能收。君王未是忘征战,何待高皇万户侯。"像宋文帝、宋英宗那样抱怨天独薄我是十分可笑的。但如俞大猷的不能有所作为,戚继光的要在达官的羽翼之下才能有所作为,种种貌似个人的悲剧实乃国家的悲剧。存在若不能化为现实,存在也就变得毫无意义可言。

2000年10月22日,2018年5月20日修订

"润笔"种种

《隋书·郑译传》载,郑译被重新起用后,文帝杨坚令李德林"立作诏书"。高颎跟郑译开玩笑说:"笔干。"盖唐宋时翰苑草制除官公文,要例奉润笔物。奉者,当然是除官之人,那意思大约是你当官了,大家也别白忙活,跟着高兴一回吧。高颎无非是想要郑译循例"出点儿血",但郑译这么回答的:"出为方岳,杖策言归,不得一钱,何以润笔。"单凭这几句,真要给郑译蒙住了,可惜他罢官之前是以"赃货狼藉"而闻名的,所以他不是廉洁得拿不出钱来,或者为了纠正风气,而是做样子给杨坚看的。这是另话。

润笔,后来才泛指付给作诗文书画之人的报酬。按洪迈的说法:"作文受谢,自晋、宋以来有之,至唐始盛。"此之"宋",无疑是南朝刘宋。

在始盛的唐朝,以李邕和韩愈收受润笔最为知名。《旧唐书·李邕传》载,李邕"尤长碑颂,中朝衣冠及天下寺观,多赍持金帛求其文。前后所制,凡数百首,受纳馈遗,亦至巨万"。韩愈稍逊之,其撰《平淮西碑》,"宪宗以石本赐韩宏,宏寄绢五百匹";撰王用碑,王用的儿子"寄鞍马并白玉带"。《新唐书·刘义传》载,韩愈那个"少放肆为侠行"的门生刘义,有次"持愈金数斤去",还不忘了调侃:"此谀墓中人得耳,不若与刘君为寿。"宋人刘克庄云,刘义"嘲退之谀墓,岂惟退之哉?"确是。

欧阳修《归田录》云,蔡襄给他书写过《集古录目序》刻石,他也要给润笔。给的不是钱,是"鼠须栗尾笔、铜绿笔格、大小龙茶、惠山泉等物",当时,"君谟(襄字)大笑,以为太清而不俗"。不过,"后月余,有人遗余以清泉香饼一篚者,君谟闻之叹曰:'香饼来迟,使我润笔独无此一种佳物。'兹又可笑也"。那么,蔡襄先前之笑,苦笑的成分居多了,他家里可能根本不缺那些。

叶盛《水东日记》云,时"翰林名人"给人家写东西,比如送行之类,"非五钱一两不敢请"。叶盛记的是明朝的事,类似的事可以上溯到什么时代比较难说。只是有了这么一档子事,再读那些亲亲密密热热乎乎的诗文,其亲密度和热乎度究竟如何,不免使人疑惑。劳动取酬,天经地义,但倘若"翰林文人"以自己的地位、门面行谋财之事,那是由不得人们不非议的。李诩《戒庵老人漫笔》谈到,唐子畏把自己的这类文字订成一册,封面直书"利市"两个字。还有个叫桑思玄的,好朋友"托以亲昵,无润笔",他不高兴极了,对那人说:"平生未尝白作文字,最败兴,你可暂将银一锭四五两置吾前,发兴后作完,仍还汝可也。"没有金钱的诱惑,已经写不出东西来了。

文人无行,唐子畏、桑思玄代表了其中的一个侧面。所幸的是,"翰林名人"并不都是如此。文莹《湘山野录》云,南唐严续"位高寡学,为时所鄙",有人作《蟹赋》来讥讽他,说他"外视多足,中无寸肠"等等。严续"深衔"之余,想到了韩熙载。韩熙载在南唐极负盛名,什么都能来两下,"谈笑则听者忘倦,审音能舞,善八分及画笔皆冠绝",甚至每一出门,"人皆随观",争睹其风采。南唐画家顾闳中名作《韩熙载夜宴图》流传至今,足以见证一斑。严续认为如果韩熙载能给自己写点儿东西,吹一吹,无疑就能给自己"正名"了。为此他在"濡毫之赠"方面非常慷慨："珍货几万缗"之外，又根据韩熙载"多好声伎"的偏好，再送上一个"质冠洞房"的年轻歌女。韩熙载很高兴，文章也很快出手了，但拉拉杂杂，却"无点墨道及续之事业"。严续把文字"封还"，请他返工，但韩熙载"亟以向所赠及歌姬悉还之"，东西宁可不要了，也不违心落笔。

或曰：韩熙载高高在上，沉得下脸。实际上在金钱利益的面前能否自持，是个人操守的尺度把握问题，不在于位尊位卑。元朝有个宦官以"奉钞百锭"为润笔，请胡长孺为其父作墓志铭。胡长孺大怒："我岂为宦官作墓志铭邪！"当时他家正在断炊，"其子已情白"，大家都劝他先渡过难关，胡长孺坚决不要，"一毫不苟取于人，虽冻馁有所不顾也"。宋末元初还有个画家郑所南，画兰尤其出色，但他有句话叫作"求则不得，不求或与"，不会因对方有权或者有钱，就忙不迭地送上门去。当地官员恨得要以增加他家田地的赋役来威胁，郑所南回答得干脆极了："头可斫，兰不可画。"

金埴《不下带编》里有清初思想家黄宗羲的砚铭："毋酬应而作，毋代人而作，毋因时贵而作。宁不为人之所喜，庶几对古人而不怍。"这三个毋，是黄宗羲的原则，也毕现了他的风骨。金埴感慨地说："观此铭而其人如见已。"坚持这三个毋，必然不能讨好当世，然而面对青史呢？众多古人今该自惭形秽，正在这里。

2000年10月23日，2018年4月27日修订

"不与徐凝洗恶诗"

诗,是一种高度凝练的语言,具有相应的节奏和韵律。这种文学体裁既可形象地表达作者的丰富情感,也可作反映社会生活的一面镜子。《诗》,则是我国古代诗歌的开端,最早的诗歌总集,相传还是孔夫子"去芜存菁"的结果。司马迁云:"《诗》三百篇,大抵贤圣发愤之所为作也。"不过,班固又说了,周有采诗之官,"孟春之月,群居者将散,行人振木铎徇于路以采诗,献之太师,比其音律,以闻于天子",作为舆情参考。不管是出自圣贤还是民间吧,《诗》之成"经",为先秦众多典籍说理论证时所引用,表明其具有相当的文学魅力。直白地说,作诗多少也是一门学问。

《杨文公谈苑》云,周世宗不甘寂寞,"尝作诗以示学士窦俨",问他能不能拿去发表。这让窦俨很为难,皇上的作品好还是不好,按理说是不必等到阅读之后才下结论的,但窦俨对世宗的做法总觉得不是滋味,所以他委婉地说:"诗,专门之学。若励精叩练,有妨几务;苟切磋未至,又不尽善。"哦,不用再说,世宗明白了,"遂不作诗"。不过有些人却不懂得窦俨说的道理,把作诗看成是"趁韵而已"的事情,简单得很。

张鷟《朝野佥载》里有个实例。左卫将军权龙襄"常自矜能诗",武则天时任沧州刺史,"初到乃为诗呈州官",赶快露一手。

写的是什么呢？对沧州的印象："遥看沧州城，杨柳郁青青。中央一群汉，聚坐打杯觥。"上司初来乍到，不说恭维，客套总还是要讲的，于是大家异口同声地赞道："公有逸才。"麻烦的是权龙襄对这种客套完全没有意识，只道是自己的才华真的把人给镇住了，过些日子又弄了首《秋日述怀》："檐前飞七百，雪白后园墙。饱食房里侧，家粪集野螂。"这下大家可莫名其妙了，前面那个顺口溜还能知道它的大致意思：远远看去，沧州的绿化不错，走进一瞧，一群闲汉正坐着喝酒。可这首述怀说的是些什么呢？大家便请他解释，决非自卑得非要请领导点拨，而是真的、真的不明所以。权龙襄便侃侃而谈：屋檐前有只鹞子在飞，鹞子起码值七百文钱吧，这就是"檐前飞七百"；后园里晾着一件衣服，洗得干白如雪，可不就像堵白墙一样？人吃饱了一般都犯困，回屋里睡觉，斜躺着，不是"饱食房里侧"嘛；最后一句的意思更简单啦，你在家里拉完屎，肯定会从外面招来好多屎壳郎……权龙襄别这么"显山露水"还好，端出如此粗鄙不堪的东西倒让人们掂量出了他的斤两，至于"谈者嗤之"。当朝太子则这样评价："龙襄才子，秦州人士。明月昼耀，严霜夏起。如此诗章，趁韵而已。"

不要说权龙襄这种令人喷饭的歪诗，看苏东坡嘲笑徐凝，好多热衷于附庸风雅的人都应该考虑干点儿别的来自娱了。

《东坡志林》里苏东坡谈到自己初游庐山，很为秀丽的风光所倾倒，"遂发意不欲作诗"，怕一旦作起来应接不暇。但听到山里的僧俗追星族一般都在奔走相告说他来了，很是感动，"自哂前言之谬"；幸他这一自省，为后人留下了"不识庐山真面目，只缘身在此山中"的千古名句。在游山的途中，苏东坡收到友人寄来的《庐山行》游记，"且行且读，见其中云徐凝、李白之诗，不觉失笑"，于是亦有一绝："帝遣银河一派垂，古来惟有谪仙辞。飞流溅沫知多少,不与徐凝洗恶诗。"徐凝,唐宪宗时人,进士,官至侍郎,《全唐诗》存其一卷,留有若干关于庐山的诗。东坡针对的是他那首《庐山瀑布》:"虚空落泉千仞直,雷奔入江不暂息。今古长如白练飞,一条界破青山色。"东坡认为,把这首与李白的"飞流直下三千尺,疑是银河落九天"相提并论,他想笑。因为"崔颢题诗在上头",李白到了黄鹤楼也不肯动笔,那些班门弄斧的人不可笑吗?

不过,《宣和画谱》云:"当时赋庐山瀑布泉者,无虑千百辈,而凝为诗韵,颇为时辈所推许。"尤其是这一首,"白居易以元老词客为时领袖,亦作诗美之,以为不可跂及"。对这些,东坡不会不知道。《容斋随笔》有"东坡慕乐天"条,洪迈详考"东坡居士"得名的来历,发现是"专慕白乐天而然"。盖白诗中有大量"东坡"字样,苏轼贬黄州,感叹境遇与乐天相似,乃以之为号。在杭州任上,他也模仿"白堤"在西湖又筑了"苏堤"呢。因而,东坡如此贬低徐凝,更应当是别有所指,徐凝"躺枪"的意味很浓。但这句"不与徐凝洗恶诗"却可以移来一用。利用权势或种种可资利用的手段而把自己制造的垃圾强行塞给世人的人,本意当然是要不朽,可惜到头来,只怕连"飞流溅沫"也不屑一顾。

2000 年 10 月 30 日,2018 年 4 月 28 日修订

邓绾的"笑骂从汝"

谈及其时的世风之变,明朝王元翰曾经对万历皇帝归纳出这么一条:"大小臣工志期得官,不顾嗤笑。"当然,他后面还有一句更厉害的:"有君心之变,然后臣工之变因之。"单看前面这句不起眼的话,也完全可以超越时空。因为倘若抹去其中的人物、朝代等背景材料,相信人们看不出这句话是什么时候说的。翻开我们的历史,把"得官"作为职业的首选,实在是历朝历代都颇为常见的景观,只是选择的途径、方式不同罢了。为了当官而"不顾嗤笑",这样的社会风气令王元翰感到忧虑。在他看来,这岂不是要不择手段,甚至把人格也当成无关紧要的东西?

然而比较起来,为"得官"而"不顾嗤笑"的那些,还算是不错的了。宋朝的邓绾公开说过:"笑骂从汝,好官须我为之。"他这里的"好官"显见不是史书上所说的循吏,那是奉职守法、清廉贤能的人物,后来发展成了"清官"的概念。笑骂循吏的,当然不会是通常意义上的好人。但邓绾的好官是他心目中的理想位置,是"肥缺"。只要能当上,嗤笑算什么,就是骂,也都随你的便。

邓绾的出身本来不坏。《宋史·邓绾传》载,他"举进士,为礼部第一",在重科举取士的北宋,前程远大,而且邓绾当时已经在宁州通判的任上。通判的地位不能算低,仅仅略次于州府长官,同时又握有连署州府公事和监察官吏的实权,号称监州。但邓绾心急,巴望着早一点儿、快一点儿爬上去。时值王安石"得君专政",实施变法,邓绾终于在对新法的态度上找到了突破。王安石熙宁变法在十一世纪是一件惊天动地的大事,但新法在推行过程中出现了许多不尽人意之处,因此也遭遇了强大的反对声浪,这声浪绝非一句"保守派的阻挠"能够蔽之的。可惜王安石听不得半点儿反对意见,凡是赞同他,同时也是他认为有能力的,不论处于哪一层次,都要破格提拔,韩绛、吕惠卿等的升迁可以佐证。邓绾摸准了这一点,对新法大唱颂歌,不是发自内心地拥护,而纯粹是为了取悦王安石。他上书神宗,说陛下真是得到了贤良辅佐啊,新法的颁行使"民莫不歌舞圣泽",百姓拥护极了;并且这种大好形势,"以臣所见宁州观之,知一路(犹省)皆然;以一路观之,知天下皆然"。什么好听就说什么,哪怕信口胡诌。除此之外,邓绾还对王安石"贻以书颂,极其佞谀"。这一招果然奏效,在王安石的极力举荐下,以至于神宗"驿召对",要他火速进京。这次召见原本只是给他官升一级,为宁州知州。还要回地方去,他很不高兴,对宰相们发牢骚:"急召我来,乃使还邪?"原来他来的时候根本没打算再回去。人家问他:"君今当作何官?"他说:"不失为馆职。"直接伸手要岗位。第二天,他也果真就被升为集贤院校理。

从一些记载来看,邓绾的为人实不堪一提。如《温公日录》云,这次邓绾到京师,"不敢与乡人相见,乡人皆笑骂",邓绾毫不在乎,并用这句"笑骂从汝"来回敬。此外,他弹劾富弼"除汝州,不肯之官,求西京养疾,跋扈不尊诏命"。并且他还添油加醋,说"富公昔与刘沆书求汲引,云:'愿衔环顾印,以报厚德。'弼昔欲以禽虫事执政,今耻以人臣事陛下,宜付之请室,赐以上刑"。这番话,连神宗都觉得说得太过了。王安石在经历了去位、复相的一番折腾后才算终于认清邓绾,"自劾失举"。所以邓绾后来再拍安石马屁,"上言宜录安石子及婿,仍赐第京师",安石不仅毫不领情,反而对神宗曰:"绾为国司直,而为宰臣乞恩泽,极伤国体,当黜。"神宗也认识到:"绾操心颇僻,赋性奸回,论事荐人,不循分守。"但对邓绾的处理,也只是把他放到地方继续去做知州而已,始终没有被罢官,应该是他的实用逻辑屡试不爽之故吧。

邓绾对"笑骂从汝"的实践是成功的,而相对于明朝的崔呈秀,他则又成了小巫。崔呈秀跟定了魏忠贤,甚至还说出过"千讥万骂,臣固甘之"的话。《明史·崔呈秀传》载,崔呈秀也是个进士呢,却是"卑污狡狯,不修士行"。他作为御史巡按淮、扬,"赃私狼藉",回来之后,高攀龙"尽发其贪污状"。魏忠贤救了他,他乃"叩头涕泣,乞为养子"。魏忠贤从此也对他"用为腹心,日与计画"。他的那句话,是上疏称美魏忠贤时说的,但是居然恬脸表白自己"非行媚中官者",致"疏出,朝野轰笑"。

从"不顾嗤笑"到"笑骂从汝"再到"千讥万骂,臣固甘之",这个递进关系完全活现出为了"得官"而廉耻愈来愈不足顾的种种丑恶嘴脸。即便是最低级的"不顾嗤笑",也足以表明社会的用人机制一定出了问题。

2000 年 11 月 12 日,2018 年 6 月 26 日修订

王安礼眼中的"小人"

君子与小人,是古人很喜欢议论的一个话题。

君子,西周、春秋时对贵族的通称,也可以是妻子对丈夫的敬称,如《诗·召南》之"未见君子,忧心忡忡",《王风》之"君子于役,不知其期,曷至哉",等等。小人,始而称呼对被统治的生产者,也可以对上自称的谦辞,"大胆"之后,每接"小人不敢"之类。春秋末年以后,君子与小人逐渐定格为"有德者"和"无德者"。《论语》中"君子成人之美,不成人之恶,小人反是",道得分明,所以典籍里每有"进君子,退小人"的字样。康熙皇帝说:"古来君子小人不并立,君子进则小人退,小人进则君子退,一定之理。"庙堂上,人们大抵以益政或害政作为二者的分野。

《池北偶谈》里,王士禛"偶见水与油而得君子小人之情状",生发了一个妙喻。在他看来,君子可以比作水,小人可以比作油。为什么呢?因为水的特性是,"其为用也,可以浣不洁者而使洁";油则恰恰相反,"可以污洁者而使不洁"。这正是君子和小人的本质区别。另外,从行为的角度看,"即沸汤中投以油,亦自分别而不相混",就是说,君子有容,但小人不会因为混迹于君子之中便可以摇身一变成为君子,二者无论怎么说都是泾渭分明的;反过来,"倘滚油中投一水,必致搏激而不相容",小人是半点儿也容不得君子的。这个比喻可谓极其生动和贴切,画面感极强。

不过,在王安礼的眼中,"小人"还有另外一种。

《邵氏闻见录》云,宋神宗元丰六年(1083),重病中的宰相富弼"上书言八事,大抵论君子小人为治乱之本",这个小人,就是通常意义上的了。神宗对一班重臣说了这件事,章惇则询问富弼都说了些什么,神宗云"言朕左右多小人"。章惇怀疑富弼所指包括了他——元朝编纂的《宋史》不是把他列入了"奸臣传"嘛,就撺掇神宗:"可令分析孰为小人。"让富弼有话明说,不要吞吞吐吐。神宗很为难:"弼三朝老臣,岂可令分析?"这时,左丞王安礼说话了:"弼之言是也。"罢朝后,章惇嗔怪王安礼,王安礼说:"吾辈今日曰'诚如圣谕',明日曰'圣学非臣所及',安得不谓之小人!"在王安礼的眼中,毫无原则,只知道谄媚、一味随声附和的大臣,同样堪称小人。

王安礼是王安石的大弟弟。"安石恶苏轼而安礼救之,昵(吕)惠卿而安国折之",两兄弟同在朝中为官,但政见不尽一致。明朝学者穆孔晖评价王安石:"天下以为君子者,安石恶之;天下以为小人者,安石好之。"此乃不赞同熙宁变法者的极深偏见,在这里,安礼并非要与哥哥故意作对,他是不会因为惟恐触怒什么而首鼠两端。他的借题发挥中声明"吾辈",并没有排除自己,足见其胸襟的坦荡了。

小人或奸臣误国,历来被认为是王朝覆亡的重要原因,此种归咎多少有些寻找替罪羊的成分。但王安礼眼中的小人,性质上的确是误国的。《邵氏闻见后录》云,唐高宗曰:"隋炀帝拒谏而亡,朕常以为戒,虚心求谏,而无谏者,何也?"不大理解。李勣马上表态:"陛下所为尽善,群臣无得而谏。"哪里哪里都好得无以复加,大家想挑毛病又挑些什么呢。肉麻得很。事实果真如此吗?

当然不是。高宗后来要立武则天为后,褚遂良坚决反对,乃至要"以死相争";轮到李勣说话了,他却"称疾不入",私底下来了句"此陛下家事,何必更问外人!"你老人家愿意怎么干就怎么干,理睬别人干嘛呢。李勣即徐茂公,唐朝开国名将,太宗是作为人才推荐给高宗的。邵伯温在这里写道,就凭李勣的这两次表现,足以说明太宗"失于知人矣"。的确,这一句"家事"的怂恿,比唯命是听的"诚如圣谕"不知要可鄙几分!

恶果还不止于此。这一句"家事"被李林甫之流学去后,更把它当成了卖乖的工具。《鸡肋编》云,玄宗要废太子,"张九龄不奉诏",致其"犹豫未决",正是李林甫的一句"此陛下家事,非臣等宜预",让他下了决心。到了德宗废太子的时候,大臣们刚一说话,德宗便立即让大家打住,不等"小人"们提醒,他自己已经脱口而出了:"此朕家事,何预于卿,而力争如此?"无疑,正是有了李勣的"首倡奸言",李林甫的推波助澜,才有德宗的"便谓当然,反云'家事'以拒臣下",如李勣等,还不是十足的误国小人吗?

所以,王安礼衡量小人的尺度,拓宽了人们的认识视野,它旨在表明,小人,不仅仅是暗地里施枪放箭行为猥劣的那一类。这个尺度,该是他义愤之余的莫大功绩吧。

2000年11月26日,2018年4月28日修订

碑刻的时运

欧阳修说过:"惟贤者之书能久存。"书,书法;久存,意味流芳后世。欧阳修是北宋著名的文学家,书法也有相当的造诣,到了"平生喜学书,见笔辄书"的地步,钟爱的程度可见一斑。朱熹说:"欧阳公作字如其为人,外若优游,中实刚劲。"今天还可以看到他的行书《局事帖》、楷书《归去来辞》等等。叶盛《水东日记》云,在叶盛生活的明代,欧阳修等人的字迹见得很少,倒是苏东坡的,"崖镌野刻,几遍天下"。叶盛调侃说,大概东坡当年无论走到哪儿都把石匠带在身边,一边写一边就往石头上凿,不然该怎么解释"长篇大章,一行数字,随处随有,独异于诸公"呢?

不过,苏东坡的字迹到明朝应该已经少了很多。不说风剥雨蚀的自然损耗吧,就在东坡在世的时候,因为他是元祐大臣之故,株连到他的一切都经历过一次毁灭性的打击。"元祐党争"是北宋历史上的一个著名事件,以王安石为首的新党、以司马光为首的旧党,以及旧党中的三派——程颐的洛党、苏轼的蜀党和刘挚的朔党之间,为了各自的政治理想互不相让。元祐乃宋哲宗继位之初的年号,那时他才十岁,可谓不谙世事,高太后听政,尽废王安石新法,因而起初旧党占据舞台;到哲宗亲政之后,风向突变,朝廷开始大张旗鼓地贬责元祐大臣及禁毁元祐学术文字。于是在那个年代,要是想打倒谁或打倒什么,不需用太多的理由,只要把那人或那事和"元祐"二字扯上就足够了。《齐东野语》谈及诗歌的时运时透露,徽宗政和年间,那些不学无术的大臣因为写不出诗来,就说"诗为元祐学术,不可行"。中丞李彦章"承望风旨,遂上章论渊明、李(白)、杜(甫)而下皆贬之,因诋黄(庭坚)、张(耒)、晁(补之)、秦(观)等,请为科禁",在诋毁"苏门四学士"的同时,建议把诗赋从科举考试中抹去。何清源更建议:"诸士庶习诗赋者杖一百。"不光不考了,老百姓也不准再碰,谁敢不听?揍你!清朝王士禛提起这件事,愤愤地说,李彦章、何清源这两个家伙,真是"无耻之尤!"

作为元祐党人,苏东坡因为自己提携而知名于时的四位诗人都遭到了厄运,自身就更加难保了。如我们所见,首当其冲的是他被贬官,且一贬再贬,最后贬到儋耳也就是今天的海南。几乎与此同时,有人忽然觉得,光贬责、禁毁学术还不够,还得从感官上清除他的影响。何薳《春渚纪闻》云,哲宗绍圣年间便有人提议,司马光神道碑的碑文是苏轼撰述的,应当砸掉。这建议马上得到了批准,"于是州牒巡尉,毁拆碑楼及碎碑"。张山人闻之调侃曰:"不须如此行遣,只消令山人带一个玉册官,去碑额上添镌两个不合字,便了也。"被砸碎的那个碑,是"忠清粹德之碑",碑额还是哲宗自己御篆的呢。1997年5月,余在山西夏县拜谒司马温公墓,见到了这块碑,高高地耸立着,显见是不知哪个年代复制出来的了。

周煇《清波杂志》云,宋徽宗崇宁三年(1104),淮西宪臣霍汉英更建议,应当把天下苏轼所撰写的碑刻,"并一例除毁",全都砸了,一个不留。第二年,臣僚们又纷纷深挖细掘,找到了新成果:王诏知滁州的时候,曾经向苏轼求得其所书的欧阳修《醉翁亭记》,"重刻于石",属于向苏轼献媚。这且不算,他还"费用公使钱"拓了好多墨本,"为之赆遗",至于官员过往,居然人手一份,成了馈赠佳品!王诏动用的公款,实际上是他本人有权支配的招呼过往官员的专款,而且王诏对东坡的书法难说不是出于敬仰,但既然和元祐党人沾边了,就不行。王诏的官已经当到了司农卿,也没什么好说的,"坐罪"。周煇写到这里气得大骂:"汉英遗臭万世,臣僚亦应同科。"再过几年,状元出身的毕渐又提出一个更彻底的建议,就是把元祐党人所立的碑碣,"宜一切毁坏",不要光盯着苏东坡的,要放眼所有人的……

苏东坡书法的优劣,不用多费口舌,他那纸流传至今的《寒食帖》被誉为"天下第一美帖",已经说明了问题。有趣的是国人的态度。碑刻等本该归为文化门类的载体,却成了政治的风向标、晴雨表。还有那个毕渐,在载有二苏、黄庭坚等元祐党人诗作的《续池阳集》中,他是作了序的,但是划清界限,反戈一击起来,也最不留情面。汪应臣当时就发问了:"(毕渐)向所建白,乃自犯之,何耶?"透过这种种事实,我们该为什么悲哀呢,仅仅为文化吗?

所幸我们今天仍能领略到东坡的书法,也许正应了欧阳修的话,"惟贤者之书能久存"吧。

2000 年 12 月 4 日,2018 年 6 月 27 日修订

吃不吃河豚

河豚是鱼的一种,据说肉味十分鲜美。苏东坡就非常喜欢吃,河豚还入了他的诗:"竹外桃花三两枝,春江水暖鸭先知。蒌蒿满地芦芽短,正是河豚欲上时。"钱锺书先生说,末句是东坡"即景生情的联想",因为宋代烹饪以蒌蒿、芦芽和河豚同煮,所以"苏轼看见蒌蒿、芦芽就想到了河豚",江上的鸭是实景,河豚则在东坡意中。《邵氏闻见后录》云,有一次东坡和朋友们聚会,"盛赞河豚之美",没吃过的人问他究竟怎么个美味法,才高八斗的东坡想了半天也形容不出来,干脆直截了当地来了句"直那一死"。在《南村辍耕录》中,这件逸事同样被陶宗仪收了进来,只是东坡的话变成了"据其味,真是消得一死"。

把吃河豚和死联系到了一起,是因为人们都知道河豚有毒。河豚的肝脏、生殖腺及血液都含有剧毒,处理不好就会死人。所以宋人梅尧臣有诗云:"炮煎苟失所,入喉为镆铘。"又云:"皆言美无度,谁谓死如麻。"讲的就是吃河豚可能和已经造成的后果。梅尧臣在当时也是个很有号召力的人物,有人甚至发现"西南夷"(今云贵川一带当时少数民族的总称)装弓箭的布袋子,上面也都绣着梅诗。陶宗仪也说,河豚"常怒气满腹,形殊弗雅,然味极佳,煮治不精,则能杀人"。但东坡认为如果尝过河豚的滋味,死了都值,可见河豚对他的诱惑。

龚炜在《巢林笔谈》中记述了自己的一次经历。有一天他去会朋友,人家问他想不想来点儿河豚尝尝。龚炜心里打怵,但是嘴上模棱两可:"怀疑而食,味必失真;失真之味入疑腹,易牙不见功矣。"易牙是春秋时齐桓公的宠臣,长于调味。龚炜要说什么,意会可也。酒喝到一半,上来一道菜,"味甚鲜",令龚炜"不觉大嚼"。看到朋友们"相视而嬉",龚炜明白了:准是河豚。他的反应极快:"东坡值得一死,我终不敢轻生。"顺利地给自己找了个台阶。

但梅尧臣的"死如麻"也绝不是危言耸听。李诩在《戒庵老人漫笔》中谈到,他家乡那里历来"惯食"河豚,他自己也特别喜欢。直到有一天进城,"闻一人家哭声甚哀",一打听,知道那家人因为吃河豚一下子死了四口,从此他才再也不敢吃了。不仅如此,他还经常劝别人也不要吃,他说得很有道理:"世间多美味,省此一物不为少。"因为吃而冒那么大风险何必呢?接着他把矛头又指向东坡,劝告人们"勿为苏家口语所误,悔之无及"。李诩觉得,东坡为了嘴上一时之快,讲那什么"消得一死"的话实在不负责任。

讲到中毒,《铁围山丛谈》谈到一则趣事。宋徽宗崇宁年间,有个名士路过姑苏(今江苏苏州),那里一个州将早就向他许过诺,来这里一定请你吃河豚。州将把河豚当作款待朋友的最高规格,但名士却恐惧得很,赴宴前戚戚地对家人说:怎么办呢?"今州将鼎贵",又是一片真心,看得起咱,不吃肯定是不行的。这样吧,听说一旦河豚中毒,"独有人屎可救解",你们记住我的话,必要的时候就用这招。谁知到了那里,主人万分歉意地说,到处去找河豚,"反不得",让大家失望,真是罪过,没办法,今天就多喝点儿来尽兴吧,"坐客于是咸为之竟醉"。名士回到家,人事不省,吐个不停。家人慌了手脚,认为这一定是中毒了,"环之争号",同时又急忙"取人秽,亟投以水,绞取而灌之",吐一次就灌一次;等到天亮了,酒醒了,能说话了,大家转悲为喜也才真相大白。只是可怜这名士白白被灌了那么多令人作呕的东西。

《清稗类钞》中还有一则趣事。五个朋友在徐兆潢家喝酒,"徐精饮馔,烹河豚尤佳,因置酒,请食河豚"。那四个一边贪其味美,一边心里犯嘀咕。忽然其中一个姓张的,"倒地,口吐白沫,喋不能声",大家都觉得他中河豚毒了,"乃速购粪清灌之,张犹未醒"。这四个都怕了,"各饮粪清一杯",防患于未然。老张醒后告诉他们:"仆向有羊角疯之疾,不时举发,非中河豚毒也。"好家伙,"五人深悔无故而尝粪,且呕,狂笑不止"。

"消得一死"与"勿为苏家口语所误",这两种截然相左的观点使那些琢磨到底吃还是不吃的人会更加犹疑不定。宋人陈傅良的坚持不要吃,却有另外一个视角。他有一篇《戒河豚赋》,透过河豚的"以甘杀人",强调了"干戈伏于不意"的论点,认为"物之害人兮,不在乎真可畏也。凡蓄美以诱人兮,盖中人之所利也"。末尾更联系到了王莽篡汉等历史现象。这样看来,吃不吃河豚,倒有点儿像应该怎么当官治国。这篇东西很值得一读。

2000年12月18日,2018年4月15日修订

洁癖

癖者,嗜好也。人的秉性不同,嗜好也必然千姿百态。

《晋书·杜预传》载,杜预曾列举当时人物之癖:王济善相马又"甚爱之",有马癖;和峤以聚敛为能事,有钱癖。武帝听到后问,那么你呢?杜预说自己有《左传》癖。杜预对《左传》极有研究,著有《春秋左氏经传集解》等,成一家之学。蒲松龄《聊斋志异·葛巾》里有个常大用,"癖好牡丹"。他听说"曹州牡丹甲齐鲁,心向往之"。终于有个机会成行,却去早了,"牡丹未华,惟徘徊园中,目注勾萌,以望其拆",可怜巴巴地等着花开。终于"花渐含苞",他这里又"资斧将匮",只好"寻典春衣"。

某人专注于某一事而成癖,往往易为人们津津乐道,独钱癖例外。还说西晋,号为"竹林七贤"之一的王戎就是这个德性。其"积实聚钱,不知纪极",经常"自执牙筹,昼夜算计,恒若不足"。甚至女儿出嫁时借了钱,因为还得不及时,每次回娘家他都不给好脸色看;还了,"然后乃欢"。所以王戎的"获讥于世",有"性好兴利"的一面。

洁癖,顾名思义,就是特别爱干净。南朝刘宋的庾炳之,"士大夫造之者,去未出户,辄令人拭席洗床"。人家还没走出他家门呢,他这里已经开始清除污染了。另有个叫殷冲的,"亦好净",但他要分对象,侍从们"非净浴新衣,不得近左右",可是如果"士大夫小不整洁",便不要紧。因此他还常常嘲笑庾炳之,大概是笑他的洁癖"一视同仁"吧。王锜《寓圃杂记》云,明朝画家倪云林也有洁癖。他晚年曾隐居一位徐姓朋友家,有一天二人同游,云林偶饮七宝泉的水,赞不绝口,朋友就让人每天给他汲两担,一担供他喝,一担供他濯。徐家离泉眼所在有五里路,但"奉之者半年不倦",没有二话。倪云林回家后,朋友去看他,在他院子里"偶出一唾",这可不得了了:倪云林当即让仆人们"觅其唾处";没找到,"因自觅",非要找到不可;最后,"得于桐树之根,遽命扛水洗其树不已",把朋友害得"大惭而出"。《巢林笔谈》还说,倪云林因为"厌世浊",乃至作品中"不画人物",也许他认为世浊的根源乃人之所致。野史将倪云林的洁癖说成"自古所无",确实不虚。倪云林病殁后,有人硬说他是被明太祖朱元璋扔进厕所里浸死的,王锜推断,这是人们"恶其太洁而诬之也"。

官阶序列里有个职位叫作洗马,级别不高,秦汉时为东宫官属,太子出则为先导,平时就负责传达、通报,两晋时改掌户籍,隋以后改司经局。洗马,显然与给马清洁身体毫无关系,但因为沾了洗字,便时常有人以之调侃这个官衔。再据《巢林笔谈》,杨守陈为洗马时,有次住在一个驿站,驿丞觉得洗马的级别跟他差不多,有点儿瞧不起,就故意问他"日洗几马"。杨守陈知道这是装糊涂,但并不跟他计较,只是说:"勤则多洗,懒则少洗,无定数也。"龚炜赞叹杨守陈答得真妙:"使于此而稍加呵斥,则褊矣",显得心胸狭窄;"如其问以答之,趣甚!"另据《水东日记》,兵侍王伟开过洗马刘定之的玩笑:"吾太仆马多,洗马须一一洗之。"刘应声答道:"何止太仆也,诸司马不洁,我固当洗之耳。"太仆为天子执御,掌舆马畜牧之事;司马是兵部尚书的别称。刘定之在这里显然借"马"来代指了各级官员,"诸司马不洁",当然已有了贪赃枉法的意味。那么刘定之的"洗",表达了对腐败者的嫉恶如仇,难怪"闻者快焉"了。

钱癖为世所讥,官员有钱癖,东窗事发势必身败名裂。所以身居官场的人,不妨首先培养自己的"洁癖",在钱财方面头脑爱干净,才可能洁身自好,也才可能廉洁奉公。明初御史吴讷在巡按贵州回来的途中,地方上遣人追送"黄金百两",吴讷连封都不拆就让他们拿回去,且在上面题诗一首:"萧萧行李向东还,要过前途最险滩。若有赃私并土物,任他沉在碧波间。"时间上比吴讷稍晚一点儿的徐问,当了40年的官,刑部、兵部、知府,从中央到地方,有职有权的地方他都干过,但是"敝庐萧然",连自家的住房还都很不像样子。他当长芦盐运使的肥差时,一上任就开宗明义:"吾欲清是官也。"有了这个指导思想,他"终任不取一钱"。

官员如吴讷、徐问般有"洁癖",甚至如倪云林般走极端,都绝对不是什么坏事,尤其在制度与监督等等谈不上健全的情况下。相反,倘若对此不屑,抓住漏洞,一味地龌龊下去,国家和社会固然蒙受了损失,他们自己也终不免有被"洗"的一日。

2000 年 12 月 25 日,2018 年 5 月 16 日修订

耐弹的"刘棉花"

历史上的好多官员都有绰号。有些针对官员作为的绰号非常传神,寥寥几个字,谐谑之间,那人的神态便跃然纸上。

宋朝的王珪被称作"三旨相公"。因为他自执政到宰相,干了16年,"无所建明,率道谀将顺",口头禅就是三句话:上殿进呈,云"取圣旨";皇帝有了批示,云"领圣旨";下来传达,云"已得圣旨"。王珪因之传笑史册。明朝的万安则被称作"万岁阁老"。疏于朝政的成化皇帝好不容易因为出了彗星,"天变可畏",才召见两位大学士,但话还没说上几句,安排此事的万安怕谏得多了让成化心烦,就开始"顿首呼万岁",要走了,两人不得不跟着他退出来,因此时人讥之"止知呼万岁耳"。时人于慎行说,这个"万岁阁老"和"三旨相公"放到一起,倒真是一副妙对。

与万安曾同时为阁臣的刘吉,绰号则为"刘棉花"。众所周知,棉花的加工曰弹,弹的遍数越多,棉花越雪白、松软。刘吉所以得此绰号,在于他有着与棉花一样的特性,"耐弹"。不过,这里的"弹"一语双关,乃"耐弹劾"之意。就是说,自我感觉不错的刘吉无论受到怎样的抨击,都能顶住压力,把自己的官心安理得地做下去。

刘吉总共当了十八年的阁臣,历成化、弘治两朝。《明史》对他的评价是:"多智数,善附会,自缘饰,锐于营私。"这个人有本事不假,心计也多,但是没有用到正地方,因而任职期间,屡为"言路所攻"。成化时,面对皇帝"失德",他与万安、刘珝"无所规正",人们弹劾他们那个班子是"纸糊三阁老,泥塑六尚书",噤口不言,全无用处。弘治皇帝继位后,邹智、姜洪再"力诋"万安、尹直以及刘吉,说他们"皆小人,当斥"。结果,万安、尹直都给弹掉了,"吉独留",且"委寄愈专",颇显"耐弹"本色。

按照《明史》其本传的记载,刘吉也有过一些谏言。弘治二年(1489)二月旱,"帝令儒臣撰文祷雨",有个"吉等言",从之前的"奸徒袭李孜省、邓常恩故术,见月宿在毕,天将阴雨,遂奏请祈祷,觊一验以希进用",提醒弘治"倖门一开,争言祈祷,要宠召祸,实基于此"。次年三月,刘吉又"偕同列上言",希望弘治"凡宴乐游观,一切嗜好之事,宜悉减省。左右近臣有请如先帝故事者,当以太祖、太宗典故斥退之。祖宗令节宴游皆有时,陛下法祖宗可也"。然而《明史》又说了:"同列徐溥、刘健皆正人,而吉于阁臣居首,两人有论建,吉亦署名,复时时为正论,窃美名以自盖。"那么,就不知道刘吉这些谏言是不是跟着"窃美名"了,"吉等言""偕同列上言"嘛,焉知这一"等","等"去的不是徐溥、刘健;"同列"中不是徐刘在列?

面对那个很不好听的绰号,刘吉想到过"笼络言路"。为此他"建议超迁科道官",越级提拔六部及都察院职司监察的那些官员,使他们"处以不次之位",提拔谁不再论资排辈,说你行你就行。谁不愿意升官呢?谁愿意因为得罪权势人物而升不了官呢?这是刘吉的如意算盘。偏偏不少人"不识抬举",庶子、御史、南京给事中,方方面面,"言者犹未息",仍然"相继劾吉"。于是刘吉又想到过打击报复,对弹劾他的人"数兴大狱",或囚系远贬,或谪官,致"台署为空",专司弹劾之职的御史台官员们差不多都给赶走了。"中外侧目",弹者才稍稍减少。与此同时,刘吉还想到过追查来源。他怀疑"言出下第举子",没考上,拿他撒气,便在皇帝面前出主意:"举人三试不第者,不得复会试。"只是当时正值会试之期,苦等了三年的举子已经齐集都下,礼部有关考试的一切准备工作也都做好了,这一科的举子才算不幸中有了万幸。

  宋朝也有个刘吉,那是令后世刘吉汗颜的人物。宋刘吉"以其塞决河有方略,人目为刘跋江,名震河上"。《杨文公谈苑》云,宋太宗太平兴国中,"河大决,吉护之,与丁夫同甘苦"。到了什么程度呢?"使者至,访吉不获",他正"着皂帩头短布褐,独负二囊土为先道",和大家一道忙着加固河堤呢。其"戒从吏勿敢言",赖"使者密访得之,白太宗,太宗厚赐之"。明刘吉的种种努力都是为了封嘴,招数想遍了,唯独没有想到过人们为何这么称呼他,当然也就谈不上引咎。那么多人、那么多年都撼动不了他,刘吉也必有通天的本领。事实上,"刘棉花"的耐弹,正是皇帝撑腰的关系,要不是弘治烦他了,"遣中官至其家,讽令致仕",他还会赖着不走。在那种制度之下,说了算的人喜欢他,别人弹不弹又有什么紧要呢?

2000 年 12 月 31 日,2018 年 6 月 18 日修订

"居官必如颜真卿"

"居官必如颜真卿",南宋陈宓语,语见《宋史·陈宓传》。如颜真卿什么呢?人们都知道颜真卿以书法享誉后世,所谓"颜筋柳骨",颜体自成一家,《勤礼碑》《多宝塔》等等,今人仍可一饱眼福。但陈宓的话,却决无鼓励当官的都去练字,弄个书法家当当的意思。陈宓所指,乃是颜真卿被人忽视的一面,这就是他的大节。因为就颜真卿来说,书法上的造诣固可称道,但倘若以此来为之盖棺定论,未免舍本逐末。事实上,在《旧唐书》其本传中,对颜真卿的书法只说了三个字:尤工书。

关于大节和小节之论,明朝于慎行《谷山笔麈》讲得非常透彻。他说提起柳下惠、关云长,人们往往就会跟坐怀不乱、秉烛夜读联系到一起,其实对二人来说,这些都属于他们的小节。他这样阐释的,柳下惠坐怀,背景为"风雨如晦,投衣而燠",斯时御寒为第一要务。柳下惠"即有淫僻之心",也未必马上行动得起来;况且那女子"人之美恶老少又不可知",就算不是柳下惠,别的人就能"遽及于乱乎?"至于关羽,曹操有意把他和刘备的老婆安排在一间房子里,"耳目密列",就是想等他一旦轻举妄动,便坏他的名声。在这种情况下,别说关羽,"其谁自白乎",哪个会傻乎乎地硬往陷阱里跳呢?所以"柳之不乱,不欲者能之;关之秉烛,不敢者能之,非其大也",用这两件事说明二人所以为后世曰圣曰神,是不够分量的。因而于慎行认为,"柳之大节在一体万物而无憎别之心,关之大节在始终为主而无二三之志",这才是根本。

颜真卿的大节在于他作为官员,不仅尽职而且称职。《旧唐书·颜真卿传》载,当监察御史、充河西陇右军试覆屯交兵使时,五原有桩冤狱久拖不决,他一到,"立辩之",感动得百姓把狱决后的一场雨呼为"御史雨"。他当平原太守,预感到安禄山的叛乱是迟早的事,于是"以霖雨为托,修城浚池,阴料丁壮,储廪实;乃阳会文士,泛舟外池,饮酒赋诗",积极备战。有人报告过安禄山,安禄山也派人来侦察过,但是"以为书生不足虞也"。他根本不会料到,正是这样一介书生,在他的军队最初所向披靡、"河朔尽陷"之际,独独因为"平原城守具备"而没有攻下来。唐玄宗闻报,高兴得不得了,顾左右曰:"朕不识颜真卿形状何如,所为得如此?"概因此前的种种消息让他丢尽了颜面,甚至发出哀叹:"河北二十四郡,岂无一忠臣乎!"颜真卿不仅守住了平原,还联络从兄杲卿共同抵抗,得到附近十七郡响应,被推为盟主,合兵二十万,极大地牵制了安军。

颜真卿的大节还在于无论何时,他都不阿权势。他被贬为平原太守,因为杨国忠的缘故,那个国舅级人物"怒其不附己"。代宗时元载专权,"惧朝臣论奏其短"而定了一条规矩:百官凡欲论事,皆先白长官,长官白宰相,然后上闻,不可越级。这就意味着,如果宰相亦即元载认为没必要向上汇报,那么无论下面的人说了什么,都到此为止了。真卿立即上疏表示坚决反对,他不仅从理论上,更以本朝太宗时"防壅蔽"而有贞观之治、玄宗时"上意不下宣,下情不上达"而致安史之乱的客观事实相对比,来论证封堵言路之害,指出此举若行,必致"从此人人不敢奏事",口蜜腹剑如李林甫之辈将死而复生。这个上疏当然要得罪元载,但真卿做好了"忤大臣者,罪在不测"的思想准备,完全将个人安危置之度外。此疏一出,"中人争写内本布于外",得到了热烈响应。

所以,陈宓的那句话旨在励志,以颜真卿的大节为楷模,做到忠于所事。他本人是实践了的。宁宗嘉定七年(1214)陈宓入监进奏院,"时无慷慨尽言者",他则对耳闻目睹的种种不良现象进行了尖锐抨击,诸如"宫中宴饮或至无节""大臣所用非亲即故""贪吏靡不得志,廉士动招怨尤"等。这些话很可能说了白说,但是如果人人听之任之,没人说或不敢说,习以为常,甚至一有机会便其乐融融地参与其中,这个社会就更加危险了。

再看于慎行的小节大节观。他说柳下惠、关云长之所以为后世津津乐道,"必为人所不能也",必有其"大本大原"。如上所见,此论同样可验之于颜真卿。若单论书法,北宋的蔡京不是也堪一提吗?哲宗绍圣期间,甚至"天下无能出其右者",连操起笔来"翩然若飞,结字殊飘逸而少法度"的米芾也甘居第三,前两位让给了蔡氏兄弟。米芾的话固有奉承的意味,却也说明蔡氏书法的确十分了得。但蔡京的历史形象又怎样呢?

2001 年 1 月 7 日,2018 年 6 月 22 日修订

下臣为何"以货事君"

《荀子·大略篇》云:"下臣事君以货,中臣事君以身,上臣事君以人。"清龚炜《巢林笔谈》中没头没脑地来个"董子云",表达的意思完全是同样,只是顺序颠倒了一下:"上臣以人事君,中臣以身事君,下臣以货事君。"此中董子为谁不甚紧要,谁"抄袭"了谁的说法也不甚紧要,顺序的颠倒表明各自强调的侧重点不同。关键是这种划分很有意思:臣子在官场上的表现被归纳成了公式,以什么方式立足官场便有了高下之别,属于哪一类,敬请参照这一二三等。

这里的臣与君,完全可以置换为下级与上级,或者普通官员与权贵。

《荀子》的排列顺序是由低到高。王先谦注《荀子》曰:"货,谓聚敛及珍异献君。身,谓死卫社稷。人,谓举贤也。"下臣,无疑是三等中最低的一档。这种人安身立命的出发点,首先是如何打点上级,如何讨得上级的欢心,为此可以不惜代价。但"以货"的"下臣"是否生来就是一副贱骨头呢?有,怕不尽然。"以货"能够被归纳成一种现象,根源十分值得探讨,不能只盯住问题的一面。也就是说,其果如此,而其之所以如此?

有一种,应该是因为握有决定权力的人的权力淫威。像北魏元修义主管选拔官吏,"唯专货贿",把这个职务看成是捞一把的好机会,于是"授官大小,皆有定价"。有个叫高居的人好不容易等到一个缺,皇帝也早已关照优先安排了,但元修义因为收了别人的钱,就没有睬他,气得高居当众大骂他是"京师劫贼",跟抢钱简直没什么两样。在这种情况下,有钱想当官或者冀望当了官再狠赚回来的人,必然要考虑"以货"了。

另一种应该是因为"以货"事人绝对有它的好处。余继登《典故纪闻》云,明朝南京科道官李钧指出当时有种不正常现象,就是"大臣无耻者多与内官交结,或馈以金银珠宝,或加以奴颜婢膝",于是乎,无论该人实际的品质如何,"以货"到了,"内臣便以为贤,朝夕称美之";反过来,"有正大不阿,不行私谒者,便以为不贤,朝夕谗谤之"。因为"内官朝夕在陛下左右",足以影响皇帝的视听,在这种前提下,"识时务"的人势必要把"以货"的工作做在前面。

还有一种应该是因为官场风气已经败坏得不成样子。清姚元之《竹叶亭杂记》云,其时"属员以夤缘为能,上司以逢迎为喜",至于"势不容不交权贵以为护身之符"。夤缘,意谓攀附权要,以求仕进。这就是说,官员如果没有靠山就不要再做升迁的美梦了,甚至在官场中立足都难,要层层打点好,形成自己的一张关系网。如何"交权贵"呢?必不可少也最有效的,当然就是"以货"。

明代宗景泰年间,御史张鹏曾提出整治"以货"者。概因一到年节,地方便来京城送礼,"交错殿廷"。在张鹏看来,"怀利事君,人臣所戒",于是他建议"宜一切停罢,塞谄谀奔竞之途"。大家都意识得到,地方官们是借送礼的幌子,来上面疏通门路、建立感情的。张鹏认为那些"货"一定出自"贪贿",王先谦的"聚敛"亦正为此意。其实如地方进京送礼,即便是集体作出的决定,动用的是堂堂正正的款项,也同样不足为训,用南宋张浚的话说,叫作"专把国家名器钱物作人情"。景泰皇帝对张鹏的建议"颇采用",但是具体执行得怎么样不得而知。不难想见,既然皇帝都点头了,肯定是要落实的,过后总结起来肯定还会有相当可观的"成效"。但姚元之还有句话说得同样令人难忘:"除弊者不搜其作弊之由,则弊终不可除。"并且,色厉内荏的事情弄多了,恐怕连执行本身也会变成走过场。

焦竑《玉堂丛语》云,明朝弘治皇帝以"白金二笏"赐兵部尚书刘大夏等二人,要他们"将去买茶果用"。他说:"朕闻朝觐日,文官避嫌,有闭户不与人接者。如卿等,虽开门延客,谁复有以贿赂通也?朕知卿等,故有是赐。"他同时"命二人不必朝谢,恐公卿知之,未免各怀愧耻也"。谁的清廉是假惺惺的,谁是发自内心的,换言之,谁是"下臣",谁是"上臣",弘治皇帝心里很明白得很。官场上古往今来的各级权力人物也未必就是真糊涂,因为人家的"以货"前提,自己在动用权力的时候昧着良心就是。

2001年1月14日,2018年4月6日修订

诈与诚

《邵氏闻见录》云,宋相寇準既贵,仍然"居家俭素,所卧青帏二十年不易"。按道理,高官如此清廉很难得,人们应该竖起大拇指才对,可奇怪的是寇準并未得到时人的认同,大家反用西汉丞相公孙弘的事例来嘲笑他。《资治通鉴·汉纪十》载,公孙弘当年也是位居三公,生活极其节俭,"为布被,食不重肉",不过著名的直臣汲黯公开指他"俸禄甚多;然为布被,此诈也"。武帝问公孙弘本人是不是这么回事,他爽快地承认了,并且说:"夫九卿臣善者无过黯,然今日廷诘弘,诚中弘之病。夫以三公为布被,与小吏无差,诚饰诈,欲以钓名,如汲黯言。"这番表白,真不知他是发自内心,还是将计就计,以退为进,反正达到了使武帝"以为谦让,愈益尊之"的目的。寇準显然知道该典,理直气壮地自辩道:"彼诈我诚,尚何愧!"

寇準是诈还是诚,暂且按下不表。生活当中,围绕诈与诚的现象可以说遍及方方面面。陆游《老学庵笔记》云,浙江雪窦寺与天童寺、育王寺"俱号名刹"。有一天,新来的地方官接见三个寺的主持,问及寺中的僧人数目。天童寺说他们那有"千五百",育王寺曰"千僧",雪窦寺的主持行持最后拱手答道:"百二十。"地方官纳闷为什么三刹名气差不多,而僧人数量竟相差如此悬殊?

行持又再拱手曰:"敝院是实数。"这是个喜欢听实话的官,所以为行持"抚掌"。该书还说到,南宋初有个叫毛文的人很敢说话,议论时事时,"率不逊语,人莫敢与酬对",没人敢接他的话茬。有个叫唐锡的故意悄悄问他:"君素号敢言,不知秦太师如何?"意思是让他评价一下正在当国的秦桧。毛文先是"大骇",然后"亟起掩耳",口中不断叨咕:"放气!放气!"然后赶快跑掉,至于"追之不及"。放气,是骂人说话无理,犹言放屁。唐锡的确有点强人所难,但毛文敢言的底细也让人略知一二了:与"诈也"相去不远就是。

众所周知,明朝的崇祯皇帝是自缢身亡的,李自成大军攻进城后,他很干脆地跑到煤山(今北京景山公园)进行了自我了断。同样是亡国之君,南朝的陈后主陈叔宝也曾摆出殉国的姿态。《资治通鉴·陈纪一》载,隋兵打进来了,"从宫人十余出后堂景阳殿,将自投于井",左右不让他跳,甚至"以身蔽井",还僵持了一阵,"陈主与争,久之,乃得入"。怎么进去的不知道,但显然不是跳进去的,因为他不仅没有死,甚至没受丁点儿伤。更好笑的是,隋兵知道他在井里,"呼之,不应",要扔石头往下砸,他沉不住气,才大叫起来。往上吊他的时候,隋兵都奇怪这人怎么会这么重,出到地面更大吃一惊,原来他和他的张贵妃、孔贵嫔正搂在一起呢!崇祯决心赴死,所以能从容地在衣襟上写下"无伤百姓一人"的话;陈叔宝的行为绝对就是诈,这个"不知亡国恨"的家伙躲在井里是想侥幸过关。

《魏书·刘仁之传》载,东魏官员刘仁之也是个表面功夫能做得十足的人,"其对宾客,破床弊席,粗饭冷菜,衣服故败,乃过逼下"。长官这般"清廉""节俭",乃至对下属产生了不小的精神压力。然而他"外示长者,内怀矫诈",可惜对他这一点如何之诈,

《魏书》《北史》都没有给出实例，只说官场上他"善候当途"，很能把握身居要职、掌大权的人的心理，从而作出种种"诡激"的举动，比如"每于稠人广众之中，或挝一奸吏，或纵一孤贫，大言自眩，示己高明"。这一切很奏效，令"浅识者皆称其美，公能之誉，动过其实"。对底下的人则不同了，"吏书失体，便加鞭挞，言韵微讹，亦见捶楚，吏民苦之"。这种媚上欺下的诈，能换取丰厚的政治资本，难怪许多人都要乐此不疲了。

个别、偶然的行为不能证实一个人或一个官员的诈与诚，表白就更显得苍白无力。寇準说"彼诈我诚"，偏偏《宋史》不为他佐证。在他的本传里，对那顶二十年没换过的蚊帐只字未提，却分明记载着他"性豪侈，喜剧饮"，时常大宴宾客；而且家里对油灯都不屑一顾，"虽庖匽所在，必燃烛炬"，连厨房厕所都点着蜡烛。这在北宋，尚是一项不得了的消费。在《王旦传》里又记载着他在基层干的时候，因为"服用僭侈"，便曾经"为人所奏"；这且不算，他过一个生日，都要专门搭建彩棚，隆重得很。这件事还惹得真宗动了怒，险些因此废弃了他。对那番表白中的愧还是不愧，寇準心里应该清楚，自己硬不承认不要紧，群众的眼睛是雪亮的。问题的可悲之处只在于"雪亮"而无奈，奈何不了假戏的接二连三。

2001年2月25日，2018年6月30日修订

热官冷做

《蕉廊脞录》云,清朝龚丽正"以部曹直枢廷,屏绝华侈,退直辄闭户读书,时人有热官冷做之诮"。在明清时代,部曹为各部司官之称,枢廷乃政权中枢或内廷之意。那么这段话的意思是说,作为部的负责人到朝廷去当值的龚丽正,因为崇尚节俭,且下了班就把自己关在家中"充电",而被一些人讥讽为"热官冷做"。

热官,权势显赫的官吏。《北齐书·王晞传》载,齐昭帝要给王晞一个侍中的头衔,王晞"苦辞不受"。有人劝他答应下来,当大官又不是什么坏事,干嘛要躲着,和皇帝的关系也弄得疏远了。他解释道:"我少年以来,阅要人多矣,充诎少时,鲜不败绩。"王晞以经验认为,不少地位高的官员大多只是得意忘形于一时,下场都不太好。所以他说自己"非不爱热官,但思之烂熟耳",把里面的利害关系全都看透了,觉得当了也没有多大意思。陆游在《感遇》诗中也挥笔写道:"仕宦五十年,终不慕热官。"

所谓热官冷做,不言而喻,是那些讥讽龚丽正的人认为他浪费了那么好的展示权力的机会。在他们看来,不管怎么说龚丽正都应当把职位的含金量体现出来,有权不用,实在可惜。按照这个逻辑,热官冷做的反面当然是热官热做。所谓热做,意思当然就是利用职权大捞一把了。

历史上很有一些风光无限的"热官",把"热做"发挥到了极致,看看他们的财产,会让人瞠目结舌:元载家光是胡椒就有八百斛(1斛=10斗),蔡京家光是蜂蜜就有三十七称(1称=15斤),王黼家光是腌制的黄雀就堆满了三间屋子,贾似道家果子库内光是白糖就有好几百瓮;最奇的还是张居正身败之后,连围棋、象棋都各抄出了好几百副,当然围棋是碧玉、白玉做的,象棋是金和银做的。吃不了,也用不了,但"热做"的结果必然是大张着贪婪之口,而这无限欲望的满足,肯定又是以践踏国家的制度原则为代价。如蔡京,"营进之徒,举集其门,输货则童仆得美官"。不过后人同样有目共睹的是,"热官热做"者的下场!再看元载,"臭袜终须来塞口"。

《池北偶谈》里有一篇明朝沈鲤的家书,以张居正"只为其荣宠至极,而不能自抑,反张气焰,以致有此(身败)"为明鉴,谈到自己"虽做热官,自处常在冷处",这些冷处包括,"不张气焰,不过享用,不作威福"。在对权力的制约不那么灵光的情况下,这种意识上的自觉如同龚丽正般显得尤为可贵。《水东日记》里,广西总帅府有个叫郑牢的老差役,"性鲠直敢言"。新到任的都督山云问他,"世谓为将者不计贪",况且咱们这地方"素尚货利,我亦可贪否?"郑牢打了个比方:"大人初到,如一洁新白袍,有一沾污,如白袍点墨,终不可湔也。"白袍沾了黑墨,尽管只是一点,洗得干净吗?山云再问,人家都说当地人馈送礼物,要是不收,"彼必疑且忿",怎么办呢?郑牢反问道:"居官黩货,则朝廷有重法,乃不畏朝廷,反畏蛮子耶?"别人贪得,风气又如此,那么我也贪得;不是我贪,别人要送,我没办法拒绝,那么就可以心安理得地收。这是山云原来的逻辑。实际上,山云在广西呆了十多年,"廉操终始不渝",郑牢的比喻和反诘应该是起了一定作用的;退而言之,亦如叶盛所云:"固不由牢,而牢亦可尚。"的确,要是社会上连一点儿规劝的声音都没有了,说明事态真正可怕到了极点。其实所谓自律的要求,不仅适用于当热官的人们,即使是普通职位的官或者所谓冷官,又何尝不该如此呢?

龚丽正的"热官冷做",有一事颇值称道。他任职安庆,发现一桩教党冤案,对抓获的那十几个囚犯说:"予当为若辈申教之。"但是,别人告诉他:"此十数人者,皆上书名指拿之人,未可轻纵。"于是诸囚皆弃市。后来论功行赏,百龄"以获匪案上章胪荐,列公名居首",龚丽正不仅不要,而且要辞官。百龄说:"安徽一省,官半登荐剡,岂可独遗首府?若以此去官,尤不可。"龚丽正说:"不去官犹可,若一条血翎子,则断断不敢受也。"百龄"遂删公名,而心益器公"。

冷官也好,热官也好,既然设定了职位,总要有人去做,而且人们也总是希望不是由那些让人戳戳点点的人来做。如王晞般因为官热而弃,担心"失足"而防患于未然,大可不必,位置使人变坏,往往主要是自身的因素使然,因为监督不健全而滥用权力,不过是堕落的一个借口。"平生不做皱眉事,天下应无切齿人。"做人如此,做官、做热官也不例外。对待热官的态度,如陆游般不慕,如龚丽正、沈鲤般冷做,则足矣。

2001年3月4日,2018年6月28日修订

范仲淹的"自计"

说起北宋名臣范仲淹,人们就会很自然地联想起他写的《岳阳楼记》,尤其是里面那句千古传诵的名言:先天下之忧而忧,后天下之乐而乐。名言的得来似乎很偶然:范仲淹的好朋友滕子京被贬官巴陵(今湖南岳阳),两年时间把那里治理得"政通人和,百废具兴"——姑且这样认为,于是重修了岳阳楼,邀其作记,仲淹乃提笔欣然为之。

从来文人登临岳阳楼的文字不乏,《太平寰宇记》载唐玄宗开元四年(716),中书令张说为岳州刺史,常与学士登此楼,"有诗百余篇,列于楼壁"。《岳阳楼记》中说到,重修的楼"增其旧制,刻唐贤及前人诗赋于其上",可能指的就是这些。但正如我们所看到的,那"百余篇"东西大都已成了过眼云烟。缘何唯独范仲淹的能得以不朽?综观范仲淹的人生观、价值观,这句话更应看作是其修养达到一定高度之后,情感的自然流露,是作品与人品的完美结合,亦即偶然中蕴含着的必然。在范仲淹身后,欧阳修为他撰写了神道碑铭,称他"于富贵贫贱,毁誉欢戚,不一动其心,而慨然有志于天下"。这个评价正是对范仲淹一生的最好概括。

《邵氏闻见后录》中有一段范仲淹的自白。他说自己每天晚上睡觉之前,都有"自计"的习惯,就是给自己做个当天总结,不是像魏晋间王戎的那种,"每自执牙筹,昼夜算计",盘算一天的进项,而是"自计一日食饮奉养之费及所为之事"。也就是说,算一算自己拿的俸禄和自己一天所做的事情是否相称,亏不亏心。用他自己的话说,如果相称呢,"则鼾鼻熟寐",觉也睡得安稳;反之,"则终夕不能安眠,明日必求所以称之者",第二天一定要努力弥补。那么,范仲淹的"自计",无异于扪心自问,实际上是他作为一名官员修炼而成的责任感、道德感,是制度约束之外的良心发现。

举个例子来说明吧。《宋史·范仲淹传》载,仁宗天圣七年(1029),江、淮等地蝗旱灾害齐来,范仲淹忧心如焚,"请遣使循行",到地方察看灾情,不料并没有得到仁宗的答复。他私下里毫不客气地向仁宗发问:"宫掖中半日不食,当何如?"这一问触到了仁宗的痛处,旋即派其前往安抚。仲淹所到之处,"开仓赈之,且禁民淫祀,奏蠲庐舒折役茶、江东丁口盐钱",并根据自己的调查,"条上救敝十事"。从这件事便不难看出,"居庙堂之高"的范仲淹,其心系百姓的责任感是何等强烈!那么他的"自计",不是理应值得后世各级官员仿效吗?

与之形成鲜明对照的另一种"自计",是时刻权衡、计较个人的得失。贪官之类就不说了,一旦被贬到偏远之地的大臣也大多如此,用宋人周煇《清波杂志》中的话说,叫作"其忧悲憔悴之叹,发于诗什,特为酸楚,极有不能自遣者"。范仲淹雄文云,岳阳楼虽然是个"北通巫峡,南极潇湘,迁客骚人,多会于此"的地方,但是在那里的"览物之情",与其他地方应该没有什么差别。因此,即便是重修岳阳楼的滕子京本人,也把这项工程当成了宣泄个人情感的所在。竣工的时候,有人向他道贺,滕子京并没有表现出丝毫欣喜,反而说:"落甚成,只待凭栏大恸数场!"周煇不客气地指出:"闵己伤志,固君子所不免,亦岂至是哉!"神宗元丰年间张舜民谪官,有两阕《浪淘沙》题岳阳楼,其一:"木叶下君山,空水漫漫。十分斟酒敛芳颜。不是渭城西去客,休唱阳关。 醉袖抚危栏,天淡云闲。何人此路得生还?回首夕阳红尽处,应是长安。"颓废之情,以及渴望朝廷召唤、重新得宠的心态,跃然纸上。范仲淹也有过多次贬谪的经历,但他"不以物喜,不以己悲",所以到了岳阳楼,才反而能够气壮山河!

苏辙讲过一个荒诞故事,说有个死而复生的人问冥官:"如何修身,可以免罪?"冥官告诉他,准备个本子,"昼日之所为,暮夜必记之,但不记者,是不可言不可作也"。苏辙是在借这故事来阐明一个道理:任何官员对自己的行为都应该"自计",不可以倚仗权势而为所欲为。那些但凡为后世所称道的人物,往往也都有积极意义上的"自计"。司马光总结自己一生没有过人之处,"但平生所为,未尝有不可对人言者耳";宋儒谢显道还有种观点,叫作"不求人知而求天知"。此等磊落的胸怀,不仅适用于为官,更适用于为人。

较之范仲淹的"自计",迁客骚人的自叹自怜虽然显得可笑,但还是胜过"有禄肥妻子,无恩及吏民"之辈,倘若是后者登上岳阳楼,人们又能指望些什么呢?

2001年3月25日,2018年6月14日修订

不能欺、不忍欺与不敢欺

对于执政的效果,《史记》中记述了三种:"子产治郑,民不能欺;子贱治单父,民不忍欺;西门豹治邺,民不敢欺。"子产、子贱和西门豹,三个人的才能相较,谁是最可称道的呢?司马迁没有把话说死,而是认为"辨治者当能别之",他人若来评判他们治绩的话,自然能够得出结论。

不能欺、不忍欺和不敢欺,实际上也隐含着三种工作方法。此中的"民",当然不限于指普通的百姓。先来了解一下这"三不欺"是怎么一回事吧。

子产是春秋时著名的政治家,名叫公孙侨,子产是他的字。《史记·循吏列传》载,子产相郑,工作卓有成效,"为相一年,竖子不戏狎,斑白不提挈,僮子不犁畔。二年,市不豫贾。三年,门不夜关,道不拾遗"云云。而他当初接手之时,郑国还是一派"上下不亲,父子不和"的混乱局面。孔夫子极其推崇子产,赞扬他"其养民也惠,其便民也义"。子产去世时,郑国百姓悲痛得不得了,"丁壮号哭,老人儿啼"。《左传》载,孔子也哭了,边哭边说:"子产,古之遗爱也。"孔子认为他确有古人的高尚德行,清朝有学者甚至称子产为"春秋第一人"。子产相郑,事无巨细,亲力亲为,并且做到了明察秋毫。这就是子产的"民不能欺"。

子贱是孔子的学生,名叫宓不齐。《吕氏春秋·察贤篇》载,子贱在单父为官,一天到晚就是在房间里"弹鸣琴",但奇的是他"身不下堂而单父治",孔子对此感到不解。《史记·仲尼弟子列传》载,子贱对老师说,别看我表面上整天弹琴,实际上我很会"任人",治单父,我"所父事者三人,所兄事者五人,所友者十有二人,所师者一人",这些人都是本地的贤人,我务求使他们人尽其能,治理单父便绰绰有余了。听完了子贱的介绍,孔子总结道,这是"求贤以自辅"啊,同时为他感叹"惜哉不齐所治者小,所治者大则庶几矣",认为可惜子贱治理的地方太小了,倘若换个更大的地域,同样会卓有成效。子贱治单父,为政清净,虽身不下堂,然"是人见思,不忍欺之"。这就是子贱的"民不忍欺"。

西门豹是战国时魏的邺令,经历过上世纪70年代"评法批儒"的人,对他的事迹想必耳熟能详。西门豹一到任,"会长老,问之民所疾苦",首先搞调查研究。百姓告诉他:"苦为河伯娶妇。"流经当地的漳河经常泛滥,地方一些官员就和巫婆神棍们勾结起来,谎称得经常为河伯找老婆,来安抚他不要发怒,从而借机"赋敛百姓"。他们随意把百姓家的漂亮姑娘挑选出来,扔到河里活活淹死;每这样折腾一次,还要"收取其钱得数百万",而"婚礼"的费用只"用其二三十万",余下的则"与祝巫共分"。西门豹看穿了其中的把戏所在,主动要求为下一回的新娘送行,就在那次的仪式上,他以姑娘容貌不佳、须请人通报河伯择日另娶为名,当着两三千观众的面,接连把巫婆及其三个弟子并一名官员相继投入河中,令"吏民大惊恐",从此"不敢复言"。在这之后,西门豹即"发民凿十二渠,引河水灌民田",使邺的百姓"皆得水利,民人以给足富"。西门豹治邺,"以威化御俗",对舞弊贪赃、愚弄人民的人毫不留情。这就是西门豹的"民不敢欺"。

这样看来,"三不欺"虽然方法各异,却是异曲同工,那就是使地方都得到了妥善的治理。而不同的地方,情况千差万别,要从这三种方法之中挑出最可称道的,的确不大容易。

三国时,魏文帝曹丕和大臣们拾起了这个话题。曹丕关心的是"三不欺,于君德孰优",亦即哪一种更能体现君的声名。钟繇他们回答,这要取决于君本身的推崇,"君任德,则臣感义而不忍欺;君任察,则臣畏觉而不能欺;君任刑,则臣畏罪而不敢欺"。孔子说过,为政以德,就像北极星一样,"居其所而众星共之",所以单纯地衡量三者,以德,也就是子贱的"不忍欺"最可称道。但大臣们同时指出:"纯以恩义崇不欺,与以威察成不欺,既不可概而比量,又不得错综而易处。"就是说,还有因地制宜、因人制宜的成分。那么,西门豹的威,在单父没有用武之地;而子贱的德在邺也未必能打得开局面。到这里,司马迁的"辨治者当能别之",似乎就不难理解了。

"三不欺"有没有可能不要人为地割裂开来,而有机地结合在一起呢?健全的制度、高度的责任感以及强有力的举措,使不能欺、不忍欺和不敢欺能够在某个具体官员的行为上同时自觉地体现,不仅向上而且向下?倘如此,较之单纯地探讨哪种更优,显然更具积极的意义。

2001 年 4 月 1 日,2018 年 6 月 19 日修订

"贪不在多"

百姓认定贪官多了的时候,无论揪出来多少,都会觉得不甚解气。倘若新揪出来的贪官在级别和所贪数量上并没有刷新前面的记录,不属于重大、特大之列,甚至连个地区或行业的"第一""之最"都够不上,简直就产生不了多少兴奋点了。这种心态大约也会影响贪官本人,那么自以为贪得少的——和他那职务以及和别的贪官相比,渐渐会不服气,狡辩的意思中,他有过"汗水""贡献",也给百姓办过实事,收点儿什么也叫贪吗?

陈康祺《郎潜纪闻初笔》记载了陈瑸的一种观点:"贪不在多,一二非分钱,便如千百万。"这句话切中要害!官员是贪还是清,在于是否伸了手,这才是原则分野;逾越了,性质就变了,至于量上的多寡完全是另外一回事。后来,陈瑸还用他的这个观点回答过康熙皇帝的提问,得到了康熙的赞赏。事实上,历史上的清官,都能够在"贪不在多"这个关键之处很好地把握住自己,这也是他们在当时以及后世为人津津乐道的前提。《郎潜纪闻四笔》里有个江右令石瑶臣,在本子上写下一段格言:"吏而良,民父母也;其不良,则民贼也。"良的标准,不贪是硬件之一。石瑶臣对照自制的这面镜子,给自己定了位:"父母吾不能,民贼吾不敢,吾其为民佣者乎。"不能自称父母官,也不敢被百姓唾弃,因此他自号"民佣",转换成现代汉语,正是公仆。公仆这个名词是否始自石瑶臣,尚不敢定论,但如果一个官员的公仆观念的确发自己心,做到不贪该不是什么难事。如史之记载,石瑶臣正是不枉此号的人。王有光《吴下谚联》中另有一位嘉定邑侯陆陇其,"居官清简",他离开嘉定的时候,百姓"扶老携幼,哭巷攀辕"。人们评价他"有官穷似无官日,去任荣逾到任时"。当一回官,家产和没当官时没什么两样。陆陇其没有捞取一分一毫的"非分钱",符合他一贯严于律己的个性;而在百姓看来,因为有贪的"资本"而没有利用,这样的官实在太难得了,没理由不表达敬意。

相对前言,陈瑸的"人所以贪取,皆为用不足",却值得商榷。人所以贪取,端在于"心不足"。谁都知道,杜绝不贪,关键在于制度。但事情往往没有那么绝对,制度之外的因素也相当重要。司马光《涑水记闻》云,郭逵的老婆常常给他吹枕边风:"我与公俱老,所衣食能几何?子孙皆有官,公位望不轻,胡为多藏以败名也?"这是"廉内助"的作用,晓之以理,动之以情,帮助当官的丈夫调整好心态。叶权《贤博编》里的另一件事情则不然。那是叶权认识的一个罢职还家的余姚县丞,富家子弟,官本是买来的。叶权见他"居常怏怏",便逗他说你的官瘾也过了,家又不穷,"何不乐也?"那人说,这个官让他花了不少钱,原以为"为官当得数倍",能捞回来,然而"今归不够本",弄得老婆孩子直埋怨。叶权愤愤地写道:"以勾本获赢之心为民父母,是以商贾之道临之也。"那么,倘若那个人再有机会,那个"贪内助"就一定会唆使他不择手段地攫取"非分钱"。如果说制度决定一切,为什么一样的制度会产生出两样的人?

叶子奇《草木子》中有一首精彩的小诗。当时上面来人巡视,地方惯例要敲锣打鼓地欢迎,而起解杀人强盗呢,也是用锣鼓吆喝,二者的区别只在节奏上,欢迎时两声鼓一声锣,示众时一声鼓一声锣。于是有人借官场上的"藏污狼藉"来了个借题发挥:"解贼一金并一鼓,迎官两鼓一声锣。金鼓看来都一样,官人与贼不争多。"这首小诗或许有其地方局限性,但是如果百姓把官与贼同等看待,就可见他们对当官的捞取"非分钱"是看在眼里,恨在心底的。

"贪不在多,一二非分钱,便如千百万。"无论何时,这句话都堪称金科玉律。《清史稿》有《陈瑸传》,云其广东海康人,康熙时进士。结合陈瑸的仕宦生涯,陈康祺感叹道:"士未有未仕时律身不严,而居官能以清廉著闻者。"光赖制度,不觉得羞愧吗?陈瑸为官近二十年,在好多地方都干过,台湾、四川、湖南、福建等等,无论在哪,都清廉始终,"官厨以瓜蔬为恒膳,其清苦有为人情所万不能堪者"。在调往福建时,康熙就对廷臣说过:"朕见瑸,察其举止言论,实为清官。瑸生长海滨,非世家大族,无门生故旧,而天下皆称其清。非有实行,岂能如此?国家得此等人,实为祥瑞。"在称之为苦行老僧的同时,康熙更断言:"从古清官,计无逾瑸者。"这个结论是否过于绝对不去论它,陈瑸无疑很好地践行了自己的理念。倘若后来的官员们也都能明了这个浅显的道理,在实际中也许不会越雷池半步。

2001 年 4 月 15 日,2018 年 7 月 1 日修订

做官与做贼

前文所引《草木子》中的那首小诗,"解贼一金并一鼓,迎官两鼓一声锣。金鼓看来都一样,官人与贼不争多"云云,将做官与做贼等而论之,有其偏颇的一面,但亦有其一针见血的一面。

做官与做贼,应当是两个泾渭分明的职业或行当。无独有偶,像那首小诗一样,在南宋郑广的眼里,二者也没什么不同。岳珂《桯史》云,郑广原是一名海盗,活跃在东南沿海,"云合亡命,无不以一当百",令官军奈何不得。后来朝廷把他招安了,"命以官",才算改邪归正。从此郑广"旦望趋府",不敢怠慢,不料同僚因为他的前科,衙门里"无与立谈者",没人愿意理他。郑广"郁郁弗言",心里却很有气。有一天,听到同僚们在谈论作诗,他忽然有所感慨,急忙站起来说,我郑广虽是个粗人,但也"欲有拙诗白之诸官,可乎?"说罢便一板一眼地诵道:"郑广有诗上众官,文武看来总一般。众官做官却做贼,郑广做贼却做官。"

正在做官的同时在做贼,原来做贼的如今在做官,做官和做贼真是没什么两样。这就是郑广的见解。因为两面他都干过,所以尽管有撒气的成分,但也未尝不是他的切身感受。仔细想想,也好理解。做贼的目的是劫财,梁山那种高一个层次的是号称劫取不义之财——当然,唐朝才子李涉一次乘船时遇到的贼是个特殊的例外。贼人们听到劫的是李涉,只是索诗一首,李涉乃脱口而出:"春雨潇潇江上村,绿林豪客夜知闻。他时不用相回避,世上如今半是君。"这从侧面说明,李涉的诗当时在底层百姓中也颇有市场。可惜据写《谷山笔麈》的于慎行说,李涉的《江上遇盗诗》虽然煞有风致,但他的为人,"乃穿窬之下也",比鸡鸣狗盗之辈还不如。这是另话。言归正传,做官的倘若也是掉进了钱眼,不择手段地捞钱,可不就是等同于做贼?

赵翼《簷曝杂记》云,军机大臣王日杏平素结交了不少地方官,于是当他"扈从南巡"时,走到哪里都有人"赠遗",每转一趟下来,都等于捞了一把,捞的程度呢,比如有一次"过端午节充然有余"。王日杏觉得脸上很有光,"沾沾夸于同列"。实际上军机大臣因为职业的机密性质,不仅不准许到地方上乱"交朋友",就是与京官之间也应该少有往来的。但王日杏为了区区个人的好处,把规定当成了耳边风。该书又云,天保县令以"民间田土无所凭",容易产生纠纷为由,要给田地发执照,引起了百姓的强烈不满。赵翼通过调查,了解到县令等人"实则欲以给照敛钱也"。由于县令"向日尚非甚墨",也就是心还没有黑到家,赵翼在"全其颜面"的情况下为百姓"免此横钱"。当他再下来巡视的时候,得到了"父老妇稚夹道膜拜"的礼遇,而县令被坏了好事,则将赵翼"衔次骨",恨透了。另据《草木子》云,元朝末年的朝廷官员"惘然不知廉耻为何物"。他们敛财的名目繁多,"所属始参拜曰拜见钱,无事白要曰撒花钱,逢节曰追节钱,生辰曰生日钱,管事而索曰常例钱,送迎曰人情钱,句追(办案)曰赉发(赞助)钱,论诉(申诉)曰公事钱",总之,无论干什么,都是要钱,"漫不知忠君爱民之为何事也"。如此等等,这些做官的人可不都是公然地做贼了!

明朝在税收政策上发明了"一条鞭法"的张居正说过:"若要

百姓安生,需是官不要钱。"王士禛《池北偶谈》"葛端肃公家训"条,讲到与其有"家世姻娅"的明朝大臣葛守礼,自陕西布政史的任上回京述职,"帑羡一无所携",别人劝告他,你给严嵩送的那点儿礼,哪里像话,别的地方官要是拿去送给他的管家还怕怪罪呢。葛守礼说:"厚则吾力实有不能。"此话不虚。《明史·葛守礼传》载有一事可以印证:"交城、怀仁、襄垣近支绝,以继封请,守礼持之坚。会以疾在告,三邸人乘间行赂,遂得请。旗校诇其事以闻。所籍记赂遗十余万,独无守礼名,帝由是知守礼廉。"由此亦可见,做官若要不被人等同做贼,必须有令人信服的行动。

"众官做官却做贼。"当年,郑广的话音一落,"满座惭噱"。惭噱,意思是带着羞愧的心情大笑,说明郑广确实戳到了他们的痛处。把做官等同于做贼,不是郑广和其之后的那首小诗的发现。南宋韩侂胄当政,有人曾"以片纸摹印乌贼出没于潮"当街售卖,寓意"满潮(朝)都是贼",借以针砭。退而言之,"世上如今半是君"也相当可怕。而种种事实表明,做官不是不可能沦为做贼。所以当时的有识之士便勇敢地承认:"今天下士大夫愧郑广者多矣,吾侪可不知自警乎!"

2001年4月22日,2018年7月1日修订

话外音

人们常说,听话听音。因为同样一句话,说话时的语气不同,场景不同,意思大不一样。所以在某些时候某些场合,某些人物讲话是有言外之意的,要把话听得明白,就要听懂话外音、话中话。就是在话里间接透露,而没有明说出来的那些。话外音,往往才是说话者所要表达的真实意图。

陆容《菽园杂记》云,明朝天顺年间有个欧御史"考选学校士",有自己的一套标准,乃至"去留多不公"。其实个中猫腻,明眼人早就看穿了,因为有钱人家的子弟,"惧黜者,或以贿免"。有人赠诗给一个愤愤不平的落选者,篇末云:"王嫱本是倾国色,爱惜黄金自误身。"这是借王昭君的典故来说话。据说,当年王美人因为不肯贿赂画师,虽然长得漂亮,却被画得一塌糊涂,乃至被皇上打入冷宫,落得个最后出塞、与匈奴和亲的命运。倘若那个被黜落的考生理解不了赠诗者的话外音,还不明白自己"败"在何处,就真是十足的书呆子了。

但在某些场合,话外音显得飘忽不定。比如苏东坡的冤案,是李定一手经办的,他本人也因此而"势不可向"。但有一天李定与同僚交谈时却忽然冒出一句"苏轼奇才也"。这里的话外音就让同僚犯难了,搞不清他这话的正反,是不是阳谋。苏东坡确实是个奇才,这一点谁都清楚,不用他说,问题是打倒东坡的时候李定不遗余力,现在东坡又尚未平反,收藏他的片言只字都有罪。理解不了,同僚们"俱不敢对",担心判断错了风向。

还有一种话外音所流露的态度则十分明确,毫不含混。郑处诲《明皇杂录》有一段关于杨国忠儿子杨暄"举明经"的记载,唐朝明经科与进士科并列,主要考试经义。就考试本身来说,杨暄"不及格",肯定是不该取的。但是经办这件事的礼部侍郎达奚珣"将黜落之",却"惧国忠而未敢定",他很清楚,这样背景的人物即便考试没过关,也是可以不取的吗?刚好儿子达奚抚随玄宗驾在华清宫,就赶快让人"以书报抚,令候国忠",把这事当面跟杨国忠讲讲,探探口风。达奚抚不敢怠慢,赶忙去到杨家,时"五鼓初起,列火满门,将欲趋朝,轩盖如市",杨国忠正要准备去上朝。轩盖,指那种显贵者才能坐的有盖的车。看见达奚抚来了,杨国忠认为一定是报喜的,"抚盖微笑,意色甚欢"。不料达奚抚老老实实地说:"奉大人命,相君之子试不中,然不敢黜退。"杨国忠一听恼了,大声叫道:"我儿何虑不富贵,岂借一名,为鼠辈所卖耶?"说罢头也不回,乘马而去。不取拉倒,一个破贡生,算什么?但杨国忠的话外音分明不是这些,达奚抚当然听得出,"惶骇"之余,赶忙跑回家,正告父亲:"国忠持势贵,使人之惨舒,出于咄嗟,奈何以校其曲直?"这是说,以杨国忠的势力,让人起落,不过转眼之间的功夫,您又何必非得试试呢?达奚珣于是也不敢怠慢,"因致暄于上第",不仅取了,而且取为第一等,惹得杨暄嘲笑他"迁改疾速"。

张鷟《朝野佥载》中有另外一个故事。兵部尚书娄师德到地方视察,有个乡人也是姓娄的"为屯官犯赃",被都督许钦明判了死罪。乡亲们便找到了娄师德,请他说项。娄师德说:"犯国法,师德当家儿子亦不能舍,何况渠。"一口回绝,态度相当干脆。但第二天,在许钦明设宴款待的酒桌上,娄师德又是另一种说法:听说有个人犯了国法,说是我的同乡,我根本不认识他,"但与其父为小儿时共牧牛耳"。不认识儿子,但跟他爹小时候一起放牛,那该是什么交情?娄师德的话外音明白无误,所以他虽然紧接着加上一句"都督莫以师德宽国家法",很有些此地无银三百两的作秀姿态。许钦明立刻听出了门道,"遽令脱枷至",把那个死囚带到娄师德面前,由他一番切责,什么"汝辞父娘,求觅官职,不能谨洁,知复奈何"之类,许钦明便把那人给免罪了。倘若那句"都督莫以师德宽国家法"确实出自本心,娄师德无论如何不会默认许钦明的处理结果。

单纯地责备达奚珣和许钦明是有欠公允的。在那种制度下,杨国忠的淫威和娄师德的暗示,起着藐视法律、规则的决定作用。杨国忠是当朝"国舅",霸道些不足为奇,倒是本来可圈可点的娄师德值得引起警觉。就在此次视察的前一站,他因为自己吃的饭"白而细",别人的"黑而粗",还发过脾气,非要换成和大家一样的才肯吃。娄师德的教训说明,即便是一些品质本来不错的官员,一不小心,也可能自以为巧妙地干出枉法的勾当。

2001年4月29日,2018年5月30日修订

谥

古人死后,朝廷往往根据他生前的事迹,用一个带有褒贬善恶意义的称号来个盖棺定论。用郑玄的话说:"谥者,行之迹。"再用《晋书·礼志》所说:"有德则谥善,无德则谥恶。"这种制度称为谥法,所给予的称号为谥号。杨坚又称隋文帝,包公又称包孝肃,林则徐又称林文忠,此中的"文""孝肃""文忠",就是谥。

当然了,古人并不是人人都有谥,要能得到官方认可的谥,需有一定的地位和级别。帝王是不必说的,即便崇祯皇帝是个亡国之君,南明小朝廷也没忘了谥之思宗烈皇帝,清朝顺治皇帝欣赏他,也给来了一个:庄烈愍皇帝。将相呢?在不同朝代则有不同的规定,顾起元《客座赘语》云,明朝"文臣必三品以上方予谥"。总之,贵族、大臣、士大夫,或者其他所谓有地位的人才能得谥。普通百姓得谥也不是绝对没有,但前提是必须要有特殊的原因。新莽时的百姓瓜田仪造反,王莽把他招安了,然瓜田仪未及受封便死去,王莽便谥之为"宁殇男",做个姿态给其他的义军看,可惜事与愿违,人们照样推翻了他的统治。《清稗类钞》云:"陆陇其以御史赠阁学,赐谥'清献',为小臣得谥之始。"

谥法在古代是一门显学。总的看来,谥之用字是一个或两三个。不要小看这一个两三个字,用顾起元的话说,"褒贬之意,未尝不寓其中",因为每个谥字事先都被赋予了特定的含义。比如说东汉开国皇帝刘秀谥曰光武皇帝,取"能诏前业曰光,克定祸乱曰武",以肯定其复兴汉祚之功。又比如说杨坚、杨广这对隋朝父子皇帝,一"文"一"炀",谥法对这两个字的相应界定是:"道德博闻曰文""慈惠爱民曰文""好内怠众曰炀""逆天虐民曰炀"等等。因此,"文"与"炀",便简明地勾勒出了二人当政的本质特征。刘乃和先生指出:"谥号是生者给予死者评价的特殊称号,既反映死者生前的所作所为及社会对他的看法,又反映生者的衡量善恶标准;既是死者的盖棺之论,又是政治舆论的时代导向。"汪受宽先生所著《谥法研究》,则从各种古籍中钩稽出的谥字有404个,谥解1700余条。

谥字的字数历朝多寡不一。唐代以前,帝王多用一个字了事,后来才走了样,变成越多越好。唐宣宗弄了18个,五代十国之闽康宗弄了13个,明太祖朱元璋弄了21个,为清朝奠定政权基础的努尔哈赤,更多达25个,创了谥字字数之最。但谥字多,并不意味着把该人功过概括得全面,而是最大限度地堆加虚美之词。比如努尔哈赤那25个,是什么"承天广运圣德神功肇纪立极仁孝睿武端毅钦安弘文定业高"皇帝,多数都没有实质意义。早在唐德宗时,颜真卿就批评过这种做法,认为谥字"少不以为贬,多不以为褒"。叶子奇《草木子》则把这种堆砌的现象归结为"后世群臣之导谀"所致。福格《听雨丛谈》认为即便在一二个字之间衡量,也是"二字不必为褒,一字不必为贬"。

宋敏求《春明退朝录》还披露了另一种倾向,那就是宋初以来,不少礼官贪赃枉法,"皆得濡润"。就是说,只要家属肯备好丰盛酒食,给相关的官员塞点"红包",就可以得到美谥。这种做法其实由来已久。唐朝的礼部侍郎陈商就曾揭发道:"贸其一二字,视缗金之重轻。"缗金重,就可以"偷忠盗贞,罔世间人"。宋仁宗庆历八年(1048),更有人指出:"以美谥加于人,以利濡润,有同纳赂。"把这种行为与腐败直接联系到了一起。到了明朝,把持朝政二十年的严嵩父子更进一步,公开卖谥,只要不是皇帝亲自指定,就必须贿赂,否则休说美谥,即使应得谥者也不可得。

讲到皇帝指定,不可不提宋朝的夏竦。王辟之《渑水燕谈录》云,仁宗本赐之谥曰文正,刘敞首先站出来反对。他说拟谥乃有司的职责范围,皇帝不应干涉,且"竦行不应法",根本不配。为什么不配?司马光说得好:"谥之美者,极于文正。竦何人,可当?"历史上,范仲淹、曾国藩、司马光等都被谥文正,起码在当朝,他们是被视为完人的。夏竦是什么人呢?他天资聪颖,文采斐然,"朝廷大典策屡以属之";也非常好学,"多识古文,学奇字",晚上关灯上床了,还"以指画肤",揣摩不已;在地方为官,也颇有政绩。但这个人也有他的致命之处:一是性贪,让仆人出面做买卖,自己在后面撑腰,因此"积家财累巨万,自奉尤侈,畜声伎甚众";二是"急于进取",老想往上爬,因此在行为上让人老戳脊梁骨,"世以为奸邪"。在刘敞、司马光看来,夏竦的谥,虽然是上面定的调子,没牵涉到缗金之类,但如果了解底细的人姑妄听之,也要"罔世间人"的!仁宗最后作了让步,将文正改成了文庄。

潘岳《笙赋》云:"歌曰'枣下纂纂,朱实离离;宛其落矣,化为枯枝。'人生不能行乐,死何以虚谥为?"像他这么潇洒的毕竟不多,历来争谥的,争美谥的,都不乏其人,事涉毁誉,有关门楣嘛。不过话说回来,一个人一生的是非功过不可能是单纯的,尽管谥字微言大义,但活着的人针对逝去的人的一两件事、凭借一两个字来为之盖棺定论谈何容易?在许多情况下,不免过于拔高或贬损,不足为信。

2001年5月13日,2018年5月19日修订

"语简事备"

"语简事备",语出文莹《湘山野录》,针对的是文风。其意概指在表达所要表达的思想时,应当尽量用较少的文字,即所谓言简意赅。

这四个字源于一段故事。那是钱惟演镇守洛阳,"所辟僚属尽一时俊彦",有谢绛、尹洙、欧阳修、梅尧臣等等,在文学上都极有造诣。钱惟演是吴越王钱俶的儿子,吴越亡国后随父亲归顺北宋。钱惟演"于书无所不读",名气与当时"文章擅天下"的杨亿杨文公比肩,"尤喜奖励后进"。钱上任后,鉴于洛阳"驿馆常阙",乃动工修建了一座,落成时,命谢绛、尹洙、欧阳修各作一记,约定三天之后,在"水榭小饮",届时三人交卷。到了那天,三人私下先把各自的文章拿出来比较了一下,发现谢绛的文章用了500字,欧阳修的稍稍多出,而尹洙的则"三百八十余字而成,语简事备,复典重有法",不仅字数少,而且文章写得典雅庄重。尹洙很得意,侃侃论道:"大抵文字所忌者,格弱字冗。"你们二位文章的格调没得说,只是有个小小的不足,"字冗尔",长了。欧阳修本来就不大服气,听了这话,在"通宵讲摩"之余,乃"奋然"别作一篇,硬是比尹洙还少用了20个字,且"尤完粹有法",不只是一味强调字数,文章也非常漂亮。尹洙佩服地对人赞叹:"欧九真一日千里也。"

谢绛的爸爸谢涛,也有欧阳修这种本领。《曲洧旧闻》云,"江夏黄才叔喜自负其文",有次对谢涛说:"公能损益一字,吾服公"。结果谢涛"为削去二十字。才叔虽不乐,然无以胜之也"。此种"语简事备"似有游戏文字的味道,其实不然,如果"语简"意识已经丧失的话,那么能力就可能被慢慢地泯灭,形成凡事长篇累牍的惯性思维。事实上,欧阳修把他的这种能力也应用到了具体工作中。二十四史中的《新五代史》便出自他的手笔,"法严词约",为后世留下了一部颇具价值的史书。苏轼评价道:"论大道似韩愈,论事似陆贽,记事似司马迁,诗赋似李白。"这就是提倡"语简事备"的实际成效了。

"语简事备",不是说文章长不得,而是强调不要说废话。倘若机械地唯字数论,也容易陷于偏颇。晋朝的张辅认为班固不及司马迁,首要的理由就是司马迁的著述"辞约而事举"。他还举例说,司马迁的《史记》写了三千年的历史,用50万字,而班固的《汉书》不过才二百年的事情,就用了80万字。这样算账,只能算作"逻辑上"的算法,时段长则文字多,少则文字少。然以之作为班固不及司马迁的论据,却有失公允。《史记》是我国第一部通史,《汉书》是第一部断代史,出发点并不相同,且就史料价值而言,二者也不相上下。南朝刘宋史学家范晔曾经论道,二人都有良史之才,只是各有所长,"迁文直而事核,固文赡而事详"。唐代史学家刘知幾认为"史有六家",其中《史记》和《汉书》各占一家,所以唐以后,《史》《汉》或班、马仍然并称。清代学者齐召南说得更直截了当:"固才似若不及迁者,然其整齐一代之书,文赡事详,与迁书异曲同工,要非后世史官所能及。"事实正是如此。《汉书》比较全面地提供了西汉政治、经济、文化各个方面的基本情况,其史料价值在二十四史中被评为第一。这就可见,如果一味地以字数界定文章的高低,要贻笑大方。

如上所言,"语简事备"强调的是不要说废话。明初的茹太素因为上陈时务,被太祖朱元璋当廷打过屁股。这里有两方面的原因。一方面,茹太素抨击朝廷用人不当,认为"才能之士,数年来幸存者百无一二,今所任率迂儒俗吏",让朱元璋极其恼怒;另一方面,则是因为茹太素冗词太多。洋洋万余言,朱元璋令人"诵而听之",听了两天,才听出"可行者四事"。他承认"为臣不易",茹太素挨揍有点儿冤,但他也道出了苦衷:"朕所以求直言,欲其切于情事。文词太多,便至荧听。"什么问题都不咸不淡地扯几句,反让人弄不清楚究竟要表达什么了。朱元璋认为:"太素所陈,五百余言可尽耳。"500字能说清的问题,硬是侃出万余,谁听着都是受罪,难怪朱元璋要发脾气。打完了人,朱元璋没有就此拉倒,而是专门令中书"定奏对式",以确保"陈得失者无繁文"。这个约束很有必要,但不知朱元璋这样要求了下属,自身做起报告来是不是置之度外。

《管锥编》援引了两位古人的说法,其一,明朝孙镰说:"古人无纸,汗青刻简,为力不易,非千锤百炼,度必不朽,岂轻以灾竹木?"其二,清朝章学诚说:"古人作书,漆文竹简,或著缣帛,或以刀削,繁重不胜。是以文词简严,取足达意而止,非第不屑为冗长,且亦无暇为冗长也。"钱锺书先生亦云:"春秋著作,其事烦剧,下较汉晋,殆力倍而功半焉。文不得不省,辞不得不约,势使然尔。"在几位看来,文字载体是古人文字辞约义隐的重要前提。然如茹太素还是提供了反面案例,这类的案例实际上有许多,今天诸多官员承继的正是这种遗风,他们不是不知道自己说的许多根本就是废话。

2001年5月20日,2018年5月19日修订

能、逞能与劝人逞能

能喝酒,在我们中国一些人看来是件很了不起的事情,动辄把"英雄海量"挂在嘴边。海量这个词有两个义项,一是指酒量很大,一指是宽宏的度量。我怀疑缀在"英雄"的后面,本意更应该是指后者。

浏览历史,能喝的也的确不乏。魏晋间"竹林七贤"之一、写过《酒德颂》的刘伶,"常乘鹿车,携一壶酒",甚至"使人荷锸而随之,谓曰'死便埋我'",连最坏的打算都做好了。但对这个"一饮一斛,五升解酲"的人物,明朝的崔铣大不服气,酒到酣处,每每要挖苦他几句:"刘伶能饮几杯酒,也留名姓在人间。"崔铣跟一个食量大得出了名的人打赌,对方吃多少碗饭他就喝多少碗酒,结果硬是让那人服了。这实际上是一种匹夫之能,聊作谈资可也。《玉堂丛语》云,明朝永乐年间交趾(今越南)来了两个贡使,"饮量绝人",状元曾棨主动请缨去较量高低,结果一个通宵下来,令"二使皆醉愧而去"。成祖高兴地夸奖道:"不论卿文学,只是酒量岂不作我明状元耶!"曾棨之举,打击了对手的嚣张气焰,给国家争得了荣誉,使百姓看上去总要联想到腐败的觥筹交错,在某些时候某些场合变成完全属于工作需要,意义也不免积极起来。

能喝,姑且认作是英雄吧。有了这个虚拟名号的诱惑,便有了不能而逞能。《归田琐记》云,清朝江南总督松筠赴任途中,一个当官的朋友在自己地头设宴款待他。两个人喝,松筠觉得寂寞,就让朋友找个"知酒趣者"。这朋友已经把上得了台面的部下都喝遍了,"即有之,亦不过数十杯就颓然,求可以陪我两人者,殊不易得"。忽然他想起有个副将还可以,就是职务低了点,松筠倒不嫌弃:"但取能饮,何较官职。"那副将知道上司考验自己,上场之后一声不吭,"一杯复一杯,不敢留涓滴",用松筠的话说,"饮得甚闲雅"。第二天因为风大,朋友劝松筠不要走了,再喝。再找那位副将;然而人家说,副将昨晚回来"即不能言动,今晨已奄逝矣",喝死了! 松筠吓得够呛,"草草饭毕,即回舟,冒风解缆去"。这就是说,那副将并非真的"闲雅",而是因为长官意志在硬撑着。说他逞能,不免有失厚道,他要争表现,不能不逞,同时也可能是不敢不逞。至于他后来有没有被算作工伤或追认为烈士,就不得而知了。

  不能,不想逞能,在我们的酒桌上往往并不意味着可以逃脱干系,因为国人还有一个习气,就是使用各种激将法来力劝他人逞能。明太祖朱元璋有天修改了大臣的一篇《秋水赋》,得意之余,想显示一下自己有学问,就请学士们也各写一篇,然后备好酒菜,大家坐下来品评。宋濂的年纪大,喝点酒儿就难受,皇帝可不管那么多,要他"姑试饮之",只好勉强喝了一杯。未几,又要他门前清,宋濂受不了,"再起固辞"。朱元璋就笑他,一杯酒能叫你趴下吗? 宋濂鼓起勇气把杯子送到嘴边,还是"瑟缩者三"。朱元璋又激一句:"男子何不慷慨为?"不喝了这杯,连男人也不算了。没办法,宋濂"勉强一吸至尽",这下可不得了,不仅"颜面变报,顿觉精神遐漂,若行浮云中",而且"下笔字不成行列"。关于皇帝劝酒,还有一则趣事。在南宋孝宗之前,皇帝请客,大概酒杯是不洗的,大家可以在一个杯子里你一口我一口。为什么呢?《四朝闻见录》云,有次孝宗赐宴,"丞相王淮涕流于酒,已则复缩涕入鼻",这一流一吸,给吴琚兄弟看见了,接过王淮的杯子觉得恶心,孝宗"见其饮酒辄有难色,微扣左右,知其故",以后才"有诏涤爵"。

不吃劝的人总是有的,取决于人的地位或性格。宋宁宗让随从扛一块牌子,上书"少饮酒,怕吐",开宗明义,走到哪都先把牌子一亮,谁要是来套近乎,也不用多说,"指屏以示之"。王安石也不吃劝。有一天包拯衙门里的牡丹开了,"置酒赏之",请了一帮同僚。司马光"素不喜酒",但是包公开了腔,拗不过他,"亦强饮",而王安石则"终席不饮"。司马光由此看出了王安石"不屈"的个性。其实劝人逞能这种习气很不好,古人便已经认识到了。《东斋记事》云契丹冯见善说:"劝酒当以其量,若不以量,如徭役而不分户等高下也。"宋朝的学者们更从中了解到,原来契丹征收赋役的对象和他们那时代一样,也是以户为单位。

时下总是听到人说,我们中国的"酒文化"如何,不知此文化究竟是何指,也不知道是否包括"能、逞能和劝人逞能"。但愿没有吧。

2001年5月27日,2018年4月20日修订

何用碑为?

韩愈对一个朋友说过,给他一块石头,他在上面写点东西,就能"令后世知有子名"。韩愈说的石头,指的是立碑。古人比较注重立碑,立碑的目的,大抵是为了歌功颂德——至于可不可歌,有没有德,是另外一回事。杜牧《唐故范阳卢秀才墓志》云:"生年二十,未知古有人曰周公、孔夫子者。击毬饮酒,马射走兔。"连周公、孔子都不知道的人,可称秀才?这种挖苦的情况比较少见,看那些留传至今的相关文字,还是以谀辞为多。

碑,在长方形石头上镌刻文字作为纪念物或标记,也用以刻文告。秦代称刻石,汉以后称碑。秦始皇刻石记功,开了立碑的风气,东汉以后逐渐流行开来。语云"树碑立传",原初的意义就是指把某人生平事迹刻在石碑上或写成传记,像韩愈说的,把他的名声世代流传下去。树碑,由人们衷心拥戴而成当然最好,缺乏这种基础,也可以授意别人,或者干脆自立。西晋的杜预就曾经自立。《晋书·杜预传》载,杜预"好为后世名",他有灭掉孙吴的"勋绩",使天下由三分归为一统,怕后人给忘了。不仅自家立碑,而且还一家伙立了两通,一置山上,一置山下。他说:"焉知此后不为陵谷乎?"将来大地变迁,陵可能变成谷,谷也可能变成陵,立两通呢,则无论怎样,他的碑都可以安然存在。不过宋朝庄绰在他立碑的襄阳当官的时候,专门去凭吊过,发现山上的那通早就没了,山下的因为汉水改道,也早就给淹没了,"哪有出期?"所以庄绰认为:"二碑之设亦徒劳耳。"而早在庄绰之前,唐人鲍溶已嘲笑这种做法:"襄阳太守沉碑意,身后身前几年事,汉江千古未为陵,水底鱼龙应识字。"在鲍溶看来,杜预的碑铭要发挥作用,只有寄望鱼虾们读过书了。

碑的家族里面有一个很特别的品种,就是无字碑。关于这种碑,世传以武则天墓前的最为知名。为什么无字,千百年来人们揣测不已,没有定论。其实早在秦始皇泰山封禅的时候就立过无字碑,令"解者纷纭不定"。东晋那个因淝水之战而闻名的谢安,墓碑也是"有石而无其辞",不过当时有人肯定地说:"以安功德,难为称述,故立白碑。"秦桧的墓碑同样无字,据说"当时将以求文,而莫之肯为"。这一点不大可信。因为秦桧是在相任上死的,死时尚未背负后世定论的恶名。举一个旁例或许更能说明问题。王安石不仅是位政治家,而且是位大学者,"以多闻博学为世宗师",当时的读书人得出其门下者,"自以为荣"。但当王安石政治上失意时,大家都变脸了,"人人讳道是门生";当其被重新肯定,又得配享神宗之时,"人人尽道是门生"。这一"讳"一"尽",说明人在某些时候是厚颜无耻的。所以秦桧的无字碑一定另有别的原因,倘说时人憎恶秦的卖国求荣,不肯为之,不屑为之,未免拔高了他们的境界。

关于立碑,为《三国志》作注的裴松之与隋文帝杨坚都有过精辟的论述。裴松之说:"碑铭之作,以明示后昆,自非殊功异德,无以允应兹典。"他认为,一旦"勒铭寡取信之实,刊石成虚伪之常",坏处之一是"真假相蒙",淆乱视听。所以他指出立碑宜慎,这样起码可以"使百世之下,知其不虚"。隋文帝杨坚则连碑的实物本身都否定掉了,他说:"欲求名,一卷史书足矣,何用碑为？若子孙不能保家,徒与人作镇石耳。"镇石,压东西的石块,这等于是说拿去废物利用。沈括发现过这么一块镇石。《梦溪笔谈》云,他在南京看到一个厨子压肉的石头,上面好像有镌刻,把石头洗干净一瞧,原来是南朝刘宋海陵王的墓碑。此碑还是当时的文豪并书法家谢朓撰文并书写的,字类钟繇,令沈括爱不释手。这就是说,饶是名家手笔,也未逃出镇石的命运。武则天死后立的是无字碑,在位时可是给自己立了块铜碑。碑的规模相当之大,"征天下铜五十万斤"乃成之,高九十尺,直径一丈二尺,号曰"天枢"。然而这块铜质的碑,也才存在了二十来年,开元初即为玄宗下诏毁之。

种种迹象表明,实物的碑,除了它或许存在的文化意义,委实不足道也。隋文帝的"一卷史书",实际上就是文天祥"留取丹心照汗青"中的"汗青",唯此方为检验"殊功异德"的标准尺度。武则天的是非功过,即使她墓前的碑上有字也不足为凭;杜预的碑早就找不到了,但是谈到西晋的统一,又怎么能不提起他呢？一个人究竟为国家、社会和人民做了些什么,用不着自己去张扬或遮掩,历史自然会铭记。

2001年6月3日,2018年6月20日修订

"声色"事

王士禛《分甘馀话》里谈到一位"腐儒"。腐儒,乃作者对乡里一个读书人的蔑称。何以蔑之?那是读书人应邀赴宴,席中有妓女劝酒,劝到他那里,他很认真地问人家:"卿业此几年矣?或不得已而为之乎?抑有所乐而为之乎?"话音刚落,满座"皆大噱"。人们是笑他读书已经读傻了,居然对这种社会现象如此惊讶,还要来一番社会学调查。王士禛仕宦几五十年,颇受称道,这一声"腐儒",说明"声色"之事他在官场上也早已是见怪不怪。

声色,一般是指淫声和女色。成语之"声色犬马",即指旧时歌舞、女色、玩狗、跑马等四种享乐方式。苏辙《历代论·汉昭帝》谈到,面对那些"未尝更事而履大位"的"人主",大臣的职责是"示之以邪正,晓之以是非,观之以治乱,使之久而安之,知类通达";否则呢,"小人先之,悦之以声色犬马,纵之以驰骋田猎,侈之以宫室器服"。因之坏了名分,便是声色之累。然而追逐声色事,从来为不少人所趋之若鹜。唐伯虎点秋香之类——尽管可能是杜撰的,后世也都津津乐道。明朝还有个"山水人物入神品"的画家吴伟,成化皇帝让他画幅《松风图》,他假装把墨汁无意碰翻,然后似乎信手涂抹了几下,"风云惨惨"的新作就诞生了,令成化皇帝赞叹"真仙人笔也"。吴伟也特别好妓饮,"无妓则罔欢",所以要得到他的画,"集妓饵之",没有办不到的。

"声色"事自然从未远离过官场。在北宋历史上,当过宰相的王旦口碑极佳。他在任时,朋友交了不少,然"无敢以私请",因为他从不做无原则的事情。在修养方面,王旦也达到了极点,人们"未尝见其怒"。即使有人告他的状,他也"引咎不辩",先检讨自己是不是确实存在那些问题。但在"声色"事上,王旦却留下了非议,此事载于苏辙的《龙川别志》。那是宋真宗有天闲得没事,"与群臣燕语,或劝以声妓自娱",纵容大臣们这样干。他听说王旦"性俭约",家无侍妾,乃赐银三千两,"责限为相公买妾"。王旦开始时"不乐"——不知道是不是装的,"然难逆上旨,遂听之"。但王旦正是自此不能自拔,乃至没几年就因"声色"丢了性命。当初沈伦家败,有不少银器之类要转卖给王家,净是吴越王钱俶曾经用来打点朝中权要的好东西,王旦的态度很明确:"吾家安用此?"等到姬妾齐备时,王旦主动叫来管家,"问昔沈氏什器尚在可求否"。管家向他请罪,说当时自作主张,偷偷地买了下来。不料王旦并未责备,反而非常高兴,吩咐赶快拿出来摆上,"用之如素有"。王旦的变化令苏辙感慨万千:"声色之移人如此!"

如果说王旦的"声色"事还只牵涉自家的名誉,还有一些人则是因之而渎职乃至枉法了。《鹤林玉露》云,宋高宗绍兴年间,王铁治理番禺(今广州),"有狼藉声",朝廷派韩璜前往调查。消息传来,王铁吓坏了,"寝食几废"。他有个小妾原来是钱塘的妓女,了解了情况之后说:"不足忧也。"她认识韩璜,不仅如此,韩璜当年逛妓院,他俩还是相好,更了解韩的短处:这人只要多喝几杯,就会丑态百出。所以她给王铁出主意,如此这般,不怕他。韩璜到的时候,王去郊迎,示以隆重,但韩璜睬都不睬;进了城,仍"岸然不交一谈",硬气得很。第二天王铁在豪华别墅里为他接风,

"固请",韩璜就不推辞了。王铁安排几个妓女,"诈作姬侍",侍候他。酒到一半,那小妾吭声了,于"帘内歌韩昔日所赠之词"。韩璜一听,"狂不自制",他找这小妾好久了,想不到竟在这里。小妾并不出来,只是隔着帘子不断地要他满上。待韩璜酩酊大醉,小妾又说,你以前最喜欢起舞,"今日能为妾舞一曲,即当出也"。韩璜已经完全不能自持,"即索舞衫,涂抹粉墨,踉跄而起",结果一家伙便摔倒在地。王铁于是"亟命索轿,诸娼扶掖而登",把他送回去。夜半韩璜酒醒,觉得衣衫不大对劲,"索烛揽镜,羞愧无以自容"。随即打道回府,对王铁的事情,"不敢复有所问"。一个曾经心高气壮的钦差,就这样因为"声色"的把柄,被一个贪官钻了空子。

杜绝"声色"事在任何时候都是不现实的,但将之剔除出官场却是可能的,且是必须的。官员身为其累,便可能变质。唐太宗写过一首"艳诗",虽然他口称"戏作",虞世南还是兜头给他泼了一盆冷水:"圣作虽工,体制非雅。上之所好,下必随之。此文一行,恐致风靡。"这就说明,有识之士早已认识到了"声色"在官场的危害。至于一些官员以之为能事,乃至酒席之上除了"声色"再谈话的兴趣,那是应该划归恬不知耻的一类了。

2001 年 6 月 10 日,2018 年 6 月 30 日修订

"悻门如鼠穴"

宋太宗说过:"悻门如鼠穴,不可塞也。"悻门,乃奸佞小人进身的路径。这话是说,那些成天惦着向上爬的人,总能找到爬的门路,像老鼠钻洞一样,堵得住这头堵不住那头,防不胜防。用鼠穴来比拟,很有意思也十分贴切。据有关研究,人类和老鼠较量了已经不止千百年,招数不少,都只是奏效一时,始终奈何不了鼠类的猖獗。按宋太宗的逻辑,堵塞悻门也是不可能的事情。

元武宗至大三年(1310),张养浩上过万言《时政疏》,列举十条时弊,其中说到"五曰土木太盛,六曰号令太浮,七曰悻门太多,八曰风俗太靡"。现实中的悻门,可谓五花八门。"黄袍加身"之后,赵匡胤要登基了,还缺个"受禅"文书,翰林学士陶穀马上从怀里掏了出来,得意地说:"已成矣。"他那里早就准备好了。王铚《默记》云,晏殊为陈州守,盛夏的一天与一帮名士聚会。天热得很,晏殊想起"江南盛冬烘柿",感叹说:"当此时得而食之,应可涤暑也。"但他明白,这是不可能的。想不到在坐的本地名士李宗易一拍胸脯,这没有什么难的,"愿借四大食合",给我家什就行。果然不一会儿,他就弄来了,"烘柿四合俱满,正如盛冬初熟者,霜粉蓬勃"。王辟之《渑水燕谈录》云,寇準有天和同僚聚餐,"羹污莱公须",喝汤时不小心沾到了胡子上,丁谓赶忙"为公拂之"……

赵匡胤靠"陈桥兵变"夺取后周的政权,当然需要受禅文书来摆摆样子,陶穀揣摩好了,预先拟定;长官想吃的东西,在斯时似乎是个不可能的任务,而能立马奉上,此等行为的意欲显而易见。所以谈到堵"悻门"的"鼠穴",问题固然有能不能的因素,还有想不想的因素。陶穀这个人本来很了不得,自五代至宋初,"文翰为一时之冠",但是"倾险狠媚"。赵匡胤早就不喜欢他,"然借其辞章足用,故尚置于翰院";通过这件事,更"薄其为人",终不重用。在晏殊那里也是同样,李宗易的行为反而引起了他的警觉:"此人能如此,甚事不可做!"从此疏远了他。悻门之鼠穴,在他们这里都被堵住了。但在寇準那里,事情没有那么简单。魏泰《东轩笔录》云,寇準和丁谓是非常要好的朋友,寇準曾屡次向李沆推荐丁谓,"而终未用",有一天还当面对李沆表示不满:"相公终不肯用,岂其才不足用耶?抑鄙言不足听耶?"李沆回答:"如斯人者,才则才矣,顾其为人,可使之在人上乎?"因此,丁谓"拂须"之举并非偶然,只是不知寇準为什么当众给他来了个下不来台,来了句:"君为参政大臣,而为宰相拂须耶!"丁谓"大愧"之余也马上翻脸,让自己那帮哥们"飞语中公",致寇準"罢相,贬雷州司户"。

陈洪谟《治世馀闻》云,明朝弘治年间,丙辰科进士还没录取时,"忽传要选十一人,同旧进士一人,分拨五府、锦衣卫修书"。大家都觉得莫名其妙,选新进士罢了,怎么还要加个旧的?后来才终于弄明白其中的究竟:原来进士登科的人,都不乐意外选,那些分到外地任职的,总要找个借口比如养病之类回到京城里来,"因以为后图"。上一科有个进士正是如此,"百谋未遂"之际,打听到首辅徐溥雅好古董,"可通"。这个人"素雄于赀",不在乎花钱,"乃购古琴古画并珍品投之"。徐溥收了他的大礼,就绞尽脑汁想出了这招:"令各衙门纂修会典",编部门志书。府、卫尽是武职,胜任不了笔墨差事,那好,从进士中选人帮他们,"俟成书皆准授京职"。如此一来,不是礼既得了,人家的事情又给办了?徐溥这种人,是甘愿被"老鼠"在身上掏个窟窿的,何谈去堵!

说鼠,自然要想到猫。猫是鼠的天敌。陆粲《庚巳编》中讲到一只猫,那是西域一个小国准备进贡给明朝皇帝的。路过陕西驿站时有人问,一只猫有什么稀奇,要当贡品?贡使到晚上便给大家演示。他把这猫罩在两层铁笼子里,不让它跑出来,再放进一间空房子。第二天早晨领着大家去看,"有数十鼠伏笼外尽死"。贡使说,这猫奇就奇在这里,它走到哪里,不用出击,"虽数里外鼠皆来伏死"。这故事颇有点神话意味,但它讲了一个道理,倘若猫的震慑力极强,鼠辈受死不及,又焉敢打猫的主意?

韩愈有首诗名《泷吏》,里面写道:"不知官在朝,有益国家不。得无风其间,不武亦不文。仁义饬其躬,巧奸败群伦。"勾画出了某些官吏的真实嘴脸。所以悻门为何如鼠穴,问题出在相应的官员身上。如果猫不仅不与鼠为敌,而且乐意与鼠做交易,那么你又能对猫指望些什么呢?

2001 年 6 月 24 日,2018 年 6 月 13 日修订

"清白信居官之要"

历史上,但凡留下口碑的官员,对"清廉"在宦海生涯中应当占有怎样的地位,都有比较深刻的认识。罗大经在《鹤林玉露》里论道:"士大夫若爱一文,不值一文。"同书所载的杨伯子更直截了当:"士大夫清廉,便是七分人了。"张养浩《为政忠告》在"拜命第一"即忠告各级准官员:"普天率土,生人无穷也,然受国宠灵而为民司牧者,能几何人?既受命以牧斯民矣,而不能守公廉之心,是自不爱也,宁不为世所诮耶?况一身之微所享能几,厌心溪壑,适以自贼。一或罪及,上孤国恩,中贻亲辱,下使乡邻朋友蒙诟包羞,虽任累千金,不足以偿一夕缧绁之苦",那么最后,"与其戚于己败,曷若严于未然"。金埴在《不下带编》里则告诫自己:"一丝一粒,民之脂膏也。故廉是居官分内事。"

"清白信居官之要",是张瀚在《松窗梦语》中的表述,可以视为同类语句中的经典。与上面那几句,意思没有什么不同,但是心平气和,也干脆简明。对于贪官,骂是起不了多大作用的。你骂他贪得越多人格越贱,骂他是禽兽,都只是一时之快,那些没暴露的家伙仍可能没事人一样,眯都不眯。对多数可以教育好的官员来说,还是要晓之以理,用榜样的力量来引导。

康熙年间的顾嗣协当广东新会知县,甫一到任便写了副对联挂在衙门口,开宗明义:"留一个不要钱的新会县,成一个不昧心的苏州人(顾籍苏州)。"同朝的广西学政陆琦,深得士心,人们把他的贡献比作"开化"广东潮州的韩愈。陆琦留给子孙的遗言有三不妄,其中一个是"不妄取一钱"。为后世留下《广东通志》的阮元,虽贵显而家居清贫,有人借为其父拜寿为名摸去他的家,带上贺礼,阮父一眼看穿了他的用意:"君奈何无故而为我寿,不恤千金?若曰有乞于吾之子,吾子受朝廷重恩,清廉犹不足报万一,而以此污之乎!"接着他厉声道:"君以礼来,吾接君以礼,君以贿来,恐今不可出此门阈。"阮父甘愿清贫,把捍卫儿子的"清白"看得比什么都重要。诸如此类,都是生动的教材。

前面所说的杨伯子也是如此。他之重视清廉,是因为他认为"公忠仁明,皆自此生",如果前提没了,一切都无从谈起。他在番禺卸任的时候,"有俸钱七千缗,尽以代下户输租",自云"脂膏留放小民家"。对俸禄也有"脂膏"意识,这样的官员怎么可能不廉?在路过石门那个著名的贪泉的时候,他留诗一首对自己作了总结:"石门得得泊归舟,江水依依别故侯。拟把片香投赠汝,这回欲带忘来休。"晋朝吴隐之饮贪泉水而言志的故事,世人皆知。吴隐之在去任时,发现行李中有香一片,"举而投诸石门中"。杨伯子囊中"片香"亦无,可谓更加彻底。后来,杨伯子以"靡侵公帑之毫厘",而为时人举为真正的廉吏。

"清白信居官之要",道理并不高深,讲起来人人都明白,值得注意的是,有的人讲起来可能嗓门还更大,调子还更高。南宋大儒朱熹批判过一种人:"叫他说廉,直是会说廉,叫他说义,直是会说义,及到做来,只是不廉不义。"这种"两面人"被朱熹称作"能言鹦鹉",学舌而已。海瑞还遇到过另外一种。有天他偶去一个官员的家,那家本来"屋极壮丽",但那人知道海瑞节俭得很,当知县时,"布袍脱粟,令老仆艺蔬自给",且以刚直著称,什么人都敢不给面子,便"尽撤厅事所陈什物,索旧敝椅数张待之"。这是一种带有表演性质的廉,是假惺惺的廉。说到这里,须提罗大经对于诗的一番高论:"其胸中之不淳不正,必有不能掩者矣。虽贪者赋廉诗,仕者赋隐逸诗,亦岂能逃识者之眼哉!"他举例说白居易的诗,世人多认为其清高,但朱熹从中看出,其实白居易特别迷恋官职,因为"诗中凡及富贵处,皆说得口津津地涎出"。罗大经为此心生一叹:"乐天之言,且不可尽信,况余人乎!"朱熹的洞察力确实超乎寻常,但鉴别现实中的"两面人",远不需要如此高深的功力,往往是一戳就破。

战国时的神医扁鹊认为有六种病是没办法医治的,必死无疑,"轻身重财居其一"。那些官场上的身败名裂者,应该最能体会出扁鹊的话的意味。人一旦把钱财看得比什么都重要,就会不顾一切,不择手段。官员"重财",因其手中多了权柄,有了敛财的资本,势必膨胀欲望,欲而不能止,东窗事发,便可能丢了卿卿性命。然而倘若唯有在身陷囹圄或行将送命之际才恍然大悟的话,才能明白"清白信居官之要"的话,又着实让人感到那些所谓体会者的可悲。当然,他们是不是又在做戏,也还有待具体分析。

2001年7月8日,2018年6月13日修订

推下爿磨

《吴下谚联》是清人王有光收集的一部地域色彩极其浓厚的吴语谚语词典。在注释这些谚语过程中,王有光亦庄亦谐,俗不伤雅。其后人序云:"是书参诗史遗意,以美刺寓劝惩,发人深省。先以俗语开讲,较劝善书更容易亲近,实足备醒世格言一则。"征之具体条目,可知其言不虚,如"推下爿磨"条。

众所周知,石磨有上下两爿,上爿是转动磨盘,"有棱有眼有担,可以推出粉面等物,而令之细";而下爿是固定磨盘,"望之是石,扪之有棱,但无担眼,压在上爿底下,不能动弹"。下爿磨怎么推呢?推不了;推的话,该推上爿。王有光集"推下爿磨"的目的,旨在讥讽三种人,一种是没分清对象,"不知其为下爿而推之者也",不免"妄用其力",到推不动时才发现推错了;另一种是知道为下爿,偏要较量较量,别人推不动,"吾偏能推动,使下爿转作上爿,用尽平生之力",结果,"毕竟原是下爿,只得歇手";再一种也是明知下爿不能转动,但是不动就不动,"偏乐此而不疲",就是推着玩儿,"若以此下爿中尽有佳境,一不住,二不休,用以消磨岁月,竟把下爿磨推了一生一世"。

莽撞、不自量力、消极颓废,王有光"以美刺寓劝惩"的寓意应当在此。不过,余以为第二种中还可以衍生出一种:推动了,虽然转得不那么如意,毕竟动了;或者尽管用尽了气力并没有推动,也决不善罢甘休。衡诸朝政,可以发现这方面的例子数不胜数。从这个角度来看,推下爿磨的行为也有不失为表现勇气的一面。

《唐语林》云,宣宗时郑光倚仗国舅身份,"庄不纳租"。郑光这种人就是一面"下爿磨"。京兆尹韦澳当然清楚得很,但他硬是把庄上管事的抓了起来,限期五天,"不足必抵法"。郑光找到太后,太后找到宣宗。宣宗了解了事情经过,问韦澳如果今天交足了,是否放人呢?韦澳坚决地回答:"尚在限内,来日即不得矣。"宣宗深为韦澳所感动,他告诉太后:"韦澳不可犯也,且与送钱纳租。"韦澳的这一"推",固然有宣宗支持的因素,但是归根到底还取决于他自身的勇气。他在任时,"豪右敛手"。倘若因为这些人物背景力量的强大而先来个装聋作哑,一切又从何谈起呢?

明朝成化年间,汪直横行霸道,他的喽啰一天夜里摸去兵部郎中杨士伟的家,肆意拷掠。陈音住在杨家的隔壁,登墙大呼曰:"尔擅辱朝臣,不畏国法耶!"对方威胁道:"尔何人,不畏西厂!"陈音厉声回答:"我翰林陈音也。"天启年间,不少正直之士因为触怒魏忠贤而遭厄运,"为人刚方贞介,疾恶如仇"的周顺昌,为他们鸣不平,"指斥无所讳"。他甚至当面正告魏忠贤的喽啰:"若不知世间有不畏死男子耶?归语忠贤,我故吏部侍郎周顺昌也。"汪直、魏忠贤当道的时候,谁不知道他们杀人不眨眼?但陈音、周顺昌们却敢于置生死于不顾,奋力去"推",这分明是孟夫子"威武不能屈"的最好诠释。

和珅掌权时,他有个心腹家奴常坐他的车摆威风,"横行都市无所惮",人们只有避让的份,不敢出声。御史谢振定巡城的时候遇到了,"命卒曳下",要用鞭子抽他。那家奴气势汹汹地叫嚣:"汝何人?敢笞我!我乘我主车,汝敢笞我!"结果谢振定不仅把他痛打了一顿,而且还在大街上一把火把车也给烧了,引得围观的百姓热烈欢呼:"好御史!"谢振定更因此得了"烧车御史"的美名。谢振定怎么会不知道和珅的手段?怎么会不预知这一"推"的可能结果?事实上,和珅也的确因此把他恨透了,"假他事削其籍"。但正是这一"推",也才让百姓对王法没有完全绝望。

《庸闲斋笔记》里有一则记载,蒯德标说:"作官者,私罪不可有,公罪不可无。"所谓私罪,即为了一己私利而利用职权从事贪赃枉法的勾当,"不可有"是应该的、绝对必要的。所谓公罪,即以自己的身份地位为坚持原则而"推"了本来推不动的什么,从而冒犯了什么,当然"不可无"。倘若一个官员只知道随声附和、明哲保身,连一点儿正义都不肯主持,那么他就是一个十足的爬虫而已!清朝康熙年间,刑部尚书王士禛处理过一宗逼奸民女的案件,事实非常清楚,而地方的结论却是民女一方有罪。王士禛大怒,"立碎其牍掷地",责问那些地方官:"汝曹畏势乎?徇情乎?纳贿乎?"事实上,不敢"推"或不肯"推"的官员,不外乎出于这几种因素。

因此,对于推下爿磨的表现,王有光未免过于悲观,没看到积极意义的一面。正是推者的勇气,让百姓看到了希望,社会也才有了希望。如果连尝试去推的人也没有了,事情倒真的会可怕起来。

2001 年 7 月 15 日,2018 年 6 月 18 日修订

官讳

忌讳是一种有趣的民俗现象,也是文化人类学中的一个重要课题。忌讳的种类很多,宗教的、生产的、语言的,等等。语言忌讳是日常生活中的常见现象,比如对长辈和自己所尊敬的人,不能直呼其名,要用尊称来代替。这种做法在古代叫作避讳,往往表现得更为极端。司马迁的父亲名谈,《史记》中便找不到谈字。宋朝刘温叟的父亲名岳,他终身连音乐都不听,来客要是不小心犯了他的讳,"则恸哭急起,与客遂绝"。五代的石昂以公事上谒,而上司家里讳石,传达的人硬给他更"石"为"右",唱成"右昂"来了,气得石昂"解官而去"。

名讳中还有一种自讳。宋朝的皇族赵宗汉,"恶人犯其名",遇到"汉"字统统都改成"兵士"。于是在他家里,老婆供奉的罗汉成了"罗兵士",儿子教授的《汉书》成了《兵士书》。最典型的要算同朝的知州田登,讳"灯"为"火",因元宵"放灯"只好称为"放火",遂留下"只许州官放火,不许百姓点灯"的俗谚。基于这一点,鲁迅小说中的阿Q通常都认为是中国农民形象的代表,周作人则别有一说,认为指的是士大夫。证据之一正是阿Q的自讳。阿Q的头上有癞痢疮疤,便讳说"癞"字以及一切同音的字,进而又波及"光"字、"亮"字,后来甚至连"灯""烛"也都忌讳了。

周作人认为自讳乃士大夫所独有。

官讳也是一种有趣的现象。所谓官讳,是乞求当官、当得安稳、当得长久等而避免的不吉利的话或事。这种现象不知道该怎样归类,倘若称其为民俗,总觉得十分别扭,称其为官俗最恰当,却又没这种说法。其实归类的事也许还不必着急,关键在于事实本身。

《桯史》里有一个笑话。说有客人拜访一位朝士,那朝士不在家,门人便回答"不在"。客人纠正他,你怎么敢这么说话,"凡人之死者,乃称不在",难道你家主人不忌讳吗?门人请教客人应该怎么说,客人答道,主人既然是外出访友,就应该说他出去了。这下门人更犯难了:"我官人宁死,却是讳'出去'二字。"在朝士的词典里,"出去"意味着罢官,比死还难受,万万说不得。

《癸辛杂识》云,唐朝长安城中有一块"钉官石",该石"色青黑,其坚如铁",凡是新进士想要求官的,都用一枚大钉子去钉那块石头,如果一下子钉进去了,预示着要"速得美官",否则很可能"龃龉不能入",或者就算当上了,"亦不能快利也"。从"石上之钉皆满"不难看出,当时不知有多少人来钉过,而且满意而归。

《朝野佥载》云,唐朝源乾曜当宰相的时候,有天不知怎么"移政事床"。这可不得了了,当时宰相的一个忌讳就是移床,"移则改动",官要当不成。"时姚元崇(即姚崇)归休,及假满来,见床移,忿之",气坏了。源乾曜恐慌得很,至于要向姚崇"下拜"来表示歉意。在《唐语林》转引的《大唐传载》里,政事堂中也有这么一张移不得的"会食之床","吏人相传,移之则宰臣当罢",或者"不迁者五十年"。但宰相李吉甫觉得这种说法非常荒谬,他说:"朝夕论道之所,岂可使朽蠹之物移而不除?俗言拘忌,何足听也!"他坚决要移,因为床底下实在太脏了,必须得打扫了。他声称自己若因此而罢官,"余之愿也",不怪别人。结果从床底下"铲去聚壤十四畚,议者称焉",可见宰相们忌讳移床已经不知道有多少年了。姚崇是玄宗时人,李吉甫是宪宗时人,相差了差不多百把年,因而两床未必是同一个,但群僚官讳的心态并无二致。

源乾曜移床之后,"玄宗闻之而停曜",罢了他的相位;未几,姚崇的相位也丢了。是不是真的因此触怒了什么庇护的神灵呢?显然不是,问题还在于他们本身。源乾曜为官纯粹是一个摆设,当到宰相这个级别,他已经相当满足了,接下来就是明哲保身。所以遇事"皆推让之",自己一点儿主意没有,"但唯诺署名而已",玄宗终于找到一个没话说的借口下手也说不定。姚崇呢,是个人才绝对不假,但在一些原则问题上不能把握好自己,纵容子女收受贿赂,又百般庇护,为下属开脱罪责,不惜徇私枉法。如此等等,使得玄宗对他不再信任,姚崇害怕了,才"频面陈避相位,荐宋璟自代"。所以二人为相不成,皆因自身的作为,与挪不挪床又有什么关联呢?

官讳是可笑的。一个官员是一味地以权谋私,贪赃舞弊,还是全心全意地为百姓谋利益,也就是说这个官当得怎么样,百姓的心里清楚得很。那么他的命运实际上既掌握在自己手中,也掌握在百姓手中。倘若他的作为属于前者,却单靠忌讳什么不吉利的字眼或事情来乞求平安,绝对是无济于事的。

2001年7月22日,2018年6月10日修订

科举录取

科举的创立,拓宽了选拔人才的标准,表面看来是提供了人人均等的机会。但在录取方面,却往往是成绩退居其次,而由太多不确定的卷面之外因素所左右,造成事实上的不平等。这当中,除了帝王级人物的随心所欲外,还有大量施展浑身解数的官吏和举子,有钱的用钱,有权的用权,有势的用势。无论哪一种方式取得成功,都意味着对公正构成了讽刺。

《玉堂丛语》云,明朝洪武十八年(1385)会试,前三名的顺序是黄子澄、练子宁和花纶;殿试后,前三名的顺序则正好倒了过来,是花、练、黄。按道理,这一科的状元不管怎么说,也不会跳出这三人之外。不料,"殿试先一夕,上梦殿一巨钉缀白丝数缕,悠扬日下",结果有变数了。"及拆首卷,乃花纶。上以其年少抑之,已而得丁显卷,姓名与梦符,遂擢居第一"。丁显这科考了一百多名,硬是从后面给拎了上来,钉丁谐音,合他的梦兆。科举最末一科状元刘春霖也是,慈禧太后钦定的,可能是因为当时正值天下大旱,而他的名字里水分充足;也可能是因为原定的状元朱汝珍是广东人,受了提倡变法的康梁之累。无论怎样吧,像这样随心所欲的录取,比比皆是。

《玉堂丛语》另云,明朝天顺年间,柯潜主考应天(今江苏南京)的乡试。船才到淮阳(今河南东南部),便有考生深夜摸上门来,"叱之,彼固以请",后来索性"以所赂遗置公前"。柯潜大怒,将其"执付有司,治以法"。这是单纯用金钱开路的一类。首辅翟銮两个儿子的科举历程,则属于利用权势的一类。乡试时,主试官在上任之前专门跑来拜见他,唯恐效忠不得。翟銮也不含糊,该发话时就"恫喝关节",弄得经办官吏"咸唯唯",考试本身变成了装装样子。会试后"取上第",实乃顺理成章。这件事的败露还是借助于官场上的勾心斗角。当年首辅夏言被罢,翟銮接任;但严嵩入相时,"终恶銮,不能容",千方百计寻找机会打倒他。舞弊一事,正给严嵩抓住了把柄,而且证据确凿。结果嘉靖皇帝将翟銮父子一并打发回家,相关人等削职为民,乡试主考还被"杖六十"。嘉靖诏称,翟銮的两个儿子就算有苏轼、苏辙兄弟的才能,也"不得并夺寒士路",何况还是舞弊。

明朝另一个首辅张居正的儿子录取为榜眼,也有见不得人的黑幕,张瀚《松窗梦语》披露了此事。那是万历二年(1574),张瀚"奉命入阅廷试卷"。张居正因为二儿子参加了会试,"避不阅卷",形式上还摆出了一副公允的架势,一切由亚相张四维出面。张四维拟定的序次,是张子嗣修为二甲之首。这个结果把张居正气得够呛,后来他对张瀚说过,张四维是我提拔起来的,"何吝于一甲,不以畀吾子耶?"言外之意,张四维很不晓事。没办法,张居正只有亲自出马,在给万历钦定的材料上做了手脚,硬是给儿子争到了一甲第二名。

应该承认,像张四维这种"不晓事"的人是不多见的,现实中,惯于体察上司意志的"聪明人"更在多数。有的"聪明人"甚至聪明过头,弄巧成拙。《唐语林》云,唐宪宗元和二年(807)那一科录取了27人,侍郎崔邠带着名单来呈报宰相李吉甫。李吉甫问:

"吴武陵及第否?"原来李吉甫当年在信州当刺史的时候,跟吴武陵打过交道,很讨厌他,也知道他没什么水平。但崔郧会错了意,他理解成吴武陵一定是李吉甫的关系,袖子里的榜文上虽然没有吴武陵的姓名,但"遽言及第"。正巧这时朝廷来人向李吉甫传达皇帝的口敕,崔郧便利用这个间隙偷偷地把吴武陵的名字填了上去。李吉甫再问:"吴武陵至粗人,何以当科第?"不料崔郧以为李吉甫故意正话反说,还在一味讨好:"吴武陵德行未闻,文笔乃堪采录。名已上榜,不可却也。"硬生生地让李吉甫背上了一回黑锅。

科举录取中的怪状迭出,全是人为操作的缘故,牵涉的根本问题,还是官吏的腐败问题,权势可以践踏一切。柯潜那一科、张嗣修那一科、崔郧拍错马屁那一科,张榜后的舆论评价分别为:"咸称得人""缙绅咸为不平"和"观者皆讶焉"。从中不难看出,官吏的廉洁与否,权势的介入与否,以及官吏对权势的膜拜与否,对录取的公正程度产生多大的影响。因为内讧之类而查处,不是治本的查处,况且,如果不是那个毫不足道的举子夜赂柯潜,而是翟銮、张居正们直接下达旨意,我们又有理由为柯潜担忧了。所以,录取虽然呼唤公正,但是如果吏治问题不解决,是不可能有什么公正可言的。从这个角度看,种种怪状甚至称不上怪,而是一种必然。

2001 年 7 月 29 日,2018 年 7 月 1 日修订

居家之俭与居官之廉

在《庸闲斋笔记》里,陈其元表达了这么一个观点:"居家俭,则居官廉。"那是他的祖父经常和他们几个兄弟讲的,他认为很有道理:官员在行使权力时是不是廉洁奉公,和他在家里的生活作风有很大关系,节俭呢,则廉洁;奢侈呢,则贪。祖父所以那样说,有他的经验作理论支撑:"吾历官数十年,见奢者未尝不以贪败。"陈其元自身也有相当体会,说自己"历官亦三十年矣,每见俭朴者,子弟类能自立;奢汰者,子孙无不贫穷。所谓'以身教者从,以言教者讼'也"。

"成由勤俭败由奢",早就被公认为一条普遍真理。此中的成败,有寄语事业的成分,当然也包括官员宦海生涯的善终还是夭折。不过,在《巢林笔谈》里,龚炜有一种与陈其元针锋相对的观点:"做官做家,截然两事,并而为一,不祥莫大焉。"在他看来,治理政事和管理家事,完全是两码事,不仅不能混为一谈,而且混了还会非常有害。那么显然,居家之俭与居官之廉之间,也没了相应的逻辑关系。至于怎么个"不祥"法,龚炜没有进一步阐释。总之,他不能苟同。

把官事和家事搅在一起,在封建时代不是奇怪的现象。"官家"一词,从前指官府或朝廷,或官吏,后来还成为皇帝的代称。

《资治通鉴·晋纪十七》载,后赵皇帝石虎"荒耽酒色,喜怒无常",赵太子私谓中庶子李颜等曰:"官家难称,吾欲行冒顿之事,卿从我乎?"胡三省注曰:"称天子为官家,始见于此。"他认为这个称呼来自两种可能:一个是西汉称天子为县官,东汉谓天子为国家;再一个是自古云五帝官天下,三王家天下,所以官家乃"兼而称之"的产物。到宋朝,"官家"已为人们挂在嘴边。比如宋徽宗,人们说他琴棋书画样样皆通,"只是不会做官家",皇上当不好。《水浒传》里刚刚劫了生辰纲而逃上梁山的阮小五,面对进剿的官兵朗声唱道:"打鱼一世蓼儿洼,不种青苗不种麻。酷吏赃官都杀尽,忠心报答赵官家。"翻看官、家理论与实践,宋人的似也尤其之多。比方有个陈贯,他常常这样反问僚属:"视官物为己物,容有奸乎?"另有一个冷应澄,他的口头禅是:"治官事当如家事,惜官物当如己物。"还有一个李先,调动过不少地方,然"所至治官如家",被俚语呼为"照天烛",这是赞其明察秋毫。此外,还有名臣范仲淹的儿子范纯仁,也曾身居高位,且在政声上毫不亚于他的父亲。他寄语宗族子弟:"唯俭可以助廉。"居家做到一个俭字,对于居官之廉则大有裨益。范氏子弟们以之为修身之要,有的甚至把它当作座右铭。

陈贯、冷应澄们的言论都很有道理,强调的是作为一名官员所应有的一种心态,想要挥霍的时候,想要枉法的时候,就不妨将心比心地想一想:如果是自己家的钱,还这样挥霍吗?如果是自己家的事情,承受得了这样的不公吗?但倘若使之绝对化,以为居家之俭对居官之廉确有神奇的功效,就未免失之偏颇。为官腐败,岂是因为治家不严!这也不禁使人联想起另外一个类似的理论:贪官背后往往都有个"贪内助"。逻辑上或许如此,现实未必然。放论者当然举得出一系列的实例,但是这里也可以举出反例。且说章惇吧,他在《宋史·奸臣传》里是挂了号的,但老婆张氏却"甚贤"。章惇刚入相的时候,张氏正在生大病,但是不忘"监督"他:"君作相,幸勿报怨。"这是让他不要胡乱使用权力。章惇和老婆的关系很好,张氏死后,他悲痛不已,曾对好朋友吐露心声:"悼亡不堪,奈何?"那朋友堪称诤友,一针见血地指向了他的作为:"与其悲伤无益,曷若念其临绝之言。"但是,章惇终以"穷凶稔恶"的面孔存世。妻贤矣,夫则何如?

居家之俭与居官之廉之间也一样,没有必然的逻辑关系。如果说有关系,也只能是对那些个人修养极高的官员而言。范纯仁的名言之一是:"有愧心而生者,不若无愧心而死。"有没有愧心,就要取决于自我,贪官物为己物视作当然,怎能生出愧心?对那些制度一旦没有到位便以为有机可乘,或者千方百计地要钻现行制度的空子的人来说,居家"外示节俭"的假象不难做到,这样一来,居官的作为反而有了极大的隐蔽性和欺骗性,龚炜"不详莫大"的忧虑也许正在于此吧。所以,倘若就此得出结论,什么妻廉家安,什么为官须治家之类,对吏治建设而言纯属舍本逐末。制约官员的作为,关键还得依靠法律,牢牢抓住这一点就足够了。法律都约束不了的事情,弄些别的什么花样又岂能奏效?

2001年8月12日,2018年5月29日修订

政绩的考察问题

余继登《典故纪闻》里,记录了明成祖朱棣对吏部尚书蹇义的一段谈话,针对的是官员的政绩考察。

成祖说,官员在地方工作的能力如何,换言之这个人提拔得准还是不准,以往要派御史下去"分巡考察"得出结论。但是呢,"比闻御史至郡邑",把考察变成了走个过场,大门不出,"但坐公馆,召诸生及庶人之役于官者询之,辄以为信",找几个人来谈谈话,把听到的东西就当作实情交差了,"如此何由得实?"顺便插一句,早期人类学家的所谓田野调查,就是这种做派,所以有"椅子上的人类学家"之嘲。成祖认为,要全面了解一个官员的政绩,光听和看面上的东西绝对不行,得深入进去,最主要的是要了解清楚那里是不是"人民安,礼让兴,风俗厚,境无盗贼,吏无奸欺",哪个官员如果能做到这一点,则"贤能可知"矣。

从这一段谈话来看,明成祖对官员的政绩考察是个不喜欢轻易下结论的人。就算是彼一时的心血来潮吧,起码谈到了如何考察的要义:不能只是用耳朵听听汇报,还要迈动腿,自己去看,还得动动脑。而观诸现实,从上到下,大抵都喜欢陶醉于表象之中。《宋史·吕蒙正传》载,宋太宗"尝灯夕设宴,蒙正侍",洋洋得意地对吕蒙正自夸,"五代之际,生灵凋丧,士庶皆罹剽掠,当时谓无复大平之日矣"。可是到了我"躬览庶政",谦虚点儿说也叫作"万事粗理",不是一切都有了转机?他因此得出结论:"理乱在人。"他这么自信,显见是走出宫城去转过。谁知吕蒙正听了之后,不仅没有颂扬太宗的英明,反而兜头泼了一盆冷水,"避席"曰:"乘舆所在,士庶走集,故繁盛如此。"皇帝能看到的地方,哪有不好的?不好的地方,下面的人能叫你看到吗?吕蒙正说他亲眼见过"都城外不数里,饥寒而死者众",那么如果太宗走得稍远一点儿,稍微深入一点儿,看到的就完全是另一种景象了。所以他忠告太宗,"视近以及远",了解得全面了再下结论,如此方为"苍生之幸"。说完了,"上变色不言,蒙正侃然复位,同列多其直谅"。皇帝不高兴,同僚嫌其多嘴,然而,像宋太宗这样的上司,如果没有吕蒙正的谏言,客观上对"面子工程"一定会起到推波助澜的作用,纵容官员们以投机取巧的方式来赢得政绩。

  明成祖还认为,考核官吏的政绩,朝中一片叫好之声也不行,"若只凭在官数人之言以定贤否",会使"君子中正自守,小人赂遗求誉",给那些心术不正的官员钻了空子。这一方面更有太多的实例可寻。《资治通鉴·周纪一》载,战国时齐国有即墨和东阿两个县,齐威王派人摸过底,即墨那地方"田野辟,人民给,官无事,东方以宁",但对主政的即墨大夫的评价却是"毁言日至";相反,东阿那里"田野不辟,人民贫馁",可是对东阿大夫却是"誉言日至"。齐威王后来弄明白了,那是即墨大夫"不事吾左右以求助",而东阿大夫"厚币事吾左右以求誉也"。换言之,他身边的人是被东阿大夫搞掂了,"誉言"是买来的。于是就在明白了的那一天,齐威王烹了相关人等。把人给煮杀,是那个时代的通行做法,虽然残忍了些,但对于公然的政绩舞弊,也唯有严厉打击才能收到实效。就齐而言,不仅"群臣耸惧,莫敢饰诈,务尽其情",而且最终使"齐国大治,强于天下",实力一度跃为战国七雄之首。

在这两个官员的政绩面前,齐威王没有轻信,而是做了深入的考察。倘若东阿大夫的行径得逞,齐国的官场风气就堪忧了。所以如何考察官员的政绩,关键还在于上司的态度。如果上司是个乐意"喜讯"频传的人,其考察方式必然如宋太宗,对不想看的和听的视而不见,充耳不闻;如果明了官员们的沆瀣一气,欺上瞒下,败坏的是国家的事业,那么就会如齐威王,毫不留情地予以处治。明成祖在最后谈道:"自今御史及按察司考察有司贤否,皆令具实迹以闻。"这话不知他以前说过没有,可以肯定的是,倘若没有齐威王般的惩治手段,将来势必还要三令五申。但是明成祖显然很清楚,下属只做面子上的事,上司只喜欢面子上的事,是不行的,自家的江山会有危险的。

《吕蒙正传》另载,有位朝臣曾经要送给吕蒙正一面古镜,说它的神奇之处是能照下方圆二百里。朝臣肯把宝贝奉送,目的是要得到吕蒙正的关照,有机会的话更希望得到提携,"欲献之蒙正以求知"嘛。吕蒙正笑着告诉他,我的脸面不过碟子大小,"安用照二百里哉?"作为拒贿的方式,吕蒙正的行为可圈可点,而这样一面开阔视野的镜子却不妨用于对官员的政绩考核,就是不能只盯住"碟子"大小的地方,除非有意如此。

2001年9月2日,2018年6月9日修订

出警入跸

旧时皇帝出行,是件惊天动地的事。有个专门的名词,叫作警跸,就是于所经路途侍卫警戒,清道止行。在我收藏的邮票里,有两组我国台湾1972年发行的明人绘画作品:《出警图》和《入跸图》。均为五连票,辅以各三枚局部精华特写。两幅原作长卷记录了明朝某个皇帝出行的壮观场面:陆地水中,骑侍步随,前前后后,左左右右,护卫的、仪仗的,数不清的人头攒动。皇帝之外,天启时"九千岁"魏忠贤当道,也极讲排场,出个门,动辄"千骑竞指乎神州,万乐齐鸣于警跸",威风得很。

不要说他们,就是普通官员出行,也比较讲究。不同的级别,享受不同的待遇,车舆的构造颜色以及附带的装饰,仪卫的多少,每一细微的差异都足以显示乘坐者的不同身份。换言之,官员可以摆多大的排场,都有明文规定,属于正常范围。对能够享受的人来说,既然制度允许,不讲究白不讲究。然而,是不是所有的官员都这么讲究呢?也不是。

《邵氏闻见录》云,司马光的出行就很简单,经常"乘马或不张盖,自持扇障日"。程颐说:"公出无从骑,市人或不识,有未便者。"意思是说连个开路的都没有,百姓不知道是高官,就不会避让。司马光回答:"某惟求人不识尔。"在司马光看来,不过就是在街上过一下，干嘛非要呼呼喝喝地让百姓都得知道乃至骚扰他们呢？还有王安石也是这样，虽然不在相位了，但也是享受相当级别的，但他"惟乘驴"，人们劝他坐轿子，他正色道："自古王公虽不道，未尝敢以人代畜也。"在王安石眼里，以人代畜不啻对人的蔑视。邵伯温写到这里，很为司马光和王安石的绝交而扼腕，说"二公之贤多同"，真可惜在变法问题上弄得势如水火。

与排场相对应，出行中最普通、最大众的工具应该是骑驴。明初，太祖朱元璋听说府州县官"多乘驴出入"，认为"甚乖治体"，乃"令官为买马"。从前确乎如此。《东观奏记》云，唐宣宗喜欢到街巷闲逛，"跨驴重载，纵目四顾，往往及暮方归大内"。骑着驴，皇帝也能扮成普通百姓。正因为驴的低贱之故吧，有人便凭借之来推断人的级别。《萍州可谈》云，宋朝宰相富弼致仕在家，有一天"著布直裰，跨驴出郊"，碰上"威仪呵引甚盛"的水南巡检。呼喝开路的人马上叫富弼下来，等在一边，让他们领导先过去。富弼哪肯买他的账，"举鞭促驴"，走得更快了。开路的便厉声喝问他是什么人，富弼报出名字，小卒仍然不知道是谁，巡检却已经吓得滚鞍落马，"伏谒道左"，不胜惶恐。但有的高官却没富弼那么好的脾气。《客座赘语》云，明朝的刘麟"性颇下"，也就是非常急躁。他在家守孝，"出入衰服骑驴"，本地衙门的官吏不认识他，倘有"误呵之者"，他"往往厉声色愧其人而去"，开口便骂。他当过工部尚书，刘瑾如日中天的时候他都不去走门路，受不了这个。倘若是骂喽啰，便没意义，这里的"其人"一定是指那些官吏，因为看他骑着驴，就狗眼看人低。

在广东，师承陈白沙的大学者湛若水亦为高官，拜访学界的朋友时，常常也是屏去随从，骑驴前往。说起此事的顾起元感慨道，"其在今日，则万万无舍车而骑者"，如果这样，"人必以失体消之矣"。也就是说,官员不摆威风,要给人讥笑的。《谷山笔麈》里有个吴岳,正是这方面的例子。吴岳是嘉靖末年的真定巡抚,眼见严嵩气焰嚣张,因之把官场也看透了,乃"移疾自罢",置办"茅屋数间,薄田一二顷",在乡间隐居以待时机。吴岳很少出门,出则"惟跨一驴",当地人便纷纷议论他矫情,放着好好的官不当,可怜巴巴地骑头驴。吴岳反驳说,"吾罢吏居家,从来不用邑中夫役",自己找舆夫,又没那么多钱,"老不能骑马,故跨一驴,取其简便",骄什么骄呢?

清朝大学者赵翼在《簷曝杂记》里谈到自己守镇安时的风光:"万山中一官独尊。鼓吹日数通,出门炮声如雷",乘舆的前后各有骑侍十余人,"可谓极秀才之荣矣"。读书人出行能得到这种待遇,可以心满意足了。但赵翼在陶醉之余,并没有忘乎所以,而是"心窃自恐不能消受"。这个心底里的嘀咕,倒真是值得许多心安理得的官员也认真思量一下的。

"行路贱避贵",是封建社会的一条公认准则,因其如此,飘浮着浓浓的腐朽气息。倘若抱守残缺,动辄以前呼后喝、招摇过市为能事,看似威风,实乃可笑至极。喜欢摆谱的官员,倒不妨学学司马光、王安石,退一步也不妨想想赵翼,当然,前提是得有人家的素质和修养才行。

2001 年 9 月 9 日,2018 年 7 月 2 日修订

不敢、不敢……

建立清朝的满族,是一个惯于马上征战的民族。入关定鼎之后,还保留有每年奔波数百里去木兰围场打猎的习俗。所以清初那几个皇帝,都非常善于射箭。据说康熙西巡途中,于杂草中发现虎迹,"御弧矢,壹发噎之"。至于康熙一生在围场射杀了多少虎豹熊罴,也都有具体的数字记载。不过,《郎潜纪闻初笔》云:"凡围场,上未发矢,莫敢纵镝。惟突围之兽,从官先射。"就是说,成千上万的人从四面八方把猎物赶到一起之后,要静待皇帝来引弓搭箭;只有遇到危险了,手下人才能先动手。那么,康熙等在围场纵有不俗的表现,是以大臣们的"莫敢"为前提的,其实没什么了不得。

《涑水记闻》里有彭乘等大臣陪同宋仁宗去钓鱼的故事,与之类似。当时的规矩是:皇帝如果还没钓到,臣子"虽先得鱼,不敢举竿"。即使鱼已经咬钩了,也先要假装没那回事。等仁宗钓到了,"左右以红丝网承之,侍坐者毕贺",然后大臣们才可以各显身手。

等级规定是封建社会的一个显著标志。什么级别的官员穿什么衣服,坐什么车子,住什么房子,规定得明明白白,超过了就叫僭越。但是除此之外,还有另一种人为的自我束缚,不是法,而是例,即官场中约定俗成的规矩,说白了就是所谓识趣,不要让上司难堪的做法。当然,这里面更有官员本身诚惶诚恐,害怕抢了风头、上司开罪的因素。"不敢"先发矢、先举竿,就都属于此类。这样的规矩用在皇帝的身上,正常不过;不正常的是一些人将此风推而广之,扩大针对的对象,应用于举凡顶头上司或上司头上,无论什么事情,一概"叙爵",看谁的官儿大,官小的始而不能,继而"不敢"。那一回,仁宗钓完之后,彭乘的同事刚要举竿,马上就被旁边的人按住了,说:"侍中未得鱼,学士未可举也。"侍中,指当时的重臣曹利用。有了这样一个拍马屁的先例,以后自然形成了制度,皇帝不在场的话,要看曹利用之类的举止行事了。

种种"不敢"的实例在生活中可以拈出不少。《万历野获编》云张居正当国时,因为丹药吃得太多,"毒发于首",冬天戴不了帽子。于是每天朝退后再来拜见他的,"大臣自六卿至科道,……必手摘暖耳藏之",个个都光着脑袋。实际上北京的冬天是很冷的。沈德符笔下有个老臣,帽子并没摘呢,已然一副狼狈相:"洟洟垂须,尽结冰箸,俨似琉璃光明佛,真是可怜。"眼泪、鼻涕堆一起,都已经冻成冰凌了。见张居正的那些人,如果再把帽子摘去,惨相便可以想见。然而这事丝毫怪不得张居正,他并没有这种要求,是大臣们自找的。但这自找却又不是平白无故,"不敢"的惯性使然。

在《老学庵笔记》里还有更荒唐可笑的事。当过宰相的韩琦到姻家赴宴,看到盘中有荔枝,就随意捡了一颗。不料席上的司仪一直在盯着他,立刻高声唱道:"资政吃荔枝,请众客同吃荔枝。"想吃个荔枝,却被他给嚷嚷一番,让大家都瞅着,韩琦很不高兴,就把荔枝又放下了。谁知司仪又唱道:"资政恶发也,却请众客放下荔枝。"让韩琦觉得又可气又可笑。恶发,怒也。因为有个曾经的高官在场，席上的客人连吃点儿东西都要步调一致，不能轻举妄动了。

诸多的不敢、不敢，带来的直接恶果就是培养了官员凡举止行为必瞻前顾后的恶劣风气。梁章钜《归田琐记》云，明朝嘉靖时京城里有一个著名的裁缝，"所制长短宽窄，无不合度"，所以常常有官员来找他做衣服。度身之前，他总要问人家当官的年限，初来的人往往奇怪，这跟裁剪有什么关系呢？他认为很有关系，说刚当官的人，"意高气盛，其体微仰，衣当后短前长"；当了一段时间的，"意气微平，衣当前后如一"；而那些当得久了想再往上升的，"其容微俯，衣当前短后长"。梁章钜认为，此虽无稽之谈，"却有至理"。他是作为"夫一技虽细，而既专司其事，即未可掉以粗心"，以所谓工匠精神来举例的，但我们从这个过程中分明可以看到众多"不敢不敢"的戒条，是如何把一个官员的棱角逐渐磨平的。如果光想着当官的话，由不得你不"其容微俯"，低声下气。

官员在诸多生活中的不敢、不敢，极可能演变为在处理政事中的夹起尾巴，不论遇到什么问题，上司没发话，便明哲保身；或者，上司有了旨意，不管对否都不敢越雷池一步。这种情况下，监督更成为侈谈。除了良心上过不去的谏诤者，或者如《归潜志》中的李子迁，"平居循谨，唯恐伤人"，但是一旦喝醉了，"虽王公大人谩骂不恤"，否则，连异样的声音也不会存在。这是一种很可悲的情况。

2001年9月16日，2018年6月26日修订

窥"哭"

从定义上看,哭,是人们因悲伤痛苦或情绪激动而流泪、发声。不过从各种事实来考察又不难发现,哭,也有其功能性的一面,成为人们所借助的能够充分宣泄情感的一种载体。所以,哭,也能够折射社会乃至人生百态。福格《听雨丛谈》云,孔子哭颜渊,哭得动情,旁人都看出来了,说:"子恸矣。"而哭馆人——管理馆舍、招待宾客的人,孔子就怎么也进入不了状态,"恶夫涕之无从也"。因此福格认为,圣人之哭也不一定尽皆哀恸。颜渊是孔子最得意的弟子,却英年早逝,由不得他不悲从中来;而凭吊馆人不过是例行公事。

许多野史笔记都有唐朝文豪韩愈在华山大哭的记载。那是韩愈与人在游华山时,因为好奇,"攀缘极峻,而不能下"。韩愈"度不可返",乃"发狂恸哭"。也有人说根本没这回事,瞎编的,他们怎么可能会不顾危险?但韩愈在诗中对此事却有描述。他的《答张彻》开头便写道:"洛邑得休告,华山穷绝径。倚岩睨海浪,引袖拂天星。"末了又说:"悔狂已咋指,垂诫仍镌铭。"表明他是真的上去了的。至于韩愈的哭,也很有可能。方勺在《泊宅编》里有个统计:"韩退之多悲,诗三百六十,言哭泣者三十首。白乐天多乐,诗二千八百,言饮酒者九百首。"这个数字不知准确与否,但多少能从侧面说明韩、白的性情吧。

《听雨丛谈》还说,粤东人家嫁女,都要先将女儿"闭置帷中",亲朋来贺,一迈进门,女儿便开始在帷中哭别。不是一味地哭,而是有"哭词"的,事先拟好,"因人而施"。福格老师的女儿出嫁时,这么对福格哭唱的:"素知阿弟好心肠,相送殷勤最感伤。可惜明年春正好,不能亲见状元郎。"哭唱的另一首,则是请他代为照顾父亲。有意思的是,其哭"不必皆出于嫁女之口,即姐妹仆妇婢子,均可于帷中助之"。那么这种哭,并不属于真哭,也完全没有悲伤的意味,而成为特定情形下能够顺畅交流的方式。

王士禛《分甘馀话》云,田元均为官,每每"温言强笑",用他自己的话说:"吾为三司使数年,强笑多矣,直笑得面似靴皮。"也就是说,把脸都笑皱了。这是官场中常见的景观。其实官场中也不乏哭,比如国人信奉的"人死为大"的吊唁。《倦游杂录》云,郑向和王耿两个人"屡以公事相失",以致互相上书弹劾对方。朝廷尚未定论,王耿死了,郑向"往哭之,尽哀"。同僚们都给弄懵了:这两个对头原来还这么有感情。不料有人在旁一语道破:郑向"待哭斯人久矣",早就盼他死了。《古夫于亭杂录》亦云,董讷由御史大夫改任江西总督,有位同事来向他辞别,"甫就坐,大哭不已",令董讷非常感动,然"举坐讶之"。果然,这个人走了后,马上跑去另一位同事那里,"入门揖起,即大笑"。那同事明白,董讷走了,对那位先哭后笑的人来说,"拔去眼中钉也"。这两个哭,不排除诛心之论;倘不幸被言中,则具有相当的迷惑作用:董讷被感动了,王、郑的同僚差一点儿被感动。

唐朝有个政策:"天下有冤者,许哭于昭陵下。"昭陵是太宗的陵寝。众所周知,唐太宗是历史上一个难得的明君。从逻辑关系上看,一定是昭陵之下先有了不少的哭诉者,然后才有这个政策的出台,如此方称得上"许"。去向死了的太宗诉冤,却从侧面说明了人们对现世的失望。唐人是不是爱哭,不得而知,但有个"善哭"的唐衢却是可以肯定的。唐衢乃落第进士,他的哭声每令"闻之者莫不凄然泣下",有一回在人家的酒桌上就哭开了,弄得"一席不乐,为之罢会"。唐衢为什么善哭,哭什么,白居易有过概括:"贾谊哭时事,阮籍哭路歧。唐生今亦哭,异代同其悲。唐生者何人? 五十寒且饥。不悲口无食,不悲身无衣。所悲忠与义,悲甚则哭之。太尉击贼日,尚书叱盗时。大夫死凶寇,谏议谪蛮夷。每见如此事,声发涕辄随。"就是说,唐衢的哭不是因为自己多愁善感,而是出于对政事的激愤,尽情宣泄。这种哭,引起了白居易的共鸣:"我亦君之徒,郁郁何所为? 不能发声哭,转作乐府辞。"元和年间,唐衢听到白居易被贬,也曾"大哭"。所以唐衢死后,白居易又写了一首诗:"何当向坟前,还君一掬泪。"再一次表达了惺惺相惜的心情。

《巢林笔谈》里有张景州的一首《长歌行》,其中说道:"君不见华山绝径退之哭,高处须防一失足。"这是由韩愈的那个可能的经历来借题发挥了,意在警醒身居高位者——当然是那些想干或者正干坏事的人,如果收不了手或不想收手的话,要小心完蛋。真的到了那个时候,哭——不论真心忏悔还是假惺惺,都已经来不及了!

2001年9月23日,2018年5月1日修订

当"名片"左右办案

《镜湖自撰年谱》是清人段光清以年谱形式对自己一生主要活动的记录,同时记载了浙江省在鸦片战争后期及太平天国时期的若干社会状况,诸如帝国主义的侵略、散兵游勇的横行、官吏的无能和腐败等等。因为当时段光清本人正在浙江为官,先后任慈溪、海盐、江山、鄞县等地知县,所以他的耳闻目睹不乏真实的、颇具史料价值的一面。

段光清在书中谈到了"名片"左右办案这样一件事。那是他以候补官员的身份在杭州待命的时候,当差之余,知县也常请他"至署问案"。他发现,凡是当地的显贵们打官司时,诉状内"必附一显贵名片",甚至他们的族人和亲友也"多借其名片夹附呈内"。这种现象,令段光清感到奇怪。知县派人告诉他说,有名片的都是有来头的,相当于提前打个招呼,问案时"以便照应"。由是可知,《红楼梦》第四回所言之不虚。贾雨村方要断案,门子道:"老爷荣任到此,难道就没抄一张本省的'护官符'来不成?"护官符上写的是本省最有权势极富贵的乡绅名姓,就是"贾不假,白玉为堂金作马"那个,门子提醒:"倘若不知,一时触犯了这样的人家,不但官爵,只怕连性命也难保呢。"

段光清初入官场,还弄不清其中的猫腻,便提了一个问题:

"狱讼须凭官问原委,以断两造屈直",如果凭借"名片"即条子来办案,那不是要委屈没权没势的百姓吗?那人并不直接回答他,只是说:"历任太爷都如是。"就是说,委屈不委屈百姓是另外一回事,在这里已经形成了这样的惯例,遵守就是。段光清终究还有一丝血气,认为"以力为理也,不可为训"。他不仅是这样说的,在他审理的第一个案子中,也是这样做的。

那个案子很简单:钱塘县赵绅士的轿夫向赵绅士讨要工钱,赵绅士不肯给,反诬轿夫"奸拐婢女"。这两个人较量起来,本来就不属于同一级别,赵绅士却又假惺惺地拿起了法律武器。不过,在一纸状子之余再加个名片直接递给杭州知府,是非曲直便有了要颠倒的意味。果然,知府不分青红皂白,当即嘱托知县"必须重责定罪"。知县呢?因为上级已经给案子定了性,管他三七二十一,"只须竟责轿夫"就是。他认为这案子办起来没有任何难度,就交给了段光清,让他"但用刑可也"。谁知段光清不像他那么醒目,并没有遵从他的意志,而是一板一眼地按程序办事。先把事情经过向轿夫一五一十地了解清楚,确认是赵家蛮横无理之后,还给轿夫出了个主意,说我知道你是无辜的,放你回家,但事情肯定不会就此了结,别的人不会放过你,不管情形怎样,既然没有奸拐,就万万不能承认,"索钱不过受责,奸拐则必办罪矣"。这一难得的公正,令轿夫"叩首而去"。果然,赵家的人因为没有达到目的,马上跑到知府那里告状,说段光清"庸懦糊涂",审不了这案子,得立刻换人。知府大人真的就屁颠颠地亲自出马,"先责而后问供"。后来,知府也知道的确是赵家在"恃势欺压平民",但"无如绅士何也",乱判的葫芦案就当没那回事。在段光清那里,因为他的节外生枝,"嗣后凡词呈之夹有名片者",知县再也不找他了,不是一路的人,也免得他再坏了"规矩"。

以这个案件的审理为缝隙,段光清窥见了当地官员和显贵之间存在着千丝万缕的联系。"地方官每借词讼做人情,以鱼肉平民,而媚贵人";显贵们呢?则视地方官如"弁髦"。弁髦,这个词很有意味。弁,一种黑布做的帽子;髦,童子的垂发。古代男子行冠礼,先加黑布冠,次加皮弁,后加爵弁,三加后,即弃黑布冠不用,并剃去垂髦,理发为髻。因而弁髦被用来比喻无用的东西,引申的含义则为鄙视。这就是说,地方官员虽然有权,但显贵们是不把他们放在眼里的,他们用手中的钱已经买断了官员们手中的权,使官员们代掌的属于国家的印把子,沦为自己为所欲为的工具。因为"交易"在先,美其名曰交朋友实则甘愿堕落的官员便不可避免地要被呼来使去,叫他立刻来,他就不敢迟疑;叫他干什么,他就不敢不干什么。杭州知府一定要替赵绅士撑腰,也就是这个原因。二人私底下早已打得火热,等到用得着权力的时候,知府能不或曰敢不挺身而出吗?

在封建社会,法律也是为了维护并巩固其社会制度和社会秩序而制定的,它所维护的道德、伦理等价值观念,也是容不得肆意践踏的。当"名片"之类可以左右办案,人们便不仅能够窥见司法腐败的缩影,而且能够窥见吏治腐败的缩影。或者说,正因为有了吏治腐败,才有了无孔不入的形形色色的各个领域各个方面的腐败现象。这种情况下,倘若只是专项治理哪里,不免穷于应付。

2001年10月7日,2018年6月28日修订

窥"谣言"

"谣言"一词,今多用于指没有事实根据的传言。但在起初却并无贬义,是指民间流传的歌谣或谚语。典籍中的"小儿呼曰""童谣曰"之类,大抵指的都是"谣言"。作为一种政治措施,古代有专门的机构负责采风、采诗,即采集民间歌谣,目的是从"谣言"中观风俗、知得失。我国最早的诗歌总集《诗》,在朱熹老先生眼里动辄是在"言后妃之德",或"后妃自作",充满了贵族气。不过今天的多数研究者认为,其中的"国风",大部分就是民间歌谣,反映了当时社会的各个方面。

"谣言"具有相当的舆论力量,很多真实的故事,如农民起义、登基篡权,往往都从"谣言"开篇,继而制造"应验"的效果。秦末的陈胜、吴广揭竿之前,与"鱼腹丹书""篝火狐鸣"同时进行的,是让人四处去传谣:"大楚兴,陈胜王。"东汉黄巾时,传的是"苍天已死,黄天当立,岁在甲子,天下大吉"。元末刘福通他们,传的是"石人一只眼,挑动黄河天下反",等等。南朝的张敬儿十分贪残,在地方当官,"人间一物堪用,莫不夺取"。这个人中了邪一般,老是"自云贵不可言",他也编了"谣言"让人到处传唱:"天子在何处?宅在赤谷口,天子是阿谁?非猪如是狗。"张敬儿老家宅前有个地名叫赤谷,他刚生下来的时候名唤狗儿,发迹后,宋明帝觉得这名字太端不上台面,就给他改名敬儿;他那个叫猪儿的弟弟,同时被改成恭儿。张敬儿让人传谣的目的,无非是说皇帝要出在他们家了。武则天登基之前,她的侄子武承嗣命人在一块白石头上刻上"圣母临人,永昌帝业"埋在洛河里,然后再派人去把它挖出来。诸如此类,都是在利用"谣言"制造所谓"天意"的舆论。

"谣言"是现实的镜子,忽视之,对其时的认识势必有所局限。西汉的"以贫求富,农不如工,工不如商,刺绣文不如倚市门",被班固收进了《汉书》。这就是说,古代的人们并非只知道土里刨食,农业、手工业、商业,创造经济效益的次序等级,认识得清清楚楚。同书的《货殖列传》里还有好多因为冶铁、煮盐、做买卖而"富至巨万"的发家实例,班固谈起来,都是津津乐道的口吻。倘若一味指责封建社会的人们只有小农意识,便是失之偏颇了。

杨衒之《洛阳伽蓝记·秦太上君寺》载,北魏孝庄帝的舅舅李延实除青州刺史,"临去奉辞",庄帝叮嘱他:"(青州)怀甎之俗,世号难治。舅宜好用心,副朝廷所委。"杨宽在旁边听了,不知道"怀甎"是什么意思,温子昇告诉他,这是讲齐士"专在荣利"的不良风俗,"太守初欲入境,皆怀甎叩首以美其意。及其代下还家,以甎击之",马上变脸,因而怀甎即"言其向背速于反掌"。用京师的"谣言"来说,就是"狱中无系囚,舍内无青州,假令家道恶,腹中不怀愁",极尽嘲讽青州人之能事。当然了,青州何有此俗,今天也有不少论文予以了探讨。

《南村辍耕录》里则有好多反映民间疾苦的"谣言",比如"四地歌":"奉使来时惊天动地,奉使去时乌天黑地,官吏都欢天喜地,百姓却啼天哭地。"奉使,是元惠宗派下来"察政事之臧否,问生民之疾苦"的官员,本来他们的职责是要如实地向上反映问题,结果一下来却纷纷和地方官吏沆瀣一气,成天觥筹交错,百姓更倒霉了。江右儒人黄如徵向皇帝上书，揭发王士宏等奉使在他们那里的所作所为。他知道自己这样做，有"斧钺在前"的危险，但是义无反顾。他更担心王士宏们回去后，"妄称官清民泰，欺诈百端，昏蔽主聪"。不幸的是，他的担心还是变成了事实，王士宏不降反升。陶宗仪认为，其直接恶果就是使一地之痛苦，"与天下共之"，皆大欢喜的汇报既然能够奏效，王士宏们没有理由不走到哪里而应用到哪里。

正因为"谣言"是现实的种种折射，早在差不多两千年前，东汉灵帝就曾"诏公卿以谣言举刺史、二千石为民蠹害者"，李贤注曰："谣言谓听百姓风谣善恶而黜陟之也。"这大概是依靠民意来决定官员升降与否的最早记载。在当时，正常渠道的考核评语一定起不到什么作用了。像太尉许馘、司空张济等，自身很不干净，对"宦者子弟宾客，虽贪污秽浊，皆不敢问"。这样的太尉、司空早就靠不住了。况且一个官员无论怎样作秀，他的真实面目也瞒不过辖区的百姓。所以汉灵帝之诏未尝不是一个大胆尝试。

综上所述，"谣言"在很大程度上是能够体现政治得失的，尤其是所谓"怨谣"，更应当引起当政者的警觉，它不仅陈一时之弊，兼可作后世之前车。

2001年10月14日，2018年5月27日修订

周锡恩的无行

无行，谓作风不好或品行不端。《汉书·韩信传》载：韩信当初"家贫无行，不得推择为吏"。这是说那个时代选拔人才应用察举制，而韩信"无善行可推举选择也"，品行不好，便无人举荐，也就谋不到差事。韩信之流属于武夫，言及无行，我们听得最多的还是文人无行，知书能文的人理应具备相应的道德修养，品行出了问题更令人瞩目吧。"过尽千帆皆不是，斜晖脉脉水悠悠，肠断白苹洲"，唐朝诗人温庭筠的文字多漂亮，可惜他就是"有才无行"的一个代表，并因而"卒不登第"；还有宋之问，五言诗"当时无能出其右者"，品行也是不堪一提，人们甚至恨恨地称他为"畜吐人言"。

《世载堂杂忆》里有周锡恩的无行。周锡恩是湖北黄冈人，清末名翰林，无行在哪个方面呢？在家乡"纳族女为妾"。置公序良俗而不顾，当然要引起轩然大波，"周氏宗族多人控告"是必然的，但却治不了他的罪。无他，他早有权贵作自己的靠山。当知县杨寿昌发誓说"我必办你"的时候，周锡恩毫不客气地回敬道："你不配。"没办法，杨寿昌只好抬出自己的上级："我上省禀督抚，参捉你到案。"不料周锡恩更硬气："我上省禀老师，调走你出黄州。"要让杨寿昌连在这里的官都当不成。本来人们可以欣赏一次权力的对撼,看看公法与私情如何较量,不过凑巧的是,杨寿昌说的督抚与周锡恩说的老师正是同一个人:湖广总督张之洞。

张之洞非常器重周锡恩。光绪十五年(1889),他刚调任湖广总督,马上派人召集在湖北的旧时门生。周锡恩得知后,认为机会来了,特地"由翰林请假回籍",掌教黄州经古书院,因之成为首选人物。周锡恩很懂得投其所好,张之洞不是提倡洋务吗?他的时务课就开《拿破仑汉武帝合论》《唐律与西律比较》等等,即便作诗题咏也不是风花雪月,而让学生们对着"显微镜、千里镜、气球、蚊子船(即英国的小炮艇)"去抒发感慨。张之洞非常满意,"每游宴,必延锡恩为上客",还曾当面夸奖道:"予老门生只汝一人提倡时务,举省官吏士大夫对于中国时局,皆瞆瞆无所知,而汝何独醒也?"

对门生有这样高的评价,出了事,无论是非曲直,当然都要加以庇护。所以当周锡恩"急用重金,雇快船",赶在杨寿昌之前对张之洞大哭的时候,官司的天平已然倾斜。而上司叫了停,杨寿昌自然也不敢再继续,但是必要惩办的誓言已经讲出去了,如果不能兑现,用他自己的话说:"卑职何以临民?"不料这一层张之洞也早为他考虑到了:"可与某缺对调。"就这样,周锡恩这个头顶"保护伞"的文人,戏弄了一回习惯法,也戏弄了一回朝廷命官。

有权贵作靠山,则恬然不知廉耻为何物,这就是周锡恩的无行。然而张之洞真正认识到周锡恩是怎样一个人,却是因为后来的事。光绪十七年(1891),张之洞五十五岁大寿,收到了不少贺词,其中周锡恩的那篇"通体用骈文,典丽矞皇,渊渊乎汉魏寓骈于散之至文也",令他"大为激赏",推为第一。不仅如此,"名辈来,之洞必引观此屏",炫耀一番。谁知这件美事却被机要文案赵凤昌看出了破绽,说那篇东西眼熟,很像龚自珍的文字。张之洞先是狐疑,再翻检龚自珍集,果然找到一篇《阮元年谱序》,"两两比对,则全抄龚文者三分之二,改易龚文者三分之一,而格调句法,与龚文无以异也"。张之洞感慨道:"周伯晋(锡恩字)欺我不读书,我广为延誉,使天下学人,同观此文者,皆讥我不读书,伯晋负我矣,文人无行奈何。"从此与他疏远,"几至不见"。因为这个前科,后来周锡恩为备升迁而进行的考试中,"实则写作冠场",但是"阅卷大臣不敢列于一等",大家都有了戒心,不知他又是从哪抄来的,当然,主要还是怕张之洞怪罪。

周锡恩的无行,也是一些文人的缩影。不是说文人不能结交权贵,二者还不至于水火不容,而是说文人一旦以依附权贵为能事,拉大旗作虎皮,就不同了,彼此就成了相互利用的关系:一方利用学识为另一方提高"品位",一方利用职权对另一方进行"关照"。如此的官员很可能涉嫌腐败,如此的文人则必然丧失其独立人格,所谓学问,就可以肆意揉捏,变得无非迎合而已、诠释而已,无行,可以说是时间早晚、顺理成章之事。周锡恩们不会不明白这个道理,不以为耻,反而自鸣得意。后来,周锡恩公开指责张之洞误用赵凤昌,赵替人钻营缺差、声名狼藉等。这种官报私仇的做法,更是其无行人生的另一生动注脚了。

2001年10月21日,2018年6月27日修订

阮大铖的"推之不去"

知道《桃花扇》故事的人们,对阮大铖这个人物都不会陌生。李香君、侯方域悲欢离合的爱情遭遇,大抵都与他的作梗相关。《试一出·先声》对剧情"总括数句"时就说了:"奸马阮中外伏长剑,巧柳苏往来牵密线。"此中的阮就是阮大铖,马是马士英,二人乃一丘之貉。《桃花扇》是孔尚任创作的一部戏剧,情节当然可以虚构,但里面的主要人物却实有其人,阮大铖就是一个。这个人本身也是著名戏曲家,因为曾拜臭名昭著的魏忠贤为义父,到了"粪争尝,痈同吮"的地步,同时也干了不少坏事,在《明史》中自然而然地要去《奸臣传》中排队了。

李清《三垣笔记》补正史之缺,记载了阮大铖的一件逸事。那是他在南明弘光小朝廷里重新发挥作用的时候,有一次面露得意地对同僚说,他负责考察一个人能不能升官,事后那人"以二千金相送",自己"推之不去"。接着,他似乎觉得还不尽兴,又翻出了另一单,说自己在省里当官的时候,有两人各送一卮(即酒器),都是银子制成的;如今这两人再出手呢,是送"黄爵(亦酒器)",金家伙。不过他再次强调,自己"不纳不已"。不想收,可是不行啊,人家非要给,推脱不掉,身不由己。好嘛,"推之不去""不纳不已",多无奈呀,所以那些看官员收点儿什么就动不动往受贿上靠拢的人,真是太没有同情心了,从来没看到人家的难处。

但是阮大铖显然把别人都当成了傻子。人家非要给他送钱,非要给他送银器或金器,为什么?难道是他有什么不得了的人格魅力?当然不是。在阮大铖当政的时期,"凡查处降补各员,贿足则用"。不仅如此,因为花钱买官的轻易,至有"职方贱如狗,都督满街走"的民谣传诵。李清说他有一次路过阮大铖家的门口,问看门的:"主人在否?"看门人没有正面回答,只是告诉李清:"若主人在,车马阗咽矣,如此寂寂耶!"阗咽,意思是堵塞、拥挤、喧闹的样子。在看门人看来,李清真是呆得够呛,这么冷冷清清的情景,你说主人可能在家吗?主人如果在家的话,门口早就车水马龙、门庭若市了!这么多人乐于蜂拥阮大铖的家门,无非是看中了他的地位及其所掌握的权力。他自己也是那样,依附魏忠贤那阵,"每晋谒,辄厚贿忠贤阉人"。

阮大铖甚至把卖官当作一项事业来对待,公开提倡不妨卖官。他说:"国家何患无财?即如抚按纠荐一事,非贿免即贿求,半饱私囊耳。但命纳银若干,欲纠者免纠,欲荐者予荐,推而广之,公帑充矣。"这就是说,反正现在干什么事都得花钱,国家不收也落到个人腰包去了,干脆只要谁愿意出钱,想免灾的就给他免灾,想往上爬的就让他爬,长此以往,国库还愁没钱?而且他已经实践了一回,有个人想求监纪,"初馈金五百,不纳,再赠千金,亦不纳,直至二千,用以充饷。"从事实来看,正是在小朝廷得以充饷的同时,阮大铖也有了"推之不去"的诸多机会。

所以,阮大铖的所谓"推之不去",是主观意识支配下的必然行动,用李清的话说根子上的原因在于"身实为贪"。其实,即便社会风尚已经到了不忍卒睹的地步,以这个怪论作为受贿的堂皇借口也是站不住脚的。在阮大铖之前不久,万历年间的进士谢杰,就是一个"推之可去"的人。《明史·谢杰传》载,谢杰作为使者去"册封琉球",那里要表示意思,谢杰"却其馈";他们的使者晋京,"仍以金馈",又要表示意思,按阮大铖的逻辑,这时称得上"推之不去"了,但谢杰"卒言于朝而返之",终于也没有收。在其他事情上,谢杰也是如此。他推荐属下,完全是按才能行事,有一些升了官的人带着钱来感谢他,参照阮氏理论,这又可名之"不纳不已"了,不过谢杰却告诉他们:"贿而后荐,干戈之盗。荐而后贿,衣冠之盗。"此话被当作名言而广为流传。在谢杰看来,官员收了银两才办事,和强盗带着家伙打劫没什么两样;而事后收钱,只是强盗换了副道貌岸然的面孔而已。官员的这两种表现,性质殊途同归:强盗。对比之,阮大铖倘若还有那么一点良知,说什么"推之不去""不纳不已"的时候也应该脸红才是。

一般来说,承认对贿赂的"推之不去",应该是落网者试图减轻罪责的遁词,仍然在位者便敢于毫不掩饰,乃至带有炫耀的口吻而津津乐道,说明其本人、其时的社会风尚已经把这种丑恶现象视为自然而然的事情,不以为耻。李清在记录此事之后愤愤地抨击阮大铖"无耻孰甚",不仅道出了百姓的心声,也无异于给了自以为聪明的阮大铖们一记响亮的耳光。

2001 年 12 月 9 日,2018 年 5 月 27 日修订

正己之难

《唐语林》里记有裴佶的一次经历。说的是有一天他去姑夫的家——姑夫是朝廷官员,"有清望",声名不错——正赶上退朝后的姑夫在大发感慨:"崔昭何人,众口称美!此必行货赂者也。如此,安得不乱?"事有凑巧,姑夫的话音刚落,门人通报崔昭来访。裴佶先看到"姑夫怒,呵门者,将鞭之",仍然义愤填膺的样子;可能是门人已经告诉主人在家了,不出去不行,"良久,束带强出"。然而只一会儿的工夫,姑夫再转进来时,不仅脸上的怒气早飞到了爪哇国,而且忙不迭地张罗起来,"命茶甚急,又命馔,又令秣马、饭仆"。裴佶给弄糊涂了,他问姑夫:"前何倨,后何恭?"姑夫"出怀中一纸,乃赠官绐千匹"。绐者,粗绸或绢的别称。

刚刚还在骂人家说崔昭好话的肯定是收了贿赂,还在担心这样下去风气要成问题,转眼之间,就在崔昭亲自奉送的绢或绸子面前败下阵来。这件事足以应验了一句俗语:"正人易,正己难。"有一些人,在抨击社会不良现象的时候还有那么一丝正义感,还可以慷慨激昂,但轮到他自己,就换了一套标准,如同裴佶的姑夫,一旦有了机会,也可以不自觉地甚至毫不犹豫地跳入丑恶的阵营中。这倒真要让人怀疑他先前的愤怒是不是迁怒,迁怒于崔昭为什么别人那里都跑了,却为什么没有给他也提供同样的机会!

　　正己之难,还难在对待现行制度的态度上。那些非同一般或自以为非同一般的人往往也总是把自己排除在外,在他们看来,制度只是要别人来遵守的。《明史·孝义二》载,正德皇帝曾经微服出来闲逛,"由大同抵太原,城门闭,不得入",于是"怒而还京,遣中官逮守臣不启门者"。再往前溯,西汉的"飞将军"李广也有相同的不光彩历史。《史记·李将军列传》载,李广罢官在家,每天打猎自娱,有天回来晚了,"还至灞(霸)陵亭",但是喝了点儿酒的灞陵尉不给他开门。随从乃高声叫道:这是"故李将军"!那边厢答:"今将军尚不得夜行,何乃故也!"未几李广复出,重新踏上抗击匈奴的征途,大敌当前,却前嫌不忘,"即请灞陵尉与俱,至军而斩之"。应当承认,灞陵尉的话听了是不大舒服,尤其是李广在落魄的时候听起来,但充其量是方法不当问题。首先,他的行为本身并没有错,李广违禁夜行,叫作犯夜,是可以抓起来的;其次,随从的自报家门流露着可以例外的霸气,仗着酒力的灞陵尉难免大不服气。

　　城门该关的时候就不能随便开启,况且皇帝是微服,守门人认不出他;落职的李广还要耍一回威风,当然也可以不被买账。显而易见,门卫们是在恪尽职守,但因为他们触动的是享受特权惯了的人物,就得不到应有的理解,更不用说谅解。正德皇帝的大怒,使"巡抚以下皆大惧",幸有布政使何麟挺身而出,不仅把责任全都揽在自己身上,而且对之晓以大义:"陛下巡幸晋阳,司城门者实臣麟一人,他官无预也。臣不能启门迎驾,罪当万死。但陛下轻宗庙社稷而事巡游,且易服微行,无清道警跸之诏,白龙鱼服,臣下何由辨焉。昔汉光武夜猎,至上东门,守臣郅恽拒弗纳,光武以恽能守法而赏之。今小臣欲守郅恽之节,而陛下乃有不敬之诛。臣恐天下后世以为臣之不幸不若郅恽,陛下宽仁之量亦远逊光武也。"然而,正德还是打了何麟六十大板,怒才稍解。灞陵尉呢?没有人为他说话,就只剩下死路一条了,一代名将表现了气量偏狭的一面。可叹的是,后世的人们大抵都没有理智地看待这件事,众口一词地去责备灞陵尉。"初唐四杰"之一的骆宾王感叹"朱门无复张公子,灞陵谁畏李将军?"大诗人杜甫在《南极》中认为:"乱离多醉尉,愁杀李将军。"南宋词人辛弃疾夜读《史记》而"不能寐",挥笔填了阕《八声甘州》,起首便道:"故将军饮罢夜归来,长亭解雕。恨灞陵醉尉,匆匆未识,桃李无言。"在这些文豪们的笔下,因为李广有功彪千古的一面,灞陵尉就成了不可宽恕的势利小人,依规则办事,没有乖乖地给李广开门更成了一项罪名。

  灞陵尉的遭遇对于后世的同行究竟产生了怎样的示范作用不得而知,但有了这个可鉴的前车,小心谨慎是必要的,"灵活性"也是要讲的了。权势者不正己,势必导致执行制度的人们不得不放宽执行的尺度,从而使制度的严肃性大打折扣,也可能会被一点点地蚕食殆尽,形同虚设。从历史的经验看,在对权力的制约相对不起作用或作用甚微的情况下,居官者正己的程度如何显得尤为重要,唯其如此,难度也尤为突出,凭着自觉来秉公,那得要多深的修养啊!

  2001 年 12 月 16 日,2018 年 5 月 23 日修订

孝行的名与实

古人很相信人的行为能够感天动地。

《芦浦笔记》里有篇《祭蝗虫文》,是"知寿春府安丰县王希吕,谨以清酌之奠,祭于蝗虫之神"的。文章说,"尝闻汉之循吏,一有善政,而蝗不入境",意谓当官如果时时为百姓着想,会感动蝗虫不来本地为害。还说唐太宗"感天"的本领就更不得了了,"吞一蝗而众蝗死",不是杀一儆百,而是能杀一灭百。这篇文章"盖以昌黎《鳄鱼文》为蓝本",强调的是善政可以感天。

同样,古人也相信孝行感天。正史及野史之中,"孝义"往往都是一个不能忽略的记述类别,本朝的或本地的孝义事例,大大小小,都要尽可能地罗列出来,以彰显当朝当地的良好社会风气。著名的《二十四孝》,更为后人树立了标准的样板。这本书相传还是元代大科学家郭守敬的弟弟郭守正编的,汇集了此前史上二十四位尽孝的典型人物,有禹舜、汉文帝、曾参、董永、王祥、郭巨、老莱子、黄庭坚等等,不仅跨越了时空界限,还拆除了人物等级身份的樊篱。

孝行之"感天",功效也不得了。汉晋间"笃孝纯至"的王祥,隆冬之际母亲想吃鱼,他"解衣将剖冰求之,冰忽自解,双鲤跃出";母亲想吃烤黄雀,"复有黄雀数十飞入其幕"。王祥的孝行感动得鲤鱼、黄雀争相献身，慷慨赴死。《双槐岁钞》云，明初一些能够"感天"的孝子还因此擢官或升官。先看擢官。易州涞水县民李得成，因为"卧冰求母尸"，举孝廉时"为光禄大官署丞，后至布政使"；武宁县民陈仲贤，因为"刲肝及股以愈其母"，而"召至京，擢鸿胪司仪署丞，赐冠带，驰驿归侍"。再看升官。石州学正凤翔梁准，"母丧，庐墓哀毁，有群鸟飞鸣庐上，所种树有鹊来巢"，升为均州知州。极端的要算原乐安知县权谨，他本来因患眼疾而去职在家，母亲去世后的孝行表现，"朝夕哭奠，不御酒肉"什么的，使他赢得了重新出山的资本，"驿召至京"，然后"超升"为文华殿大学士，"俾侍东宫"，这个职务后来侍皇帝左右，以备顾问。然替皇帝批答奏章、承理政务，需要相当的政策水平和文字能力，权谨的孝行可能不假，但"文章非其所长"，就实在勉为其难了。当时的社会这般提拔孝子，应当来自明成祖的一个论断："能孝者必忠，忠孝之人可任辅导。"忠则可，能力什么的可以放在其次。

人的行为究竟能不能感天，只有天知道。但从对为官者善政的期待中，不难看出百姓的一种渴望，宁可信其有。至于孝行感天，尽管史不绝书，大概也很少有人当真。其实社会鼓励孝行，不必扯上什么"感天"之类的鬼话，不妨多强调一点儿感人。《大唐新语》云，唐高祖李渊大宴群臣，水果里有葡萄，侍中陈叔达"执而不食"。李渊问他怎么回事，他说想带回家去："臣母患口干，求之不得。"李渊很感动，"赐帛百匹"，让他想买什么便买什么。这就是感人。这种孝行较之卧冰之类来得也更真实，更可靠。

对于孝行，感人就足够了。为了"感天"，为了轰轰烈烈，一些人难免剑走偏锋，走火入魔。明朝洪武二十七年（1394），山东日照百姓江伯儿的母亲生病，伯儿先"割肋肉以疗，不愈"；又请神，且许愿如果母亲的病好了，"愿杀子以祀"。后来，伯儿果真因此把3岁的儿子杀了。这件伤天害理的事情对太祖朱元璋震动很大,在杖戍江伯儿之余,要大臣们重新审视其时的旌表制度,该剔除的条款要坚决剔除。"违道伤生,莫此为甚",大臣们在达成共识的同时,认为江伯儿之举在很大程度上源于旌表的诱惑。从某种角度上看,这也正是旌表的负面作用之一。所以他们的修改方案是:"自今父母有疾,疗治无功,不得已而卧冰割股,亦听其所为,不在旌表例。"得不到社会的承认,旨在博取声名的家伙自然要考虑歇手了。

旌表的意义到底有多大,大概身处其中的人最清楚。《冷庐杂识》云,蔡英在浙江江山县当了二十余年的官,"以扶植人伦为己任,兼留心民瘼",可谓倡孝与善政并举。他以老病去职的时候,饯送的百姓多达数百,纷纷感叹"好官去矣"。针对旌表的功效,蔡英留有一篇《论名》,里面写道:"人世美名,易浮乎实。苟好名而实不相符,即为盗名。名之盗,天之贼也。"发出这样一番感慨,蔡英一定是在被旌表的人物中见到了太多的欺世盗名者。最后,蔡英有一点希望,希望人们"绝去沽名念,而勉为其实则可矣"。这篇文字,未尝不可看作是对旌表制度的一种微词。实际上,无论是善政还是孝行,一旦在名的驱使下而为之,都不免为一些人所利用,如此,则早已失去了表彰的本意。

2001年12月23日,2018年5月29日修订

王恕的"指窖止贪"

官吏与贪,从何时起开始相伴生,变得形影不离,考证起来也许不是件难事。贪这玩意,在任何正常的社会里都是容不得的,所以"贪"一出现,最多是稍晚,必然也就开始有了针锋相对的"止贪"之法。从止贪出发来反证,乃考证贪之起源的一个思路。历史上如何止贪,方法是五花八门的,不过此篇小文并不具备追本溯源的能力,单就典籍中所见窥其一二。

《涑水记闻》云,宋朝有个沧州节度使张美,在从政方面很有些才能。从太祖与当地百姓的对谈中可窥一斑:"汝沧州,昔张美未来时,民间安否?""不安。""既来则何如?""既来,则无复兵寇。"但张美的坏事也干了不少,"民有上书告美强取其女为妾",这且不算,还贪婪得很,"受取民财四千缗",被百姓告了御状。宋太祖戒敕张美的办法,除了"命官给美所取民钱",强抢的民女放回家之外,再赐给张美母亲"钱万缗",并对老太太说,告诉你儿子,"乏钱欲钱,当从我求,无为取于民也"。据说张美吓坏了,自此"折节为廉谨,顷之,以政绩闻"。这是宋太祖的止贪一法。《典故纪闻》云,明太祖时郡县官员上任皆给"道里费",具体是知府五十两,知州三十五两,知县三十两,如此等等。不仅发钱,还发做衣服的材料,"文绮罗绢布,及其父母妻子",连家人也都有份。这样做,主要是怕刚上任的官员因为搬家弄得手头紧,"不免假贷于人,或侵渔百姓,故欲其奉公,不得不先养其廉如此"。顾炎武《日知录》对此记述更详,"吴元年七月丙子,除郡县官二百三十四人,赐知府、知州、知县文绮四、绢六、罗二、夏布六,父如之,母妻及长子各半"云云。陈其元《庸闲斋笔记》亦云,清朝雍正皇帝曾为各级官员设立一种养廉银,目的也是"保全服官者之操守"。

这些做法在逻辑上都存在着可行性,用陈其元的话说,"稍知自爱者,均借此银以恪守官方"。这里的官方不是指政府方面,而是它的另外一个含义:居官者应守的礼法。以银养廉,旨在从制度上止贪。然而很可惜,逻辑归逻辑,现实归现实。这种方法大约还不如宋太祖的恩威并施更奏效,既为贪官,又焉有自爱可言?那些虽然没到贪官那个层级,现实中却"不知自爱者",也可以车载斗量。

《原李耳载》里还有王恕"指窖止贪"的故事。说的是明朝王恕为官,"两袖清风,一尘不染"。他这样教育同样也在当官的儿子:"尔忧贫乎?家有素积,不必官中常作仓鼠也。"说罢把儿子领到屋后,指一处云:"此藏金所,有金一窖。"又指另一处云:"此藏银所,有银一窖。"等到王恕死了,儿子到他指的那两个地方去挖,却是什么都没有。

在明朝历史上,王恕颇可称道。他是正统年间的进士,历仕成化、弘治两朝。"两京十二部,独有一王恕",民谚或是官谚形象地道出了他在政治上的作为。当朝廷的同事们在关键问题上该说不说、装聋作哑、沦为摆设的时刻,每每是王恕挺身而出。最难得的是,王恕在地方和中央当了四十余年的官,"刚正清严,始终一致"。经手引荐提拔的人物,全凭真才实学,因而像耿裕、刘大夏等,皆成一时名臣。何良俊《四友斋丛说》另云,王恕曾在家门口贴了个告示,上面写道:"宋人有言,凡仕于朝者,以馈遗及门为耻;受任于外者,以苞苴入都为羞。今动辄曰挚仪,挚仪而不羞于入我,宁不自耻哉!"何良俊认为王恕的这一表态,"使非真诚积久而孚,亦不敢自书,书之适足以增多口也"。在何良俊看来,贪官固然可以高谈阔论廉洁,而且也可以说得像真的一般,但自己真正怎么样,"亦各自知也",心终究是虚的。所以"老实"一点儿的干脆不如不说,说了,对公众而言,徒添笑柄而已。

王恕有五个儿子,从《明史》记载看,"指窖止贪"针对的该是他的小儿子王承裕。王承裕的事迹比较简略,但正德皇帝曾经手书"清平正直"褒之,似可证明他的确做到了不贪。循着这一推理,儿子在王恕去世后真的去挖窖,乃是这故事的蛇足。王恕的"指窖止贪",犹如曹孟德的"望梅止渴",但凭这一"指",士兵暂时收到了"止渴"、儿子收到了"止贪"之效。然而必须看到,能止的话,止的也是一时之效,没有从根本上解决问题。这样一想,正史不收入"指窖止贪"有一定道理,它的故事性太强。廉洁的父亲教育出了廉洁的儿子,人们需要二者之间的逻辑关联,为后人所仿效。那么,以之作为止贪一法去应用于他人,就失之于天真了。

不过,王恕的"指窖止贪"实实在在地告诉我们,真心不贪的人,无论怎样都会找到杜绝贪欲的方法的。

2002 年 1 月 27 日,2018 年 6 月 12 日修订

"人无百事皆行"

"尺有所短,寸有所长",比喻的是人和物各有长处,也各有短处。有句话说得更明白,叫作"人无百事皆行"。

《玉壶清话》云,宋太宗时有个武官党进,"不识一字"。有一年被派去西北防秋,出发前想跟太宗叙别。别人告诉他边臣不须如此,但党进犟得很,"坚欲之"。人家就"写其词于笏",给他准备了几句话,"教令熟诵",到时候照着说,免得开黄腔。可是见到太宗了,党进"抱笏前跪,移时不能道一字",大概是背的东西一下子懵住了,却忽然间看着皇帝"厉声"来了一句:"臣闻上古,其风朴略,愿官家好将息。"话一出口,立刻引得"仗卫掩口,几至失容"。后来人家问他"何故忽念此两句?"党进讲了老实话:"我尝见措大们爱掉书袋,我亦掉一两句,也要官家知道我读书来。"措大,指贫寒失意的读书人。党进打仗行,但是读书不行;读书不行,还要让人觉得行,有学问,难免要闹笑话。

不要说党进了,《不下带编》里有个"不欲言其姓氏"的名流,还出过诗集呢,算是有成果的,检验一下,仍然是个伪名流。那是有一天大家雅集,要求"赋诗各一律赠太守"。按道理,有著作的人对这种应景文字应该是小菜一碟,可名流硬是"搜吟半日,改抹终不成章"。有人见他太窘,打圆场说大家先把肚子问题解决了,写诗的事明天再说吧。名流"大喜,即拉登筵"。同好们于是明白了,"盖其人虚名卅载,刊盈尺之集而始知假手于他人也"。似伪名流这一类的人,其"行"的一面只在于深谙拉关系、找枪手之道,当场考查他的专业水准,自然要露馅儿。

《归潜志》云,金朝赵闲闲是个很有意思的人物。他的书法造诣很高,名声又大,好多人向他求字,"公甚以为苦"。怎么办呢?在礼部墙壁上,他写了一纸告示:"当职系三品官,为人书扇面失体,请诸人知。"表明自己作为朝廷高官,老给人家写扇面之类的,成什么话?人家请他喝酒,他知道这是要套近乎,先声明:"吾今往,但不写字耳。如求字者,是吾儿。"哪知求字的人根本不在乎,说老先生年纪这么大,德行又这么高,我们当回儿子算什么?致仕回家,没官职了,干脆在大门口直接写道:"老汉不写字。"就是这个赵闲闲,"以文学名一世,于吏事非所长",处理官场上的事务不行。从他那些书生气十足的拒绝办法中,似乎不难想见他在政治上可能的稚嫩了。

当官不行,似乎是个笑话,比方《池北偶谈》转引《炙輠录》曰:"仁宗皇帝百事不会,只会做官家。"看,什么都不会的人会当皇帝,别说当官了。其实说宋仁宗"百事不会",是冤枉他的。《渑水燕谈录》里有苏辙的一篇对策,文章写道:"闻之道路,陛下宫中贵姬,至以千数,歌舞饮酒,欢乐失节。"瞧,在吃喝玩乐方面,仁宗就有许多拿手好戏。但是按照"坐朝不闻咨谟,便殿无所顾问"来推断,仁宗分明不会做官家,偏偏被说成只会,大约是言者骨子里的轻蔑吧。苏辙这篇东西是他于嘉祐年间参加选拔官吏的考试时写的,初出茅庐,胆子天大。有意思的是仁宗没恼,考官们先不干了,指责苏辙一派胡言,"欲黜之"。最后反而仁宗一句"辙小官如此直言,特与科名",苏辙才算幸免。这样看来,说那些考官只会做官,倒是恰如其分。

但是不会做官,却绝对不是笑话。《四友斋丛说》云,明朝隆庆时的赵大周和万历时的海瑞,在一些人眼里才是不会当官的典型代表。赵大周"刚直有口,遇事辄发,不能藏垢";海瑞呢?"不怕死,不要钱,真是铮铮一汉子"。这样的品格,本来是为官者极优秀的品质,但赵大周"一直不容于群枉,故不久而以论罢";海瑞的"第一不知体",在于"既做巡抚,钱粮是其职业,岂有到任之后,不问丈田均粮,不清查粮里侵收,却去管闲事"。此中的闲事,作者诠释了,"无非为民也"。因为刚直而发的事情,必然是官场中见不得人的东西,但因此为同事所排挤;为百姓着想,居然是管闲事。在那些人看来,为官的宗旨首先是对上负责,然后是明哲保身,用这样的标准来衡量,赵大周、海瑞当然不是能混迹官场的料。

人无百事皆行。但官场之中,赵大周、海瑞式的"不行"却是难能可贵的。这种不行,对他们本人的宦海生涯是一种不幸,对朝政和百姓而言,却不啻为大幸。倘若连这一点中流砥柱也没有,社会真的要让百姓失望到极点了。所以一个很浅显的道理是:与其多一些如考官之流当官"行"的人,宁愿多一些如赵大周、海瑞这些当官"不行"的人!

2002年2月3日,2018年5月24日修订

官与妓

宋人周煇说:"士大夫欲永保富贵,动有禁忌,尤讳言死,独溺于声色,一切无所顾避。"这是他给一些官场人士画的素描。周煇当然知道,唐宋时专门有一种供奉官员的妓女,叫做官妓,官场上有个应酬、宴会之类,都由她们侍候。但官员与声色,何时开始以及为何能够如此紧密地纠缠在一起,周煇还是感到困惑。

不少脍炙人口的唐诗宋词,据说都是风流才子与妓女的唱和。风流才子里面有相当一部分都是官员,自从当官的人大多出身科举后,文字是他们的一项基本功。苏东坡的那首"海棠虽好不留诗",就是他在黄州任上的时候,当场写给他所喜欢的妓女李琪的。当面尽兴之余,人们也借助客栈驿舍、楼苑台榭等的墙壁发表作品。周煇读过不少这类文字,有一次在旅行中他发现,那些"笔画柔弱,语言哀怨",尽管是"好事者戏为妇人女子之作",也更容易吸引路人的眼球。有一首假装署名"女郎张惠卿"的,等他不久再路过此地,发现"和已满壁"。在这类"园地"上,好的作品自然不胫而走,但一般人的能被传诵开来,还是有较大的偶然性,没遇到慧眼呢,可能就已经被后面的覆盖掉了。相对而言,官员的作品更有条件留存下来。如《不下带编》云,魏野与寇准曾同游寺院,"各留题";后来两人又一起重游时,发现"寇诗用碧纱笼"给保护起来了,而裸露着的"魏诗则尘昏满壁"。陪同的官妓过意不去,上前以衣袖拂之,令魏野非常感动,对寇準自嘲曰:"若得长将红袖拂,也应胜似碧纱笼。"寇準的文字被保护,就不是出于偶然,时谚"乌纱帽下好吟诗"说得很明白,有乌纱帽罩着,吟出来的东西甭管好赖,都会被另眼相待。

　　这些过嘴巴瘾的事例似乎不足以证明周煇的观察,官与妓的"无所顾避",更在于官员们的"身体力行"。周煇所作之《清波杂志》云,范仲淹有个幕僚叫滕达道,仲淹每一宴客,对他来说讲黄段子早就不过瘾了,"必出追妓",令厚道的范仲淹毫无办法。该书又云,周世宗遣陶穀出使南唐,因为陶穀在人家那里狎妓,还被灭了威风。陶穀这个人"强记嗜学,博通经史,诸子佛老,咸所总览",本事很有一些,自己也因此"恃才凌物",谁都不放在眼里。但在给他接风的宴会上,尽管他本人"谈笑未尝启齿",还是硬给南唐的韩熙载看出了破绽。陶穀那眼神一定是色迷迷的,因为韩熙载敢这样跟手下打赌:"观秀实(穀字)非端介正人,其守可隳。请诸君观。"他找了个绝色妓女,"诈为驿卒孀女,布裙荆钗",楚楚可怜地在陶穀的住所每日洒扫庭院。果然陶穀一见就没魂儿了,"久而与之狎,赠以长短句"。但这一切,全在韩熙载的掌握之中。一日,南唐国主开宴,立妓于前,歌陶穀所赠"邮亭一夜眠",立刻让陶穀没了脾气,"满引致醉,顿失前日简倨之容"。因为丧失了国格,回到后周,陶穀还"坐此抵罪"。

　　在《镜湖自撰年谱》里,段光清还讲了一件很好笑的事。清朝道光年间,举子府试须由教官"至郡送考"。分水知县越俎代庖;来了呢,却"泊坐船于河下",天天往妓女的船上跑。那妓女很有些手段,此前已把不少应试考生迷了个神魂颠倒,"莫不争游其船"。攀上县官,妓女的身价高了,便鼓动县官把衙门大堂里那套家什统统摆出来,让差役也拉开架式,站在船头,好像现场办公的样子。哪知胆子大的考生们并不买账,彼此相曰:"此岂县官刑杖可以吓人之地乎?"于是"集多人硬入其船",三下五除二,打跑了差役,把什么签筒、笔架、刑杖全给扔进了水里,吓得知县赶紧跳船逃跑。他到知府那里告状,要求追查闹事考生,"先除考名,再议罪名"。知府在犹豫间,段光清说话了:"(知县)自称殴辱官长,官长究在何处? 被殴行凶,究因何事?"他是从"官体"的角度考虑这个问题的。送考生至府,本是学官的事,何必知县来呢;既然来了,"又何以县官之威而作于名妓之船上?"在段光清看来,这样的官员已经先没了体统,还好意思追究别人什么呢!

《北梦琐言》云,唐昭宗乾宁年间,宿州刺史陈璠"以军旅出身,擅行威断",有个叫张翱的进士也是恃才傲物,"席上调璠宠妓张小泰"。陈璠"怒而揖起,付吏责其无礼",张翱没意识到事态的严重,还嬉皮笑脸呢。结果,"金鞭响背,十三长逝",把命给搭进去了。倘若张翱日后为官,与妓的一面不是可以想象了吗? 因此,段光清所说的"官体",很值得憧憬声色的官员三思。你自己可以不要脸面,但你的身份毕竟使你的言行举止已经不是仅仅代表个人,总要顾及一下玷污了什么吧。

2002年2月24日,2018年5月20日修订

阎立本的"伏地吮毫"

阎立本是唐朝的大画家,他的画即使在当时也被誉为"神品"。《太平广记》说他"尝奉诏写太宗真容",就是给李世民画标准像,后来别人再临摹他这幅画,犹可见太宗"神武之英威"。又说南山有猛兽害人,骁勇者捕之纷纷落败,而虢王元凤一箭而毙,唐太宗对这件事甚为称道,"使立本图状"。阎立本并未亲眼目睹那惊心动魄的一幕,但拿出的作品硬是达到了"鞍马仆从,皆写其真"的程度,令观者"无不惊服其能"。阎立本的名作有《秦府十八学士图》《凌烟阁功臣图》等,"时人咸称其妙",而流传至今的《步辇图》,更使现世的人们也得以一饱眼福。

《隋唐嘉话》里有一则关于阎立本的趣话。他曾慕名到荆州一睹南朝画家张僧繇的真迹。成语"画龙点睛"说的就是张僧繇,云其"于金陵安乐寺画四龙于壁,不点睛。每曰:'点之即飞去。'人以为妄诞,固请点之。须臾,雷电破壁,二龙乘云腾去上天,二龙未点眼者皆在"。这当然是夸饰的一种说法,但张僧繇的技艺可窥一斑。阎立本对张作一眼望去,没看得起,说人家"定得虚名耳"。第二天忍不住又去看了,观点动摇了,认为"犹是近代佳手",语气有些勉强。第三天再去,赞叹道:"名下定无虚士。"竟至于"坐卧观之,留宿其下,十日不能去"。张僧繇画过一幅《醉僧图》,道士们如获至宝,每每以此嘲笑僧人;僧人们在羞耻之余,则"聚钱数十万",劳驾阎立本画了幅《醉道士图》,终于找到了心理平衡。这两幅画,在作者撰写此事的时候仍然存世,对比欣赏一定极具趣味。

阎家"代善画",绘画可以说是祖传的看家本领。但阎立本这个阎家最有名的大画家却想到他这里为止,不愿意让儿子承继下去。他对儿子说:"吾少好读书,幸免面墙。缘情染翰,颇及侪流,唯以丹青见知,躬厮养之务,辱莫大焉。"面墙,比喻不学而识见浅薄。阎立本认为自己固然是凭借作诗绘画跻身于官僚阶层的,但实际本领远不止此,可惜"上面"只欣赏他的"小技",以此"躬厮养之务",被人使唤来使唤去,真是"辱莫大焉"。所以他要儿子"汝宜深戒,勿习此也"。

这一番感慨当然不是没来由的。《大唐新语》云,有一天唐太宗与群臣泛舟春苑,"池中有异鸟随波容与",令太宗"击赏数四",乃"诏坐者为咏,召阎立本写之"。皇帝玩儿得高兴,要把所谓的祥瑞记录在案,是一件正常不过的事情。阎立本时为主爵郎中,大约还不够资格陪侍,所以要临时传呼而来。听到召唤,立本丝毫不敢怠慢,"奔走流汗,俯伏池侧,手挥丹青,不堪愧赧"。这就是说,表面上阎立本是一副诚惶诚恐的模样,心里实在憋气得很。正是在这事之后,他对儿子倾吐了上述心声。奉命行皇帝的事,不会"辱莫大焉",阎立本大约是愤恨那些在座"为咏"的人,那句"颇及侪流"说得很明白,他一点儿也不差过他们,而陪侍皇帝的好事却轮不到。他是实在不甘心自己斯时的地位。

阎立本后来如愿以偿,而且"官位至重"。《旧唐书·阎立本传》载,高宗总章元年(668),阎立本拜右相,与左相姜恪"对掌枢密"。但他当官却真不怎么样,主要因为他"唯善于图画,非宰辅之器",根本不是当官的料。因为姜恪曾立功塞外,所以时人如此评价二人:"左相宣威沙漠,右相驰誉丹青。"在《新唐书》阎的本传中,说他"但以应务俗材,无宰相器"之余,更在那评语之后加上"之嘲"二字,表明关于阎立本的半句并非夸奖,而是讥讽。阎立本这般看重官职,然而后人提及他,又有谁记得他当过官、当过多大的官呢!

明朝叶权对这位大画家毫不客气。他在《贤博编》中写道,唐明皇召李白赋宫中行乐诗,李白"必俟赐之无畏,两宦扶掖,始展其技";阎立本不过是把其乐融融的场面记录下来,哪里就到了"伏地呗毫,不敢仰视"的地步呢?难道是"太宗威严过于明皇"?不是,"乃立本人品不及太白耳"。人品之说,切中要害。李白曾为供奉翰林,有很好的向上爬的条件,但他"犹与饮徒醉于市",醉了的时候,还"引足令高力士脱靴",把明皇身边的红人也给得罪了,并"由是斥去"。而李白"顾瞻笑傲,旁若无人",根本不以为意,何其洒脱。叶权也不苟同阎立本的戒子,认为"此不可归之择术之过"。在他看来,阎立本的"伏地呗毫",纯属其本人的自贱行为,人品不济,无论有怎样的一技之长,都免不了做出类似的举动。

2002年5月26日,2018年5月23日修订

裴宽的自律

郑处诲《明皇杂录》里有裴宽埋鹿肉的故事。说的是唐玄宗时有年除夕,润州刺史韦诜(一作韦铣)"日闲无事",便带着老婆和孩子"登城眺览",不意发现一户人家的园子里,好几个人正在埋什么东西。韦诜觉得奇怪,派人前去打听,原来那是参军裴宽的宅子。他便把裴宽找来,"诘其由",问他在干什么,裴宽回答在埋鹿肉。他说,我常常自戒,绝不"以苞苴污家";可是今天有人送来鹿肉,"置之而去",我"既不能自欺,因与家僮瘗于后园",没别的目的,就是想保全自己的操守。

苞苴,乃馈赠的礼物,引申则指贿赂。过年了,有人送来鹿肉,也许并没有不良的用意,起码暂时没有附以什么条件。但在裴宽看来,无故接受馈送,是"以苞苴污家",仍然有悖自己的准则。那么,他把鹿肉埋掉,实际上是一种自我约束的行为。偷偷地埋,是因为他并不想张扬,更不想通过这一件小事,就把自己吹嘘成廉洁的典范。这正是裴宽自律的可贵之处。韦诜首先被他感动了,参军虽然只是个低层官员,但他不仅"降阶"以示恭敬,还当场把女儿许配给他。本来,韦诜物色女婿是非常挑剔的,而论起外表来,裴宽简直就不堪一提,"疏瘦而长",形如鹳鹊,第一次登门时,令韦家人等"大噱"。韦夫人"涕泣于帷下"之余,更认为准女婿看上去分明是个"人奴之材",而韦诜看中的是裴宽灵魂深处的亮点。事实证明,韦诜的眼光不错,裴氏夫妇不仅白首偕老,而且裴宽的从政也可圈可点。

前人云:"咬得菜根,定百事可作。"又云:"须是硬脊梁,于事始有担荷。"这些励志的言语与其说是在教导人们怎样成就事业,不如说是在教导官员应该怎样为官。明人于慎行便由此悟出:"士大夫生平要以固穷为第一义。"固穷,意思是信守道义,安于贫贱穷困。其实任何一个当官的人,哪里就至于惨到那个份儿上?于慎行不过是想说,当官的人要保持平和的心态,如果整天惦记着发财,那么"百事可做"中的事,一定是坏事,见不得人的事。

裴宽自律的可贵,还在于他的不受苞苴,是自己加给自己的戒条。而好多时候,达到其行为的效果,需要由国家颁布相应的法律法规,还不见得顶用。《涑水记闻》云,北宋仁宗庆历三年(1043)九月,知谏院蔡襄就有个上言被采纳了,说的是"自今中书、密院执政官,非休假日,私第不得见客,欲询访外事者,听呼召"。在宋朝,中书、密院(枢密院的省称)称为二府,其官员要上朝奏事。规定他们"私第不得见客",逻辑前提应该是不少人假借"见客"的名义,干了非法的勾当。而逼出一项制度,更说明事态的严重性已经到了非整治不可的地步。

在对待馈送的态度上,清朝的张伯行也颇值一提,康熙誉之为"天下第一清官"。《郎潜纪闻二笔》云,张伯行任督抚时,发布过一道"禁馈送檄",开宗明义,就是要禁止官员收人家东西。檄文说:"一丝一粒,我之名节;一厘一毫,民之脂膏。宽一分,民受赐不止一分;取一文,我为人不值一文。"最后,他又一针见血地指出了接受馈送的危害和实质:"谁云交际之常?廉耻实伤;倘非不义之财,此物何来?"不用张伯行点得这样明白,当事人自己也清楚得很,把接受馈送轻描淡写地说成正常的人际交往,仅仅就那么简单吗?"天知地知,子知我知"之外,还可以加上"大家皆知"吧。

裴宽的自律,在仕宦生涯中得到了充分展现。史载其"不附权贵,务于恤隐",因而政声卓著。他由蒲州刺史升任太原尹的时候,唐玄宗曾赋诗赠之:"德比岱云布,心如晋水清。"岱云,乃喜雨之云。皇帝这样赞许一位地方官吏,评价是相当之高了。这也从侧面证明,裴宽埋鹿肉之举,不是一时的作秀,自律的意识在他的头脑里是扎了根的。后来,裴宽官至户部尚书兼御史大夫,而他的去职实在令人扼腕。奸相李林甫做了一个梦,梦中有人跟他非常过不去,醒来后李林甫说,那个人长得很像裴宽。现实中李林甫早就非常害怕裴宽入相,他认定了"宽谋代我",这个梦加剧了他必欲去之的决心。

裴宽最终被贬出了京城,使他没能更大程度地有所作为,但这个严于律己者面对馈送的示范,对后世的为官者还是能够产生积极意义上的启迪,那就是:检验一个官员的品行如何,关键在于他的所作所为如何,尤其在监督不到位甚至缺位的情况下,仍然能够保持住自己的操守,才是真正的"硬脊梁",也才凸显其更加可贵的一面。

2002年6月9日,2018年5月24日修订

荔枝叹

《云麓漫钞》记有苏东坡《四月十一日食荔枝》诗中的两句："海中仙人绛罗襦,红绡中单白玉肤"以及"似开江珧斫玉柱,更洗河豚烹腹腴"。钱锺书先生《宋诗选注》认为,这首诗写的是宋哲宗绍圣二年(1095)东坡被贬惠州后,第一次吃到荔枝时的情景。前一句是赞美荔枝的颜色,后一句是赞美荔枝的滋味,合而为一,就是对荔枝的"极口称赞"。东坡自注该诗曰:"予尝食荔枝,厚味高格两绝,果子无比,惟江珧柱、河豚近之。"江珧柱乃海味珍品,河豚的鲜美更不消多言,东坡甚至说过"直那一死"的话。显然,东坡从一开始就为这种岭南佳果所倾倒。

荔枝属热带水果,所以一向好吃且足迹遍布不少地方的东坡,只有到了广东才得以享此口福。然而蔡絛在《铁围山丛谈》中谈到,北宋汴京(今河南开封)的艮岳也曾种过荔枝。艮岳,是宋徽宗挥霍民脂民膏在平原地带生生堆起的一座供自己玩乐的假山。蔡絛说,从艮岳的正门进去,"则夹道荔枝八十株,当前椰实一株"。东西少,享用起来就要讲究级别。宋徽宗"每召儒臣游览其间",届时,"一珰执荔枝簿立石亭下,中使一人宣旨,人各赐若干,于是主者乃对簿按树以分赐,朱销而奏审焉"。这意味着,每棵荔枝树结了多少个荔枝都是登记造册的,分配了多少、分配给了谁也要记录在案。蔡絛有一次陪他爸爸蔡京进艮岳观赏椰子，见"一小珰登梯，就摘而剖之"，大小太监们还各分到了两颗荔枝。另据陆游《老学庵笔记》云，宋徽宗曾手摘荔枝以赐燕帅王安中，且赐诗曰："保和殿下荔枝丹，文武衣冠被白蛮。思与近臣同此味，红尘飞鞚过燕山。"把吃个荔枝提高到了激励士气以期收复国土的高度，可见荔枝在当时的地位已经远远超出了作为水果的功效本身。

关于吃荔枝，还有人们熟知的惨烈故事，即杨贵妃"嗜荔枝，必欲生致之，乃置骑传送，走数千里，味未变，已至京师"。杜牧因之写下了著名诗句："长安回望绣成堆，山顶千门次第开。一骑红尘妃子笑，无人知是荔枝来。"东坡另一首《荔枝叹》则反用该诗，指斥同样直露："颠坑仆谷相枕藉，知是荔枝龙眼来。飞车跨山鹘横海，风枝露叶如新采；宫中美人一破颜，惊尘溅血流千载。"但这进贡荔枝的账及其所导致的灾难性后果，最早却不能算到杨贵妃的头上。《后汉书·和帝记》载："旧南海献龙眼、荔枝，十里一置，五里一候，奔腾阻险，死者继路。"就是说，早在东汉和帝的时代，就已经动用驿路来运送荔枝了。此中死者，无疑是那些直接参与运送的人员，他们未必是累死，很可能是驿马昼夜奔驰之时所遭遇的虎狼之害。东汉时的南海，即今之广州辖区，属于瘴疠之地，"恶虫猛兽不绝于路"。这种为了吃而草菅人命的做法，当时便遭到了正直之士的强烈反对。临武（今湖南临武）长唐羌上书切谏，正常的社会应当是"上不以滋味为德，下不以贡膳为功"，现在这样算怎么回事呢？他气愤地说："此二物升殿，未必延年益寿。"和帝采纳了他的建议，进贡才算终止。然唐羌对当官已经深深失望，上书之后即"弃官还家，不应征召"。事实上，在杨贵妃之后，类似做法也并没有绝迹。《金史·世宗记》载，世宗说过："朕尝欲得新荔枝,兵部遂于道路特设铺递。比因谏官黄久约言,朕方知之。"这里虽然没指明荔枝是从哪里进贡的,但既有谏官所言在先,取缔在后,说明兵部特设铺递来运输荔枝的危害,不会小于动用驿站。

东坡固然爱吃荔枝,但同时想到这好东西难免也是祸根。唐羌那句"以贡膳为功"点得很明白,特产往往会成为一些官员媚上争宠的资本。《荔枝叹》接过唐羌的话茬说:"永元荔枝来交州,天宝岁贡取之涪;至今欲食林甫肉,无人举觞酹伯游。"永元,汉和帝年号;伯游,唐羌的字。王士性《广志绎》顺应东坡的说法,也认为杨贵妃吃的荔枝乃涪州(今重庆涪陵)荔园所贡(还有一种普遍说法,此荔枝来自广东高州),其时涪州仍存一棵荔枝树,因为"献新扰民",被人们愤而伐倒,且"根而绝之"。这是迁怒于树。而东坡把李林甫恨得咬牙切齿,才是恨到了根本。满足杨贵妃的嗜好,不是得归结为李林甫们的马屁吗?"面柔而有狡计,能伺候人主意"的李林甫,"凡御府膳羞,远方珍味",上面一旦表达了意思,立刻可以"道路相望",源源不断而来。在东坡看来,李林甫之流杜绝不了,但今天的人们忘记了唐羌,才是更可悲的。可惜,《荔枝叹》忽焉又云:"我愿天公怜赤子,莫生尤物为疮痏。"刚想通一点,把矛头又转向"红颜祸水"了。

2002 年 7 月 7 日,2018 年 5 月 17 日修订

"枪手"考

科举应试时冒名代考的人,俗称枪手或者枪替。

枪手,本意是指宋代广南东路的乡兵。宋代的兵分为三种:一种是禁军,即天子的卫兵,守京师,备征戍;一种是厢军,即驻扎在各州的部队;再一种就是乡兵。《宋史·兵志》载:"乡兵者,选自户籍,或土民应募,在所团结训练,以为防守之兵也。"既不离乡,也不离土,乡兵有寓兵于农的性质,颇类后世的民兵。至于枪手的称谓,可能与所操的兵器无关。比方同样是乡兵,广南东路(今广东)的叫枪手,广南西路(今广西、海南)的就叫土丁,陕西的又叫义勇和护塞,如此等等,名号不一。宋仁宗嘉祐六年(1060),广州、惠州、梅州、潮州、循州(今龙川)等地始设枪手,此乃其原始出身吧。

枪手成为冒名顶替的代名词,今天仍在沿用,非无缘由。盖乡兵的服役都有年限,一般是"年二十系籍,六十免,取家人或他户代之"。这制度一直执行得颇严,至于有些地方的乡兵因为得不到递补,"虽老疾不得停籍",不得不硬在那里充数。宋真宗咸平四年(1001)放宽了政策,规定"自今委无家业代替者,放令自便",于是"虽非亲属而愿代者听",可以自己找愿意的人来替代,这就有了枪手的日后含义了。这或可说明,最早谈论冒名顶替发生在广东,否则冒名顶替者就不会叫作"枪手"而可能叫"土丁"或"护塞"之类了。逻辑上应当可以这样推论。

科试时代早有防备枪手的措施,"面貌册"就是其一,以寥寥几笔记下考生的大致面貌特征。然而因为简略,也不免闹出笑话。《履园丛话》云,有一年常熟有个考生叫沈廷辉,面貌册上写着"微须",正解应该是有胡子,不多。可是来江苏视学的胡希吕偏偏训"微"为"无",于是"凡有须而填微须者,俱不准入场"。胡希吕当然有其所本,《论语·宪问》里子曰"微管仲,吾其披发左衽矣",就是说如果没有管仲,我们这里就是夷狄的天下了。此中的微,即是无。沈廷辉得知胡希吕如此训微,赶紧去找学书修改自己的面貌册,刚巧学书不在,"寻至三更"也没找到,第二天就要进场了,乃"不得已往剃头铺将须剃去"。谁知那学书素与沈廷辉要好,不待扬鞭自奋蹄,先代他改成了"有须"。这一来却弄巧成拙,不要说胡希吕,谁都会认定沈廷辉必是枪手了。但当有个考生真的以微须被逐时,却没那么乖乖离去,他笑问胡希吕:"若然则孔子微服而过宋,脱得赤膊精光,成何体制也。"胡希吕哑口无言,因此"后无被逐者"。这故事也说明胡希吕虽然工作认真,但是个读死书的人,只知其一,不解其二。

科场之外,也不乏枪手。南宋状元出身的张九成,在对金议和的态度上因与秦桧意见相左被贬去南安。秦桧事前点拨过他:"立朝须优游委曲。"张九成书生气十足地回答他:"未有枉己而能直人。"在南安期间,张九成干脆潜心治学。《清波杂志》云张九成逝后,他的外甥于恕给他编了《语录》,即是出文集吧。但对该书的成色人们颇多质疑,尤其是里面的《论语绝句》与张九成已出过的《论语解》内容大致相当。而张的学生郎晔直截了当地说:"此非公之文也,《语录》亦有附会者。"这就是说,于恕借编书的名义,顺手塞了不少私货。张九成"一话一言,举足为法,警悟后学宏矣",那么,搭上舅舅的车,目的还是在于提升自己的"江湖地位"吧。

隋朝还有大臣想给皇帝当枪手的事。589年,隋灭陈,自西晋以来分裂了几近三百年的江山重新得到一统。但在战后,平陈的两员大将——贺若弼和韩擒虎,因为功劳问题在文帝杨坚面前公开吵了起来。贺若弼说:"臣在蒋山死战,破其锐卒,擒其骁将,震扬威武,遂平陈国;韩擒虎略不交阵,岂臣之比!"韩擒虎说:"臣以轻骑五百,兵不血刃,直取金陵,降任蛮奴,执陈叔宝,据其库府,倾其巢穴。弼至夕方扣北掖门,臣启关而纳之,斯乃救罪不暇,安得与臣相比!"对此,杨坚评价为"二将俱为上勋",应当说相当客观公允。但贺若弼为了压倒韩擒虎,偷偷地"撰其所划册上之,谓为《御授平陈七策》"。杨坚当然清楚贺若弼的用意,看也不看地说:"公欲发扬我名,我不求名;公宜自载家传。"

凡枪手,都有一定的目的。在科场,往往属于赤裸裸的金钱交易;在科场之外,就不大容易说清了。于恕是想在学术上欺世盗名;贺若弼呢,则是想讨取欢心,争得头功,巩固官场上的地位。这两个实例,管窥一豹而已。然而可以肯定的是,无论属于心甘情愿还是迫不得已,枪手能派上用场,当事的一方或者双方必隐藏着不可告人的一面。

2002年7月28日,2018年5月17日修订

奔竞之风

《榆巢杂识》云,清朝乾隆二年(1737)有官员提议:"上司、钦差所过地方,止许佐贰杂职于城外驿亭迎送,其正印各员非有公事传询,不得轻迎出城。"与此同时,"禁止教官率领文武生员迎送道左,以杜奔竞之风"。这意味着,那个时候跟现在差不太多,若是有一定级别的人物去到哪里,哪里的地方官员都是亲自出城迎送的,甚至还要把"学生"拉出去夹道欢迎以壮声势。如今更进一步的是,地方大员要到自己的地界那里恭候,倘若那地方通高速,则在高速出口。

从禁止的目的在于"以杜奔竞之风"来看,这种迎送活动未必全都因为那些上司、钦差的颐指气使,很多出自地方官员为自身利益拨拉的小算盘。

在官本位的社会里,当官对诸多人等是个不小的诱惑。"眼前何日赤?腰下甚时黄?""眼赤何时两?腰金甚日重?"这些话今天听起来似乎有些莫名其妙,但却是流行于宋代的人们见面相戏的用语。《倦游杂录》云,宋朝翰林学士"得服金带",有"朱衣吏一人前导";而到了中书省和枢密院的地位呢,则"朱衣吏两人,金笏头带佩金鱼"。所以前面那一句是说:老兄什么时候当官呀?后面那一句是说:老兄什么时候升官呀?颇似杨子荣初上威虎山时与匪首们的那些对白。

人们那么喜欢当官升官,一旦被坏了好事,当然是不答应的。《玉壶清话》云谢泌负责考校,因为"黜落甚众,群言沸摇",有一些人甚至"怀甓以伺其出",揣上砖头等着拍他。吓得谢泌猫在衙门里几天没敢出来,最后宋太宗给他换了个职位,主要目的正是让他"避掷甓之患"。《玉堂丛语》里还有一件事,明朝有一次"诏汰在京诸司冗官",大的原则是由"两坊长官简贤者留之,庸者汰之"。而即便贤庸泾渭分明,左坊长邹缉还是"执笔畏缩不敢下",说得容易,汰谁呀?最后他干脆"称疾不出"。谢泌断了准官员们的美梦,等着他的这个结果不算意外;邹缉知道必然会有类似结果,所以怕得不得了。

喜欢当官升官,而自己掂量斤两不足的,奔竞便成为一种本能。这方面的例子不胜枚举。《治世馀闻》里有个松江推官王纶,"欲求为京官,乃托人延誉于朝"。王纶"为人谲诈务名",根本不是什么好东西,但他有本事把自己吹得天花乱坠,又懂得奔竞,"遂破例荐为职方主事"。如愿之后,王纶"其志洋洋矣",那个得意的样子不难想象。唐朝有个太仆韦觐,似乎不大明白奔竞的道理,《东观奏记》云其想当夏州节度使,居然傻乎乎地寄托于巫师。夜深人静,家中备好酒宴,巫师要韦觐把想当什么官写在纸上,他来打醮。韦觐正在静等好事降临,巫师忽然仰天大叫曰:"韦觐有异志,令我祭天!"这不是说韦觐要造反吗?吓得韦觐全家立即跪倒,央求他"无以此言,百口之幸也"。这巫师纯粹是个骗子,但有了拿捏韦觐的把柄,什么要求还都得满足他。后来巫师的同伙犯了事,把巫师供了出来,巫师便把韦觐也给供了出来,弄得韦觐差点儿连现职也保不住。为了当官而寄托于鬼神,今日不是也时有耳闻吗?

然多数人非如韦觊般低能,他们更懂得如何把握现实。周密《齐东野语》云,宋朝奸相贾似道当国时,"每岁八月八日生辰,四方善颂者以数千计"。对长于奔竞的人来说,这是个不可多得的良机。贾似道高兴得很,把这些贺寿文"悉俾翘馆誊考",由专家来品评,"以第甲乙"。这一下更令大家找准了脉门,"一时传诵,为之纸贵"。然而用周密的话说,这些文字"皆诒词呓语耳"。为了佐证,周密还选了其中几首展示,来个奇文共欣赏。廖群玉的《木兰花慢》说,"一时几多人物,只我公,只手护山川";奚倬然的《齐天乐》说:"万宝功成,无人解得,秋入天机深处。闲中自数,几心酌乾坤,手斟霜露。护了山河,共看元影在银兔。"陆景思的《甘州》简直就是喊口号了:"千千岁,上天将相,平地神仙。"而尤以郭居安的《声声慢》受贾似道垂青,里面那句"比周公,多个彩衣"听起来格外受用,但贾似道佯装责怪道:"此词固佳,然失之太俳,安得有著彩衣之周公乎?"奔竞之风是怎样地大行其道,这些"诒词呓语"本身是个最好的说明。

奔竞的手段五花八门。可以说,如果一个官员肯动奔竞的脑筋,就一定产生相应的方式方法。地方官员平素接触不到上面的头头脑脑,一旦来了,即便可能只是路过,那不也是绝佳的奔竞机会?所以,尽管杜绝这种做法的建议有可能形诸条文,但人们有理由相信它根本不会得到实施;一定要极端地推行,那提建议的官员倒可能要提防"掷毙之患"了。

2002年7月15日,2018年5月17日修订

名人崇拜

张率是梁朝很有名的文人。他12岁即"能属文",还给自己规定每天最少作诗一首,16岁的时候就已经累计了2000多首。金埴《不下带编》云,在张率出名之前,虞讷一点儿也看不起他,"见而诋之"。没办法,有一次张率又拿了自己的几首诗,假装说是沈约写的,虞讷的态度立刻变了,"句句嗟称,无字不善"。张率道出真相后,"讷惭而退"。

无独有偶,《归田琐记》里还有个南宋的陈说,有次冒充名儒叶适去见宰相韩侂胄,殊不知"正牌"叶适已然在座。名片递进来,门外又有"叶适"候见,令"坐中恍然"。但大家先不急于拆穿,韩侂胄照样"以礼接之",倒要看他这么大胆子究竟有什么本领。这陈说毫不含糊,为书画作跋,都是"索笔即书"。如跋《杨妃图》曰:"开元、天宝间,有如此姝。当时丹青不及麒麟凌烟而及此,呼!世道判矣。"跋《米南宫贴》等亦如是,"辞简意足,一座骇然"。韩侂胄悄悄问他为什么要冒充人家呢?陈说笑曰,今天若不冒叶适的名字,"未必蒙与进至此耳",门都进不来。

名人或名人的东西就得高看一眼,是国人常见的心态。不是无独有偶的问题,而是一抓一把,有的是。西汉的庆虬写了《清思赋》,没人当回事,后来托名司马相如,"遂大重于世"。三国时曹冏写的《六代论》，要说是曹植的才能得以流传。有人研究之后更认为，《离骚》其实也非屈原所作，而是假借屈原的名义才"举世皆诵之"。所以金埴下了个结论："世多虞讷之见，自古如此。"陈说的境遇则说明，权要们在这一点上也没有高明多少。

虞讷崇拜沈约，当然不无来由。王士禛《分甘馀话》云，南朝齐梁间江左有"沈诗任笔"之谓。时人谓文为笔，因此这话是说沈约之诗、任昉之文独步天下，代表最高水平。去梁三百多年后，有人还因推崇沈约的诗，只是没有分清对象而被贬了官。《东观奏记》云，唐宣宗于政事之暇，常常赋诗。有天给翰林学士萧寘赐了一首，萧寘赶快表态叫好："陛下此诗，虽'湘水日千里，因之平生怀'，亦无以加也。"宣宗第二天问学士韦澳，萧寘的话是什么意思，韦澳说那两句诗是沈约的，萧寘在赞美您的诗"睿藻清新"。谁知宣宗一下子不高兴了，认为是低看了他，"将人臣比我，得否？"从此竟对萧寘"恩遇渐薄"，后来更把他贬去浙西。

别说把皇帝比作人臣了，汉武帝在神仙面前也不肯小瞧自己。武帝好神仙是出了名的，他吹牛说连神话中长生不老的西王母（就是唐朝以后的王母娘娘）他都会见过，他自己说说就算了，可笑的是史书也煞有其事地予以收录。《太平广记》载，有一天神仙卫叔卿"乘云车，驾白鹿，从天而下"来找武帝，大约是像叶公好龙的龙一样被感动了，武帝却摆出了皇帝的架势，说卫叔卿"乃朕臣也，可共前语"。这可把神仙气得够呛，"叔卿本意谒帝，谓帝好道，见之必加优礼。而帝今云是朕臣也，于是大失望，默然不应。忽焉不知所在"。神仙被气跑之后，才令武帝追悔莫及。明朝洪武年间国子学新落成，朱元璋要去祭祀孔子，手下人首先指出"孔子虽圣，人臣也"，那是告诉他犯不着行大礼。诸如此类，是为另话。

同样是名人,也可以分出三六九等。比如沈约这个大名人,"见人一善,如药箭攒心",不痛快得很,以致后人有"再世尚愁逢沈约,前身则怕是刘贲"的诗句。刘贲,唐朝政论家。赵翼《簷曝杂记》云,乾隆时他曾客居汪由敦府第,代其起草诗文。汪由敦是当时的大家,诗、古文造诣极深,探花出身的赵翼钦佩得很,说自己起草的文字"每经公笔削,皆惬心餍理,不能更易一字"。汪由敦也从不霸占赵翼的成果。有次赵翼代拟东岳庙楹联:"云行雨施,不崇朝而遍天下。理大物博,祖阳气之发东方。"同僚说,此等好联"必出自公手",汪由敦说不是,赵翼的句子。又有一次,赵翼代拟了一首诗,乾隆赞叹道:"毕竟汪由敦所作不同。"大臣们也"皆谀公"。汪由敦又说那是赵翼做的。似沈约之与汪由敦,虽同为名人,高下即可立判。实际上在王士禛眼中,沈约也并没有那么神奇:"余观彦昇(任昉字)之诗,实胜休文(沈约字)远甚;当时惟玄晖(谢朓字)足相匹敌耳,休文不足道也。"在他的排行榜里,任昉的诗比沈约的也强多了,沈约甚至连第二名的资格都不够。王士禛身处后世,才敢于对沈约这么不客气吧。

不光是诗赋文章,"赵人有曲者,托以伯牙之声,人竞习之"。然而,对名人盲目崇拜的直接恶果,再用金埴的话说,就是:"今人无论文之佳恶,但云出自名腕,则恶亦称佳。"

2002 年 8 月 19 日,2018 年 7 月 26 日修订

意外或偶然

下编

2月17日出版的《三联生活周刊》第7期披露,近几年来,盗墓问题在我国正变得日益严重,从文物盗掘到销赃的全部环节和流程,仅仅需要几天时间,完全形成了产业链,无数珍贵文物正在通过各种渠道源源不断地流向海外。这一种丑恶的社会现象如果得不到遏制,等于漠视5000年文明的流失。

据专家考证,盗墓在我国已经有几千年的历史了。但历史上的盗墓,不像今天这样纯粹地出于谋财,还有的是为了争风水、为了祈禳、为了报复、为了政治目的等等,总之是五花八门。比如东汉末年的军阀董卓,令大将吕布带兵盗挖西汉诸陵,特意叮嘱吕布一定要留意汉武帝刘彻墓中的秘方妙药。原来董卓为了医好自己的哑巴孙女董白,推测痴迷于长生不死的汉武帝可能真的搜集到了什么偏方。

如同今天的小偷可以"偷"出贪官一样,古代的盗墓也往往伴随着某种"意外"。当然今天考古发掘这种状况更多,但往往是惊喜,如随县曾侯乙墓、长沙马王堆墓等等,并非本文意义上的"意外";本文所指的,是陆容《菽园杂记》所说的这种。明朝成化年间,宋朝名相韩琦的墓被盗,"得金银器颇多",其中仅金腰带就有36条。唐宋官员尊卑等级的差别主要表现在三个方面:品色制度、腰带和章服。韩琦生前是个口碑极佳的人物,与富弼齐名,号称贤相,人们称之"富韩"。《宋史》中有他的传,说他"天资朴忠,折节下士,无贱贵,礼之如一。尤以奖拔人才为急,傥公论所与,虽意所不悦,亦收用之,故得人为多"。其在大名为官,老百姓还给他立了生祠。欧阳修称他"临大事,决大议,垂绅正笏,不动声色,措天下于泰山之安,可谓社稷之臣"。对这样一个"好人",其行为人们必然要往好里猜想。对这些金腰带也不例外,有人就说肯定是皇帝赐予的,"若其自置,则失之不俭,受之人,则失之不廉"。陆容甚至断言:"必其子孙愚昧,致有此耳。"但陆容没有反过来想一想,就算其子孙愚昧,把不该放的东西放进去了,给今人以把柄,但他家总要有这么大数量的好东西可放才行啊?有人又说了,韩琦的墓早给人盗发了,这应该是另外一个姓韩的人……

　　人们的善良愿望可以理解,但是须知,自古言行不一的人和事就存在,既没有空那时的前,也不会绝那时的后。盗墓的盛行,前提在于厚葬之风,唐太宗李世民可谓提倡薄葬的典范,长孙皇后死时,他亲自撰写了碑文,说"王者以天下为家,何必藏物陵中,乃为己有",况且这样做还可以"息盗之心,存没无累"。说得多好听呀?然而五代时有人盗掘昭陵,所见却是"宏丽不异人间",地上怎么奢华,地下就怎么奢华。再用今天的实例说,媒体去年纷纷报道一条消息,一个在公安机关多次行窃的小偷被抓后,牵出了公安蛀虫——陕西省宝鸡市公安局局长范太民。小偷8次从他的办公室盗得财物总计价值人民币8万多元。通过顺藤摸瓜,检察机关最后认定范太民受贿15万元。正是这个范太民,每每自称"我视不义之财为粪土",而且给人的印象从来是"朴素"的,经常脚穿一双解放胶鞋,一个绿色帆布挎包形影不离,因而赢得了"挎包局长"的美誉。

于慎行《谷山笔麈》云,嘉靖朝的太医徐伟因为"偶然"的一句话而带来的"意外",说不清是喜还是悲。那是他被召进宫中给嘉靖诊脉,"进殿蒲伏膝行",一路上诚惶诚恐得很;见嘉靖坐在小床边,衣服曳地,因为他得跪在皇帝身边,又不敢"以膝压衣",只好说:"皇上龙衣在地上,臣不敢前。"嘉靖一听,把衣服撩起来,"出腕而诊"。徐伟很偶然的这句话,不料被嘉靖记在了心里,马上"手札赐内阁"曰:"伟适诊脉,称'衣在地上',足见忠爱。地上,人也;地下,鬼也。"写了一堆表扬话不说,还对徐伟"赏赉甚厚"。在嘉靖看来,这一字之差,实则人与鬼的分野,他把说"地下"的人推断成有意咒他也是有可能的。而徐伟见札,顿时吓坏了,因为他说这话的时候并没有想那么多,庆幸自己"若有神佑,设使误称'地下'",后果不堪设想,"罪万死矣"。于慎行说,嘉靖帝"严而多忌,误有所犯,罪至不宥,伟偶中上旨,非虑所及,故且喜且惧耳"。我们得承认,这种由长官意志而引发的意外或偶然,是人治社会的一个常态。

以盗掘出的金银器来恶意推测典籍中"贤良"的古人实有些大不敬,但小偷能"偷出"腐败分子,盗墓怎么就不能"盗出"呢?范太民感叹"一个小偷会给我带来这么大的灾难",似乎事出偶然;其实类似的事已非止范太民一宗,在广东就还有省商检局原副局长李军,李军是因为他的住宅被三名歹徒打劫、失窃财物共计120多万元才露馅儿的。这就说明,"意外或偶然"之中,往往蕴含着某种必然。

2003年3月7日,2018年7月20日修订

誓

如今一些地方的新任领导干部走马上任,流行宣誓,誓词大抵为奉公守法、清正廉洁等等。宣誓是一种严肃的政治行为和法律行为,通过宣誓,无疑有助于增强国家工作人员的法治观念。

誓,其字面构成乃上"折"下"言",《说文解字》曰:"约束也,从言折声。"段玉裁注曰:"凡表不食言之辞,皆曰誓。"就是说,"誓"这个字,包含了宣誓以及当违背了自己的誓言时,愿意受到惩罚这两项要素。日本法制史学创始人中田薰指出:"起誓的本质在于自我诅咒。当自己的宣誓是虚伪的,或者自己违反了所立下的契约的时候,那么,自己或者被自己所指定的人、物将遭受灾祸。"然而不难看到,现实中一些人的宣誓大抵有口无心而已。

文献记载与考古发现都已证实,春秋时期盟誓非常盛行。识者指出,盟誓行为不仅发生在当时各邦国之间、集团之间,还延伸到邦国内部的各个阶层,从支配阶层的周王、诸侯、卿大夫,到下层的家臣、国人甚至奴隶和优伶,都为互相守约而宣誓。一言以蔽之,是个全方位的存在。春秋时期的历史,某种程度上可以说是一部盟誓史。但对盟誓,时人已将信将疑。《国语·吴语》载,越王使诸稽郢辞(盟)曰:"以盟为有益乎?前盟口血未干,足以结信矣。以盟为无益乎?君王舍甲兵之威以临使之,而胡重于鬼神而自轻也?"荀子就更看不大惯盟誓了,他直截了当地说:"诰誓不及武帝,盟诅不及三王,交质子不及五伯。"什么意思呢? 夏商周三代以前怎么没这些盟啊誓啊的,因为那时候民风淳朴,人们之间相互信赖,根本不用靠这些来强制遵守约定。言下之意,现在人的道德伦理丧失了,才需要在神灵面前歃血盟誓。

《左传》的记载则表明,发誓的确可以随时随地进行,当事人想发誓了,马上就可以在那个场合进行,不免给人一种权一时之需的感觉。郑庄公"掘地见母"就很典型。母亲一定要偏向弟弟,弟弟因此胆子越来越大,大到最后起兵反叛,要与哥哥分庭抗礼。庄公乃气愤得对母亲发誓:"不及黄泉,无相见也!"那是说,生前不想再见到母亲了。也许后来意识到自己缺了人性吧,手下人便出主意,来个"掘地及泉,隧而相见",如此则"其谁曰不然"。逻辑上虽然说得通,但是后人因此讥讽庄公的行为"太浅陋"。此外,《文公十三年》之秦伯曰:"若背其言,所不归尔帑者,有如河!"又《宣公十七年》之献子怒,出而誓曰:"所不此报,无能涉河。"诸种渡河之前而即兴发誓,均乃随机行为。

《水窗春呓》云,清朝道光年间秀水令江某办灾赈,那里工作开展不下去,他就把当地的乡绅领去了城隍庙,掏出准备好的一纸誓文,一同跪下对神宣誓。老江"朗声诵誓文一遍,令绅董各诵一遍,词意森严,闻者无不懔栗"。以此为开端,秀水的赈灾工作顺顺当当。上任之初便发誓要当好官的也不少见。何良俊《四友斋丛说》说明朝有个叫郑九石的,"始事之日,即率公正良民人等至城隍庙设誓",但何良俊落笔之际,"闻而笑曰",笑什么呢? "信不由衷,质无益也,况要盟者无信乎此。"发誓的人自己都不信,发什么发呢? 何良俊说得有道理:"朝廷大事,苟一心持正而峻法以行之,谁敢不肃,乃必假之盟誓耶?"接着,他又进一步指出:"夫朝廷赫然显著之法,彼不知畏,犯者接踵;若但怖之以冥漠无据之神,彼亦何惧哉!"这就更戳到了问题的实质。和朝廷明确的法律条文约束比起来,城隍神算是什么?它自己本身还是虚无缥缈的。事实上,在秀水老江那里,也并非单纯的誓言在起作用,而是有强硬的后续手段作支撑。老江制作了两种牌匾,一种写着"乐善好施",一种写着"为富不仁",然后视乡绅捐不捐钱、捐多捐少来选择一种挂在人家大门上,这一来谁不怕他?

在许多情况下,单纯地发誓显然是不可能制约人的行为的。媒体早有报道,沈阳市原市长慕绥新在1998年换届时自己曾经提议宣誓,要"依法从政、廉洁奉公、牢记宗旨、报效人民"。河南省交通厅近年连续有三任厅长相继落马,其中的曾锦城甚至曾以"血书"发誓:"绝不收人家的一分钱,绝不做对不起组织的一件事。"如今看来,那些誓言都成了笑柄。正是基于这诸多的空誓,有人开始提议设立"伪誓罪",说是能给贪赃枉法行为以一定程度上的震慑。我想,如果认为设伪誓罪比党纪国法更能制约贪官,起何良俊于地下而问之,恐怕又要"闻而笑之"了。

另据清代石成金《笑得好》所云,从前有个官员到任后,立即在大门上贴了一副对联,上联声称自己"若受暮夜钱财,天诛地灭",人们以为这回可来了清官了,其实不然。原来凡是对他行贿的,都要在白天进行,不许在夜晚。这故事似乎是个笑话。在今天,誓言之类更为慕绥新们所践踏,有了这些前提,对所谓誓言乃至毒誓,人们渐渐地便不当回事了,"认死理"的那些才事后还在较真。宣誓流于形式,肯定不是好现象,但也不必一棍子抡去。荀子不是还有个观点嘛:"口能言之,身能行之,国宝也;……口言善,身行恶,国妖也。治国者敬其宝……除其妖。"

2003年3月28日,2018年4月5日修订

胥吏的能量

《西游记》第九十八回云,唐僧师徒历尽九九八十一难好不容易到了西天,不料如来佛虽然承诺给他们真经了,手下的阿傩、伽叶"引唐僧看遍经名后",却向他们索取"人事"。这个人事,当然并非官员的升降任免涉及的那个人事,而是指赠送的礼品。许观《东斋记事》云:"今人以物相遗,谓之人事。"唐僧没有料到这一层,说自己"来路迢迢,不曾备得"。那俩家伙一听没有,笑道:"好,好,好!白手传经后世,后人当饿死矣。"就把真经给调换成了"白纸本子",害得唐僧师徒只好折返回去,到底把出发时唐太宗御赐的紫金钵盂"双手奉上"了事。

这虽说是一个神话故事,然而比照现实生活,谁也不会觉得突兀。这样的事情在生活之中,是很有可能发生的,就是说绝对不能小觑"胥吏"的能量。有一句老话叫作"阎王好见,小鬼难求"嘛,胥吏这种旧时在官府中办理文书的小吏,有时正相当于"小鬼"。《邵氏闻见后录》云,王安石还没当大官的时候,打算编一本唐诗选之类的书,他发现同僚宋次道家藏有不少唐人诗集,乃"尽即其本择善者",然后夹个标签,"令吏抄之"。王安石选诗,自然有自己的优劣标准,岂知抄书的胥吏也有他们的一套,"厌书字多,辄移荆公所取长诗签置所不取小诗上"。就是说,王安石如果选的诗比较长——估计是"将进酒""蜀道难"之类,他们就把标签偷偷挪个位置,换成短的——估计是五言绝句之类,抄起来好不费劲,反正篇数够了。偏偏安石编书的责任心又不够强,选完了拉倒,"不复更视"——胥吏正是摸准了这个"命门"才敢随意调换吧。所以这本名曰《唐百家诗选》的书一面世,就受到了不小非议,人们评价说"唐人众诗集经荆公去取皆废",清楚底细的才认为,该书与其说是王安石的选本,还不如说是胥吏的选本。

胥吏不过是小吏,但因为是政令的执行者,不免有诸多"裁量权"。倘如安石那样交代完便了事,等于给他们留了可钻的空子,根据自己的意愿完成种种外人看来不可能的任务。偷工减料,放在安石这件事上是一种偷懒的行为,在许多方面,是都可以弄出一点儿"名堂"的。阿傩、伽叶那两个家伙还是神仙呢,不是也不能免"俗"吗?当其时也,"管珍楼的力士,管香积的庖丁,看阁的尊者"等等,都笑他们"不羞!不羞!需索取经的人事",把阿傩的"脸皮都羞皱了",但是他并不管那么多,"只是拿着钵盂不放"。

岳珂《桯史》里说到一件事。宋孝宗淳熙年间,广东增城盗平,虽然功劳主要是弓级陈某带的那帮人的,但负责治安的增城尉张某也理应分一杯羹。但张某因为别的事和县令闹过别扭,上报的功劳簿里便抹去了他这一笔。张尉于是四下托关系,陈述原委,人家都说该不该给他请功,"视县辞而已",材料上没有,没办法。等到任满回京,张尉灰溜溜的,因为毫无政绩,连继续当官都成了泡影。偏巧这件事给一个部胥知道了,先是听得"色动",再琢磨了两天,来找张尉说:我不跟你打什么赌,反正我能让你有官当,"君能信我,事且立办"。张尉怕遇上骗子,没答应。第二天部胥又来了,说你不相信不要紧,我可以先不拿钱——这种事当然要由钱来交易,事成了再给。二人讨价还价了一整天,以千缗成交。这一过就是两个月,正当张尉"深咎轻信"之际,半夜三更的时候那部胥又来了,"喜见眉睫",果然,张尉"名登于进卷矣"。这回真的轮到张尉吓了一跳,初始他还以为是部胥伪造的文书,后来上上下下验证遍了,绝对地如假包换。原来部胥做的手脚很简单,把原始材料"增城县尉司弓级陈某,获盗若干"中的"司"字左边添上一竖,改成了"同"。当然这一改,必要做到"笔势浓纤无少异",让人看不出破绽。

《三垣笔记》也有一则。崇祯刚继位时,把钱粮作为对知府政绩考核的一项硬指标,完不成任务的一票否决,"不得与考选",也就是别想升官。这么一项看上去没有商量余地的政策,胥吏们更来了神通,"若得贿,便挪前推后,指未完作已完,不则已完亦未完也"。什么叫指标完成没有?谁肯出血,谁就早点回家去做美梦;不肯,那你老人家就多熬上几天吧。所以时有"未去朝天子,先来谒书手"之谣,揭露了若干职能部门的工作目的,就是利用手中的小权来敲竹杠。

部胥那么小小地一改动,书手是不是"权"钱交易,足足改变了一个人以及一些人的命运。这就难免提醒世人,反腐败还真不能仅仅盯住"上头"。

2003年4月4日,2018年5月28日修订

纪晓岚

荧屏又在热播纪晓岚,这一回是续集。但续到什么程度了,之二还是之三搞不大清楚。已经有好几部关于纪晓岚的戏,"风流才子""铁齿铜牙"什么的,"张国立""王刚""张铁林"晃来晃去。

对历史题材的电视剧,早有人劝告不要较真。百姓看着高兴,主创者也十分兴起,得了。况且,纪晓岚故乡早些年就注重向世人推介这位乡贤,然而诸多努力的收效,远远不如电视剧的播出。因此,不需要所谓历史真相来败坏大家的兴致,而史书上的白纸黑字也未必就是真相。因为对电视剧偶尔瞥上一眼,常常被"张国立"和"王刚"的斗嘴台词逗笑,于是在野史阅读中对涉及纪晓岚的便格外留意,总想自己发现一点儿相关的原始记载。虽迄今还没能如愿,但关于纪晓岚的若干轶闻觉得有趣,还是拎将出来。

陈其元《庸闲斋笔记》云,纪晓岚"酷嗜淡巴菰,顷刻不能离,其烟房最大,人称'纪大烟袋'"。淡巴菰就是烟草,王士禛说过:"吕宋国所产烟草,本名淡巴菰,又名金丝薰。"大抵在烟草初入国门的时候,按读音给它定了那个名字。纪晓岚的烟袋锅大到什么程度?梁章钜《归田琐记》有一说:"能装烟三四两,每装一次,可自家至圆明园吸之不尽也。"纪晓岚北京的家——"阅微草堂"在珠市口,位于城南,二环以内,属于今天的宣武区(如今又是西城区);而圆明园在城的西北郊,已经靠近五环路了。纪晓岚那年头去趟圆明园应该是坐轿子什么的,起码得走几个钟头吧。那么,他的烟袋之大也由此可知了。因为过于出奇,有一回烟袋丢了,纪晓岚自己并不在乎,让人"但至东小市觅之自得",果然第二天以"微值购回"。纪晓岚心里有谱,"此物他人得之无用,又京中无第二枝",捡到的人只会拿到市场上卖掉它。相比之下,"张国立"手上的那根烟袋总觉得不够分量。

《庸闲斋笔记》还说,有一天轮到纪晓岚当值,正抽着呢,忽然乾隆召见。看那纪晓岚,"亟将烟袋插入靴筒中,趋入"。因为"奏对良久",时间长了点儿,没掐灭的烟惹了祸,在靴子里烧将起来,连袜子也烧着了,痛得纪晓岚有苦难言,只得"呜咽流涕"。乾隆不知内情,吓了一跳,"惊问"之,纪晓岚才懦懦地说:"臣靴内走水(即着火)。"等得到命令赶紧跑到门外脱靴,发现"烟焰蓬勃,肌肤焦灼矣"。因为来觐见的时候,纪晓岚走得特快,有同僚就戏称之"神行太保";经过这一番折腾,"不良于行者累日",那同僚又改口叫他"李铁拐"。这说明,纪晓岚平素里叼着大烟袋洋洋自得固然不假,但在乾隆面前可得收将起来,半点儿不敢"放肆"。

纪晓岚这人当然并非只是以大烟袋闻名。陈康祺《郎潜纪闻初笔》云,纪晓岚曾说自己"自四岁至老,未尝一日离笔砚"。他还给自己预写过一副挽联:"浮沉宦海如鸥鸟,生死书丛似蠹鱼。"刘镛刘罗锅当时开玩笑说,第一句一点不像你,如果用来挽陆耳山还差不多。谁知过了三天,陆耳山的讣告真的来了,纪晓岚还因此认为凡事皆有先兆。因为好笔墨,纪晓岚也喜欢集砚。《郎潜纪闻三笔》云,他的一个书斋名就叫"九十九砚",而且砚必有铭。比方"挈瓶砚"铭云:"守口如瓶,郑公八十之所铭,我今七十有八龄,其循先正之典型,毋高论以惊听。"由这个砚铭似乎看出,纪晓岚未必是个敢于直谏的人,要么就是老来才明哲保身吧。他那个时候是终身制,屁股始终指挥脑袋,既然没退下来,说话的胆子也就始终大不起来。他给别人写的也是这种思路。潘世恩"初入翰林,以歙砚求铭于纪文达",他写了"棱棱有骨作作芒,取墨则利颖亦伤"云云,陈康祺也觉得奇怪:潘世恩"少年浑涵端重,文达正当以风骨勖之,何反虑其过刚,殊不可解"。

陈康祺还说,纪晓岚"平生未尝著书,间为人作序记碑表之属,亦随即弃掷,未尝存稿"。别人问怎么回事,他说:"吾自校理秘书,纵观古今著述,知作者固已大备。后之人竭其心思才力,要不出古人之范围,其自谓过之者,皆不知量之甚者也。"陈康祺感慨道,像我们这种"偶作一二短书杂说"便到处去炫耀、显摆的人,"读此能不颜厚?"但我们都知道,纪晓岚也是著书的,他那部著名的《阅微草堂笔记》就是例证。这是一部以笔记形式所写的小说,借鬼神以阅世,寄劝诫以讽喻。鲁迅先生评价:"《阅微草堂笔记》'虽聊以遣日'之书,而立法甚严,举其体要,则在尚质黜华,追踪晋宋。"

大致看来,纪晓岚在乾隆面前是底气不足的,潇潇洒洒地在皇帝面前与和珅演小品一般地逗笑,不大可能。按纪晓岚的朋友朱珪的说法,"河间宗伯姹,口吃善著书。沉浸《四库》间,《提要》万卷录",他可能还是个结巴。当然了,结巴不妨碍讲笑话。董元度尝馆于纪宅,"二人并口吃,然皆好谈谑。每于五斗之后,期期之声不绝,闻者无不轩渠也"。电视剧的一位主要编剧同时承认,纪晓岚并非极其清廉之辈,但也没有记载说他是贪官。那么,纪晓岚就是一个身上文化气息浓一点、尚存一丝正义感的封建官员吧。瞧,说着说着还有跟电视剧较真的味道,无聊。

2003 年 4 月 11 日,2018 年 4 月 1 日修订

取名

国家语委准备出台《人名规范用字表》,对部分国人喜欢用冷僻字为孩子取名作进一步的规范。据说,有人甚至钻到《康熙字典》里去寻找所谓富有含义的冷僻字,以显示自己有"文化"。这种做法殊不足取。

丁柔克《柳弧》谈到过类似问题。某童生"名号皆用僻字,令人不识",上面派来督学的官员给他这样讲道理:"名号须用人人皆知者,此定理也,如用别字、僻字、古字,则不成事矣。"该童生被丁柔克称为"狂生",也就是无知妄为的人,可见使用僻字作人名,前人已经很看不惯。如果以为用僻字、古字来剑走偏锋就是"文化"的体现,纯粹是一种误解。的确,前人云"自古及今,从无名士通人取俗陋不堪之名字者",取名中有颇多讲究,然其中的"学问"正体现在对寻常语词的巧妙运用之中。脍炙人口的唐诗宋词,有几首是靠僻字、古字来赢得读者的?取名也是一样。明朝陈景行有四个儿子,分别叫昌言、嘉言、善言、名言;许进有五个儿子,分别叫诰、赞(繁写作讚)、诗、词、论,既排列齐整,又表达了寄托长辈期望的寓意。

从前的家族取名讲究字辈,就是祖先择取若干字眼作为前提,后世子孙取名时须嵌入一字;同辈的,所嵌之字相同。典型的如孔子家族，自元代五十四代衍圣公思晦以"思"字为脉起，皆遵从字辈，如今最常见的是"昭、宪、庆、繁、祥"，接下来是"令、德、维、垂、佑"，体育界名人中便可举出孔祥明、孔令辉，名字决定了他们在家族中的辈分。清朝皇家也是这样。乾隆间，皇六子永瑢绘《岁朝图》进呈孝圣后，因乾隆题诗有"永绵奕载奉慈娱"之句，便以"永、绵、奕、载"作为近支宗室命名行派；道光时，钦定续拟"溥、毓、恒、启"四字。众所周知，到了溥仪，清王朝寿终正寝，但字辈取名传统仍在，启功先生的得名显系明证。在家族这种齐整的取名"格式"之外，还可以看到"古人名字，意多相属"的一面。

南宋"词中之龙"辛弃疾，字幼安，号稼轩，这个号是他后来自己取的。辛弃疾认为"人生在勤，当以力田为先"，因以"稼"名轩。在《稼轩词》所载的620余阕中，举凡四季田园风光、春秋农事更替、田野劳作、家舍副业、民风乡俗，乃至与农家的友好交往，无不行诸笔端。《西江月·夜行黄沙道中》之"明月别枝惊鹊，清风半夜鸣蝉。稻花香里说丰年，听取蛙声一片"，描绘了夏夜农村的清幽和充满生机的静谧。《浣溪沙》之"父老争言雨水匀，眉头不似去年颦。殷勤谢却甑中尘"，写尽了民生焦虑与丰收在望的欢悦。如此等等，不一而足。作为一名封建官僚，辛弃疾也的确怀有深深的悯农之意。他甚至这样来解释农民造反："田野之民，郡以聚敛害之，县以科率害之，吏以乞取害之，豪民以兼并害之，盗贼以剽夺害之，民不为盗，去将安之？"因此，他上书孝宗当"深思致盗之由"，并"申饬州县，以惠养元元为意，有违法贪冒者，使诸司各扬其职"。那么，辛弃疾为自己取的这一个"稼"字，未尝不是对社会底层人民发自内心的热爱，可以说是他一生实践了的座右铭。

两宋之际的大臣徐俯"买婢名昌奴"，内中也蕴含了相当的深意。钦宗靖康元年，金人大举南侵，次年北撤，建立了国号为"楚"

的傀儡政权,立张邦昌为帝,同时将徽钦二帝、后妃、大臣、亲王、贵戚和能工巧匠共两千多人一起当作俘虏带到北方,北宋王朝从此宣告灭亡。张邦昌甫一登基,徐俯便致仕还家,不屑为之服务。不管张邦昌原来是什么货色,既然当皇帝了,人们就得避他的讳,工部侍郎何昌言和弟弟昌辰因为"昌"字犯了讳,便不得不都改了名字。徐俯则不仅不理这一套,反而为婢女取名"昌奴",且"遇客至,即呼前驱使之",用种种故意的行为,毫不掩饰自己对张邦昌极端憎恶的内心世界。

相对于徐俯的做法,也可以看到取名中的欲加之罪。《清稗类钞》云,乾隆时高治清"授徒乡里,颇事著述",某巡抚从他的名字中发现了问题:"以清为国号,而高乃以治清名,疑与(从事反清复明的)曾静、张熙有连。"于是"派员往捕,籍其家",搜到一本《沧浪乡志》,"阅其书,颇有讥刺时政语,遂罗织傅会,竟以大逆奏"。布政使叶佩菜表示怀疑,详阅其书,以为"实无诋毁词意",且中有"圣德涵濡,恩周薄海"诸颂扬语,只是没有顶格书写罢了。把意见奏给乾隆,赖其谕"书中并无谤讪谋逆之词,其颂扬语漏未抬头,自系乡曲陋儒,不知著书体例之故,不得以是为罪",老高才幸免于难。

康熙年间还有件趣事,因为取名之僻字,把自己绕糊涂了。那是一个叫王综的谒选县令,"唱名者读综为梁,王不应"。唱至再三,老王说话了,我名字读京,你读成梁,以是"未敢应耳"。大家笑他,你进士出身,连自己名字都不会读?"综为击冠之声,古谓之帻梁,故字书止有梁音。汝乃以偏傍读之,谬矣"。名字的蕴含深意与否,决不取决于用字的冷僻与否。如果从《康熙字典》里捞出那个字之前,自家还从未与之谋面,说是自欺欺人恐怕不会差到哪里。

2003年5月30日,2018年4月13日修订

贬损与虚誉

电视剧《走向共和》播出之后,引来了不少专家为编导"上课",讲解历史人物的真相其实如何。最近又看到一则消息,片中涉及到的赵启霖,其后人要求该剧编导道歉,否则将诉诸法律。因为赵氏孙辈在查阅了大量史料之后,发现该剧对其祖父完全"歪曲"了。在赵氏后人看来,赵启霖弹劾段芝贵、载振,一本奏折罢了一个尚书和一个巡抚,且间接揭发了军机大臣庆王和直隶总督袁世凯的腐败,史实十分清楚。但在《走向共和》中,赵启霖揭露权贵钱、色、权腐败交易的正义行为却变了味,被说成是瞿鸿机出于私心,为攻击政敌而指使赵启霖行事,使本来性质明确的弹劾变成了争权夺利的派系斗争,完全没有历史根据。

对赵启霖应该如何评价,我是没有发言权的,但想借此谈点相关的问题。我能理解赵氏后人的心情,然而,休说这只是部电视剧,便是真正的历史典籍,力所能及的话,也是要进行甄别的。

前文说过,魏收在撰写《魏书》时公开声明,他的笔可以翻云覆雨,不管是谁,"举之则使上天,按之当使入地"。所以,《魏书》虽也忝居二十四史之列,但因为有借修史来贬损或虚誉的前科,问世之后即被称为"秽史",臭得很。司马光《涑水记闻》云,宋朝文坛享誉盛名的杨文公杨亿曾娶张洎的女儿为妻,但这个老婆

"骄倨不事姑,或效姑语以为笑",终于被杨亿给休了,杨、张两家的关系也因此恶化。于是杨亿在后来修《国史》的时候,写到张洎传时,乃"极言其短"。当然,张洎也确有短处。比方他原来是南唐的重臣,南唐亡国,他与另一重臣陈乔相约"效死于李煜之前"。然而陈乔如约死了,他却恬不知耻地对李煜说:"若俱死,中朝责陛下久不归命之罪,谁与陛下辨之?臣请从陛下入朝。"就这么恬不知耻地变节,在北宋官场上又混了起来。然而,倘若杨、张没有交恶,张洎的过去虽然人人皆知,但硬是不会出现在史书中,也毫不奇怪。

与刻意贬损同样值得密切关注的,是对历史人物的虚誉,也就是刻意拔高。《晋书》卷一百五载,东晋十六国时的后赵皇帝石勒,有次酒酣之际问徐光:"朕方自古开基何等主也?"我可以与以前的哪个开国皇帝相比呢?徐光立刻奉上一顶高帽子:"陛下神武筹略迈于高皇,雄艺卓荦超绝魏祖,自三王已来无可比也,其轩辕之亚乎!"说石勒仅仅次于黄帝,这一虚誉可就实在过分了。好在石勒自己没有忘乎所以:"人岂不自知,卿言亦以太过。"他说他要是生在汉高祖时代,"当北面而事之,与韩、彭竞鞭而争先耳",跟韩信、彭越是一个档次的;要是生在光武帝时代,"当并驱于中原,未知鹿死谁手",可以和他争下皇帝的宝座。自己"当在二刘之间",哪里就能和轩辕黄帝相提并论呢。我们似乎可以武断地认为,能够这样清醒认识自己的人物,比清廉的官员不知更加难寻几许。

刘体智《异辞录》云,陈宝箴成名之后,其未达之时在家乡"治乡团",如何抵御太平军等事迹广为传诵。然时人虽"知其粉饰",不过因为陈宝箴声望好,大家也就姑妄听之,宁可信其有。但《清史稿》不知有意还是无意,把传闻当作信史,"以举人随父伟琳治乡团,御粤寇。已而走湖南,参易佩绅戎幕,军来凤、龙山间。石达开来犯,军饥疲,走永顺募粮,粮至不绝,守益坚,寇稍稍引去。宝箴之江西,为席宝田画策歼寇洪福瑱,事宁,叙知府",云云,全然一副儒帅形象。刘体智认为,倘若陈宝箴地下有知,"谅不乐于有此虚誉"。就是说,把本不属于他的尽管是颂扬的东西都堆到他的头上,他未必高兴。这句话或许不错,石勒不就是个示范吗?

"信史诚有未足信者矣",这是明朝叶盛的结论。其《水东日记》"史官以心术为本"条阐述了这一观点。他为什么不"足信"所谓"信史"呢?因为首先前人说了,"有欲书而不得书,有欲书而不敢书",这就不免导致遗漏、避讳。另外还有拘泥于著令、偏私不公以及史官之才不足等等,不幸牵扯到其中的一种,都能够使文字记载的所谓历史打个折扣。曾巩说他父亲在朝廷为官时,"疾当事者不忠……虽屡不合而出,其所言益切,不以利害祸福动其意也";父亲"卒以龃龉终,其功行或不得在史氏记,藉令记之,当时好公者少,史其果可信欤?"鉴于此,叶盛尤其强调"修史必以心术为本",与时下持所谓"盛世修史"论者大异其趣。

《走向共和》不过是部电视剧,尽管号称"全新视角再现历史",毕竟它也不是历史。那么,对里面涉及的"史实",委实没必要过多地苛责,电视剧的功能并非要把历史变成活动的画面。掌握所谓历史"真相"的专家们,倘若以居高临下的姿态去训斥人家,无异于干预别一领域的艺术创作。此外,《走向共和》把李鸿章刻画得近似完人,有个高三学生因此发帖子说:"我看到了一个有气节、有民族英雄感的李鸿章,让人同情李鸿章、敬仰李鸿章,更加憎恨腐败愚昧的统治者,而不是一个对历史无能为力的志士!"现在没有,以后也不会看到李鸿章的后人站出来指责编导吧,从这个意义上看,虚誉比贬损要更可怕。

2003年6月6日,2018年5月18日修订

科举录取(续)

一年一度的全国高考录取工作正在进行中。积经验来看,那些有"能量"的家长又该开始找门路、递条子了。孩子成绩不够的,试图进来;能进来的,试图弄个理想专业;还有的纯粹是为求保险,人家都这么干,自己不敢高枕无忧。这几年,高考录取已经开始实行网上投档、取档,目的就是通过公开来强化公平公正原则,但是好多家长依靠惯性思维,还是能递条子就递条子。或者,这种公开在他们眼里仍然视同其他领域的规范规章,根本没当成一回事也说不定。

如果以从前科试录取舞弊来谈论这个话题,简直有太多的话要说。前文已道及若干,既续之,再拈若干实例。

《世载堂杂忆》云,顺治十四年(1657)江南乡试,榜一公布,士子哗然,因为"虽获隽者多江南名士,而中式举人,大半由出卖关节获选"。这科的正主考是左必蕃,副主考是赵晋,于是有人利用二人的姓氏,在贡院大门上贴了副对联:"赵子龙一身是胆,左丘明有眼无珠。"说他们两个既像三国时长坂坡单骑救主的赵云,胆子大得出奇——虽然"胆子"所指并不相同,同时也像留下《左传》的左丘明,左氏双目失明——虽然"有眼无珠"的确指也不同。调侃之后还不解气,又有人把门额上的"贡"字添了几笔改成

"賣"(卖)字,"院"字遮住偏旁改成"完"字,"贡院"于是就便成了"賣完",全是交易。后来,这一科的举人被责令进京重考,"由皇帝亲临",结果其中的"江南名士"吴兆骞竟然交了白卷。吴兆骞原以"惊才绝艳"而闻名,所以有人打圆场说,他一定是吓坏了,"战栗至不能握笔";还有的说,他这人恃才傲物,故意这么干的。而从吴兆骞因此被发往宁古塔戍所、又千方百计求得赦还的事实看,因为傲气而交白卷的可能性微乎其微。

《庸闲斋笔记》云,嘉庆年间江西谢阶树中榜眼,过程亦极滑稽。虽然上一科落选,时隔一年"适遇恩科"才卷土重来,但谢阶树答得应该还算不错,"殿试阅卷大臣取其卷入进呈十本中,次在第五"嘛。当时有个宰辅叫戴连士的也是江西人,久闻谢之声名,乃谓同乡与阅卷者曰:"本科江西有佳卷乎?"阅卷的人说,有个排在第五的,是江西谢阶树的卷子。戴连士笑着说,江西自我之后二十年,"竟无大魁者,可叹可叹!"大魁即状元。那么戴连士这句话尽管没有明说,其实招呼打得明白无误。录取官员们都不是吃干饭的,"闻言心悟,遂相约次第重检其卷",以满足上司的意愿。很快有人找到了名次可以提前的理由:"此卷书法甚佳。"于是谢阶树被提了一名,变成第四;又有人说,他的书法的确不错,再提上一名,变成第三;接下来的人还是以这个理由,又提上了第二。这样看来,谢阶树的书法的确不错,就答卷而言,可能除了这点实在"挖掘"不出其他了,名次已然给到了极尽。然事情至此,上司的心愿还未达成,怎么办?这时又进来一个阅卷大臣,有人干脆向他挑明:"第二书法甚佳,似可提起。"再前挪一步,齐活。但这人不了解前因后果,便笑着说:"书法果佳,但在第二名亦不为低。"于是谢阶树就得了个榜眼及第。国家选人之公器,在操纵它的大臣手里就这样形同儿戏。

还有一种人的录取,貌似公正,其实也与儿戏乃至渎职无异。在明清两代,翰林院设有庶常馆,新进士考得庶吉士资格者入馆学习,三年期满举行考试后,成绩优良者留馆,授以编修、检讨之职,其余分发各部,或出为州县官,谓之"散馆"。《万历野获编》"庶常授官"条云,沔阳费尚伊"年少有隽声,且屡考前列,当留无疑",但是万历七年(1579)散馆前阁试,首辅张居正出了一道论题,叫作"李纲不私其乡人"。因为张居正也是湖广人,与费尚伊是大同乡,所以人们看到这个题目,"相顾失色,知费不得为史官矣",已而果然,费尚伊出为给事中。可能是心里有气吧,费尚伊"寻外补金事,丁亥,京察以浮躁谪居家,后起饶州府之推官,竟不赴",官儿都不当了。但与此同时,"次辅蒲阪之乡人张元冲(养蒙)授给事,李顺衡(植)授御史,三辅吴门之乡人张慎吾(鼎鱼)、万涵台(象春)、史志桥(继辰),俱授给事,无敢留者矣"。然而也正在那一年,张居正次子科举中了榜眼。把这两件事结合在一起,人们认为张居正非常虚伪,自己儿子不避嫌,"独于乡人示公,何也?"

《松窗梦语》另云,张瀚有年负责庶吉士录取,张居正悄悄叮嘱他留意一位朱姓进士。张瀚说:"卷皆封识,何自知之?"张居正说,管封卷子的那些人,不是你指定的吗?后来果然看到了朱的卷子,张瀚"以应江陵之请",做了个顺水人情,然而朱某却"竟置不录"。张瀚一下子明白了,二人一定有一层关系,张居正怕被他利用,所以无论朱卷答得怎样,为了表示自己公正无私,也要"牺牲"掉他。这样来看,张居正很能耍一点儿两面派。科举录取与高考录取当然不能相提并论,但从为国家选拔人才这个角度看,性质却也没什么两样,必须以对国家负责的态度认真对待才行。

2003年7月11日,2018年7月19日修订

是非之心

电视剧《处决令下达之后》正在广东电视公共频道播出。尽管有不少大牌明星加盟,然台词空洞、节奏拖沓,令人感到乏味。之所以还能看几集,主要在于开始时切入全剧的情节:对待那个将要被执行死刑的喊冤不止的女囚,以副检察长为代表,不是从法律出发审视其是否蒙冤,而因为案子是前任检察长、现任市委副书记定的,就不能更改或不好更改。这种社会现实发人深思。

清人刘体智的《异辞录》里,有一则与此性质差不多的记载。那是刘体智的父亲在江西为官,复审一桩谋杀案。基本案情非常简单:男与女通奸,男鸩杀女夫。因为杀人地点在男家,所以原判为"奸妇不与闻",没女的什么事。但刘父按逻辑推理认为:"杀人于其家,使妇人不同谋,何从着手?"因此他觉得,这应该是奸夫"自知将死",把责任都揽过来,从而"为情妇开一生路"。在推理得到证实之后,刘父准备推倒原判。就在这个时候有人说话了——正像那电视剧中的那个副检察长——"如此,则前任有应得处分。"而这前任,刚在广东接手"粤督",能不能,或者敢不敢得罪他呢? 这一提醒,刘父也没主意了,问那人该怎么办。那人出主意说,如果这女的对杀人并不知情,老公死了仍和男的继续通奸,那原判就不算错,可以追加她的死罪。按照常理,谁也不愿意和杀人的事有牵连。谁知女的"自认知情,不认续奸",这下子大家都没招了。没多久,赶上大赦,只好眼睁睁地看着她逍遥法外。

元人张养浩《为政忠告》中有"慎狱"条,"在狱之囚,吏案虽成,犹当详谳也;若酷吏锻炼而成者,虽谳之,囚不敢异辞焉,须尽辟吏卒,和颜易气,开诚心以感之;或令忠厚狱卒,款曲以其情问之,如得其冤,立为辨白,不可徒拘阁吏文也。"

丁柔克《柳弧》里讲到一个白字县官,说这家伙真不知道是怎么当上官的,大字都识不得几个。有一次审案,管人家原告秦篪叫成秦虎,被告朱绂叫成朱拔。又有一次审案时,忽然大骂道:"既已打人,怎又将伊之神合龙打坏?"这一骂,弄得堂上堂下大家莫名其妙,不知是什么意思。过了半天,旁边一个小吏明白了,因为他知道状词上有"打坏神龛"的字样,县令准是把龛给分开念了,于是悄悄地告诉他,合龙不是两个字,是一个,龛。县令"面赤摇首"曰:"我们敝处,皆名'合龙',尔不知也。"死不承认自己错了。但从他脸也能红这一点来看,虽然嘴上挺硬,心里是明白八九分的。丁柔克称这县令为"市井无赖",从此事上看,的确没冤枉他。他以为自己独霸一方,嘴里吐出来的东西就从来正确。

汪辉祖《佐治药言》云:"昔有犯妇拟凌迟之罪,久禁囹圄,问狱卒曰:'何以至今不剐?剐了便好回去养蚕。'语虽恶谑,盖极言拖延之甚于剐也。故便民之事,莫如听讼速结。"汪辉祖非常强调"尽心",且"首揭尽心二字",作为《佐治药言》的大纲。在他看来,"佐治以尽心为本",概"岁修所入,实分官俸,亦在官之禄也。食人之食,而谋之不忠,天岂有以福之?且官与幕客,……视其主人之休戚,漠然无所与于其心,纵无天谴,其免人谪乎?"他在另一部《学治臆说》中,开篇便对"尽心"进行了继续阐发,"心之不尽,治于何有?"认为"为治者明为知县知州,须周一县一州而知之,有一未知,虽欲尽心,而不能受其治者。称曰父母官,其与百姓之事,非如父母之计儿女曲折周到,终为负官,终为负心"。

《孟子》有云:"无恻隐之心,非人也;无羞恶之心,非人也;无辞让之心,非人也;无是非之心,非人也。"这是对一个人之所以为人提出的四条明确标准,虽然几近于骂:如果没有同情心,简直不是个人;如果没有羞耻心,简直不是个人;如果没有谦让心,简直不是个人;如果没有是非心,简直不是个人。明朝的魏骥,常把"无是非之心,非人也"这句话挂在嘴边,身体力行,知行合一。《明史·魏骥传》对"忧国忧民,老而弥笃"的魏骥有很高的评价,说他"居官务大体",对人对己,原则性都极强。比方大学士陈循是他的门生,他以七十几岁的高龄致仕之后,有次陈循来看他,说:"公虽位冢宰,然未尝立朝。愿少待,事在循辈。"当场拍胸脯许诺,要利用自己的能量给老师在中央再谋个职位,一副唾手可得、得意扬扬的神态。哪知魏骥并不领他的情,反而立刻正色道:"君为辅臣,当为天下进贤才,不得私一座主。"陈循走后,魏骥的气还没消,他对周围的人说:"渠以朝廷事为一己事,安得善终。"这里的善终,当然指的是陈循在官场上的结局,如果以为大权在握,就可以为所欲为的话,早晚要出事情。

对照魏骥的观点来看,《处决令下达之后》中的那个副检察长正属于没有是非之心的一类。是的,只知道讨好上司,维护上司的脸面、权威,骨子里达到保护自己或者继续向上爬的目的,竟然不惜草菅人命,这种毫无人性的家伙,怎的能算人呢?不配!实际上,因为《处决令》中涉及了人命,一味讨好的危害才显得极其触目惊心,而现实生活中,不乏大量的并非血淋淋的阿谀逢迎,其危害却很容易为人们所有意无意地忽略。

2003 年 7 月 18 日,2018 年 4 月 3 日修订

暧昧之事

不久前,湖北枣阳贪官尹冬桂一度成为"知名人物"。其所以知名,不在于其担任枣阳市委副书记、代市长、市长期间,收受的6.6万元人民币、2000元美金贿赂,那点儿钱在国人眼中已经不算什么,而在于她的"生活作风"问题。不过,现在证实,围绕尹冬桂的诸如"女张二江""与多名男子有染""霸占司机6年"等等,纯属不实之词,但是,捕风捉影的事为什么大家热衷挂在口头?

清人刘体智《异辞录》里的一句话颇能破的:"国人喜以暧昧之事诬人名节。"再早上800年,宋神宗也曾指出朝中的一种不良现象:"言事者以闺门暧昧之事中伤大臣,此风渐不可长。"暧昧之事,乃态度不明或有不可告人的私隐,这里特指男女间的不正当关系。这就是说,国人热衷于暧昧之事,很有那么一点儿传统。

宋神宗那句话是为欧阳修辩护的。欧阳修老婆那边有个亲戚叫薛良孺,因"举官不当被劾",想要欧阳修给说说话,但"欧阳避嫌,上言请不以赦原"。薛良孺于是恼了,扬言于众曰:"欧阳公有帷薄之丑。"帷薄即帷幕和帘子,床上用品;帷薄之丑,显然就是欧阳修的"暧昧之事"了。此语既出,"朝士以濮议故多疾欧阳,由是流布遂广"。濮议,说的是继位仁宗但非仁宗之子的英宗,应该如何尊奉其生父濮安懿王的问题。这在当时分为两大派:司马光他们主张"为人后者为人子,不得顾私亲",英宗应称濮王为"皇伯";欧阳修等人则认为自古无称生父为伯之理,应称"皇考"。薛良孺说的"帷薄之丑",成了反对派攻击欧阳修的利器。然而神宗根本不信,才有了上面的那句话。

刘体智也是针对一件具体事情发出的感慨。那是同治皇帝死了,有副对联盛传一时:"弘德殿,广德楼,德行何居?惯唱曲儿钞曲本;献春方,进春册,春光能几?可怜天子出天花。"这对联针对的是一个叫王庆祺的人,上联说他如何被召入弘德殿,如何在广德楼饭庄唱曲、遇到同治"微行"而得到赏识,下联是说因为他献上的这个春方那个春册,把个年轻轻的同治弄出一身病来,否则哪里至于19岁就死了,亲政才不过两年?更有甚者,认为同治因此"断背",与长得"丰美仪"的王庆祺发生了不该发生的故事。刘体智认为,王庆祺的确"常以恭楷为'西皮''二簧'剧本,朝夕进御。至春方、春册,事本无考",即是说:同治的早夭以及那些暧昧之事根本怪不到王的头上,但是"言路闻之,至入弹章",硬是给揪住不放,"亦足见人言之可畏矣"。

当然,人们好以"暧昧之事"议论他人,也是因为一些人尤其是一些官员确实露出了尾巴。钱泳《履园丛话》云:"唐宋时俱有官妓,如白居易与元稹、欧阳修与苏轼皆所不免。"但那是制度允许的,如赵翼《题白香山集后》所云:"风流太守爱魂消,到处春游有翠翘。想见当时疏禁网,尚无官吏宿娼条。"钱泳说,现在呢没有官妓,"而竟有太守监司俱宿娼者",不准,却非要干。钱泳和人开玩笑说:"此无他,亦行古之道也。"另一位著名诗人杜牧也是这样,《唐语林》说他"初辟淮南牛僧孺幕,夜即游妓舍,厢虞候不敢禁"。牛僧孺也比较纵容他,只说你要是看上谁了,"可取置之所居,不可夜中独游"。杜牧还自矜对妓女"有鉴别之能"。有一回他听说吴兴郡有佳色,专门跑去见识。吴兴使君对他相当礼遇,而杜牧酣饮之余,对那个名声在外的官妓只是斜眼看了看,便极其失望地说:"未称所传也。"他提出,"愿泛彩舟,许人纵视,得以寓目",然而仍是"循泛肆目,意一无所得"。看起来,杜牧的"品位"还不低呢。

具体到欧阳修,因为他写过不少艳词,有过不少艳遇,才容易授人以发生暧昧之事的把柄。赵令畤《侯鲭录》云:"欧公闲居汝阴时,一妓甚韵文,公歌词尽记之。筵上戏约他年当来作守。后数年,公自维扬果移汝阴,其人已不复见矣。"由此他便写了首《撷芳亭》,"柳絮已将春色去,海棠应恨我来迟"云云。当然,也有人比如曾慥断然曰:"欧公一代儒宗,风流自命,词章窈妙,世所矜式。当时小人或作艳曲,谬为公词。"这种辩解可以理解,然昭梿《啸亭杂录》认为,范仲淹、真德秀、欧阳修都写过赠妓之诗,而"数公皆天下正人,理学名儒,可知粉黛乌裙固无妨于名教也",此类运用双重标准的开脱,一笑可也。当年,薛良孺的话一出口,"台官既以紫袍事劾奏欧阳,朝廷不行,(御史)蒋之奇遂以此事上殿劾之"。紫袍事,乃英宗大丧仪式上欧阳修一时疏忽,在丧服里面穿了件紫底皂花紧丝袍,偏偏又露出了下沿。综合起来看,值得警惕的正是借暧昧之事来指东打西。

因为是贪官,湖北天门原市委书记张二江的合法妻子便被人硬拉进与之"有染"的女人之列,凑足一百单八之数;因为是贪官,尹冬桂便被无中生有地描绘成"女张二江"。有个采访庭审尹冬桂的媒体说,他们就是冲着女市长和男人有染的"猛料"来的。所以尽管庭审与期望值出了偏差,还是要这样报道。有一分说一分,本该是职业道德所在,没有"猛料"就可以编造吗?"此风渐不可长"非只适用于宋朝,亦完全适用于今日。

2003 年 7 月 25 日,2018 年 4 月 2 日修订

只恐有人还笑君

广东省纪委、省监察厅日前召开新闻发布会,向媒体通报广州市原市委常委、宣传部长、广州日报社原社长黎元江案,以及省交通厅原厅长牛和恩案的查处情况。查处官员,在今天大抵是因为贪。至于附带其他的什么,只是些微小的区别。黎元江与牛和恩正是如此。两个人都是在位期间涉嫌多次收受他人贿赂,区别只在于一个还"道德败坏,生活糜烂,长期与多名女性保持不正当的性关系",另一个滥用职权为亲属牟利,多次参与境内、境外的赌博活动。

"万般物象皆能鉴,一个人心不可明。"唐朝僧人若虚《古镜诗》中的句子。清朝袁枚也有一首《咏镜》,说他在随园小仓山房"陈方丈大镜三,晶莹澄澈,庭中花鸟树石,写影镜中",端的是:"望去空堂疑有路,照来如我竟无人。"这两首诗,放在一起挺有意思,不管作者原来是要借助镜子抒发什么感慨,用在贪官身上却挺合适。镜子什么都能照,却照不出人心究竟如何。对贪官而言,"伸手"的时候是怎么想的,镜子就更加力不从心了。倘说他们不懂得前面落马的那些的教训,那是小瞧了他们能够登上高位的才智,此路不通还要走下去,大概真的是镜子里只能看到自己,而把别人都当成傻瓜了吧。

方溶师《蕉轩随录》云,明代学者王守仁留有《寄诸弟书》一通,以弟弟守文"血气未定,凡百须加谨慎",进而说道:"大抵人非至圣,其心不能无所系著,不于正,必于邪,不于道德功业,必于声色货利,故必须先端所趋向。"因此,守仁嘱咐弟弟们要踏踏实实地向学,不要"纵情肆志,而不自觉"。守仁的这些嘱咐,未尝不可以移之于官。不难设想,为官者倘若不能寄情于国家和人民——正,则必然要走向国家和人民的反面——邪。而官员"系于正"的前提,明朝另一位学者杨鼎的话,可以拿来参照。杨鼎说自己"平生无可取者,但识廉耻二字耳",那是他对自己一生的总结,把廉耻看得比什么都重要。是不是可以这样说,只有为人时先"识廉耻",为官时才不至于对权力观等的认识虚与委蛇,东窗事发后露出流氓性的一面。不是有不少落马高官居然抱怨在他违法的时候身边的人没有及时提醒他吗?这就是贪官的流氓性的一面。

《玉堂丛语》云,杨鼎擢升户部右侍郎时,恐不胜任,乃书"十思"于座隅以自省。具体都是哪十个方面呢?"量思宽,犯思忍,劳思先,功思让,坐思下,行思后,名思晦,位思卑,守思终,退思早"。简言之,就是需要气量时要想到宽宏,遇到别人触犯时要想到忍让,辛苦的事情要想到争先,在功劳面前要想到退让,排座位的时候要想到往后面靠,走路的时候要想到走在别人的后面,遇到扬名的事情要想到退居幕后,当多大的官要想到自己胜任与否,为官之道要想到善始善终,年纪大了要想到尽早让贤。对这"十思",今天当然不必完全认同,但是必须看到它们构成了中华传统美德的组成部分,杨鼎能提出来,表明他具有极强的自律意识,他说自己懂得廉耻,叫作真懂。《明史·杨鼎传》载,杨鼎致仕,就是他自己"再疏求去"的结果,然"赐敕驰驿归,命有司月给米二石,岁给役四人,终其身。大臣致仕有给赐,自鼎始也",表明朝廷对他也高度认可。

所谓真懂廉耻,就不只是自己说说,而是有相应的行为作佐证。我们都知道,历史上和现实中不乏言清行浊之辈,说的比唱的还动听。《榆巢杂识》云,朱熹就这样表达过对官员的一种不信任:"居官人清,而不自以为清,始为真清。"老夫子讲出这种话,一定是针对他那个时代现实的感慨。事实上,当代的诸多贪官在落马之前,往往也都调门极高。以黎元江来说,他于去年6月3日被省纪委"双规",此前一个半月,4月19日,他还在向全市党政机关干部作报告,"强调"国家公务员要按照《国家公务员行为规范》的要求,带头践行社会公德、行政道德呢!倘说官场上的"两面人"懂得廉耻,是要让人笑掉大牙的。

宋朝的范浚有首《六笑》诗,是笑六个古人,包括陶渊明、贺知章、杜甫、韩愈等在内。笑他们什么呢?"我笑贺知章,欲乞鉴湖水。严陵钓清江,何曾问天子?""我笑陶靖节,自祭真忘情。胡为托青鸟,乃欲长年龄?""我笑杜子美,凤昔具扁舟。老大意转拙,欲伴习池游。""我笑韩退之,不取万乘相。三黜竟不去,触事得谗谤。"范浚的笑,当然不是嘲笑,而是借"笑"来寓意可能是他比较崇拜的那几个古人都有不够洒脱的一面。当然,范浚同时也意识到,即使换上自己,未必就能够好多少。所以他在"笑"完六个古人之后接着写道:"客言莫漫笑古人,笑人未必不受嗔。螳螂袭蝉雀在后,只恐有人还笑君。"

"只恐有人还笑君",振聋发聩。杜牧《阿房宫赋》云:"灭六国者,六国也,非秦也。族秦者,秦也,非天下也。……秦人不暇自哀,而后人哀之;后人哀之而不鉴之,亦使后人而复哀后人也。"比较而言,前者堪称后者的浓缩版。对仍然在位的那些有问题的官员来说,面对已经落马的那些,不要庆幸,更不要心存侥幸,应当想到怎样检讨自己。一旦等到人家"笑"你,就已经来不及了。

2003年8月1日,2018年5月14日修订

睡

8月4日,陕西蓝田县政府召开职能部门大会,宣布该县涉农部门的评议结果。有记者在现场看到,不少干部却进入了梦乡。去年,湖南衡阳市有两名副局长在一次紧急会议上打瞌睡,因为"造成了极为恶劣的影响"被免去职务。蓝田有3个涉农部门和24个基层站所被群众评为"不满意",而从台下当事者事不关己的表现来看,性质差不到哪里去。

睡觉,是人的一种本能需求,现代医嘱亦云要保持足够的睡眠。在不该睡觉的时候打瞌睡,原因有很多,说者无心,但客观上却导致了催眠的效果也说不定。秦孝公时的商鞅变法很有名,然《史记·商君列传》载,孝公一开始并没有看好商鞅。商鞅"闻秦孝公下令国中求贤",才从老家卫国赶来应聘的,"因孝公宠臣景监以求见孝公"。卫国国君的后裔为姬姓公孙氏,所以商鞅在史书上又称卫鞅、公孙鞅,因战功获封商十五邑后,号为商君,乃又叫商鞅。"孝公既见卫鞅,语事良久,孝公时时睡,弗听",居然听着听着睡着了,醒来后生气地说景监:"子之客妄人耳,安足用邪!"商鞅讲了些什么呢?"说公以帝道",孝公不爱听,你再嘟嘟囔囔的就难免成了催眠曲。等到商鞅二次觐见时"说公以王道",孝公还是不爱听,但不睡了;第三次商鞅"以彊国之术说君,君大说",两人乃三拍终合。由此可见,讲话的人想让听话的人不打瞌睡,所讲的话必须得让人家生出兴趣。

"细书妨老读,长簟惬昏眠。取簟日一息,抛书还少年。""读书已觉眉棱重,就枕方欣骨节和。睡起不知天早晚,西窗残日已无多。"周密《齐东野语》记录的这些前人诗句,表明读书多了,也会犯困。周密还说王安石、杜牧都嗜睡,后者更有睡癖。王安石在夏天睡觉的时候常用方枕,人家问他为什么,他说:"睡气蒸枕热,则转一方冷处。"枕热了换换边,挺正常的事,但不知怎的,周密据此认为王安石"真知睡味"。宋人李邦直说:"周瑜二十四经略中原,今吾四十,但多睡善饭,贤愚相远。"有没有志气和本事,相差太多,周瑜那么年轻就已成就了事业,自己都这个年纪了还只是知道睡和吃,自惭形秽。然从王、杜来看,成就大小与嗜睡与否并无必然联系。

陆容《菽园杂记》云,明朝兵部尚书白圭嗜睡,"奏疏悉令属曹正官具草,稍加笔削,人往往以简当服之"。但他一退堂,"即闭合坐卧,请谒者至,左右拒之,多不得入见而去",所以时人说他"酣睡不事事"。方濬师《蕉轩随录》云,康熙有一年试武进士骑射,尚书赵申乔与诸臣坐班,"不觉睡去"。康熙知道他年纪大了,"但训诲之",并没有怎么样。同样的事情雍正七年(1729)又发生一次,年近七旬的成都知府王符陪同巡抚宪德考验武弁,"在座酣睡不醒"。雍正也是"谕旨援引赵申乔旧事,宽其处分,令补用京职"。方濬师是想说明如何"矜怜衰迈臣工",因为道光时是另一结果。两广总督耆英有天听事,一同知不过"以手倚茶几而坐",可能只是露出点儿要睡的意思,耆英立即大怒,"斥其不敬,命巡捕扶出,将勒令休致",要撸他的官。该同知极力疏通关系,"始免参劾,而所费已三千金矣"。乌纱帽虽然保住了,银子也损失了不少。

当然,保持足够睡眠并不等于可以肆意地睡。苏轼《东坡志林》云,有两个贫寒失意的读书人相互言志。一个说:"我平生不足惟饭与睡耳,他日得志,当饱吃饭了便睡,睡了又吃饭。"另一个说,我跟你不同,"当吃了又吃,何复睡耶!"这种睡便是傻睡。有意思的是,东坡却一本正经地表示赞赏。他还说"李岩老好睡,众人食饱下棋,岩老辄就枕,阅数局乃一展转",问人家:"下几局了?"欧阳修《归田录》云,宋太宗的孙子允良是"性好昼睡",每天白天睡觉,晚上洗洗涮涮之后,才"衣冠而出,燃灯烛治家事,饮食宴乐,达旦而罢",白天再接着睡,"无日不如此"。搞得一宫之人都得跟着他"昼睡夕兴",黑白颠倒。永叔认为"其性之异,前世所未有也",可以说这是他的习惯。孔子的学生宰予"昼寝",就遭到了严厉呵斥,可见在孔子眼里,宰予的行为跟衡阳那两个局长差不多,该精力集中的时候走了神。

好睡觉有时也等同于睡懒觉。陈康祺《郎潜纪闻二笔》云,何世璂居京师时,有同年来探,然其"日晏未起,久之方出"。同年问:"尊夫人亦未起耶?"何老老实实地答是。客人说:"日高如此,内外家长皆未起,其为奸盗诈伪,何所不至耶?"听了这话,何世璂一下子有猛醒的感觉,"自此至老不晏起"。陈康祺称何有"进德之勇",那么何世璂从此早起未必是怕家里丢什么东西,而应该是在从政之道或个人修养等方面别有所悟。

陆游诗云:"相对蒲团睡味长,主人与客两相忘。须臾客去主人觉,一半西窗无斜阳。"看起来,这里的主与客要么都是好睡之人,要么就是已经到了无话继续交谈的地步,还在哼哼哈哈地硬撑着。开会打瞌睡,不夸张地说,恐怕是我们各级会议的一个常见景观。有医者指出,人多聚集在一起,空气污浊,易于犯困。不过,在许多时候,与会者的疲塌与懈怠是一方面,会议的冗长与乏味怕也值得考虑。

2003年8月8日,2018年4月24日修订

丑女

据8月8日《北京娱乐信报》报道，25岁的天津女子张静，1993年初中未毕业出来谋生，因长相较丑，10年间求职上千次无一成功。令人不解的是，张静居然被发了一个"三度智障"的残疾证，而她自己从来没有因为智力问题去医院做过检查，也没有经过任何医疗程序的检查，不知道是什么机构又凭什么给她"定性"的。张静自嘲："可能是开残疾证的人看我像吧。"

爱美之心，人皆有之。但社会上一些人对所谓丑女的这种歧视态度毫不足取。在历史上，因为貌丑而受到社会一些人的另眼相待也大有人在，且并非局限于女子。

《巢林笔谈》云，施世纶相貌奇丑，有人甚至恶作剧般地给他起个外号叫"缺不全"。后来，他当上了一县的长官，在去拜谒某个高官时，那人掩口而笑。施世纶毫无自卑感地正色道："公以某貌丑耶？人面兽心，可恶耳。若某，兽面人心，何害焉？"同书还说到一个叫张和的，与此相类。明朝正统年间张和参加科举考试，廷试已拟第一，却"以眚目抑置传胪"。眚目，即眼睛有问题，用今天的话说就是体检不合格。在默默地接受残酷现实的同时，张和始终不大服气。他说自己的外貌固然没哪个地方让人看了顺眼的，但"所美而无丑者，惟此心耳"，心灵美比什么都重要。张和因此对评价尺度还另有心得:"人当于有过中求无过,不当于无过中求有过。"在他看来,人的相貌生得如何,是先天的,自己无法决定,也没有什么不对的地方。

谢肇淛《五杂组》有点儿走向另一个极端。他说:"美妇人多矣,然或流离颠沛,或匹偶非类,果红颜之薄命耶,抑造物之见妒也?"接着,举了"妹喜、夏姬之伦无论已,西子失身吴宫,王嫱芜绝异域,昭阳姊妹终为祸水,虢国兄弟尺组绝命"等例子,还说"不如意者不可胜数",似乎长得漂亮倒成了坏事。当然,老谢同时也列举了丑女中的励志典范:"无盐钟离春,不售女也,而卒霸齐国;黄承彦之女,黄头黑色,而才堪相配。许允之妇奇丑而才智明决。乃知以色举者,末也。"但他终究带着猎奇心理谈论这些,"钟离春三十无所容,而宣王纳以为后。宿瘤之女,状貌骇宫中,而闵王以为圣女。孤逐之女以丑状闻,三逐于乡,五逐于里,而襄王悦之",这几个王,都是齐国的,"何齐之君,世有登徒子之癖也?可发一笑"。

这里说的钟离春,乃战国时齐国无盐邑女子,相传相貌极丑。请见齐宣王时,她那副"踽跚佝偻,五管指天,鹑结褴褛"的模样,令宣王后宫的三千美人"望之大笑"。宣王炫耀了美人们的容颜、(娱乐)技艺之后,带有嘲笑意味地问道:"夫人之玉貌能倾之乎?""夫人之妙技能抑之乎?"无盐女回答不能。宣王再以挑衅的口吻问道:"然则何以娱寡人而辱寡人之后宫乎?"对齐宣王的纸醉金迷,无盐女同样报之以"仰天大笑",且"拊手泣渍",笑得连鼻涕都出来了。她历数齐国面临的四点危难,指出以齐国之富庶,据泰山、黄河之险,理当成为天下强国,现在却"西面事人,号为东藩",偏安一隅而自得其乐,令人不解。然后,无盐女出谋划策,认为如此这般,则"不出十年,可为东帝"。最后,无盐女反问齐宣王:"不知三千美人之中有以此进大王者乎?"这一番话,令齐宣王"瞠目而眙,拊心而叹",不仅采纳了无盐女的意见,拆渐台,罢女乐,使齐国大治,而且还立之为王后。

谢肇淛说的"黄承彦之女",就是诸葛亮的媳妇了。《三国志·蜀书·诸葛亮传》裴松之注引《襄阳记》曰:"黄承彦者,高爽开列,为沔南名士,谓诸葛孔明曰:'闻君择妇;身有丑女,黄头黑色,而才堪配。'孔明许,即载送之。"对诸葛亮的这一选择,"时人以为笑乐",大家还编了谚语:"莫作孔明择妇,正得阿承丑女。"有篇学术论文指出,范成大《桂海虞衡志》说,诸葛亮发明了木牛流马不假,但版权就是老婆的。家里来客了,诸葛亮让老婆做饭,转眼间就端了上来,诸葛亮感到奇怪,"潜窥之,见数木人斫麦、运磨如飞",乃"拜求其妻,求传是术"。然余检范成大是书(中华书局2002年版),并未发现此条。

这些故事皆有附会成分是可以肯定的,但单纯地以貌取人,可能要看走眼,更可能误人,确是不错。王安石诗曰:"闭户欲推愁,愁终不肯去。"对貌丑的人们来说,面对既成事实,一味地顾影自怜没用,更需要自强不息。尤其在竞争激烈的时代,女性容貌的美,使其必然会游刃有余一些,对这一点也不必过于义愤。张静现在已成为天津市一家养老院的编外人员,满足了她"得到一份工作以养家糊口"的小小愿望。"圆满"之余,有必要重温一下施世纶的话。把人与兽截然地对立开来,显然是囿于过去人们对动物本性"凶残"的偏狭认识,不必苛求;但作为一种比喻,指出人面兽心的可怕,却永远都未必过时。仪表堂堂而男盗女娼的人,我们不是见得多了吗?

2003年8月15日,2018年4月14日修订

改名

柬埔寨首相洪森最近改了名字,叫"云升"。严格地说,只是改了中文译名,因为他仍旧叫作 HUN SEN。柬埔寨新闻部为此发表的公告指出,过去中文媒体译成"洪森"是不准确的。但其新闻部国务秘书在接受新华社记者电话采访时又说:"有人认为根据中文字面上讲,'云升'寓意比'洪森'好,而且首相本人同意将自己的中文译名改为'云升'的建议。"另有消息说,洪森是听从了身边华人朋友的建议才"改名"。洪森,或云升虽然不是中国人,但他的祖辈来自中国海南,多多少少有些华人血统。那么,由"洪森"到"云升",未必是先前译名的不准确问题。

名字虽然只是一个符号,但在我们的传统文化里往往会呈现出意想不到的重要一面。清朝王揆在顺治年间中了进士,"馆选日,某相欲荐之居首"。唱名的时候坏事了,因为"揆"与"魁"同音,顺治皇帝问了:"是负心王魁耶?"盖民间早有"海神庙王魁负桂英"的故事流传:书生落难、妓女搭救、海誓山盟、得中状元而另娶……这种俗套子在传统戏剧中不知凡几,但是此番王揆偏偏谐音撞到了"王魁",给皇帝那么一讲,不知道他是开玩笑还是当真,"某相遂默然而止"。王揆倘知会发生这样的笑话,定然会改名在先了。况且,改名在史上不足为奇,属于非常常见的现象。曾国藩初名子城、李鸿章初名章铜，人们熟知的现名都是后改的，为什么改，在下还不大清楚。近代鲁迅先生也是初名樟寿，后改为树人；其原字豫山，据周士菁《鲁迅传》可知，是因为绍兴话"豫山"和"雨伞"音近，后又改为豫才。洪森之改名受了中国传统文化的影响，不知具体如何受的，我们历史上改名的趣事，不单是求个好意头，什么原因都有。

《大唐新语》云，武则天时的宰相魏元忠，原本叫魏贞宰，他被诬下狱而"有诏出之"时，有个小吏事先得到了消息，就跑来告诉他。魏贞宰太高兴了，只记得还姓什么，因为那小吏叫"元忠"，从此魏贞宰索性改名叫魏元忠。《旧唐书》其本传与此稍异，元忠"陷周兴狱，诣市将刑，则天以元忠有讨平敬业功，特免死配流贵州"，传令的人要到刑场时，"先令传呼，监刑者遽释元忠令起"，元忠却说："未知敕虚实，岂可造次。"宣读完了，"始起谢，观者咸叹其临刑而神色不挠"。《大唐新语》里的表现与《旧唐书》里的截然两人，正犹野史与正史有时之判若云泥吧。

《邵氏闻见后录》云，南朝宋武帝刘裕在争天下时，曾以"密书招司马休之府录事韩延之"，挖人才。不想韩延之忠心耿耿，并不买账，不仅人不去，而且为"以示不臣刘氏"，还干了一件令刘裕伤心透顶的事。刘裕的爸爸不是名翘字显宗吗？韩延之就把自己的字改为"显宗"，同时把儿子改名"翘"。两父子辈分也不顾了，都要当刘裕的老子。古人极其计较犯君讳、犯父讳，众所周知。司马迁父亲名"谈"，《史记》里就把古人名"谈"者一律改成"同"。桓玄设酒招待客人，人家不能冷饮，要"温酒"喝，桓玄听了便"流涕呜咽"，因为他父亲正是那个大名鼎鼎的桓温。李贺的父亲名"晋"，李贺中了进士——谐音而已，人们也群起而攻之。

与韩延之改名以示决绝之心相反，还有一种改名却是为了取媚。李诩《戒庵老人漫笔》云，明朝嘉靖年间浙人徐学诗因为弹劾严嵩而去职，江苏嘉定也有个叫徐学诗的，自以为躺枪，"亟改诗为谟"。沈德符《万历野获编》亦云，后面这个徐学谟后来"致位通显"，但人们并没忘记当年的事，"讥之"，而其尽管"辩白良苦，时人疑信犹相半"，已经根本解释不清了。沈德符说，徐学谟即非取媚，"亦多此一事矣"。李诩还追溯了宋朝的一件往事，说元祐名臣朱绂不幸坐党锢之祸，另有一个叫朱绂的"初登第，欲希晋用"，乃"上疏自陈与奸人同姓名，恐天下后世以为疑，遂易名谔"。这一招果然博得了蔡京的欢心，对之"不次擢用"。李诩把徐学谟、朱谔的行为统统归纳为"改名取媚"。

还有一种改名纯粹出于外力的强加。《玉壶清话》云，宋太宗不认得大臣杨蟫的"蟫"字，就把他找来问"立名之因"，干嘛要用这个字。杨蟫说父亲给取的，不知为什么，"兄蚡、弟蜕尽从'虫'"。太宗又问这个字是什么意思，杨蟫答就是那种藏在书里面吃糨糊的虫子。太宗很不认同杨父的这种取名法，御笔一挥，抹去"虫"字，杨蟫从此被改成了"杨覃"。太宗抹"虫"，而此前的武则天则是添"虫"；前者是改名，后者更要改姓。且不云"叛臣"李尽忠被改为李尽灭，孙万荣被改为孙成斩，那些虺、蟒、蝮等等青蛇、毒虫之属，一概被当作姓氏"赐予"她的敌人，借以发泄私愤。

据柬埔寨大选的初步统计结果，云升连任第三届王国政府首相几成定局，这个时候改名也许寓意更深的追求。改个名字是否具备如此的神通，不得而知。《宋书》卷七十五有段记载，似可移来一用。沈攸之未发迹时与两个朋友出去玩，有个算命的拦住他们说，三个人将来都会当大官。沈攸之不信三人俱有贵相，那人回答得极妙："骨法如此，若有不验，便是相书误耳。"

2003年8月22日，2018年4月13日修订

互嘲

不久前,金文明先生出版了一本名叫《石破天惊逗秋雨》的书,指出余秋雨先生的散文中有百余处文史差错。"女娲炼石补天处,石破天惊逗秋雨。"李长吉的句子,前人解曰:"言箜篌之声,忽如石破而秋雨逗下,犹白乐天《琵琶行》'银瓶乍破水浆迸'之意。"今人用在这里,倒真是浑然天成。随即,余秋雨先生反唇相讥,金文明先生则"再逗秋雨"。

在下无意介入其中的是非曲直,只是由此感觉到如今存在这样一种现象:在一些有"声望"的公众人物之间,似乎缺少一点儿推心置腹,基本上除了互捧,就是互嘲。互嘲,大抵也是传统文化的一种吧。

比方一些今天看来高山仰止的书法大家,当年相互之间说话就不大客气。苏东坡说黄庭坚的书法"虽清劲,而笔势有时太瘦,几如树梢挂蛇"。黄庭坚不甘示弱地反驳道:"公之字固不敢轻议,然间觉褊浅,亦似石压蛤蟆。"如果说苏黄二人多少还有相互间玩笑的成分,别的人可就是来真的了。南唐那个"故国不堪回首月明中"的李后主,不仅诗词了得,同时"善书"。《宣和画谱》说他"能文善书画。书作颤笔樛曲之状,遒劲如寒松霜竹,谓之金错刀"。有一天他跟大臣谈论书家,有人称赞颜真卿的书法"端劲有法",后主就不屑一顾:"真卿之书,有楷法而无佳处,正如权手并脚田舍汉耳。"

米芾呢?对颜真卿倒是能看上眼,说其书法"如项羽挂剑,樊哙排突,硬弩欲张",至于"昂然有不可犯之色",柳公权的也不错,如"深山得道之士,无一点尘俗";但对别的一些大家,则贬得一塌糊涂。说欧阳询的,"如新瘥病人,颜色憔悴,举动辛苦";说李邕的,"如乍富小民,举动倔强,礼节生疏";说蔡襄的,"如少年女子,体态妖娆,行步缓慢,多饵铅华"等等。应当承认,米芾的评论相当形象,只不过从中未免让人感到了颇多轻蔑的成分。

"醉眠秋共被,携手日同行""寂寞空斋里,终朝独尔思"。(杜甫句)罗大经《鹤林玉露》云,即使是李白与杜甫这样一对友情为后世津津乐道的好朋友,"亦互相讥嘲"。互嘲的其中一个方面很搞笑:谁的文字来得快,谁的来得慢。我们知道,二人各有各的特点,"李太白一斗百篇,援笔立成;杜子美改罢长吟,一字不苟"。但二人之间却不这么看,李白赠杜甫诗曰:"借问因何太瘦生,只为从前作诗苦。"杜甫则寄李白曰:"何时一樽酒,重与细论文。"罗大经说,李白用一"苦"字,是讥杜甫文字雕琢得太过火了;而杜甫用一"细"字,是讥李白提笔就来的东西,太欠缜密。但他认为,文章能不能传世,在于是不是"理意深长,辞语明粹",岂能"夸多斗速于一时哉!"

在正史中,对此也稍有涉及。《旧唐书·文苑传》载:"天宝末诗人,甫与李白齐名,而白自负文格放达,讥甫龌龊,而有'饭颗山'之嘲诮。"这说的是太白诗的前两句"饭颗山头逢杜甫,顶戴笠子日卓午",饭颗山,相传是唐代长安附近的一座山,给李白这么一用,成为表示诗作刻板平庸或诗人拘守格律或刻苦写作的典故。不过,郭沫若先生认为如果说这是李白嘲笑杜甫,"真是活天冤枉",他认为罗大经截取的那两句"不是李白的独白,而是李杜两人的对话",为什么瘦？李白问的；作诗辛苦,杜甫答的。因此,"这样很亲切的诗,却完全被专家们讲反了"。当然,郭先生的结论虽言之凿凿,也只能聊备一说。

魏泰《东轩笔录》云,欧阳修与晏殊的关系本来还行,但不知怎么搞的,有次即席赋雪诗后,两人相失。于是晏殊对朋友说："吾重修文章,不重他为人。"欧阳修也常对人说："晏公小词最佳,诗次之,文又次于诗,其为人又次于文也。"就这样,一次鸡毛蒜皮的恩怨,两个人都上升到人格的高度。魏泰感叹："岂文人相轻而然耶？"

由金、余的辩争,不免还让人想起《南齐书》里的一则记载。王俭和陆澄因为国学科目设置发生争论,后者认为不该列入《孝经》,于是写了篇文章和前者商榷。然王俭这个人很自负,他"自以为博闻多识,读书过澄"。岂知针尖碰到了麦芒,陆澄也来气了。他说,你读那点书算什么,"仆年少来无事,惟以读书为业",别说你了,你爸爸看的书也未必多过我。王俭"集学士何宪等盛自商略",陆澄"待王俭语毕,然后谈所遗漏数百千条,皆俭所未睹,俭乃叹服"。陆澄在当时被称为"硕学",的确是个饱读诗书之士,但他"欲撰《宋书》竟不成",这下子给王俭又抓到了嘲笑的把柄："陆公,书橱也。"

《石破天惊逗秋雨》这本书,我没看过,却也没有想看的欲望。指谬者既然是《咬文嚼字》月刊的资深编委,被指者的文字并非学术著作而只是历史散文,在细节上"咬""嚼"出东西来就是难免的。如何评判,当请有关专家从大众是否受益的角度,鉴定这种"咬"和"嚼"有没有意义才行。而对余先生来说,也不必一触即跳,要有人家说对了便欣然接受的胸怀。

2003年8月29日,2018年3月28日修订

无知者无畏

9月2日《现代快报》报道,江苏省供销合作总社原主任(正厅级)周秀德日前被判处无期徒刑。与其他贪官不大相同的是,周秀德自被捕以后,要么一问三不知,要么只是大呼冤枉,以为这样就可以让办案人员无从下手,不料,检察官们先是找到了周秀德以为找不到的本案中最重要的证人,继而从证人笔记本记录的内容上,确认了周秀德的主谋地位,最终以零口供为他定了案。

有句老话叫作"无知者无畏",前两年,因为作家王朔出过一本同名的书,愈益为人们熟知。无知者无畏,本意很好理解,因为无知,所以就什么也不怕。但倘若作一个划分,无知者无畏却是有很多种类。周秀德就是真的出于对法律的无知,觉得自己不吭声,法律就拿他没办法,所以对他所必须承担的后果才感到无畏。而王朔说过:"我不看别人的眼色,我想怎么干就怎么干,别人管不着。"那么,王朔显然并不是真的无知,其以无知者自居,实际上有一种佯狂的味道,不受世俗左右,为自己的放言铺路。18世纪,德国数学王子高斯的导师无意中留给高斯一道数学题:只用圆规和一把没有刻度的直尺做出正17边形。当高斯苦战一个晚上解出之后,导师被惊呆了。后来高斯回忆说:"如果有人告诉我,这是一道有两千多年历史(连阿基米德和牛顿也没有解出)的数学难题,我不可能在一个晚上解决它。"这又是一种"无知"者无畏,不知道问题的难度,头脑里没有任何羁绊,往往能够做得更好。

阅读目力所及,关于无知者无畏的事例还可以列出若干种。比方宋人彭氏辑撰的《墨客挥犀》《续墨客挥犀》里就有好几则,有可能是真实发生的事情,但是也不妨当作笑话来看。

一则曰仁宗时张逸知成都,有位文鉴大师是他的座上客。有一天文鉴来访,张逸还未及见,华阳主簿张唐辅也来了。两个人等在客厅里,开头尚且相安无事,忽然张唐辅脑袋痒痒,想挠,"脱乌巾",却又不知道放哪里,乃"睥睨文鉴",然后满不在乎地"罩于其首"。这下把文鉴惹火了,大吵大叫不已。张逸赶紧跑了出来,文鉴说:"某与此官人素不相熟,适来辄将幞头罩某头上。"张唐辅则显出一脸的无辜:"某方头痒,取下幞头无处顿放,见大师头闲,遂且权顿少时,不意其怒也。"张逸听了哈哈大笑,他知道文鉴大师为"蜀中民素所礼重",给张唐辅这一胡闹,哪有不怒的道理? 不过,张唐辅因无知而无畏,因无畏而无礼,却也纯朴得有趣。

又一则曰有人向孙之瀚推销一方砚台,说是价值三十千钱。孙之瀚没有半点儿关于砚台的知识,就问有什么稀奇要卖那么贵。那人说:"砚以石润为贤,此石呵之则水流。"孙之瀚说,那又怎么样,就算你"一日呵得一担水",一担水"才值三钱,买此何用!"孙之瀚拿形容砚台品质所呵出来的水,去和寻常井里打上来的水作类比,果真是无知到了极点。那么,孙之瀚因无知而无畏,因无畏而强词夺理,近似胡搅蛮缠了。

再一则曰有个叫钟傅的,走到哪里都喜欢"贬剥榜额",百般瞧不起人家书写的牌匾。他说这话的目的,是为了"出新意,自立名",因此往往要把人家的摘下来,由他重写之后再挂上去,所谓

"令具牌,当为重书之"。这样,平常跟着他到处走的镂刻工匠就有十几个。《宋史》中有他的传,说他"从布衣致通显,所行事大氐欺妄,故屡起屡偾"。也正是因为他的"通显",在一些地方当过知州,否则也不会能这么随心所欲吧。然而其人终究眼高手低,自视虽高,"然字画不工,人皆苦之",不换不行,换上吧,东西又真不像样。实际上不要说钟傅的动手能力不行,就是鉴赏能力也不堪一提。有一天他路过庐陵,发现有座寺庙"高阁壮丽",牌匾脏得很,那四个八寸见方的大字"定慧之阁"又"旁题姓名漫灭",是谁写的看不清楚。钟傅来劲了,"放意称谬",说这字写得真叫臭;而"使僧呼梯取之,拭拂视之",把匾擦干净之后发现,落款分明署的是"鲁国颜真卿书"!这下子丑可丢大了,但钟傅的脸皮极厚,马上又一本正经地对人家说:"似此字画,何不刻石!"于是让自己带的工匠立刻动手刻石。这件事,"传者以为笑"。钟傅因无知而无畏,因无畏而多少有了无耻的味道。

回到周秀德的无知者无畏,实际上有点儿死猪不怕开水烫的意思。然而他的下场对后来的贪官构成了一个新的警示:对法律,无论是假装无知还是真的无知,犯了,就逃不脱它的惩罚。

2003年9月5日,2018年7月20日修订

文身

新近一期的《城市画报》随刊附赠有文身贴纸,那是一种我叫不出名的动物图案,人们可以按照使用说明来个"即时文身"。文身,是在身体上刺画有色的花纹图案,一旦刺了画了,大抵要成为终生去之不掉的印记。文身贴纸的好处是,哪一天新鲜劲过去了,不想要了,便可以立刻除去。

文身的出现可谓早矣。古代百越民族的典型习俗之一就是"断发文身"。孔颖达疏《礼记》曰:"越俗断发文身,以避蛟龙之害,故刻其肌,以丹青涅之。"就是说,越人身刺花纹,截短头发,是为了在水中保护自己。"原理"是什么呢?"越人"屈大均在《广东新语》里有这样的解释:"南海龙之都会,古时入水采贝者皆绣身面为龙子,使龙以为己类,不吞噬。"那么,文身的原初功能是为了"淆乱"龙之视听,进而得以保护自己。不过也有学者考证出,文身,是具有特殊意义的成人礼。

宋朝的文身现象相当突出。《东京梦华录》卷七讲到"少年狎客"的跟班,往往"有三五文身恶少年控马,谓之'花㡉马'"。庄绰《鸡肋编》有"花腿",未知是否庶几近之。云:"车驾渡江,韩、刘诸军皆征戍在外,独张俊一军常从行在。择卒之少壮长大者,自臀而下文刺至足,谓之'花腿'"。这里说得比较清楚,那是把整条大腿都文了。《水浒传》里，不少好汉都有文身。首个登场亮相的史进，就是"肩臂胸膛总（共刺了）有九条龙"，他的绰号也成为"九纹龙"。单打二龙山那回，鲁智深告诉杨志："人见洒家背上有花绣，都叫俺花和尚鲁智深。"此外，阮小五胸前刺着"青郁郁一个豹子"，杨雄有"蓝靛般一身花绣"，解宝"两只腿上刺着两个飞天夜叉"，龚旺"浑身上刺着虎斑"。最有代表性的还推燕青，"卢俊义叫一个高手匠人与他刺了这一身遍体花绣，却似玉亭柱上铺着软翠。若赛锦体，由你是谁，都输与他"。

文身的题材，不只花纹图案。北宋张师正《倦游杂录》云，荆州有个叫葛清的街卒，"自颈以下遍刺白居易诗"，且配以图。比方在"不是此花偏爱菊"旁，刺一人持杯临菊丛；"黄夹缬林寒有叶"，则刺一树上挂着有花纹的纺织品。如是，在葛清全身上下一共有二十几处，人们都叫他"白舍人行诗图"。同书另云，武夫呼延赞"自言受国恩深，誓不与契丹同生，遍及体作'赤心杀契丹'字，捏以黑文，反其唇内，亦之"。与此同时，"鞍鞯兵仗，戎具什器，皆作其字"。不仅如此，他还要求自己的老婆、儿子及仆妾都得这样。到动手那天，他把黥字的人找来，自己"横剑于膝"监督，"苟不然者，立断其首"，弄得"举家皆号泣，以谓妇人黥面非宜"，好说歹说，刺在胳膊上才算了事。

与呼延赞赤心杀契丹相似，南宋初王彦领导的抗金"八字军"，也是在每个士兵的脸上刺八个字："赤心报国，誓杀金贼。"这是《宋史·王彦传》中的记载。而在李心传《建炎以来朝野杂记》那里，"赤心报国"四个字乃是"不负赵王"。那么，这些士兵脸上究竟刺了哪八个字，还真把我们弄糊涂了，总不至于一部分人刺这八个，另一部分人刺那八个吧？因而两说必有一谬。虽然《宋史》是元相脱脱主持编纂的，李心传是南宋著名史学家，记载的又是离自己并非很远的事情,但我还是怀疑这个"不负赵王"的可靠性。清人有云:"真乃学问之人,不必奔走风尘以求名誉。"这句话的潜台词是,有些学者为了取悦当时,是不大讲究廉耻的。当然了,猜测而已。

在人的身上刺字,也是古代刑罚的一种,文身而文字,由此借鉴而来也说不定。汉代黥刑就是在罪人的面上刺字,以墨涂之,所以亦称墨刑,宋元时期极其盛行。读过《水浒传》的人们还都知道,一百单八将里有为数不少被"刺配"过的人,宋江、林冲等等,害得他们后来出席公共场合,总要讨块膏药把脸上的刺字贴上,否则,一眼就被人认出是"贼配军"。《默记》云,某个宴会上妓女白牡丹喝多了,嘴把不住门,跟总管狄青碰杯时来了句"劝班儿一盏",虽是开玩笑,但明显针对狄青的涅文。狄青当时打个哈哈过去了,"来日遂笞白牡丹",把她给揍了一顿解气。狄青成名后,宋仁宗"尝敕青傅药除字",是他自己不干。《宋史》载,狄青指着自己的脸说:"陛下以功擢臣,不问门第,臣所以有今日,由此涅尔,臣愿留以劝军中,不敢奉诏。"笞人的事情表明,狄青这只是在皇帝面前的表态,心里则未免以此自卑。他常跟人说,韩琦"功业官职与我一般,我少一进士及第耳",总怕人看低了他。其实二人的修养、作为,绝不只是差了张文凭的问题。

对文身的人,宋朝"京师旧日浮浪辈以此为夸",连同"恶少年"云云,表明他们都是当时的另类人物。即使在当代早些时候,看到文身的人也还要皱一皱眉,对那些背刺双龙的人物,更要联想到黑社会里的老大,而转眼之间,文身却成了少男少女的时尚。文身贴纸的出现,应当说最大限度地满足了他们既要好奇又当时无须痛苦过后不会抱憾终身的心愿。当然,他们追求的已不再是那种无声的震慑作用,而纯粹出于装饰的考虑。这该算是文身的新功能了。

2003年9月12日,2018年4月1日修订

杀狗·驱鳄

几天前若干媒体都有报道,江苏一名20或22岁的幼儿园女教师,在该省糖烟酒总公司仓库遭到4条无证"黑户"狼狗的撕咬,手臂、腰部、腿部等多处受伤,狼狗们旋即被"就地正法"。记得去年,东北虎林园发生过老虎咬死工作人员的事,对"肇事"老虎还要"全民公决"其命运,只不知那老虎最终下场如何。我把这两件事联想到一起,因为都是用人类的法律去要求动物。

古人曾经乐此不疲。龚炜《巢林笔谈》"虎服罪"条云,东汉童恢为不其令,"邑有虎患",他就派人捉了两头老虎,当庭审讯:"王法,杀人者死。汝若杀人,当伏罪;不者,号冤。"老虎好像听得懂童恢的话,"一虎低头作震惧状",童恢于是明白了,这是个吃过人的家伙,"即杀之";另一头虎呢?"视恢鸣吼,若诉冤者,遂释之"。头脑正常的人,都会认为这种说法纯属扯淡,不会去联想什么"恢之廉平足以感物如此"。诚然,"王法"杀人者死,但"虎法"是饿了要吃,怎么可能拧到一块去?这种扯淡的说法在古籍里比比皆是,表明古人的"三观"如此。不过龚炜就此生出的感悟有些意思:"我尤异夫伏罪之虎,就死而不欺其志,愈于人之奸通百出者多矣。"即是说,有的人连动物还不如。

跟动物讲人的原则,最有名的当推韩愈。《旧唐书》有云,当年,潮州的鳄鱼为害十分严重,韩愈刚被贬到潮阳时,"询吏民疾苦",大家都说到鳄鱼,"食民畜产将尽,以是民贫"。韩愈乃下决心从鳄鱼开刀。届时,除了往水里丢进一豚一羊之外,韩愈专门写了篇《鳄鱼文》(一说《祭鳄鱼文》),先跟鳄鱼讲道理,什么天子既然派我来治理这里,你就不能跟我一争高低;你不想想,我虽弩弱,怎么可能向你们"低首而下哉"?然后为鳄鱼限定了离开此地的时间表,"三日乃至七日,如顽而不从,须为物害",我就要"选材伎壮夫,操劲弓毒矢",跟你们干一场。几天后,水尽涸,鳄鱼果然"徙于旧湫西六十里",按照规定的路线撤退了,"自是潮人无鳄患"。

韩愈驱鳄,在历史上是一件轰轰烈烈的事,成功了,自然有他的方式方法,一旦罩上神秘色彩,难免受到后世有识之士的苛责。王安石《送吕使君潮州》诗云:"不必移鳄鱼,诡怪以疑民。"就是一种间接的不屑。但如我们所见,更多的还是推崇。苏轼就是这样,其《韩文公庙碑》云:"故公之精诚,能开衡山之云,而不能回宪宗之惑;能驯鳄鱼之暴,而不能弭皇甫镈、李逢吉之谤;能信于南海之民庙食百世,而不能使其身一日安于朝廷之上。盖公之所能者,天也;其所不能者,人也。"宋朝还有个叫刘斧的,作了篇《鳄鱼新说》,借所谓"余甚疑焉"来行颂扬之实。他不是"甚疑"驱鳄之事,在他看来,"古之善政者所感,虎去他州、蝗不入境者有之矣。以公之文学政事,宜乎驱鳄鱼而去",他是"甚疑"鳄鱼怎么只跑了"三十里而止"呢?为此,他很有些走火入魔。熙宁二年(1069)他来出差,专门搞了田野调查。父老只是活灵活现地讲了祖传的故事,什么念完祭文"不久,一巨鳄出岸下",文章扔进水里,"鳄衔其文而去"云云。至于跑了多远,怎么可能给出答案?清朝过琪则对驱鳄之所以奏效进行了逻辑论证:"《鳄鱼文》,全在提'天子'

二字压倒在前,然后转入刺史,正面处处明是奉天讨罪,何等义正词严。中幅劝勉一番,令其从容悔过。鳄虽冥顽,不得不俛首远退矣。然非平日实有一片忠爱心肠,可以通诸天地鬼神,虽有此篇妙文,未必感格乃尔。"

韩愈以文而治,很为后来者所仿效。《芦浦笔记》里有《祭蝗虫文》,口气都差不了多少。什么"县令受天子命,来宰是邑,其治以抚养百姓为事,则蝗虫之与县令不得并居此土也,……今与蝗虫约,三日北归。三日不能,五日。五日不能,七日。若七日不归,是终不可归矣",我就要收拾你们。诸如此类,完全是机械模仿,不过把鳄鱼换成了蝗虫而已。《湘山野录》亦云,杨叔贤为荆州幕,有老虎伤人,他就在"虎穴摩巨崖大刻《诫虎文》",文字也与《鳄鱼文》相仿,"咄乎,尔彪！出境潜游"等等。后来杨叔贤改官知郁林,委托赵定基继续跟踪此事,自己则要把这一套带到岭南,当成经验,"岭俗庸狭,欲以此化之"。自己还雄心勃勃地赋诗以志:"且将先圣诗书教,暂作文翁守郁林。"连作为都准备追随韩愈了。可惜他走了没多久,赵定基遣人打碑次日就接到报告说,"摩崖碑下大虫咬杀打碑匠二人"。这件事当即报给杨叔贤了,不知他以及那些欲用法律训诫动物的人们该作何感想。

老虎、狼狗,终究是老虎、狼狗,凡事出于动物的本能。今人仍跟动物讲人的道理,衡之以人的法律,表现出的不是所谓法制观念的增强,更接近于一场"无聊的闹剧"。被狼狗咬伤的女教师值得同情,然此中关键不在伤人的狼狗,而在狗的主人没有履行好相关的责任。目前,南京滨江派出所开始对狗主展开调查,这就对了。如果后面的狼狗不能"引以为戒",继续干出伤人的勾当,前面那几个的命岂不是白送了？

2003年9月19日,2018年4月25日修订

象牙笔

9月18日《北京青年报》有一则摄影报道:一支售价7.8万人民币的巨型象牙毛笔在北京亮相。这支笔产于江苏常州,笔杆采用象牙材料,上有微雕《金刚经》5000余字,是目前北京售价最昂贵的毛笔。看到这则消息首先想到的是,如此公开地宣传象牙制品,与国际上日渐强烈的禁止呼声似乎不大协调。如今提到象牙制品,很容易会想到其背后一条条的大象生命。

象牙,雄性大象的獠牙。《礼记》云"笏"的材质,"天子以球玉,诸侯以象"。《淮南子》云"宋人有以象为其君为楮叶者,三年而成",高诱注曰:"象,象牙也。"从宋人之作"乱之楮叶之中而不可知也"不难看到,我国牙雕不仅历史悠久,而且工艺也早就相当精湛。《后汉书·西南夷传》载:"(安帝)永初元年,徼外僬侥种夷陆类等三千余口举种内附,献象牙、水牛、封牛。"这些象牙,有理由认为就是作为非常昂贵的原材料来进贡的。《旧唐书·李勉传》载,代宗大历四年(769),李勉除广州刺史,兼岭南节度观察使。"性廉洁"的他,不仅"在官累年,器用车服无增饰",而且在卸任之时,"至石门停舟,悉搜家人所贮南货犀象诸物,投之江中",以示不贪之决绝。后世包拯卸任端州之停舟掷砚,或正效仿而来。

象牙笔,唐代大书法家欧阳通用过。欧阳通与父亲欧阳询名声俱著于书坛,当时称为"大小欧阳"。但在对笔的态度上,父子二人南辕北辙。虞世南说欧阳询"不择纸笔,皆能如意",但欧阳通则不然,讲究得很。《朝野佥载》云,欧阳通用的毛笔,笔管"必以象牙、犀角"为之。笔头呢?则是"狸毛为心,覆以秋兔毫"。这个兔毫,也是有些讲究的,《淮南子》载"仓颉作书,……鬼夜哭",高诱也有种说法:"鬼或作兔,兔恐取毫作笔,害及其躯,故夜哭。"不仅毛笔如此,欧阳通用的墨、纸也非同凡响,所谓"松烟为墨,末以麝香,纸必须坚薄白滑者,乃书之",否则就不动笔。讲究到这个份儿上,全因为他不仅"自矜能书",而且"自重其书",把自己的东西看得很高。不过,今天稍稍关心书法的人们都知道他那个不那么讲究的爸爸,往往却不知道他这个同样"善书"的儿子。

欧阳通追求象牙笔,不知是何种心理,但若说他纯粹摆谱,多少还有摆的资本,对附庸风雅者而言,摆起来也要给人嘲笑。《池北偶谈》转引岳珂《玉楮集》云,唐朝时有个刺史要到江表为官,宰相知道新淦那个地方的笔很有名,就让刺史帮他弄一些。刺史不敢怠慢,到了地方,赶快"招佳手"制笔。结果一位老人应命,百日过去,也才制成两管,虽然"驰贡相府",宰相大人还是不大高兴,"既讶其迟,又薄其鲜",这么久才送来,而且才两只。试一下,又不好使,气得够呛,大怒曰:"数千里劳寄两管恶笔来。"刺史吓坏了,要治罪制笔老人。老人自辩说,欧阳询、褚遂良他们都用我做的笔,这样吧,你先把他的字拿出来给我看看,我再做;如果还不称他的心意,"甘就鼎镬"。等到见识了宰相的书法,老人笑了:就这两笔字,"只消三十钱笔",根本犯不着费那么多工夫。果然,这一回没两天就做了五十管,"驰上之,相一试大喜,优赐匠者"。王士禛夜读到这件事,加上偶试新笔,生发了感慨:"是知人才用舍识别惟一心,皋夔卫霍无古今。妍媸能否惟在上所使,此笔区区正其比。"

《浪迹丛谈》转引卢言《杂说》云,唐代大书法家柳公权也不能识别好笔。说宣州陆氏世能作笔,家传王羲之都向其祖求过笔。柳公权找上门来,陆家家长"先与二管",对儿子说:"柳学士能书,当留此笔,如退还,即可以常笔与之。"柳公权果然认为不趁手,"遂与常笔"。陆家人因此得出结论说:"先与者非右军不能用,柳信与之远矣。"这个结论相当轻率,或说对柳公权抱有极深的成见。"学书从颜柳入手",是今天人们的共识;《旧唐书》说:"当时公卿大臣家碑版,不得公权手书者,人以为不孝。"《铁围山丛谈》里有个差不多的故事,但陆氏换成了诸葛氏——可能宣州那地方是制笔之乡,柳公权换成了一个不知谁人的唐代名士。这就更能说明一点问题。以柳公权的盛名而不识笔,逻辑上是讲不通的事。或者,柳公权与欧阳询一样,对所用之笔并不过分计较吧。

"笔不可意者,如朽竹篙舟,曲筯哺物。"这是米芾的观点,可意未必就是名贵。周密在《癸辛杂识》里剖析自己:"不自知其拙,往往归咎笔墨。正所谓不善操舟而恶河之曲也。"这个观点就更有推崇的必要了,像王士禛一样,完全超越了书法范畴。北京卖的这支象牙笔,能不能用暂不知道,但用象牙作笔杆让人很有一点担心。几个月前有则消息说,中国援助马里医疗队的一行15名医务人员,返回北京时在布鲁塞尔被逮捕,正因为比利时海关人员在他们托运的行李中查获了150公斤非洲象牙制品。象牙大笔制作者的初衷可能是奔着"基尼斯"去的吧。奔就奔,也没什么,但是无论干什么,先别忘了想一想行为的合法性,免得授人以柄。

2003年9月26日,2018年3月21日修订

景点之争

利用七天时间出门旅游,从"前拼后凑"所谓长假的做法诞生之日开始,就一向热热闹闹。刚刚过去的这个国庆"黄金周"也不例外。哪些地方的宾馆、饭店爆满到什么程度,全国假日办每天都有消息发布,数字百分比高得吓人,全然津津乐道的口吻。

旅游,大抵是欣赏异地的风物。就人文景观来看,涉及历史文化的遗迹尤其能对人们产生吸引力。正是因此吧,各地往往开足马力,把自己"固有"的景点放大,把和自己沾一点儿边,哪怕只是含糊其词沾边的一定也要言之凿凿地坐实。可怪的是,古代的旅游大抵只是局限于迁客骚人,并非产业,也没有形成产业的态势,和经济效益完全挂不起钩来,却也并不妨碍时人制造或者争抢"文化"景点。

陆游《老学庵笔记》云,文州(疑为隆庆府)阴平有座阴平桥,宋孝宗淳熙初年,"为郡守者大书立石于桥下曰:'邓艾取蜀路。'过者笑之"。邓艾是三国时曹魏的名将,263年,其与钟会领兵灭蜀,到过阴平。《资治通鉴》卷七十八载:"邓艾进至阴平,简选精锐,欲与诸葛绪自江油趣成都。"遇阻之后,邓艾提出以"奇兵冲其腹心,出其不意",于是魏军"自阴平行无人之地七百余里,凿山通道,造作桥阁。山谷高深,至为艰险,又粮运将匮,濒于危殆",邓艾乃身先士卒,以毛毡裹身滚下山坡,出其不意地直抵江油,创造了中国战争史上著名的奇袭战例。邓艾的确是在阴平驻扎过并从这里继续进军,但南宋时的这座阴平桥在三国之时"问世"与否也还不知,如何就见得承载过邓艾的大军呢?"过者笑之",自然是笑郡守想当然耳。

东坡先生也干过这种想当然的事情。有一年他过阳羡(今江苏宜兴),挥笔为当地的一座桥题曰"晋周孝侯斩蛟之桥"。周孝侯即周处,历史上痛改前非的典范。《晋书·周处传》载,周处从小横行乡里,乡邻将他与当地的南山猛虎和长桥恶蛟并称为"三害"。周处知道后,"入山射杀猛兽,因投水搏蛟,蛟或沉或浮,行数十里,而处与之俱,经三日三夜,人谓死,皆相庆贺。处果杀蛟而反,闻乡里相庆,始知人患己之甚",乃发愤改过自新,从此折节读书,才兼文武,成为一代名臣。这故事很有教育意义,但蛟是什么呢?是民间传说中能发洪水的动物,并非现实中的存在。那么,"斩蛟之桥"又从何谈起?东坡那几个大字,当时刻石道旁,宋徽宗崇宁年间他倒霉的时候,才"沉石水中,不知所在"。

赵彦卫在《云麓漫钞》中,对东坡名篇"大江东去"里认定的黄州赤壁即"人道是三国周郎赤壁"的赤壁,也表示不能苟同,"今江汉间言赤壁者五,汉阳、汉川、黄州、嘉鱼、江夏",凭什么东坡说的那个才是呢?他认为"惟江夏合于史"。为了论证,这位赵先生援引《汉阳图经》《水经注》《通典》《元和郡县图志》等典籍文献,加上自己所观察的地形,考证了每一种赤壁说的来源,指出那四个所以"误耳"。他还特别指出,时人"以武昌华容镇为曹操败走华容,其说尤缪"。赵彦卫等于告诉我们,不可以因为现实中的地名与古时的地名相同,就理所当然地认为是同指一个地方。不过我们看到,"赤壁"古战场之争在今天也未罢手,沿长江一带称自己才是正宗的早非止当年的 5 个,而到了 9 个!

广东封开县由封川、开建两县合并而来，1989年我在那里"劳动锻炼"的时候读过两县分治时的县志，都把两广第一个状元莫宣卿纳入自己的名人之列，因为他的那个村子正在两县交界处。合成一县，算是解决了这个问题。但许多地方不是这样，所以我们看到，诸葛亮卧居的隆中到底是襄阳还是南阳的争论早就不新鲜了，江苏南京与湖北钟祥有"莫愁湖"之争，当阳与荆门有"长坂坡"之争，江陵与宜城有"楚国郢都"之争，秭归与江陵又有"屈原故里"之争。前不久，连夜郎国在哪儿这个以前似乎不是问题的问题，湖南和贵州也开始论战了。

钱泳《履园丛话》云，不少地方官员在任上都有重修这个祠那个墓的记载，比如"毕秋帆先生为陕西巡抚重修马嵬驿，伊墨卿太守在惠州重修朝云墓，陈云伯大令在常熟重修河东君墓"等等。马嵬驿是杨贵妃死难的地方、朝云乃东坡小妾、河东君即柳如是，钱氏认为重修这些东西"皆民事之不甚急者"，不解"易于传播，人人乐道之何耶？"这几位在今天依然是相应地方提高知名度的金字招牌之一，遑论彼时。在钱氏看来，"如阮云台宫保提学山东重修郑康成祠，于浙江重修曝书亭（朱彝尊故居），巡抚江西重修玉茗堂（汤显祖故居）"等等做法，"又在毕秋帆诸公上矣"。这一点，今天倒是同样大张旗鼓，只是出发点未必出自钱氏的本意。

今天制造景点与景点之争的动机，有些"司马昭之心——路人皆知"的意味。谁都清楚，表面上争的是文化，实际上争的是经济，争得了，等于盘活了一笔隐形资产，文化纯粹是为经济服务的招牌。据说争抢的地方不仅没有两败俱伤，反而弄得双赢，饶是如此，也不知好事还是坏事。并且，各地官员过于关注此类"民事之不甚急者"，而且有不惜代价的架势，不能不让人忧虑。

2003年10月10日，2018年3月25日修订

过目不忘

10月10日《南方都市报》报道,在马来西亚举行的第13届世界记忆锦标赛上,两名中国人——28岁的张杰和26岁的王茂华取得了"记忆力大师"的称号。要知道,取得这项赛事的资格也不得了,须在1小时内记住700个随意排列的数字或多副洗过的扑克牌的顺序。

这种本领就是国人一向津津乐道的过目不忘。比方对于钱锺书先生,其所留下的《管锥编》等皇皇巨著是什么内容往往不为人知,但人们都知道他的大脑"有着照相机般的记忆功能",哪句古文到哪本书甚至哪一页去找,保准就能找到,神乎其神。至于钱先生的成就反倒成了其次。这样一种本领,在古代备受推崇。《三国演义》第四十回"蔡夫人议献荆州　诸葛亮火烧新野"中说到"建安七子"之一的王粲,"幼时往见中郎蔡邕,时邕高朋满座,闻粲至,倒履迎之"。大家都非常惊讶:"蔡中郎何独敬此小子耶?"蔡邕说:"此子有异才,吾不如也。"王粲的本领之一,就是"博闻强记,人皆不及",强到什么程度呢?"尝观道旁碑文一过,便能记诵;观人弈棋,棋局乱,粲复为摆出,不差一子"。文学作品之外,正史野史之中,关于过目不忘的实例比比皆是。

《明皇杂录》云,玄宗召见僧一行,问他"何能",一行祭出的就是"唯善记览"的本领。玄宗来了个当庭测试,"因诏掖庭,取宫人籍以示之"。结果,一行"周览既毕,覆其本,记念精熟,如素所习读"。这一手,把玄宗佩服得五体投地,"不觉降御榻,为之作礼,呼为圣人"。实际上我们都知道,僧一行是著名的天文学家,我国古代科技发展的代表性人物之一。开元十二年(724),他主持全国性的天文观测,在世界上首次用科学方法测量出地球子午线的一度之长;他还与人共同制造了观测天象的"浑天铜仪"和"黄道游仪";修订了《大衍历》,等等。因此,我国 1955 年发行的《中国古代科学家》纪念邮票,一组四枚,僧一行赫然在列(另为李时珍、张衡和祖冲之)。显然,这是单纯过目不忘的本领所望尘莫及的荣誉。而僧一行以之示能,大概认为这些雕虫小技更能镇住玄宗吧。

一行刚出家时,"师事普寂于嵩山",已经显露了这一手。"师尝设食于寺,大会群僧及沙门,居数百里者皆如期而至,且聚千余人",有个叫卢鸿的,"道高学富,隐于嵩山",普寂因请之为文,"赞叹其会"。写好了,拿来了,"其师授之,致于几案上",卢鸿对普寂曰:"某为文数千言,况其字僻而言怪,盍于群僧中选其聪悟者,鸿当亲为传授。"选中的正是一行。看他,"伸纸微笑,止于一览,复致于几上",令"鸿轻其疏脱而窃怪之"。等到群僧齐聚,"一行攘袂而进,抗音兴裁,一无遗忘",这回是"鸿惊愕久之"。

《铁围山丛谈》云,宋仁宗时的张伯玉非常有名,他有两个绰号,一个叫张百杯,一个叫张百篇,前面一个表明能喝,"一饮酒百杯";后面一个表明记性好,"一扫诗百篇",瞄一眼,百首诗词记在脑海了。有个"颇强记自负"且自以为"饮酒世鲜双"的士人不服气,上门挑战。三十多杯下肚,"士人雄辩益风生"——开始了"豪言壮语"阶段,"而张略不为动";等到士人承认自己不行了时,张伯玉笑笑说:"量止此乎?老夫当为君独引矣。"又喝了几十杯,这才提出比记忆。他指着家里的四柜书说,我老了,还有病,不如以前了,现在能记的也就这些,请你从里面拿出一册来,"吾为子诵焉"。那人抽出一本《仪礼》,张伯玉说你就随便翻一页开个头吧,我给你续,"士人如其言,张乃琅然诵之如流"。经此两番较量,士人在"骇服"之余拜了两拜,称赞张伯玉的确是个奇人。

　　《郎潜纪闻初笔》云,钱陈群向徐华隐请教"学何以博",华隐说:"读古人文,就其篇中最胜处记之,久乃会通。"朱竹垞知道后说:"华隐言是也。世安有过目一字不遗者耶?"这就是说,古人对所谓过目不忘是有保留意见的。《郎潜纪闻二笔》里有张稷若的记忆法:遇到好的段落、句子,抄下来,"朗诵十余遍,粘之壁间,每日必三十余段",合上书,"就壁间观所粘录"。记住了,再换新的。就这样,"一年之内,约得千段"。陆游的祖父陆佃也曾说过,有一年他见到王安石的书桌上有部《诗正义》,"揭处悉已漫坏穿穴,盖翻阅频所致",惊叹王安石有过目不忘的本领,"然犹如此"。种种可见,读书治学并无半点捷径可走。实际上,钱锺书先生那些帮助记忆所做的卡片,数量也是非常惊人的。

　　陆游《老学庵笔记》里还有一桩趣事。王性之读书能"五行俱下",往往别人才看了三四行,他那儿已经翻页了,于是"后生有投贽者,且观且卷,俄顷即置之"。因为看得太快,"人疑其轻薄,遂多谤毁"。这该是过目不忘令人意想不到的副作用了。世界记忆锦标赛上出现了中国人的身影,是件值得我们骄傲的事。但这本领缘自记扑克,最多是记词典,为记而记,那么是不是可以说,用于竞技的记忆只是一种靠天才加训练能够掌握的技能,而与用于读书的记忆终究是两码事。

2003年10月17日,2018年5月11日修订

下围棋

10月16日,第八届三星杯世界围棋公开赛结束了四强的争夺,中国棋手胡耀宇继谢赫淘汰李昌镐之后,完胜韩国"不败少年"李世石,两人携手晋级半决赛。加上日本的赵治勋九段淘汰了曹薰铉,这两年趾高气扬的韩国围棋终于有了灰溜溜的滋味,连10月22日在北京开战的第五届农心杯三国擂台赛上,已经包揽了前面四届冠军的他们也表现了悲观的情绪。

围棋是竞技体育的一种,职业围棋更以成败论英雄。今天的一些人们不同意战争语言介入体育,但对围棋则不然,纹枰对座的后面,从来都是在进行没有硝烟的战争。《西游记》第十回开篇,唐太宗和魏徵在"在便殿对弈"时转引的《烂柯经》,对围棋战略战术说得相当直白。烂柯之典,出自南朝梁任昉《述异记》:"信安郡石室山,晋时王质伐木,至见童子数人,棋而歌,质因听之。童子以一物与质,如枣核,质含之不觉饥。俄顷,童子谓曰:'何不去?'质起,视斧柯烂尽,既归,无复时人。"山中"俄顷"而现实"柯烂",形象地诠释了"山中方一日,世上已千年"。虽意谓岁月流逝、人事变迁,然该寓言既出自围棋,烂柯也便指代围棋。

《烂柯经》中有这么几句:"宁输一子,不失一先。击左则视右,攻后则瞻前。""与其恋子以求生,不若弃之而取胜;与其无事而独行,不若固之而自补。彼众我寡,先谋其生;我众彼寡,务张其势。""凡敌无事而自补者,有侵绝之意;弃小而不救者,有图大之心;随手而下者,无谋之人;不思而应者,取败之道。",这不是跟打仗的兵法差不了多少?所以尽管主流说法认为围棋源自尧舜,但唐人皮日休根据围棋"不害则败,不诈则亡,不争则失,不伪则乱"的特性,坚持认为:"必起自战国纵横家者流。"纵横家,即战国时从事政治外交而到处奔走的那些谋士,"苏秦约纵,张仪连横,南与北合为纵,西与东合为横",用《韩非子》的话说:"纵者,合众弱以攻一强也;横者,事一强以攻众弱也。"具体而言,合纵就是六国联合拒秦,连横就是六国分别事秦。在皮日休看来,围棋就应该是这些战争贩子的发明。

围棋这种形同带兵打仗的游戏,古人非常喜欢,帝王级的故事就有很多。唐太宗之外,宋太宗也是,有个叫贾元的顶尖高手常陪他下棋,贾元当然知道,陪皇上玩玩儿不是自己大显身手的时候,所以经常输棋。太宗当然掂量得出自己的斤两,"知其挟诈",不愿意老是获得这种不光彩的胜利,说你这盘如果再输,我就揍你;可是等到下完了,局面却是"不死不生"。太宗又说:"更围一局,胜当赐绯,不胜当投泥中。"然而结局又是"不胜不负"。太宗动真格了,"命抱投之水",贾元吓得大叫:"臣握中尚有一子。"太宗于是大笑,"赐以绯衣"。

南朝有几个皇帝也非常喜欢下围棋,宋明帝特别在宫中设置"围棋州邑",棋下得好,是可以当官的。他水平很低,却要与当时的第一高手王抗过招,王抗哪里敢赢他呢。明帝一招"飞",给他找到了借口:"皇帝飞棋,臣抗不能。"糟糕的是"帝终不觉也",还真就把自己当碟菜了。王抗后来在"围棋州邑"当上了能判定棋手等第的"小中正",算是"失之东隅,收之桑榆"。段成式《酉阳杂俎》云,唐玄宗有次和亲王下棋,杨贵妃在旁边看,"上数子将输",贵妃便唆使怀中宠物去捣乱,这小东西很能理解主人的心意,立刻窜到棋盘上,蹦来蹦去,于是"局子乱,上大悦"。从这件小事首先可以看出唐玄宗的输不起,其次可以看出杨贵妃之所以受宠的原因之一了:颇能心领神会。宋明帝的"围棋州邑",客观上推动了围棋发展,同时说明上司一旦爱好什么,至少在自己的势力范围内能够促动这一运动的勃兴。

御用的之外,民间亦不乏高手。清朝乾、嘉间范西屏、施定庵都是一等一的弈林高手,《清稗类钞》云,范尝游氇社湖,寓僧寺。"一日,有担草者来,请与弈。竟数局,范皆负",问人家姓名,人家不说,只微哂曰:"近时盛称范西屏、施定庵为天下国手,实吾儿孙辈耳。弈,小数也,何必问出身,与儿孙辈争虚誉乎!"言罢荷担而去,"范以此呕血死,施亦自是不敢与人谈弈"。

前人曾经总结过围棋十诀:一不得贪胜,二入界宜缓,三攻彼顾我,四弃子争先,五舍小就大,六逢危须弃,八动须相应,九彼强自保,十势孤取和。这十诀,亦可看作取胜之道。但对一些人,此种诀窍并不奏效。比方王安石下棋,"未尝致思,随手疾应",不行了,就重来。他的观点是:"本图适性忘虑,反至苦思劳神,不如其已。"明太祖也是这样,"于围棋不耐思索",而且第一招必拍"天元"。相传隋末李世民与虬髯客在逐鹿中原之际下过一盘棋,后者先占四角,李则占天元,且云:"小生一招定天下。"虬髯客自此退出竞争。这一招,于盘面未必受益,但显示了一种气度。

王安石的观点,当然只能代表业余棋手的态度。4月份中国棋手在"富士通"杯八强赛全军尽墨的时候,国人一片谴责之声就很能说明问题,不赢不行。虽然这一次能不能笑到最后还得观望一段时间,但毕竟先出了一口鸟气。

2003年10月24日,2018年4月18日修订

拆迁

房屋拆迁,时下是一个热门话题。拆迁为城市建设中的必然之举,本意是为加快城市建设,改善居民的居住和生活条件,属于"利民工程"。然而,各地发生的不少事实表明,拆迁也变成了一些居民的噩梦。为了保卫自己房屋应得的经济利益,他们不惜采用各种极端的手段抗拒拆迁,甚至以生命为代价,令人触目惊心。

历史上自然也有拆迁。《晋书》载,宗室司马冏"拜大司马,加九锡之命"辅政之时,"大筑第馆",其逻辑前提是必然涉及拆迁,事实也的确如此。当其时也,司马冏"北取五谷市,南开诸署,毁坏庐舍以百数,使大匠营制,与西宫等",又"凿千秋门墙以通西阁,后房施钟悬,前庭舞八佾,沈于酒色"。这里的"南开诸署",究竟是不是让几个政府机构搬家,尚有些语意不明,然"北取五谷市"——让粮食交易市场腾地方走人是确凿无疑的,"毁坏庐舍以百数"就更不用说了。司马冏乃西晋"八王之乱"中的八王之一,后被司马乂"斩于阊阖门外,徇首六军",并曝其尸"于西明亭,三日而莫敢收敛"。司马冏死的时候相当可怜,"乂擒冏至殿前,(惠)帝恻然,欲活之。乂叱左右促牵出,冏犹再顾",那副眼巴巴的求助模样不难想见。但他生的时候所做的事情却相当可恨,可惜,他拆迁所毁的那个市场、那么多人家,后来的情形怎样,全都没有下文。或许,史书的编纂者也根本不认为那算一回事吧。

唐人郑处诲的《明皇杂录》里,也有一则关于拆迁的记载,事关杨贵妃的姐姐,同样是出于权贵的强势作用。《旧唐书·杨贵妃传》载,贵妃"姿质丰艳,善歌舞,通音律,智算过人",迷住了唐玄宗。于是,不仅宫中对贵妃"礼数实同皇后",而且她的三个姐姐和两个堂兄跟着沾了光,一起被迎入京师。玄宗称贵妃的姐姐们为大姨、三姨和八姨,分别封她们为韩国夫人、虢国夫人和秦国夫人,还"赐甲第,连于宫禁"。这几个杨门女子因而"并承恩泽,出入宫掖,势倾天下",公主以下皆持礼相待;加上那两个堂兄,时人号为"五杨"。五杨宅中,"每有请托,府县承迎,峻如诏敕"。官吏们有事但走五杨的门路,无不如愿,因此"四方赂遗,其门如市"。随着杨贵妃的宠遇加深,唐玄宗每年赏赐给她们的脂粉钱就有千贯之多。五杨的共同癖好是盖房子,互相攀比,"每构一堂,费逾千万计",如果"见制度恢宏壮于己者,即撤而复造",就是说,只要别人家的房子建得比他们的好,他们就拆了重建,致使"土木之工,不舍昼夜",没个消停的时候。

《明皇杂录》里的这则拆迁,就发生在杨贵妃的三姐虢国夫人身上。她要扩建,想把邻居的老房子吞并过来,那是韦嗣立留给后代的遗产,但她事先并不跟人家打招呼。有一天,韦家子孙"方午偃息于堂庑间,忽见妇人衣黄罗帔衫,降自步辇,有侍婢数十人,笑语自若",旁若无人地就进来了,这个妇人就是虢国夫人。她开口便问:"闻此宅欲卖,其价几何?"韦家人说:"先人旧庐,所未忍舍。"我们没打算卖啊?不料韦家人话音未落,外面立刻冲进来好几百人,二话不说,"登东西厢,撤其瓦木",开始拆韦家的房了。韦家人一看惹不起,只有"率家童,挈其琴书,委于路中",眼睁睁地看着人家拆房。后来,"授韦氏隙地十数亩,其它一无所酬",只给了一块地皮算是补偿,至于房子则拆了也就拆了,那么先前的问价,倒算是客气的,现在这叫敬酒不吃吃罚酒。韦嗣立当过宰相,他的两个儿子在杨家倒台后也相继为相,"有唐以来,莫与为比"。就是这样人物的后代,连自己的住房也保不住,足见虢国夫人亦即杨家在当时的跋扈程度。

"虢国夫人承主恩,平明骑马入宫门。却嫌脂粉污颜色,淡扫峨眉朝至尊。"张祜的诗似褒实贬,可窥虢国夫人对自己美貌的自信以及玄宗的荒淫和无耻。唐代著名宫廷画师张萱有两幅留传至今的作品,其一即为《虢国夫人游春图》。1995 年,我国为此画发行了纪念邮票;1999 年,又发行了 5 盎司彩银币。画面上,红裙、青袄、白巾、绿鞍,雍容华贵的虢国夫人等一行七人,玩赏春光,悠然自得,遥相呼应了杜甫的"态浓意远淑且真,肌理细腻骨肉匀",同时也反映了杨家兄妹集团权倾天下的骄奢生活。当年,东坡看了此画,先是"佳人自鞚玉花骢,翩如惊燕踏飞龙。金鞭争道宝钗落,何人先入明光宫",貌似艳羡;最后便毫不客气了:"人间俯仰成今古,吴公台下雷塘路。当时亦笑张丽华,不知门外韩擒虎。"倘若了解其中的典故——隋炀帝初葬吴公台下后迁葬雷塘、韩擒虎灭陈俘获陈后主宠妃张丽华,就不难明了东坡的用意了。

国务院 9 月发布的《关于认真做好城镇房屋拆迁工作维护社会稳定的紧急通知》指出,今年以来,由于一些单位拆迁补偿不到位、拆迁安置不落实,工作方法不当,造成因城镇房屋拆迁引起的纠纷和集体上访有增加趋势,甚至引发恶性事件,影响正常的生产生活秩序和社会稳定。足见这个问题已是各地的普遍存在,必须引起各级政府部门高度重视才行了。

2003 年 10 月 31 日,2018 年 3 月 22 日修订

仆

10月9日,河北省高级人民法院在唐山对河北省国税局原局长李真受贿、贪污一案公开宣判,依法裁定驳回李真上诉,维持一审的死刑判决。新华社记者根据对李真的深入采访,写下了《地狱门前:与李真刑前对话》一书,其中一些问答发人深思。比如,记者就李真对权力的认识发问:你追求权力未必想的是恪尽职守,造福于民? 答:我觉得持这种想法的不是我一人。

由贪官本人来现身说法,对当代诸多官员两面嘴脸的揭示更见"力度"。从他的潜台词中,听得出他有些愤愤不平,因为他倒了,而许多他了解本相的官员仍然在台上冠冕堂皇,他不大服气。但凡有官员落马,我们都能立刻见识其劣迹斑斑的过去,似乎可以印证这一点。暂时撇开不谈吧。包括李真本人在内,当道之时无不以公仆自居——他还说他想当焦裕禄呢,但事实表明,他们这一类人从来都称不上公仆,换个名词更合适——权仆,对权力极端迷信或崇拜,沦为权力的仆从。这一点,倒不是官员或准官员才如此。

于慎行《谷山笔麈》云,明朝嘉靖时徐阶为大宗伯,他的同乡孙承恩"亦已大宗伯掌詹",两人"对巷而居"。徐阶那里"宾客甚盛,延接不暇",孙家这边则门庭冷落,因为孙承恩没那么张扬,

"退食惟闭门深卧而已"。但孙成恩本人耐得住寂寞,他的仆人却不行。有一天,身着布袍的孙承恩正"负喧读书",仆人们在一旁窃窃私语:"同为尚书,他家车马盈门,相公第中,鬼亦不至,我曹何望?"孙承恩听见了——仆人们显然是故意让他听见的,并不介意,他说:"任尔等他往,留我一人在此,叫鬼负去。"孙承恩的仆人就称得上是"双料仆人"——家仆、权仆,当家仆是为了在权仆那里分一杯羹。

孙家的仆人最后走了没有未知,丁柔克《柳弧》里也有类似的故事,是走成了的。其"仆人求去"条云,有个中堂的仆人有天忽然求去,中堂问是怎么回事。仆人说话直截了当:"主人恩不敢忘,亦不敢讳,小人从此跟官去矣。"问他要跟的是谁呢?"新选四川某巡检也"。中堂是宰相级的人马,职别并不低,至少比省的巡检要高得多。那么在仆人眼里的官该是什么样子呢?"出门坐四轿,有旗锣伞扇,并有鬼头刀数对,此则为官,非主人之寂寂可比。"中堂感叹地说,我当了几十年的官,"方自以为官也,而不知非官也"。于是笑而遣之。这些出自仆人的用权逻辑,实际上正是沦为权力仆从的官员,其日常极坏的示范折射所导致。又如"做官八股"条,有个他没点名的太守,"是以官为题,而以身为文章,而日夜做之者也"。具体表现呢,"其骄人也,令人皆裂;其谄人也,令人肉麻。总之,一举一动,一言一行,皆不忘一官字"。

因此,丁柔克在"长随之恶"条中总结道:"宦途之仆有两种,一跟主,一跟官。跟主者患难不去,富贵相随。跟官者,达则随之,穷则去之。"丁柔克把后者比之曰猪狗,但他的弟子坚决不同意:"猪能供人食,狗能守夜也,不如比之蝇。蝇者赴膻,挥之不去,拂之又来,终日营营扰扰,毫无事事。其辉煌而称能者,则曰金苍蝇,满腹皆粪,而外则金碧可观也。其无能者,则曰饭苍蝇,虽不如金蝇之逐臭,而亦无不可憎也"。这一番痛骂,仅仅骂的是寻常的仆人吗?

近朱者赤,近墨者黑。仆之如何,多少与主相关,亦如丁柔克所云:"官若贪鄙性成,则渠等猖狂势焰,残害善良。"冯梦龙《古今谭概》"温公二仆"条云,司马光家一仆,"三十年止称君实'秀才'。苏子瞻学士来谒,闻而教之。明日改称'大参相公'。"君实,司马光字。大参相公,即宰相。司马光惊问怎么回事?仆据实告之,司马光说:"好一仆,被苏东坡教坏了!"王士禛《古夫于亭杂录》稍有不同,苏东坡教老仆改口叫"端明"。端明,端明殿学士,后唐始置,宋沿设,位在翰林学士之下。在东坡看来,叫"君实秀才"应该太过"随便",体现不出司马光的身份,要称呼官衔才对吧。此外,洛阳有"春日放园"的习俗,"园子得茶汤钱,与主人平分"。但园丁吕直"纳钱十千",司马光却不要,"后十余日,吕直创一井亭",问吕直哪来的钱,原来就是那十千钱。

叫"大参相公"或"端明",诚然反映了司马光斯时的具体身份,然而在这个问题上,无论叫什么都不要紧,重要的是像王士禛那样,根据这两件事看出了司马光平时修身、齐家所起到的示范作用。王士禛的这个结论值得咀嚼:"近代权门豪仆,如严嵩之严年,张居正之尤七,视司马公仆,不啻然舜、跖徒之分哉!而其主人人品、相业,从可知矣。"

回到李真,其担任"河北第一秘"时,与原省委书记程维高的关系从一开始正带有某种"仆从"关系的色彩,只是当他调任领导职务之后,才逐渐转化成某种"共荣"关系。李真之成为权仆,程维高脱逃不了干系。程维高们若有司马光的"家教",李真们未必敢狐假虎威到无法无天的地步。

2003年11月7日,2018年7月14日修订

须知痛痒切吾身

国土资源部原部长田凤山倒了。这是今年以来倒下的第四名正省部级官员。田凤山的问题出在哪,官方尚无正式消息披露,因而人们议论纷纷:一种说法是,与他在北京主政国土资源部期间国内出现违规用地问题有关;另一种流传更广的说法是,与他在黑龙江省期间,该省发生的绥化"马德案"、哈尔滨"国贸城案"等等有关。与此同时,一名县委书记最近遇难高尔夫球场,更成为人们议论的焦点。虽然官方已经有了明确结论:因公殉职,但是仍然有人锲而不舍,提出种种"疑点"。概因为此前也是官方媒体,报道了该书记性质截然对立的"两种死法"。

民间的这些议论非常正常。宋人真德秀诗曰:"既以脂膏供尔禄,须知痛痒切吾身。"既然百姓的血汗钱养活了官员,那么,官员的一举一动就关系到了百姓的切身利益是否受损,关注之,议论之,顺理成章。这一点,古今一也。

真德秀诗出自罗大经的《鹤林玉露》,书中共辑录了两则,另一则是王十朋为泉州守,"会邑宰",把辖下的县令们找来吃饭,即席赋诗云:"九重天子爱民深,令尹宜怀恻隐心。今日黄堂一杯酒,使君端为庶民斟。"真德秀"亦步亦趋"王十朋的做法,这首诗也是在王诗基础上的进一步发挥。其官长沙,"宴十二邑宰于湘江亭",然后也是当场作诗曰:"从来官吏与斯民,本是同胞一体亲。既以脂膏供尔禄,须知痛痒切吾身。此邦素号唐朝古,我辈当如汉吏循。今日湘亭一杯酒,便烦散作十分春。"在给下属打"预防针",晓之以理,动之以情。

王十朋、真德秀,《宋史》皆有传,评价均甚高,可见二人写出那样的诗句不是说说而已。秦桧死后,高宗亲政,策试士人,王十朋以"权"来对策,其观点是:"法之至公者莫如选士,名器之至重者莫如科第。往岁权臣子孙、门客类窃巍科,有司以国家名器为媚权臣之具,而欲得人可乎? 愿陛下正身以为本,任贤以为助,博采兼听以收其效。"他特别强调用人,自己也身体力行,作出表率。"政声人去后",王十朋自饶州移知夔州,"饶民走诸司乞留不得,至断其桥,乃以车从间道去,众葺断桥,以'王公'名之"。后其又知湖州、泉州,"凡历四郡,布上恩,恤民隐,士之贤者诣门,以礼致之。朔望会诸生学宫,讲经询政,僚属间有不善,反复告戒,俾之自新"。他死的时候,"二子犹布衣"。他自己的书房挂的匾上写着"不欺"二字,"每以诸葛亮、颜真卿、寇準、范仲淹、韩琦、唐介自比"。这几个人中,唐介稍稍陌生,而读《宋史》其本传可知,唐介"直声动天下,士大夫称真御史,必曰唐子方(介字)而不敢名"。

真德秀也是这样。《宋史》本传载,德秀知潭州时,即曾以"廉仁公勤"四字勉励僚属。最可贵的,他也是见之于行动。"民艰食,既极力赈赡之,复立惠民仓五万石,使岁出粜。又易谷九万五千石,分十二社县置社仓,以遍及乡落"。一句话,叫作"惠政毕举"。真德秀"立朝不满十年,奏疏无虑数十万言,皆切当世要务,直声震朝廷。四方人士诵其文,想见其风采。及宦游所至,惠政深洽,不愧其言,由是中外交颂"。因为太受百姓的欢迎,至于"时相益以此忌之,辄摈不用"。就是说,真德秀令那些只知道吸吮脂膏的官员无地自容,进而迁怒了。

一个不把百姓痛痒挂在心上的官员,显然是不可能做到这一点的。事实上,官员对百姓的痛痒记挂了多少,是实干还是作"政绩秀",是偶尔那么一两回,还是长期不懈,百姓的心里再清楚不过,如同电视剧《宰相刘罗锅》主题曲所唱:"天地之间有杆秤,老百姓是那定盘的星。"《冷庐杂识》云,鸦片战争时,抗英名将陈化成镇守吴淞口,"三易寒暑,未尝解衣安寝",并且他"优待士卒,犒之厚,而自奉甚俭,或馈酒肉,必峻却之",因此百姓有"官兵都吸民膏髓,陈公但饮吴淞水"之谣。他壮烈战死之后,百姓闻之,"皆大惊曰:'长城坏矣!'"

道理人人都明白,为什么实践起来就南辕北辙呢?《菽园杂记》云,陆容考中进士之后,父执徐梦章对他说,"仕路乃毒蛇聚会之地",你不适合。这个说法很有一点儿偏激,但徐梦章有自己的切身体会:"坐中非但不可谈论人长短得失,虽论文谈诗,亦须慎之。不然,恐谤议交作矣。"官场本身有太多的"潜规则",十分在意帽上乌纱的人们,势必要分出有限的精力用来应付,也就没有心思、也没时间去关心百姓的痛痒了。纵观历史上为百姓津津乐道的官员,哪一个是对乌纱帽孜孜以求的?

据新近的一项统计,全国省部级干部有 2000 多人,其中在一线工作的 1000 多人,过去 3 年中,省部级干部平均每年落马 16～17 人左右,比例在 1%～2% 之间。田凤山既然倒了,案情就终有一日会大白于天下。从小学教员、公社书记,官至省长,最终成为掌控 25 万亿国资的"大管家",其人生角色转换之变幻莫测,耐人寻味。官是一步步当上来的,丑行也是一点点累积起来的,归根到底,既无"脂膏"意识,也就不可能有"痛痒"意识。

2003 年 11 月 14 日,2018 年 5 月 11 日修订

古人诗句犯师兄

几年前——记不得具体是几年了,刘心武先生梦中得"江湖夜雨十年灯"句,醒来觉得"挺有诗味儿"的,赶紧记下来。作家自己说,心下尽管得意,但"意识的深层"怕与古人暗合,查了资料,但查来查去,最后认定古人没这么一句,于是"便只好坦然地将其'版权'归于自己",还说打算以后凑成四句。此语在报纸上甫一刊出,即被一些人讥讽得灰头土脸。因为别人查到出处了,那是北宋大诗人黄庭坚七律《寄黄幾復》中的颔联:桃李春风一杯酒,江湖夜雨十年灯。有人就此甚至极端地认为,中国何以难产优秀的大师,刘心武这一梦,暴露了"中国作家的学问功力"。

梦中得句,在古人算是一件稀松平常之事。史料中有不少类似记载,可知问题并没有那么严重。因此,翻出旧账,绝无揪住刘先生不放的意思,相反,倒有为之开解的意味。

赵令畤《侯鲭录》里就有两则。其一,令畤少时师从李慎言,老师自言"昔梦中至一宫殿,有仪卫,中数百妓抛球,人唱一诗",醒来时还记得三首:"侍宴黄昏未肯休,玉阶夜色月如流""隋家宫殿锁清秋,曾见婵娟飏绣毬""如今重到抛毬处,不见熏炉旧日香"云云。《梦溪笔谈》也提到此事,且云"山阳蔡绳为之传,叙其事甚详",引用诗句字眼略有出入。其二为苏东坡少时,梦到自己被召入禁中,"一宫人引行,见风吹裙带在笏上",自己先来了诗兴:"百叠漪漪水皱,六铢缡缡云轻。植立含风广殿,微闻环珮摇声。"面对女性,东坡很有些不能自持,对自家灶下女仆,也曾吟出"掀起裙儿,一阵油盐酱醋香"。到了殿上,见到宋神宗正在那儿坐着,这皇帝老儿很无聊,"脱丝鞋,令坡铭之",考一考东坡能把他的鞋说成啥样。岂知东坡也是张嘴即来:"寒女之丝,铢积寸累。步武所临,云生雷起。"神宗表示赞赏,显然是赞赏后面那八个字。

而东坡的梦还不止于此。他说过他不能喝酒,喝一点就醉,醉了就睡觉,睡时则"鼻鼾如雷,旁舍为厌"。睡得香,梦也就多吧,有一次干脆梦到了南海海神广利王祝融请他去玩,"予被褐草履黄冠而去,亦不知身步在水中,但闻风雷声暴如触石,意知在深水处"。《西游记》里,孙悟空去东海龙宫寻金箍棒的时候,还要"使一个闭水法,捻着诀,分开水路",东坡把这一切都简化了,照走就行。到那儿真开了眼界,"其下则有骊目夜光,文犀尺璧,南金文齐,眩目不可仰视,而琥珀、珊瑚,又不知多少也"。广利王和他本人,更是且欢且笑,"自知不在人世"。人家是慕他的诗名请的,自然要赋诗,东坡也乐于奉上:"天地虽虚廓,惟海为最大。圣王时祀事,位尊河伯拜。祝融为异号,恍惚聚百怪。三气变流光,万里风雨快……"一气呵成,大拍了海神一通马屁。大家都说写得好啊,独有一位鳖相公从细微处洞察到了问题所在:"苏轼不避忌讳,祝融字犯王讳。"广利王于是由喜转怒,想来东坡此梦要被惊醒。

刘祁在《归潜志》中说,他的祖宗三代都曾梦中得句。爷爷的是"山路堑有壁,松风清无尘";父亲的是"落月浸天地";他自己的是"玄猿哭处江天暮,白雁来时泽国秋"。刘祁显然对这些句子很得意,至于认为:"梦中作诗,或得句,多清迈出尘。"钱锺书先生

《谈艺录》举龚自珍《梦中做四截句》之"叱起海红帘底月,四厢花影怒于潮",表明龚自珍也有类似之举。

刘心武先生梦到黄庭坚的句子,黄庭坚则曾梦到李白的句子,不同的是,后者的"版权"是否属于李白,全凭黄氏一说。那是黄庭坚夜宿一家驿站,梦见李白告诉他说:"予往谪夜郎,于此闻杜鹃,作《竹枝词》三叠世传之不仔细,忆集中无有,三诵而使之传焉。"于是对黄庭坚口占如下:"一声望帝花片飞,万里明妃雪打围。马上胡儿那解听,琵琶应道不如归。"另两首此处从略。时人说,后来李白诗集中的这几首,正出自"梦中语也",究竟是不是,我没有考证;但时人同时也认为,这几首诗的"音响节奏似(李白)矣,而不能拼其真"。梦中得诗或得句,大抵都有"不能拼其真"的问题,姑妄听之可也。我们既不能排除人家真的做了这个梦,真的梦有所得,也不能排除有些人借此制造噱头,增添神秘色彩以抬高自家身价。《庄子·齐物论》说过:"予尝为女妄言之,女以妄听之奚?"以这种态度对待梦中得句,未尝不是上佳选择。

《鹤林玉露》云,唐某僧(另说为宋僧)诗曰"河分冈势断,春入烧痕青",另一僧以诗嘲之:"河分冈势司空曙,春入烧痕刘长卿。不是师兄偷古句,古人诗句犯师兄。"意思是说,"河分冈势"和"春入烧痕",分别是人家司空曙和刘长卿的句子。而司空曙与刘长卿,均系唐朝著名诗人。对待类似刘心武先生的这种失记,以"古人诗句犯师兄"来调侃一下也就足够了,犯不着去上纲上线。那个时候百度、搜狗什么的还没有问世,所谓检索全凭记忆或辅助记忆的卡片,多有疏漏是必然的,哪像后来这么容易,因而实在不必一棍子抢去。

2003年11月21日,2018年3月23日修订

封杀

8月28日的《人民日报》在江西定南县遭到了全部扣压。事实确凿无疑,此前恐怕谁也不能料想。经过当地群众的舆论压力,两天后扣压方面不得不送出报纸,然而从第5版到第8版仍然整个踪影皆无。堂堂中国最权威的党报为何遭此厄运?在于第5版以《如此拆房,为谁谋利》为题,公开披露了定南县有关部门违法行政、强拆城市私有房屋的情况。于是,当地的头头脑脑坐不住了,祭出了以为最奏效的招数——封杀,至少不让本地百姓知道他们的丑行已经暴露。

批评某个地方的报纸在某地被"封杀",在《人民日报》可能是头一遭,但在整个报刊领域却显然不是,《南方周末》便屡屡受到这样的"待遇"。对这份市场化的报纸,行政命令不能奏效,但封杀者另有办法:恶意收购。全部买光;买光了,人们也就看不到了。封杀报纸既然不是头一回,也就不会是最后一次。个中是非曲直,不言自明,相映而不成趣的是,此种行为也堪称文化传统。

《清波杂志》云,宋哲宗时"禁戒士人不得习元祐学术",蔡京的弟弟、王安石的小舅子蔡卞,提议毁掉《资治通鉴》雕版,封杀这部书,司马光的东西嘛。太学博士陈莹中知道了,"因策士题特引序文,以明神宗有训",来阻止此事。负责毁版的林自果然吓坏了,谓陈曰:"此岂神宗亲制耶?"陈曰:"谁言其非也?"林自在"辞屈愧叹"之余,赶快跑去告诉了蔡卞,"卞乃密令学中敞高阁,不复敢议毁矣"。否则,今天还能不能读到《资治通鉴》还真很难说。

《履园丛话》云,清朝石琢堂家中置一纸库,名曰"孽海",干什么用呢?凡是他认为的"淫词艳曲坏人心术与夫得罪名教之书,悉纳其中而烧之"。有一天他阅读南宋叶绍翁的《四朝闻见录》,见里面有弹劾朱熹的文字,"痛抵文公逆母欺君窃权树党及闺阁中秽事";并且,"此编书者亦逆知后人之必不信也,且伪撰文公谢罪一表以实其过"。琢堂读毕,拍案大怒,继而"欲尽购此书,以付诸火"。然而那时琢堂尚未飞黄腾达,"苦无资也",赖夫人蒋氏"颇明大义,欣然出奁中金钏助之"。石琢堂于是把当地的书店逛了一遍,找到347部,买回家扔进"孽海"。钱泳显然极其认同石琢堂的行为,说他焚书的当年即"登贤书"——中举,后来还"大魁天下"——中了状元,仿佛是因此而得了好报。

石琢堂的看法并不是孤立的。《冷庐杂识》云,卢雅雨撰文"力辨李易安再适之诬",从李清照的年纪到她对赵明诚的情感,认为她再嫁的说法纯粹是"好事者为之",根本不可信。陈云伯更有一个结论:"宋小说往往污蔑贤者,如《四朝闻见录》之于朱子,《东轩笔录》之于欧阳公,比比皆是。"与《四朝闻见录》一样,魏泰的《东轩笔录》中华书局也出了标点本,但怎么污蔑欧阳修了,还真没什么印象,难道是"至如欧阳永叔之诗,才力敏迈,句亦健美,但恨其少余味耳"?《四朝闻见录》对朱熹的"不敬"至少看到了一条,见丁集"庆元党"。那是宋宁宗庆元三年(1197)胡纮奏章弹劾朱熹,说他"有大罪者六"。第一条是"建宁米白,甲于闽中,而熹不以此供其母,乃日籴仓米以食之",母亲去人家作客,"归谓熹曰:'彼亦人家也,有此好饭。'"瞧瞧有多可怜。朱熹这是"不孝其亲"。第二条说朝廷召他当官,他"偃蹇不行",目的是"辞小而要大",把自己吊起来卖;其后除郎,"则又不肯入部供职,托足疾以要君"。朱熹这是"不敬于君";第三条说孝宗皇帝死了,"举国之论,礼合从葬于会稽。熹乃以私意倡为异论……盖欲藉此以官其素所厚善之妖人蔡元定"。朱熹这是"不忠于国"。这些东西是不是事实,不大清楚,但第五条为莫须有则肯定没错。朱熹有诗云"除是人间别有天",被胡某人质问成"人间岂容别有天耶?"而且他还从中看出,"其言意何止怨望而已?"后世的"文革"颇有此中遗风。

《四朝闻见录》是研究南宋史不可缺少的著作之一,《宋史·韩侂胄传》中的情节多取材于此,史料价值不可低估。中华书局版"点校说明"云:"《四朝闻见录》成书时,理学盛行,绍翁师承叶适,又与真德秀善,故其学一宗于朱熹。但是,书中所载有涉于朱氏者,绍翁却能无所隐讳。"也正是因为这一点,《四库提要》称赞叶绍翁"非攀缘门户者比""所论颇属持平"。清朝学者周中孚也说:"足知其是非之公。"归结到一起我们知道,《四朝闻见录》之所谓污蔑朱熹,有相当的成分在于秉笔直书,但在钱泳、陈云伯们看来,叶绍翁不该如此。孔夫子倡导"为尊者讳,为亲者讳,为贤者讳"之后,"人有耻而不忍明书",几千年来就一直被奉为圭宝,叶绍翁的文字不能为一些"正统"人士所容忍,也是非常正常的。

今天我们也可以读到《四朝闻见录》,显见石琢堂的愿望没有实现。但他的"封杀"终究还是个人行为,腰包也是自家掏的,影响有限,而且事情本身并不关石琢堂,他那是属于"路见不平"。定南县的做法则不然,属于刻意遮丑。不要说封杀是一种愚蠢的做法,在信息传播高度发达的今天,能有什么见不得人的事情可以封杀得了呢?

2003 年 11 月 28 日,2018 年 5 月 2 日修订

酬恩报怨

广东省委组织部最近作出十项规定,其中第七项是:"(组工干部)不准在工作中搀杂个人恩怨,封官许愿、任人唯亲或搞打击报复。"这个规定应当具有鲜明的现实指向吧。

明朝王翱说过这样一句话:"吏部岂报恩仇之地耶?"从前吏部的职能与今天的组织部大致相当。洪武十三年(1380)胡惟庸案发后,明朝遂废除了丞相制度,一分为六,原来那摊子事分给了吏、户、礼、兵、刑、工六个部,其中的吏部负责铨选,掌管全国官吏的任免、考课、升降和调动。王翱这话,大约就是他在吏部当官的时候说的。这里面至少透露着两点信息:一点是当时他们单位酬恩报怨的现象很严重,另一点是他本人对此深恶痛绝。历史记载表明,王翱绝不只是面对丑陋现实发发牢骚、表示无可奈何而已,而是从我做起扭转风气。《玉堂丛语》说他"于权豪势要有所嘱,毅然拒之,辞色俱厉",非常敢于碰硬,即使打招呼、递条子的是权要,也一点面子都不给。好多私底下拨弄小算盘的人因此都怕王翱,但知道他行得正,"而心不为怨"。

《明史》王翱本传中,记载他的不徇私情甚至到了自己女婿的头上。他的女婿贾杰在靠近京城的一个地方为官,王翱夫人常去探女。女婿很想调进京城,却总是不能如愿,有一天就在家里跟老婆发脾气,说你爸爸就是管官员调动的,把我弄京城里去,"反手耳",这么容易的事,怎么就不肯帮忙呢?不说别的,你妈这么跑来跑去的,"何往来不惮烦也"。王翱的太太听到了,回家吹枕边风,不料,"翱怒,推案,击夫人伤面",还是没有给女婿任何通融。

在监督乏力的时代,总会有那么一些人,千方百计地要把手中的那么一点儿权力"兑现",视为可以酬恩报怨的工具。换个角度看,这也是王翱所以那样说,组织部所以那样规定的逻辑前提。

这一方面,历史上也不乏其人。比方宋朝有个叫王嗣宗的,司马光《涑水记闻》说他家"有恩仇簿,已报者则勾之"。看,有多恐怖。当王嗣宗把个人之间的恩恩怨怨记下来的时候,实际上就在等待着酬恩报怨的那一天。司马光的记载过于简略,但不妨碍我们从《宋史》中觅得王嗣宗的作为。他在当度支判官的时候,老婆病了,"夜抉本司署门取药"。他那个衙门是分管医药,还是他抓了药之后忘在办公室了,我们不大清楚,总之他为了拿药,把官署的大门给撬了。这件事"为直官宋镐所发,坐罢职",然而"顷之",王嗣宗又换了个地方继续当官,但这个宋镐,显然是要被记上跟他有怨了。再有一事,他想整倒参政知事冯拯,乃交结宰相王旦的弟弟王旭,"使达意于旦以为助",说白了就是要借势压人。不料王旦"疾其丑行,因力庇拯",遂令"嗣宗大怒",那么恩仇簿的名单上一定也要添上王旦了。

王嗣宗和宋镐、和王旦的怨最终了了没有,暂未读到相关记载,但他对种放的态度足见司马光言之不虚,前文曾略有道及。"时种放得告归上,嗣宗逆于传舍,礼之甚厚",两人关系本来不错,但种放喝多了之后,"稍倨",架子一摆起来,王嗣宗就很不高兴,"以语讥放";种放也不高兴了,说了最不该说的话:"君以手博得状元耳,何足道也!"这一下,戳中了王嗣宗的心头病。本来他那一科成绩很好,至少和赵昌言难分伯仲,偏偏皇帝老儿寻开心,让二人对打,谁赢了谁是状元,结果王嗣宗击落了赵昌言的帽子。于是,本来应该名副其实的状元,成了人们时时嘲笑的把柄。王嗣宗听到种放又这样说,愤恨之余立刻上疏弹劾,说他"侵渔众民,凌暴孤寡";说他弟弟、侄子"据山林樵采,周回二百余里,夺编氓厚利",等等,总之"疏辞极于诟辱,至目放为魑魅"。好在宋真宗"方厚待放,令徙居嵩阳避之"。后来王嗣宗曾经说过,他此生共"去三害",而"徙种放"是为其一。

像王嗣宗这类的人有很多。《容斋随笔》云西汉爰(袁)盎就是个真小人,"每事皆借公言而报私怨"。又云唐穆宗时,"以工部尚书郑权为岭南节度使,卿大夫相率为诗送之",韩愈也写了一篇,说郑权"功德可称道。家属百人,无数亩之宅,傔屋以居,可谓贵而能贫,为仁者不富之效也",很是吹了一通。不过,洪迈说他翻开《旧唐史》郑权本传一看,完全不是这么回事:"权在京师,以家人数多,奉入不足,求为镇,有中人(即宦官或有权势的朝臣)之助,南海多珍货,权颇积聚以遗之,大为朝士所嗤。"完全是去地方捞油水去了,而且也果真捞了不少。同书《薛廷老传》干脆直截了当地说:"郑权因郑注得广州节度,权至镇,尽以公家珍宝赴京师,以酬恩地。廷老以右拾遗上疏,请按权罪,中人由是切齿。"洪迈所不能理解的是,郑权为人"乃贪邪之士尔,韩公以为仁者何邪?"何邪?看起来,昌黎先生不仅仅是因为润笔而有"谀墓"之讥了。

王翱、王嗣宗诸人的行为形成鲜明对照,当时已高下立判,无须历史作答。

2003年12月5日,2018年5月18日修订

饮酒

12月9日,"亚洲飞人"柯受良猝死上海滩。关于他的死,有各种不同的"版本",但警方调查表明,柯受良在8日至9日活动繁忙并过量饮酒,法医也通过血液检验发现其中含有一定量的乙醇。这意思很明白,柯之猝死与饮酒密切相关。

过量饮酒,其中的"量",当然是相对于"飞人"个人而言的。一个人究竟能喝多少,并没有划一的标准。《归田琐记》云一名陶姓官员,既能吃又能喝,"平生不知醉乡为何似";还有一叫葛临溪的,"不与之酒,从不自呼一杯。与之酒,虽盆盎无难色,长鲸一吸,涓滴不遗",纪晓岚还因此认为"酒有别肠"。《玉壶清话》云后周陶穀出使南唐,中了人家的美人计,本来他面对李中主斟得满满的"玻璃巨钟"看都不看,但人家把那女的请出来,他马上傻眼了,"不敢不嚼,嚼罢复灌,几类漏卮,倒载吐茵,尚未许罢"。这种量,当然是被逼出来的。对于劝酒,清朝黄周星有个观点:"饮酒之人有三种,其善饮者不待劝,其绝饮者不能劝,惟有一种能饮而故不饮者,宜用劝。然能饮而故不饮,彼先已自欺矣,吾亦何为劝之哉。"简言之,就是不待劝、不能劝、不必劝,因而席上若"行苛令",他认为十分多余。

单纯地能喝,舍此而别不足道,只能算是个酒囊,所以人们更津津乐道的是李白"斗酒诗百篇"那种本事。实际上有这种本事的诗人还有不少,比方王勃,凡欲作文,"先令磨墨数升,饮酒数杯,以被覆面而寝",醒来后"援笔而成,文不加点"。宋代的能喝能写者,则首推陆游。其有诗曰,"少年欺酒气吐虹,一笑未了千觞空""倾家酿酒三千石",豪气万丈。但一如李白、王勃,饮酒对于陆游也只是借助,因而他的诗中更多的还是"倾家酿酒犹嫌少,入海求诗未厌深""耳熟酒酣诗兴生""遗醉纵横驰笔阵"等等。黄周星也是这样,"虽有刘伶、李白之癖,而饮酒不乱,为世所称"。他认为"饮酒者,乃学问之事,非饮食之事也",为什么呢?因为喝酒的时候,"知己会聚,形骸礼法,一切都忘,惟有纵横往复,大可畅叙情怀。而钓诗扫愁之具,生趣复触发无穷。不特说书论文也,凡谈及宇宙古今、山川人物,无一非文章,则无一非学问。即下至恒言谑语,如听村讴,观稗史,亦未始不可益意智而广见闻"。黄周星好猜谜,有"谜坛宗匠"之称,所著《廋词》为灯谜与酒令结合的典型佳作。

"量"不胜则曰醉,不胜至极,身体原本再有一点别的毛病,可能就要酿成悲剧。喝醉过的人都知道,那是件很难受的事,但清朝程拱宽作过一首《将进酒》:"君饮酒,我歌诗,劝君频举金屈卮。醉乡别有一天地,乐处不许凡人知。左手携刘伶,右手招阮籍。空囊无一钱,杯中之物不可缺。吏部醉卧酒瓮边,翰林自称酒中仙。古人旷达乃如此,肯与礼法之士相周旋?"把酒醉也视为妙不可言的感觉,因为可以借此藐视礼法?《明皇杂录》云,有一次唐玄宗找不到人起草诏书,大臣苏瓌乃自荐儿子苏颋,但苏颋特别喜欢喝酒,拉到皇帝面前时,醉醺醺地勉强"粗备拜舞",接着就"醉呕殿下"。玄宗"命中人扶卧于御前",还"亲为举衾以覆之"。苏颋"文学该博,冠于一时",的确不是虚名,醒来后"受简笔立成,才藻纵横"。不过苏颋如果不是喝醉了,敢在宫殿里呕吐,别说皇帝给盖被子,恐怕连命都会搭进去。从这个角度看,这也该是醉乡的"乐处"之一了。

玄宗如此宽待苏颋,恐怕也与他的一段经历有关。《唐语林》云,安史之乱中玄宗仓皇西逃之时,给事中韦倜不知从哪弄来了一壶酒,然"跪献于马首数四,上不为之举"。韦倜害怕了,以为玄宗怕里面下了毒,赶快"注以他器,自引一",先喝一杯,然后再"满于上前"。玄宗说,你以为我怀疑你吗?不是的,"始吾继位之初,尝饮大醉,损一人,吾悼之,因以为戒。迨今四十余年,未尝甘酒味"。说罢指了指旁边的高力士等人,说他们都知道,并不是我骗你。

饮酒,自然离不了酒杯。李白诗中动辄"金樽",如"金樽清酒斗十千,玉盘珍馐直万钱""人生得意需尽欢,莫使金樽空对月"云云。杜甫则没有那么讲究,"莫笑田家老瓦盆,自从盛酒长儿孙。倾银注玉惊人眼,共醉终同卧竹根"云云,意思是说,以瓦盆盛酒与倾银壶而注玉杯,都是一个醉,没什么分别。宋人罗大经据此发挥道:"蹇驴布鞯,与金鞍骏马同一游也;松床莞席,与绣帷玉枕同一寝也。知此,则贫富贵贱,可以一视矣。"罗大经还讲了一个故事,说有一个人嫌自己的老婆长得不够漂亮,上司知道了,把他找来,"以银杯瓦碗各一,酌酒饮之"。然后问他,酒怎么样,那人说,好。上司就说:"杯有精粗,酒无分别,汝既知此,则无嫌于汝妻之陋矣!"那人一下子明白了道理,"遂安其室"。杜诗诗意的外延,令人回味无穷。

叶圣陶先生在小说《倪焕之》里写到,酒装在坛子里好好的,装进人肚子里就坏了。坏了,说的正是过量。如果喝酒没一点儿好处,今天也就不必弘扬酒文化了,关键是把握好那个"量"也就是"度"。

2003年12月19日,2018年4月20日修订

考绩

年终岁尾,到了公职人员的考核时节,这一年自己的德、能、勤、绩,先自己进行总结,然后由单位评出优秀、合格、基本合格、不合格等若干等级。过去连续两年得到"优秀"的,能够晋升一级工资,现在是奖励一个月的工资,一次过,不再跟随一辈子。

《书·舜典》已有"三载考绩。三考,黜陟幽明"的说法,孔颖达疏曰:"三年有成,故以考工。九岁则能否幽明有别,黜退其幽者,升进其明者。"从前的考绩,一如现在的考核。如果说有区别,在于从前是考察官吏的功过善恶,《五代会要》说得更具体,后唐的考绩范围为"诸司外文武官九品以上"。对官员分别等差考绩的目的,是要升降赏罚。《三国志·魏书·夏侯玄传》载,太傅司马懿向夏侯玄咨询时事,夏侯玄的第五条建议,就是"自(千户)长以上,考课迁用,转以能升,所牧亦增,此进才效功之叙也"。如果将考绩的意义再提升一层,则如《汉书·谷永传》中谷永所言:"治天下者尊贤考功则治,简贤违功则乱。"今天则但凡企事业工作人员,都要全员皆考,"优秀"的除在工资上有所体现外,"不合格"的,待岗或辞退,与从前考绩的出发点和目的不大一致。

古代考绩的具体做法,不同朝代自然并不划一,而有自己的一套。《汉书·京房传》载,元帝时灾难频发,京房进言曰:"古帝王以功举贤,则万化成,瑞应著,末世以毁誉取人,故功业废而致灾异。宜令百官各试其功,灾异可息。"于是,元帝就叫京房"作其事,房奏考功课吏法"。三国的时候,卢毓对魏文帝曹丕也说过"今考绩之法废,而以毁誉相进退,故真伪混杂,虚实相蒙"一类的话,文帝纳其言,且"诏作考课法"。

《旧唐书·职官志》载:"凡考课之法,有四善:一曰德义有闻;二曰清慎明著;三曰公平可称;四曰恪勤匪懈。"明朝又不同,洪武十一年(1378)"令考绩殿最",则只分为上中下三等。这里,不妨细看一下后唐的九等。他们在大的方面分"上中下",每一等级里面再套小的"上中下",因此最高等级为"上上",最低等级的为"下下"。归入"上上"的不用说了,官中极品,无可挑剔;又不妨关注其中的"下",看看他们的劣等官员是怎样一副嘴脸。"下上",乃"爱憎任情,处断乖理",决策不是依法而是拍脑袋;"下中",乃"背公向私,职事废阙",根本就是把权力当成了谋取私利的工具;"下下",乃"居官谄诈,及贪浊有状",不仅眼睛向上,而且简直就是贪官。这样看来,今天的劣等官员与从前的委实没有什么两样。

瞿同祖先生名著《清代地方政府》针对清朝考绩制度时指出:"政府希望以加级或晋升来鼓励或奖赏最有效能的官员。由于地方政府实际上寄托于一千个以上州县官之手,所以在朝廷看来,把好人补充到这些岗位并使其处于各级地方长官的监督之下,是保证行政效率的逻辑前提。"清朝因为政绩显著而被评为"卓异"的州县官,有资格晋见皇帝,通常也能被吏部加级,翎子上多点儿名堂。但各省都有名额的限制,比方广东给了8个名额,最多的直隶也只有13个,一如今日"优秀"的比例不可能太多。那些无能的或腐败的官员,则定为8种,"贪、酷"者,除依《大清律》受刑罚外,还要革职并永不叙用;"疲软无为、不谨"者,革职;"才力不及"者降二级;"浮躁"者降三级调用;"年老、有疾"者劝退。对多数既得不到举荐、也得不到弹劾的属于"合格"这个档次的,也是考核四项:守(操守)、才(能力)、政(行政品质)和年(年龄),跟今天的其实差不了多少。

《今言》里有朱元璋时奖赏的一则趣事:"称职无过为上,赐坐宴;有过称职中,宴而不坐;有过不职下,不预宴,叙立于门。宴者出,然后退。"就是说,工作称职也没出差错的,可以海撮一顿;工作中出了差错但还是称职的,有饭吃,但要站着吃——这倒有点儿让人联想到鲁迅笔下穿长衫而站着喝酒的孔乙己;而那些一无是处的,只能干瞪眼,却不能走,眼馋了、流口水了,也得站在那儿看着,等人家吃完。谁怎么样,用这种方式倒是一目了然。

考绩,看起来有一套严格的标准,但标准是死的,人,无论是考者与被绩者却是活的。一个人实际怎么样,也未必那么泾渭分明,标准套用起来也难免失于随意。《大唐新语》里有一则曰,唐高宗的时候,卢承庆为吏部尚书,"校内外官考"。有一个负责督运的官员,"遭风失米",卢承庆为之考曰:"监运损粮,考中下。"那人面无表情,一声不吭要走,岂料卢承庆认为其人很有雅量,改注曰:"非力所及,考中中。"那人听了,"既无喜容,亦无愧词",卢承庆好像中了邪一样,再改曰:"宠辱不惊,考中上。"一点儿调查研究没有,全凭主观意志行事。其实,那个人脸皮极厚,或者浑浑噩噩得不知发生了什么事情也说不定。

因此,无论是古代的还是今天的,如果考绩纯粹是例行公事,或者是为了搞平衡,就不仅失去考绩的本意,而且还会起到不好的示范作用。凡事都是如此。

2003年12月26日,2018年5月6日修订

元旦

昨天是2004年元旦。元旦是一年之始,今天谁都知道是公历1月1日,但古代的元旦则是指农历的正月初一,就是今天的春节,也叫元日。彼时并无公历概念。王安石著名的《元日》诗——爆竹声中旧岁除,春风送暖入屠苏。千门万户瞳瞳日,总把新桃换旧符——说得明白,放鞭炮、换桃符,全是过年的行为。吴自牧《梦粱录》更直接:"正月朔日,谓之元旦,俗呼为新年。"其实,不光"元旦"在历史上不同时期的特指不同,"春节"也是同样。汉朝时,人们就把二十四节气的第一个立春称"春节";南北朝时,人们甚至把整个春季叫"春节"。既然同样是一年之始,不论古代还是今天的所指怎样,都不妨以"元旦"而笼统称之。

《帝京景物略》记明朝时的北京元旦风俗很有意思。这一天,"五鼓时,不卧而嚏,嚏则急起,或不及衣,曰卧嚏者病也。不卧而语言,或户外呼,则不应,曰呼者鬼也",如果打喷嚏,如果有人叫,都有一套应对办法。然后,"夙兴盥漱,啖黍糕,曰年年糕。家长少毕拜,姻友投笺互拜,曰拜年也。烧香东岳庙,赛放炮杖,纸且寸。东之琉璃厂店,西之白塔寺,卖琉璃瓶,盛朱鱼,转侧其影,小大俄忽……"

《啸亭杂录》记清朝官员李世杰的轶事也很有意思,其捐官出身,然"以廉能称职",在四川总督任上,"未尝宴一客"。某年元旦,李世杰"先饬厨为馎饦(一种食品)十数斛",有下属来谒见,他遣人告之:"知君等劳苦,盍饷以食。"等人家吃完了,他出来,"坐堂皇受礼毕,即令府、厅、州、县等递谒司、道、府、厅,礼毕",开导属下:"元日俗例,上司属员虽不接见,亦必肩舆到门。道有远近,必日昃始归,徒苦僚从,无益也。况若曹亦有父母妻子,岁首例得给假,诸君何不早归,令若曹亦放假半日乎!"那么,李世杰虽然原则面前不让步,但十分体恤下属。

对一年的更替,不同的年龄段有不同的感受,明朝有人说得很形象:"老子回头,不觉重添一岁;孩童拍手,喜得又遇新年。"年纪大的,感叹逝水流年,白驹过隙;年纪轻的,则兴致正浓,以为生命无穷,应了辛弃疾的那句名言,"少年不识愁滋味"。今天我们过元旦,放一整天的假而已,没什么特别的仪式,梁章钜《浪迹续谈》说他们那个时候无论士农工商,"于每年元旦作字,必先用红笺庄书两语",比如"元旦开笔,百事大吉"之类,求个意头吧。梁还说他小的时候,父亲让他写"元旦开笔,读书进益";大一点,让他写"元旦开笔,入泮第一"——那年梁也凑巧得了第一;到应举时,父亲说就写"元旦举笔"吧,一语双关;同样凑巧的是,那年梁果真又中了举人。梁章钜问过父亲这种风俗起于何时,父亲认为明朝已有,其实宋朝《五灯会元》里面早已提到"岁朝把笔,万事皆吉"。道光年间梁章钜拟以疾辞江苏巡抚,同僚都想劝他只请病假算了,何必连官职都放弃掉?但那年元旦他们来到梁家,看到梁的案头上有楷书"元旦开笔,归田大吉"的字样,知道他的去意已决,不劳大家多费口舌了。这也可见,梁章钜一直保持着元旦开笔、举笔或把笔的习惯。

《万历野获编》载,明朝首辅申时行罢相回家,每年元旦必作一首七律给同里同庚的朋友王伯毂;王伯毂"即和而答之",然后申时行把两首诗并排贴在墙上,"直至岁除不撤"。第二年两个人又有新诗了,才把旧诗揭去。如此一来二去,两个人坚持了21年,"岁岁皆然",怡然自得。王伯榖去世后两年,申时行也走了,人们都说,两个人到地下的唱和,一定不会比生前少,只是"下面"没有墙,不知道他们的诗写好了会往哪里贴。明朝还有个叫吴扩的也喜欢在元旦写诗,但他的诗不只是朋友间的往来,而是眼睛先盯着"上面",严嵩主政时他就写了《元旦怀介溪阁老》。他的一个朋友开玩笑说,你这是以新年第一天感怀当朝第一官啊,若是按级别排下来,怀念到我们这里,就是到了除夕恐怕也没轮到。诙谐之中透出一丝鄙夷。

明末还有一位鄢县知县刘振之,曾经"书一小简,藏箧中,每岁元旦取视",看完了,"辄加纸封其上",家里人从不知道那条子上究竟写了些什么。等到刘振之被李自成的队伍破城,"乱刃交下"杀害,家人拆开封条,才发现原来写的是"不贪财,不好色,不畏死"。显然,刘振之是把这三句话当作了座右铭,每逢一年之始拿出来勉励自己,相当地郑重其事,那就肯定不是说说而已了。《明史》对他的记载过于简略,只突出城陷之时,"振之秉笏坐堂上。贼索印,不与,缚置雪中三日夜,骂不绝口"。即使这一简略的记载,也印证了刘振之确实是实践了"不畏死"的。

新的一年,伴随着新的希望,因而往往也使人们易于立下雄心壮志。唐朝杜秋娘有一首给丈夫的诗,其中写道:"劝君莫惜金缕衣,劝君须惜少年时。"作为一个小妾,杜秋娘之诗实际上流露着对丈夫行为的极端无奈,然未尝不可曲其原意用之:光阴荏苒,没必要对名利之事看得太重,紧要的是珍惜时光。在一年之始,更应当细细咀嚼生命的含义。

2004年1月2日,2018年4月9日修订

山口百惠·杨贵妃

有报道说,日本著名女艺人山口百惠在2002年接受记者采访时称:"我是中国杨贵妃的后代。"不知怎的,这一件已经算不得新闻的事情,近来却突然成了媒体间的热门话题。有好事者经"调查发现",山口百惠不仅应该姓杨,而且是浙江三门杨明州的后裔。至于明朝的杨明州和唐朝的杨贵妃究竟是什么关系,好像还没有人考证出来。

改革开放之初,山口百惠在我们这里红极一时。电视连续剧《血疑》,以及她与后来成为老公的三浦友和搭档拍摄的电影《绝唱》《雾之旗》《伊豆的舞女》……可以数出一大串。现在好嘛,山口百惠居然也是我们中国人的后裔,还跟著名的杨贵妃有了千丝万缕的关联,有些人要兴奋不已了,虽然这兴奋并无实质意义。如果证据充分,在下当然不会反对此类事实,但"调查"的主要依据只是族谱,就不能不再次质疑。所以说再次,是因为去年有过一篇质疑文字,那是广州有媒体记者正依据族谱,便言之凿凿地声称广东著名画家苏氏姐妹乃宋代苏轼后裔。

族谱是以文字形式出现的血缘宗族内的人际关系网。国人一向重视编纂之,所谓"三世不修谱即为不孝",这是一种文化情结,而族谱的功能也是不可低估的,它要求同宗彼此相维、有无相济、患难相周。然修谱历来虽都被强调要"质直而可信",但现实中却远远做不到这一点。叶盛《水东日记》云,明朝有胡、杨两人,一时文誉无两,但胡氏"颇厌为人序谱,以其多牵和不实",杨氏则乐此不疲,"平生所叙谱儿五十余家"。叶盛说,胡氏之严近于义,杨氏之厚近于仁。那意思很明白,胡氏对事实负责,有一分则说一分;而杨氏则心太软,磨不过人家恳求。叶盛还说:"士大夫皆惇本务体,此亦可为世道之幸,而彼自薄者,则又在所不足议矣。"这意思也很明白,对于序谱中有交易在内的那一类,叶盛是耻于一谈的。关键在于,时移世易,后人从族谱本身已经搞不清哪些有交易,哪些没有交易,因而对族谱的利用,首要的工作就是甄别,不能族谱里面说什么就是什么。

前人曾痛诉清代谱牒,"生平无所树立而惟工于系援豪强"者有之,"慕势趋利、遂至舍本支而附于他族"者有之,"他族有富贵赫奕者,不问其行辈、不计年齿,而父事之、兄事之,且以夸耀于众"而恬不知耻者有之。上世纪90年代初我在粤东北平远县做田野调查时翻了不少族谱。黄畲乡杨姓居多,祖先便都是东汉那位"天知地知你知我知"的"四知先生"杨震;差干乡谢姓居多,祖先便都是东晋那位在"淝水之战"中指挥淡定的谢安。其他姓氏也是这样。如果单纯地循此逻辑,燕某人(是文发表之时余署名"燕郊")也有可以自豪的,慷慨悲壮的荆轲刺秦王,幕后的主人公正是燕国太子燕丹;顶不济,还有梁山好汉浪子燕青呢。哪个姓氏找不出几个辉煌耀眼的"祖先"?然而这种找法,正应了唐朝史学家刘知幾所云:"世重高门,人轻寒族,竟以姓望所出,邑里相矜。若仲远之寻郑玄,先云汝南应劭;文举之对曹操,自谓鲁国孔融是也。爰及近古,其言多伪。至于碑颂所勒,茅土定名,虚引他邦,冒为己邑。若乃称袁则饰之陈郡,言杜则系之京兆,姓卯金者咸曰彭城,氏禾女者皆云钜鹿。"宋人汪澈说得也一针见血:"自九品中正之法行世,竞以门第相夸。其起家寒微者,往往不爱重币,影附华宗,甚至弃其祖宗而远祖他人。否则凭谬误相沿之语,而令其祖宗谓他人父他人母。又不然则以始祖以前臆增数十百世,俾上接黄、农、虞、夏,以炫其源流之远。"

现在,并无名气的杨明州,因为有名的山口百惠而要"扬名"了。但山口百惠是不是真的这么说过,还要打个问号,因为我们上过许多类似的当。有人曾信誓旦旦地说,1988年,75位诺贝尔奖获得者在巴黎会议结束时宣言声称,人类要在21世纪生存下去,必须回头两千五百年去吸取孔子的智慧,儒家思想将是21世纪的指导思想;还有人说,走进美国西点军校,人们首先发现校园内一尊中国士兵雷锋的半身塑像。对前者,新华社驻法国记者马为民先生后来以与会记者的身份证明,巴黎会议上"根本没有提到孔子",孔子是人类下个世纪精神导师的说法,"纯属凭空演绎"。还有位先生求证过西点军校公共关系办公室,人家答复:"在本军事学院,没有雷锋的塑像或画像。"

即使山口百惠真的这样说过,津津乐道的人们也没必要如此兴奋。韩国前总统卢泰愚一直认为自己是山东卢姓的后裔,后来到我国访问的时候,还专门到胶东半岛去寻过根。再往远看,秦始皇时的徐福率童男女泛海求仙到了日本,在中国不过归为神话传说,而日本却修了徐福墓、徐福祠,若有其事。据汪向荣先生的考证,以讹传讹,把徐福传说与日本相结合,是北宋才开始的,首先出现于欧阳修他们的诗词文章中,并不是正式的典籍。那么,如果祖籍问题与民族自豪感有关联的话,卢泰愚还有整个日本人,岂不成了贱皮子?

2004年1月9日,2018年3月28日修订

言清行浊

要过年了,预防领导干部"节日病"又成人们关注的焦点。各种严厉的或语重心长的"不准""远离",早已经"N令M申"了,而无论哪里总结起拒收"红包"的"战果",也都辉煌得很,但是其实谁的心里都非常清楚,这个问题要想得到根本解决,没那么容易。否则,断不至于如一篇总结报道为了显示整治力度所不经意间透露的:随着时间的推移,当地"红包"的交易越来越频繁、数额越来越大。某种意味上,这是对先前"战果"的证否。

《三垣笔记》云崇祯时期的傅振铎这样说过:"凡招权纳贿,言清而行浊者,虽日讲门户,日附声气,而亦真小人也。凡不招权,不纳贿,品高而名暗者,虽门户无讲,声气无附,而亦真君子也。"言清行浊,说的是清白好话,干的是污浊坏事,用于形容人之言行不一,概括得真是精辟至极。检索典籍,可知这样的话唐朝李虚中已经说过,"言清行浊,执不通变"云云。《水浒传》第十八回,"林冲水寨大并火"之前,林冲曾公开指责王伦:"这是笑里藏刀言清行浊之人!我其实今日放他不过!"金圣叹在此批注曰"快绝妙绝,读之神旺",认为林冲要杀王伦,"非一朝一夕之心矣"。应当说,对一个痼疾的认识和治理措施,每到一定时候就要重申,就要强调,周而复始,不厌其烦,实际上是没有收到应有成效的折射,所以如此，正在于有许多言清行浊之辈。让他在台上唱高调子，无论唱什么调子，他都能唱得非常动听，但私底下的行动却龌龊不堪。前几年，媒体以"两面人"呼之，其实远不如傅振铎骂的"真小人"切中肯綮。小人，本身已是人格卑鄙的人，再加上一个"真"字，憎恶到了骨子里。

从傅振铎那里再早上差不多两千年，《史记·孙子吴起列传》中，司马迁引用了当时的一句俗语："能行之者未必能言，能言之者未必能行。"意思很浅白，能做到的未必能说到，而能说到的未必能做到。较之傅振铎的话，这俗语实有异曲同工之处，不过略显客气而已。但这句客气话，却从侧面向我们告知了此类人等的"起源"时间，说明他们的传统也是"源远流长"的。

一些官员言清行浊，是一种客观事实；但对多数未必称得上是"真小人"的官员，为什么也在许多不准的事情上——比如收"红包"不能罢手呢？怎么就不把禁令当回事呢？苏辙《龙川略志》"与王介甫论青苗盐法铸钱利害"条，其与王安石有一段对谈，很有意思，不妨作一参照。

那是王安石问起私盐泛滥、屡禁不止的状况，苏辙说大家认为杜绝私盐要三管齐下，"其一，立盐纲赏格，使官盐少伴和，则私盐难行；其二，减官价，使私贩少利；其三，增沿江巡检，使私贩知所畏"。但他的态度比较悲观，以为"利之所在，欲绝私贩，恐理难也"，利益的诱惑实在太大，不催生私贩是不可能的。王安石不同意苏辙的观点，觉得"但法不峻耳"，严一点儿就不一样了。苏辙说，贩私盐最高可以判处死刑，你还要刑罚怎么严厉？"而终不可止，将何法以加之"。安石举例说，如果一个村子里有一百户人家贩卖私盐，而只抓获了一两户，别的人家肯定会说："此不善贩，安有败？"真是笨蛋，干这个还能给抓住？所以他们还会继续干。

"若五家败,则其余少惧矣",如果抓获了五家,别的人家就该有点儿害怕了;如果抓获了十家,"则其余必戢矣",就一定有所收敛了;"若二十家至三十家败,则不敢贩矣",为什么呢?"人知必败,何故不止?"贩私盐就要完蛋,铁定如此,也就没人干了;相反,如果私盐贩子漏网的太多,大家都知道这么干没什么大不了的,根本上的制止也就无从谈起。那么,王安石的"法不峻耳",实际上说的是法之不"均",犯了同样的事情,多数人能逃脱惩罚,法律就起不到震慑的作用。

二人关于私盐禁而不止的这番议论,完全可以套用于当下的"节日病"。每当各级部门宣布成果,都沾沾自喜地炫耀"红包"上缴了多少,这些数字其实没有丝毫意义。尽管和哪一年的相比,拒收或上缴的"红包"数量上升或下降了一个多么了不起的数字,但因为这数字与客观存在的、无法能得其详的数字并不构成真实的对比。收受他人巨额贿赂后,将其中一小部分上交至廉政账户,却将大部分的款项收入私囊,这样的贪官早就屡见不鲜。因此,归根到底,要像王安石判断的那样,倘若以一国只有百名官员来打比方的话,收"红包"的,"败者"不能"止一二",也不能止于五个、十个,而应当是二十、三十或更多,也就是使官员能产生明确认识:一旦收受"红包",则"知其必败"。

在《龙川略志》"议奏荐门客"条,苏辙还说过:"非知之难,蹈之实难。"包括拒收"红包"在内,什么道理其实都不用讲得太多,谁都清楚,不明白的只是装糊涂而已,难的是付诸实践,或者这正是"真小人"与"真君子"之所以产生的逻辑前提。那么是不是可以这样认为,当下的诸多禁令、不准,只能对"真君子"能起到作用,而对"真小人",除了严厉打击,别无他途。

2004 年 1 月 16 日,2018 年 7 月 19 日修订

之乎者也

香港凤凰卫视前不久播出的大型访谈节目《说不尽毛泽东》中,被访谈人士尽皆当年毛泽东身边的工作人员,卫士、保健医生、秘书等等,甚至有红极一时的"迟群和小谢"中的小谢——谢静宜。只是岁月沧桑,小谢已成了老谢。他们讲的那些生活中的细节,不乏逸闻趣事。比方前保健医生王鹤滨老先生讲到,毛岸英刚从苏联回国的时候,满口俄文,延安的秀才们要为他补习母语。因为是从古代典籍补起,把岸英弄误会了,以为寻常说话也是如此腔调,于是满口之乎者也。人们每每忍不住笑,岸英则曰:"我又说错了乎?"

"知之为知之,在乎不在乎,此人何其者,孔老夫子也……很久以前我们的老师都曾经这么说",罗大佑作词作曲的《之乎者也》,形象地道出了一个事实:之乎者也,是古人的"专利"。严格说来,那也是古人的书面语,他们日常说话并不是这般文绉绉。古人怎么说话?从前的著作里有原汁原味的实录。举明朝叶适的《水东日记》为例。洪武十三年(1380),朱元璋循历代之例册封孔子第五十五代孙孔克坚为衍圣公之时,在大殿上当着文武群臣是这样说话的:"我看您是个有福快活的人,不委付您勾当,您常常写书与您的孩儿,我看他资质也温厚,是成家的人。您祖宗留下三纲五常垂宪万世的好法度,您家里不读书是不守您祖宗法度,如何中用?您老也常写书教训者,休怠惰了。于我朝代里,您家里再出一个好人呵不好?"里面虽然也间或蹦出了"者"字,"之乎也"就都没有出现,且从通篇来看,朱元璋那时候说话,跟咱们今天说话大体差不到哪里去。

之乎者也这一类词,文言文里叫作虚字,本身没有字意,只表示语法关系。有人研究,书面语里大量出现之乎者也,是春秋后期的事,并称之为我国散文史上的第一次也是最重要的一次大变革。这种含有大量虚字的书面语,在当时被称为"雅言",有一点儿像今天的"普通话",用雅言写的文章后来统称为"文言文"。宋太祖很瞧不起虚字。《邵氏闻见录》云,有一天他在京城视察,指着"明德之门"的门额问赵普:"安用之字?"赵普回答,语助。太祖大笑曰:"之乎者也,助得甚事。"在《湘山野录》里,宋太祖去的则是朱雀门,说:"何不只书'朱雀门',须著'之'字安用?"看起来,太祖有此一行、有此一问,还是八九不离十的。

"之乎者也矣焉哉,七字摆开好秀才。"古人作文,必在运用虚字上很下功夫,虚字用得好,也的确能见出功夫。《归田琐记》云清朝时扬州有家酒馆名叫"者者馆",叠用两个者字,大学者王士禛不解其意。主人告诉他:"取近者悦,远者来之意。"扬州还有个"兜兜巷",住在这里的妇人多以做肚兜为业,就是今天的专业一条街吧。有人据这两个古怪的店名和街名还填过一首《寄江南》:"扬州好,年少记春游。醉客幽居名者者,误入小巷入兜兜,曾是十年留。"

虚字也可以入诗。杜甫有"古人称逝矣,吾道卜终焉",还有"去矣英雄事,荒哉割据心";黄庭坚则有"且然聊尔耳,得也自知之"。宋人罗大经说:"诗用助语,字贵妥帖。"他非常推崇前辈一位乡贤的"并舍者谁清可喜,各家之竹翠相交"。钱锺书先生《谈艺录》中指出,前人"用'之'字、'哉'字、'而'字句多不胜举。六代则徐幹一作,仿制者尤多。唐则李杜以前,陈子昂、张九龄使助词较夥……唐以前惟陶渊明通文于诗,稍引厥绪,朴茂流转,别开风格。如'结庐在人境,而无车马喧'"等。但上面提到的王士禛对此不以为然,认为自明朝天启之后,竟陵派文人仿效前人,多用"焉哉乎也"等虚字成句,"往往令人喷饭"。为什么?他没有细说,但钱先生说了:"盖理学家用虚字,见其真率容易,故冗而腐;竟陵派用虚字,出于矫揉造作,故险而酸。一则文理通而不似诗,一则苦做诗而文理不通。兼酸与腐,极以文为诗之丑态者,为清高宗之六集。"把乾隆皇帝也给贬损了一通。

在之乎者也问题上最令人喷饭的,当推钱易《南部新书》里一名达官的东施效颦。有一天,他路过"汉太子太傅萧望之墓",对碑铭感到很不能理解,说直接写"萧望墓"不就行了,"何必加'之'字?"显然,他不知道"萧望之"正是人名,人家并不叫"萧望"。萧望之非无名小辈,墓碑上点出来了,他当过皇帝的老师。班固《汉书》作结曰:"萧望之历位将相,籍师傅之恩,可谓亲昵亡间。及至谋泄隙开,谗邪构之,卒为便嬖宦竖所图,哀哉!(不然,)望之堂堂,折而不桡,身为儒宗,有辅佐之能,近古社稷臣也。"这个胸中只有半桶水的达官,想学人评点周遭,不料一开口便露了怯。

前些天看到一则消息说,《清史》的编纂已经启动,将采用文言撰写。就是说,21世纪编的《清史》仍然要满篇之乎者也。对这消息,我是先惊后疑。先惊,在于此举的漠视时代;后疑,在于对参与编纂的多数人来说,是否真的有驾驭之乎者也的本领。并且,今天说话时再用这些文言虚词,往往是讽刺人之说话喜欢咬文嚼字,也用于形容半文不白的话或文章,合适吗?

2004年1月20日,2018年3月26日修订

影射

崔永元炮轰电影《手机》及其主创人员,是时下的一个热门话题。小崔怒起,乃因本片影射了他。其实在他还没有站出来的时候,包括本人在内的很多人,看电影的时候就已经不约而同地想到了他。崔永元以主持央视《实话实说》栏目而闻名。而电影中的"葛优",则是《有一说一》栏目的主持人。我国各级电视台有多少谈话类节目?又有多少如崔永元主持得如此出色的谈话类节目?《实话实说》与《有一说一》之间存在多大的相似度?综合起来看,倘说电影根本没那个意思,而是小崔和观众把事情给想歪了,强词夺理而已。

影射,即借此说彼,指东打西,为前人所惯用。《清稗类钞》云,明朝赵文华的后人有一次到邻村看戏,演的是《鸣凤记》,里面有"文华拜严嵩为义父",因为"描摹龌龊形状,淋漓尽致",这人大为不满,第二天竟仗势"执全班子弟,送县请究"。赵文华是进了《明史·奸臣传》的,其后来失宠,被嘉靖皇帝黜之为民,"戍其子边卫",有这么几个原因:一是"帝尝遣使赐文华,值其醉,拜跪不如礼,帝闻恶其不敬"。二是文华"进方士药,帝服之尽,使小珰再索之,不应"。三是"西苑造新阁,不以时告成",有天嘉靖登高,见西长安街有高甍,问是谁的房子,左右曰:"赵尚书新宅也。"另有人补充说:"工部大木,半为文华作宅,何暇营新阁。"诸如此类,表明《鸣凤记》并没有冤枉赵文华。对戏班子而言,类似的经验一多,由不得不鉴前车,玩儿一点儿你说我在说你,明明我是说他的技巧。

王应奎《柳南续笔》里有一条借用戏剧中的成例来进行影射的故事。说有一次张南垣和吴梅村一起喝酒,台上在演《烂柯山》传奇。张南垣"善叠石,为人滑稽多智,出语便堪抚掌";吴梅村乃前明国子祭酒,"迨入本朝,以原官起用",属于降清。《烂柯山》讲的是汉朝"马前泼水"的朱买臣的故事。这故事大家都耳熟能详:买臣贫时,樵于烂柯山,其妻厌薄之,求去;后买臣贵显,而故妻嫁夫微贱,买臣迎入官舍,旋自经而死。千百年来,人们认为买臣之妻是不能与夫君共患难的典型代表。其实,如果认真读一下《汉书·朱买臣传》,或许可以多一层理解:买臣"家贫,好读书"不假,但他"不治产业,常艾薪樵,卖以给食,担束薪,行且诵书。其妻亦负戴相随,数止买臣毋歌呕道中。买臣愈益疾歌"。正是在这种情况下,"妻羞之,求去"。类似一个疯子的举止,谁能从中看到希望呢?朱妻受到后世诟病,不过是因为朱买臣碰巧当官了、发达了而已。清顺治十年(1653),被吴晗先生称为"爱国历史家"的谈迁,为了完成他的著作《国榷》,从家乡浙江海宁出发到北京去查资料,路过嘉兴"五里杉青闸"时看到了人们给朱买臣妻立的"羞墓"。隔了那么多年,我们有理由怀疑那是个假古董,不过是留待文人士大夫发泄的一个道具罢了。

话扯得有一点儿远,还是回到《烂柯山》传奇。剧中有个张木匠,唱戏的人因为知道张南垣"善叠石",唱到张木匠的时候,"伶人以南垣在座,改为张石匠"。吴梅村听到后,便用扇子敲敲茶几,赞道:"有窍!"这一夸,惹得全场哄堂大笑,因为人们都听得出吴的弦外之音。张南垣吃了个哑巴亏,只有默不作声。后来戏演到朱买臣的妻子认夫,买臣唱:"切莫提到朱字!"张南垣也用扇子敲敲茶几,说:"无窍!"这一回,满座惊讶不已,而梅村"不以为忤"。这里的"有窍"和"无窍",均吴中方言,略似表示赞赏和否定。吴梅村与张南垣都是吴人,所以是在用方言互相讥刺。吴梅村是笑张南垣被伶人揶揄,而他自己不忠于明,等同不忠于姓朱的,这点前科大家都清楚,因而张南垣表面上是骂伶人连这个都不知避讳,实际上是在影射吴梅村的"变节"。

钱泳《履园丛话》里对此事也有记载,不过略有不同。说吴梅村有意点了《烂柯山》,"盖此一出中有张石匠,欲以相戏(张南垣)耳!"同样因为唱戏的人认识张,所以"每唱至张石匠辄讳张为李"——不是改身份而是改姓氏;等到张南垣拍案大呼"此伶太无窍"的时候,自取其辱的吴梅村也并非"不以为忤",而是"为之逃席"——还是为降清感到了羞愧。两者相较,后者更真实可信。吴梅村是个很诙谐的人。太仓东门有个姓王的靠皮工起家至巨富,新盖了房子请他这个大名人题额,他挥笔写出"阑玻楼"三个大字。大家都不明白是什么意思,"以为必有出典",蕴含着学问;请教他,他则说:"此无他意,不过道其实,东门王皮匠耳。"如此幽默的吴梅村不是碰巧而是有意调侃张南垣,是很有可能的,只是搬起石头砸了自己的脚,为他始料不及。

在任何时候,善意的调侃都不是什么大不了的事。而电影《手机》的过火之处,我以为是把一个号称是在从事《有一说一》也就是《实话实说》的人,刻画成实质上是口头满嘴谎言、行为龌龊不堪的人。这就突破了调侃的底线。崔永元不能容忍,设身处地地想一想,换了我们,对这种影射能容忍吗?

2004年2月20日,2018年5月1日修订

杀情妇

2月17日,安徽省萧县交通局原局长李志强雇凶杀人案在宿州市中级人民法院开庭审理。李志强雇凶杀害的,是他的情妇李某,二人十多年前即有不正当关系,并生有一女;但在李志强当上交通局长后,即欲断绝与李某的关系,而李某不同意。李志强即安排下属凡某于2003年5月15日晚将其杀害,并伪造了交通事故现场。

包养情妇,在近年来落网的腐败分子中已经算不得新闻。2月12日被执行死刑的安徽省原副省长王怀忠,似乎暂时是个例外。不过,尽管王怀忠口口声声称自己是"三无"干部——没有经济犯罪、没有买官卖官、没有腐败堕落,但其案件的第二公诉人孙屹峰作客央视《新闻会客厅》时谈到,王怀忠的大部分受贿所得应当说都花在女人身上。

在"不准"的时代趋之若鹜,乐此不疲,在"准"且习以为常的时代,包养情妇的事情就更会少不了了。

《宋史·萧贯传》里,有一个叫孙齐的抚州司法参军,是"以明法得官"的。明法,唐宋时科举制度的科目之一,主要考关于法令的知识。孙齐刚一当上官,有了资本,即"以其妻杜氏留里中,而给娶周氏入蜀",趁着发妻不在身边,先弄个新老婆再说。等到周氏察觉自己其实只是个妾,比情妇好不了多少,咽不下这口气,"欲诉于官"。孙齐害怕了,"断发誓出杜氏",休了家里的,而把周氏扶正。这里似乎透露了一个信息,即使在"准"的时代,"准"的程度也是有底线的。可惜孙齐的"信誓旦旦"只是权一时之需,等到抚州司法参军的任命下来,他干脆把周氏也扔一边了,转而"纳倡陈氏",又找了个情妇,并且"挈周氏所生子之抚州"。谁知周氏是个不依不饶的人,没到一个月,追到抚州来了。孙齐官当大了,胆子也就更壮了,这一回他不再有什么许诺,而是揪住周氏,"摔置庑下",且"出伪券"——假的婚姻证明?——说:"若慵婢也,敢尔耶!"说完还杀了他和周氏所生的儿子。这样看来,只要别坏了自己的前程,孙齐是什么事情都干得出来的。

这件事所以出现在《萧贯传》里,概因为像孙齐这样一个道德败坏兼且命案在身的官员,在抚州本土,法律并没有拿他怎么样,也没有官员想到要拿他怎么样。周氏就是"诉于州及转运使,皆不受",到了"呼天不应,叫地不灵"的地步,人家给她出主意:"得知饶州萧史君者诉之,事当白矣。"只有去找萧贯了。周氏于是"以布衣书姓名,乞食道上,驰告贯"。最后,也果真是"临事敢为,不苟合于时"的饶州知州萧贯,收拾了孙齐。抚州与饶州并无隶属关系,"而贯特为治之"。萧贯究竟是如何"越权"行事的,我们不大清楚,但不难想见,处理这样一件事实如此清楚却又百般受到庇护的人物,正常的司法程序肯定已是走不通的。

比较地看,孙齐还只是杀了他与情妇所生的孩子,同朝另一个叫杨孜的,干脆杀掉了情妇本人。张师正《倦游杂录》里清楚地记载了此事。

杨孜当年进京应举之时,"与一倡妇往还,情甚密"。那时的杨孜还是个穷光蛋,全赖人家"尽所有以资之"。两人相处了一年多,等到杨孜登了第,前程"锦绣"起来了,就不是原来的那个杨孜了。先把面上的事情做足,"贫无以为谢,遂给以为妻",然后一同回老家襄阳。快到的时候,他才对情妇说实话:"我有室家久矣,明日抵吾庐,若处其下,渠性悍戾,许当相困,我视若,亦何聊赖?数夕思之,欲相与咀椒而死,如何?"我早就成家了,没敢告诉你,我那婆娘泼得很,你是小的怎么受得了,又叫我怎么忍心呢?明天就要到家了,我想了几天,干脆咱俩服毒自杀吧。情妇很是感动:"君能为我死,我亦何惜?"两人随即摆开了酒菜,"杨素具毒药于囊,遂取而和酒"——就是说,他这主意根本不是临时想出来的,从张榜公布的那一天起,可能已有下手的打算了。因此,当情妇傻乎乎地"一举而尽"之后,他把杯子端到一半又有话说了:如果咱俩一起死掉,"家人须来藏我之尸",可是谁收你的呢?"必投诸沟壑,以饲鸥鸦",不如等我埋了你,我再死吧。到这个时候,情妇才醒悟自己上当了,大呼曰:"尔诳诱我至此,而诡谋杀我。"杨孜呢?把情妇"燔埋而归",一身轻松地开始他的新人生了。杨孜后来"终于祠曹员外郎、集贤校理",可见这件人命案一直没有暴露,或者说暴露了,但他的"保护伞"保护了他,因为不难想见,如果事情只是发生在他与情妇两人之间,张师正又是怎么知道的呢?

必须看到,养情妇这种封建余孽至今阴魂未散。《中国共产党纪律处分条例》已于日前颁布,包养情妇(夫)列入了惩处范围,将给予开除党籍处分。有专家说,目前我国法律对于包养情人暂时还无法制裁,那么,这一处分条例的出台,算是填补了社会道德和法律尚未可能也无法涉足的真空地带吧。

2004年2月27日,2018年5月16日修订

外号

2月2日出版的《三联生活周刊》,封面文章是《朱胜文的灰色档案》。朱胜文,哈尔滨市原副市长。1996年10月,检察机关对之以受贿罪立案侦查;1998年12月,以受贿罪、巨额财产来源不明罪被判处有期徒刑17年。但是,去年12月29日,在黑龙江省司法鉴定中心进行疾病鉴定、办理保外就医过程中,朱胜文则跳楼自杀身亡。关于朱胜文,《三联生活周刊》这一篇告诉我们一点新信息:朱胜文其貌不扬,当地人称其为"车轴汉子"。

"车轴汉子",也就是人长得矮胖。外号,是根据一个人的特征,在本名以外另起的名号。绰号、诨名都属于外号的品种。宋朝大约有给人起外号的习惯。《水浒传》留给我们的一个深刻印象,就是一百单八将个个都有绰号,豹子头林冲、小李广花荣什么的,或根据其人的形体特征,或根据其人的技艺所能。汉将李广射箭了得,《史记》中说他"出猎,见草中石,以为虎而射之",结果"中石没镞"。花荣箭法高超,因此江湖上人送美誉"小李广"。当然,名不副实的或者吹牛皮的当然也不乏见,比如黄信的"镇三山",实则他武艺平平,连燕顺、王英、郑天寿三人合起来都打不过。那些在忠义堂石碣上没留下姓名的,也不例外地都有绰号,比如晁盖叫"托塔天王",王伦叫"白衣秀士",鲁提辖三拳打死的猪肉佬,也叫作"镇关西"呢。

不要小看梁山人物的这些绰号,里面还潜藏着不少学问。比如病关索杨雄的那个"关索",从清代起就开始吸引许多学者进行考证。他们发现,宋朝很多武人都以"关索"为名,袁关索、贾关索、张关索等。今世余嘉锡先生《宋江三十六人考实》中,于宋代典籍更找到了十几个以"关索"为名号的人,"不惟有男,而且有女矣。其不可考者,尚当有之",进而认为"此必宋时民间盛传关索之武勇,为武夫健儿所忻慕,故纷纷取以为号"。周绍良先生《关索考》也指出:"西南所传古迹,诸葛亮之外,当推关索,很多把他作为地名。"这些地名,有"关索岭""关索城",甚至有"关索寨""关索桥"。然而关索者谁?从《水浒传》对杨雄的绰号逆推,该是一身好武艺且脸无病征。关索的痕迹那么多,而故事却没有得到流传,这正是引起后人极大兴趣的爬梳缘由。周先生根据唐范摅《云溪友议》与五代孙光宪《北梦琐言》中的相关记载提出一个假说:"我很怀疑它是由迷信演变过来的。"一个阅读中很容易被忽略的外号,连带出那么多学问,无疑开扩了我们认识问题的视野。

杨雄武艺高强而"面貌微黄",所以人们称他"病关索",这类外号可以说形神合一。类似美髯公朱仝、丑郡马宣赞、鬼脸儿杜兴,或者没羽箭张清、双枪将董平等,则是偏重了长相或技能的某一方面。《水浒传》是文学作品,创作的成分居多,但在外号这一点上,显然也是基于实际生活的。

《朝野佥载》云,武周时的张元一"腹粗而脚短,项缩而眼跌",时人就叫他"逆流蛤蟆"。《柳弧》云,清朝时四川有位姓李的小吏,"其腮歪甚",大家就都叫他"你(李)来打"——四川方言里你、李同音。这就是利用人的身体缺陷来强取外号,以行取笑之事。当然,有意义的还是针对人的作为。杨震暮夜却金,告诫对方"天知地知子知我知",所以人们称之为"四知先生";王珪碌碌无为,"以其上殿进呈,曰取圣旨;上可否讫,云领圣旨;退谕禀事者,曰已得圣旨也",所以人们称之为"三旨相公"。包拯、海瑞、况钟,为官清正,严惩贪官污吏,为民做主行事,百姓有口皆碑,乃有包青天、海青天、况青天之谓,用以嘉称他们的功德。这些著名的人物之外,见之于大大小小的官员的外号,可以说数不胜数。就以好起外号的宋朝为例,刘随为成都通判,"严明通达",所以人们叫他"水晶灯笼"(《东斋记事》)。蔡元庆对人总是笑脸,"溢于颜面,虽见所甚憎者,亦亲厚无间,人莫能测",所以人们叫他"笑面夜叉"(《老学庵笔记》)。陈希闵"以非才任官",水平跟不上要求,让他写点什么,"秉笔支颐,半日不下",所以人们叫他"高手笔"(《南部新书》)……

比较地看,用外貌来嘲弄人,尽管很传神,但是失之于理智,且极为粗鄙。正如一个人不能决定自己的出身,但是可以选择自己的道路一样;一个人也不能决定自己的形貌,但是能够决定自己的行为。因此,对朱胜文的"车轴汉子",不免让人感到如鲠在喉。我们并不怀疑它的存在和形象性,然而,如果朱胜文没有倒台的话,这个外号尽管人人皆知,恐怕无论如何媒体都是要避之唯恐不及的。现在这样翻出来,有意思吗?这一句,无非是说朱胜文并非仪表堂堂而已,但仪表不佳与骂名千载并无半点联系,谁不知道大汉奸汪精卫就是个美男子?那么,尽管是对贪官,也没必要利用针对形体的外号来加重贬损的成分。如果一定对他们的外号感兴趣,不如多说说王怀忠的"王三亿"、姚晓红的"三盲院长"、张二江的"五毒书记"那一类,那才是他们造孽之时或之后为自己挣得的盖棺定论!

2004年3月5日,2018年4月8日修订

"秦桧墓"

不久前,南京西郊江宁镇沿江开发区工地上发现一南宋古墓。南京是"六朝古都",发现哪个朝代的墓葬按道理都不足为奇,但这个墓不然,因为刚一露面,即有专家说它"可能是千古第一大奸臣秦桧的坟墓"。随着主墓室的打开,陪葬品空空如也,于是,"不少南京的历史学家"转而"倾向于认为这是秦桧当年为掩人耳目制造的假墓之一"。但是接着,当一缕漆黑的长发出现在棺内,墓主最终确定为女性时,报道的标题也终于斩钉截铁了:南京疑似秦桧墓闹剧调查。

言之凿凿的事情,倏忽之间成了无稽之谈,这两年有见怪不怪的态势。但这座平常的古墓被炒得这样热闹,恐怕不是当初下结论的教授后来所说的什么记者"瞎写"、他"被人当枪耍了"那么简单。一个巴掌拍不响,当地新闻业的恶性竞争是一方面,一些所谓专家的浮躁与恶俗可以构成另一方面。真相如何,我们局外人弄不清楚,但对"秦桧墓"及疑冢,还是有几句话可说。

设立疑冢,目的是要使人真伪难辨,以防盗掘。广州大学城所在的小谷围岛上有座土丘,当地人呼之为刘皇(王)冢,有可能是南汉皇帝的坟墓。去年,广州市考古所对该冢进行了发掘,出土一批五代瓷器不假,此外并没有什么重大的发现。该墓曾经被盗,是一个不争的事实,但这个冢,很可能就是个疑冢。《双槐岁钞》云:"南汉刘隐僭据广州,传四世,皆昏虐。多立疑冢,以虞发掘。"这是说,别看南汉国只有57年的历史,但那几个皇帝都太坏,知道自己死后人家可能要掘坟扬骨,于是造了很多假坟。循此来推理,广州的周遭,称作刘皇冢的土丘不会是只此一地。

以疑冢闻名的,该是曹孟德了。罗大经《鹤林玉露》云,曹操在临漳一带曾经大布疑冢,有72个之多。在"燕山有石无人勒,却向都梁记姓名"的宋朝,"北人岁增封之"。因此,范成大过漳河时有诗曰:"一棺何用冢如林,谁复如公负此心。岁岁蕃酋为封土,世间随事有知音。"对曹操很一番讥讽,认为他与辽金那些蛮夷都是一丘之貉。宋朝的另一位俞应符,说得更直截了当:"生前欺天绝汉统,死后欺人设疑冢。人生用智死即休,何有余机到丘垄。人言疑冢我不疑,我有一法君未知:直须尽发疑冢七十二,必有一冢藏君尸!"此诗被后人称为"诗之斧钺",痛快淋漓。历史上对曹操素存偏见,这样恨他一点儿也不奇怪。给曹操翻案似乎只是上世纪50年代的事,把他的"白脸"涂成了"红脸",由"遗臭万年"一跃而成为"实干家""大军事家""杰出诗人"。举之上天,按之入地,这种对人物评价的大起大落不限于曹操,这里先不去计较。然对曹操的疑冢,我是有一点儿怀疑的。《三国志》载,曹操遗令曰:"天下尚未安定,(葬礼)未得遵古也。葬毕,皆除服。其将兵屯戍者,皆不得离屯部。有司各率乃职。敛以时服,无藏金玉宝藏。"看得出,曹操不仅根本没有立疑冢的意思,而且连自己的丧事都要求从俭。那么,敢是他私底下另外又吩咐过一番?

对秦桧的疑冢,则可以持另一种怀疑态度。关于秦桧,大抵国人没有不知道的吧。用朱熹的话说:"呜呼,秦桧之罪,所以上通于天,万死而不足以赎者,正以其始则唱邪谋以误国,中则挟虏势以要君,使人伦不明,人心不正,而未流之弊,遗君后亲,至于如此之极也。"作为一代权奸,在秦桧身后的各种官私著作中,无不以负面形象出现。元朝虽对儒家的"严华夷之辨"多所避忌,但他们的官修《宋史》也将秦桧列入了《奸臣传》。所以,杭州西湖边岳王庙里的秦桧夫妇之跪,已经是一个文化符号,诠释了古人对忠臣与奸臣的形象理解,是那个时代对世人最具效果的告诫与昭示。诚然,即便是千古罪人,倘若真的发现他的墓或疑冢,其文物价值仍然不可低估。然而,秦桧将死之时,便已经不再能呼风唤雨。他委托曹泳写个东西,让儿子秦熺接他的班,他死的第二天,曹泳就被罢了官,"安置新州"。高宗与他,早已经貌合神离,百计欲削之。秦桧死后,高宗虽为其神道碑题写"决策元功,精忠全德"八字,却无人为之撰写碑文,倘非皇帝默许,如何可以想象?这种情况下,即便秦桧本人想立疑冢,谁给他立呢?

"未归三尺土,难保百年身。已归三尺土,难保百年坟。"无名氏的这首诗,道出了一个亘古不变的事实。历史上关于秦桧墓被盗有不少记载。南京媒体援引《江宁县志》云,明成化十一年(1475)就有一次,盗墓者"获金银器具巨万",被抓获后,当地官吏有意"减其罪,恶桧也"。《客座赘语》说嘉靖末年也有一次,盗墓者"所获不訾,官因恶桧而缓其狱"。那些被盗的是墓还是疑冢姑且不论,某一天,真的发现了秦桧墓也是可能的。问题在于,当下一个普通的墓葬发掘,为什么在毫无证据的情况下一定要咬定秦桧不放松,这种为了追逐轰动而不惜逐臭的现象值得我们深思。

在"秦桧墓"、疑冢不攻自破之时,又有媒体放出风来:这个墓可能是秦桧的爱妾墓。看起来,这个闹剧还没有平息的迹象。

2004 年 3 月 12 日,2018 年 4 月 3 日修订

自比

2月12日,安徽省原副省长王怀忠被执行死刑,使之成为继胡长清、成克杰之后,我国改革开放以来第三个被处以极刑的省部级以上腐败高官。王怀忠虽集各种恶习于一身,却自恃甚高。他自比曹操,认为自己是"泽中蛟龙",迟早要"终入大海作波涛"。把自己和曹操联系起来,王怀忠除了狂妄自大之外,大抵出于这样两个原因:一个是他出生在安徽亳州,而曹操正是沛国谯县即亳州人,两个人是小同乡;另一个是他信奉并实践曹操的格言:"宁愿我负天下人,不让天下人负我。"

自比,有自认为的意思。诸葛亮《隆中对》开篇便说自己"躬耕陇亩,好为《梁父吟》。身高八尺,每自比于管仲、乐毅"。管仲,有"春秋第一相"之谓,辅佐齐桓公"九合诸侯,一匡天下",成为春秋五霸的第一霸主;乐毅呢,辅佐的则是燕昭王,有亲帅大军"攻入临菑,尽取齐宝财物祭器输之燕"的辉煌战史。蛰伏中的诸葛亮觉得自己和这两个人差不多,能够成就相应的作为。自比只是从自己一方来看问题,是否得当,可交给时间来检验。在这之前,身边人的不屑或者看走眼是有可能的。对诸葛亮的自比,便"时人莫之许也",只有崔州平、徐庶"与亮友善,谓为信然"。

自比曹操的人自古并不多见,也许是曹操的声名向来不为所谓主流声音认同的缘故吧。历代贱曹操、贵刘备,大有告诫外姓人不要试图染指帝位的意味。西汉立国之初,刘邦就杀白马为盟:"非刘氏为王,天下共击之。"连诸侯王都要永远把持在自家手里,更不要说宝座了。坐上了宝座的那个姓的宗族这样想问题不足为奇,奇的是后世那么多不相干的人跟着摇旗呐喊,纷纷往曹操的头上扣屎盆子。浏览所见,好像唐玄宗自比过曹操,他年轻时自称"阿瞒",那正是曹操的小名。玄宗自比曹操,大概是赞赏曹操胸怀大志,后来他也果真成就了"开元盛世"。不过,后世的"曹操"终究不多,倒是有不少"诸葛亮"。

罗大经《鹤林玉露》云,王安石晚年喜欢读唐朝薛能诗:"山屐经过满径踪,隔溪遥见夕阳春。当时诸葛成何事,只合终身作卧龙。"薛能对诸葛亮的这一评价,罗大经不同意,他说:"孔明之出,虽不能扫清中原,吹火德之灰,然伸讨贼之义,尽托孤之责,以教万世之为人臣者,安得谓之成何事哉!"但罗大经认为,王安石好诵此诗,"盖以自喻"。诸葛亮"出师未捷身先死",安石熙宁变法亦以失败而告终,这一句"诸葛成何事",想来引起了他的强烈共鸣。那么,安石自比诸葛亮,焦点该在"抱憾"方面。

岳飞的孙子岳珂在其所著《桯史》里,讲了郭倪自比诸葛亮的故事。郭倪在当人门客时,就在自己扇面上题诗"三顾频烦天下计,两朝开济老臣心",认为自己是被当作诸葛亮请出山的。后来,郭倪当上殿帅,"宾客日盛,相与怂恿",更飘飘然了,"真以为卧龙复出"。时吴衡守盱眙,他跑去跟人家说:"君所谓洗脚上船也,予生西陲,如斜谷祁山,皆狭隘,可守而不可出。"陈景俊负责粮草,他模仿诸葛给人家发令:"木牛流马,则以烦公。"惹得在场的人们哈哈大笑。等到他"自度不复振",没有了"出山"的可能时,伤心了,"对客泣数行"。有人马上开玩笑:"此带汁诸葛亮也。"郭倪式的自比,纯粹邯郸学步。

《异辞录》云,清末左宗棠"幼年自负,几不可一世",时人称之"小诸葛",他亦以此自比,给朋友写信,落款不署己名,而是"老亮顿首"。还有记载说,他在书信末尾常常自署"今亮",每对人说:"今亮或胜古亮。"他自比的那个诸葛亮成了"古亮",且青出于蓝或胜于蓝。在题卧龙岗诸葛草庐时,左宗棠这样写的:"出处动关天下计,草庐我也过来人。"方方面面皆与之自比。他去世后,有人挽之云:"将相俱全才,恰同潞国勋名,汾阳威望;军民怀旧德,忍见武侯遗垒,太傅丰碑。"潞国、汾阳、太傅,分别是北宋文彦博、唐代郭子仪和晋代羊祜;武侯,当然就是诸葛亮了。从左宗棠一生的事业和作为来看,应当说配得上吧。

自比古人以励志,不是什么坏事。宋人王十朋云:"扬雄、韩愈自比孟子,雄、愈非轲敌,而以轲自期,有以见君子自强之志也。"但是,自比不当,是乃自大。以王怀忠而言,与曹操可谓相去万里。首先,王怀忠的文化程度极低,曹操呢?"建安文学"的领袖之一,用《广阳杂记》里的评价说:"曹诗平平写景,而横绝宇宙之胸襟,唐以后作大声壮语者,不及万一。"其次,曹操重权在握,"挟天子以令诸侯",然而在腐败不堪的东汉末年,我们又几曾听闻曹操落入窠臼,贪婪地为自己谋取私利呢?再看王怀忠,当地人背地里称之"王坏种",至于有"只要反腐不放松,定能抓住王怀忠"的民谚问世!

有一种悲哀,叫作志大才疏。自比倘若到了不自量力的地步,难免要为后人留下笑柄。这样来看,真可谓古有郭倪、今有王怀忠了。

2004年3月26日,2018年4月26日修订

长相

上周《南方周末》的封面专题为《还原马加爵》。马加爵,来自广西宾阳县的云南大学生化学院生物技术专业2000级学生。2004年2月中旬,他在大学宿舍里连杀四个同学,引发了轰动全国的"马加爵事件"。当年3月,马加爵在海南省三亚市落网;4月被昆明市中级人民法院依法判处死刑,剥夺政治权利终身;6月17日被依法执行死刑。

从文章来看,所谓还原,在于外界对马加爵有很多误读的地方。比如那个通缉令上的照片人们都很熟悉了,不知是发布者有意还是无意,那张照片显示的马加爵不仅肌肉发达,而且面目颇有些狰狞,就不免让许多人产生误解。《还原马加爵》并非为之辩解,而是要相对客观地"再现"其人,对那些笃信有如此长相乃有如此行为的人来说,则有以正视听的意味。

判断一个人是善还是恶,是正还是邪,长相的确不能说明什么,更不能用来得出结论,但有相当多的古人"以貌取人"。在小说《三国演义》中,诸葛亮第一次见到魏延时,便说魏延脑后长着"反骨",天生就具备了闹事的征兆,"迟早必反,不如诛之,以绝后患"。虽小说家言,但"反骨"说并非凭空杜撰,而有旧时社会"三观"作为基础。至于什么"顶有拳发,受刑之相"一类,说法就更多了。可以说,人身上的每一个部位怎样,都有一套相应的"讲究"。

比方"面色"。《蕉轩随录》云:"唐卢杞面蓝,宋丁大全面亦蓝色,皆奸臣也。"蓝色的脸,按道理应该是舞台化装才会产生的效果,这里的蓝,指的是什么颜色呢?不很清楚。但至少在作者写作的时候,蓝脸是让社会鄙视的。《蕉轩续录》又云:"面以青为贵,紫次之,白斯下矣。"青和紫,颜色又有点儿怪。旁证一下,梁山好汉杨志之所以被唤作"青面兽",在于脸上有"老大一块青记"。那么,说人的脸蓝、青还是紫,大抵不是全蓝、全青、全紫,而是有一块明显的、带颜色的印迹。苟如是,按"面青为贵"这个标准来衡量,杨志便该是大贵之人,可惜,这个青面汉子虽然是杨令公的孙子,三代将门之后,但人生道路却坎坷至极:押运花石纲在黄河里"遭风打翻了船",无处容身;"事急无措"之际,把祖上留下的宝刀"拿去街上货卖",却又被地痞牛二纠缠,失手杀了他;刺配大名府后为梁中书所赏识,却在押运生辰纲时又被晁盖、吴用他们智夺了去,最终被逼上梁山。杨志这般例外,或者是施耐庵先生故意在唱反调也说不定。

又比方"眼睛"。《万历野获编》云,陈莹中认为宋相蔡京能"视日不瞬"——盯着太阳看眼睛可以不眨,此乃"至贵之相";但又认为蔡京"恃其目力,敢与太阳争光,他日必为巨奸"。邵伯温《邵氏闻见录》亦云,有个叫李承之的咬定当时还只是知县的王安石必为"他日乱天下者",他也是从安石的眼睛看出了问题,说"安石眼多白,甚似王敦"。王敦是两晋之际的著名人物。刘禹锡诗曰:"朱雀桥边野草花,乌衣巷口夕阳斜。旧时王谢堂前燕,飞入寻常百姓家。"其中王谢的王,就是王敦家族了。西晋末年,王敦与右将军王导等拥立司马睿为主,官拜大将军。东晋元帝时,他又以"清君侧"为名,在武昌起兵反晋,同年攻入建康。据说司马睿正因此忧愤而死,这次事变直到王敦病死才算结束。《晋书·王敦传》说他"少有奇人之目",没有详指,可能说的正是他的黑眼仁太少吧。在邵伯温这里,显然是把"熙宁变法"视为安石乱天下的印证。司马光他们反对王安石变法的时候,邵伯温才十二三岁,与王、司马不是同一辈分的人,但他"入闻父教,出则事司马光等",童年经历根深蒂固,加上"光等亦屈名位辈行,与伯温为再世交",使他的立场自始至终站在司马光一边,把安石的壮举说成"乱天下",也是顺理成章之事。

"竹林七贤"之一的阮籍,眼睛上也有名堂。他的眼睛不是长得让人能看出来如何,而是他有一手用眼睛进行表达的本领。书上说他"善为青白眼","青眼"表示赞许、喜悦;"白眼"则表示厌恶和蔑视。他母亲去世,嵇喜前往吊唁,阮籍就翻出了白眼,令嵇喜十分难堪,不怿而退。他的弟弟嵇康提酒挟琴前往,阮籍又翻出了青眼,表示欢迎。据说今日常用的"青睐""垂青"等词,便是脱胎于阮籍眼睛的翻动。所以当时有人说,阮籍虽然口中从不臧否人物,但他的青白眼已经胜过了臧否。

类似长相的贵贱,当然都只是归纳的结果。蓝脸不好,那是因为卢杞、丁大全皆为奸臣,凑巧脸上又都有蓝记而已;眼多白要乱天下,那是因为前有王敦的举兵,后有对王安石的偏见,性质迥异的事情硬要拢到一起。如今,凭长相判断一个人怎样,无非两类结果:一种是看着就像,另一种是还真看不出来。尤其是用之于贪官。一看就不是好人,是典型的事后诸葛亮;看不出来,这就对了。没有什么人作奸犯科,是能被看出来的。对于马加爵,分析他的心路历程,比从看了他的相貌而"恍然大悟"要有意义得多。

2004年4月2日,2018年4月7日修订

假冒

3月29日《南方日报》报道,高中文化程度的社会无业人员薛金安,假借"国家安全部副部长"等衔头招摇撞骗好几年,诈骗钱财数以百万计。冒牌货能够大行其道,不算稀奇。解放初期有个李万铭,假冒战斗英雄,足迹遍布全国十几个城市,甚至还混进中国农业代表团出访过东欧,行骗单位不计其数,老舍先生为此还写过话剧《西望长安》。再往前一点追溯,不难发现这种假冒现象很有渊源可查,别说副部长这个级别了,连假冒皇帝的都有,至于皇妃、皇子、权贵等等,更如过江之鲫。

元末红巾军领袖韩山童,被他的徒弟刘福通七转八转,就硬给宣传成了是姓赵的宋徽宗的八世孙,他儿子韩林儿就是当然的九世孙。后来,韩林儿被刘福通拥立为帝,国号干脆也定为宋,以显示正统。如果说这样一种假冒尚有迎合汉人民族感情的因素,那么还有一些,则纯粹一个骗字当头。

《典故纪闻》云,明正统五年(1440),有个九十多岁的老僧自云南至广西,声称自己是建文皇帝,"张天师言我有四十年苦,今为僧期满,宜亟返邦国"。不过,他那个"以黄纸为书"的条子刚递给当地土官知府岑瑛,岑瑛二话不说就把他抓了起来。"械至京",老僧便全都撂了。其结果,"英宗命锦衣卫锢禁之,凡四逾月,死狱中。其同谋僧十二人,俱谪戍辽东边卫"。

《世载堂杂忆》云,清光绪二十五年(1899),武昌出了个假光绪。其时光绪皇帝真的健在,不像建文皇帝在燕王"靖难"攻进京城时死活便已成谜。因而假光绪一露面自然让人不敢小觑,见过真光绪的人说,确实很像。但光绪来这儿干什么呢? 找湖广总督张之洞作靠山来与慈禧抗衡? 弄不清楚。待到探听好光绪仍然被西太后给关在中南海瀛台,张之洞"才开庭亲审,以释天下之疑"。原来假光绪自幼在宫中唱戏,因为长得很像,大家平时开玩笑就叫他"假皇上"。但在真相还没有澄清之时,"候补官员中,有视为绝大机会,亲往拜会者,亦有献款供奉者"。

《三垣笔记》里还有假太子和假皇妃,他们都不像薛金安那样有证明自己的"护身符"——伪造的任命文件,而但凭自己开口一说。假太子是高梦箕和仆人穆虎在路上遇到的,那是甲申十二月间的事,崇祯皇帝已于三月死难。高梦箕何以相信一个客舍里偶遇的人就是太子? 先是看到他穿着有龙图案的内衣,然后是这人到南京后望见朱元璋的孝陵便"辄伏地哭";又"每言及先帝先后,则长号";而这家伙"间娓娓宫中事"时,梦箕又"无以辨",就这样把他带到弘光小朝廷,还以为给明朝找到嫡传香火了呢。然而了解详情的人说,"太子有虎牙,足下有痣",拿这些表征到这人身上验证,"无一合"。问他常识性的问题,更全部答错,"问讲读何所,则误指端敬殿为文华殿;问讲读先后,则误以先读为先讲;问讲读既完,所写何字,则以《孝经》为《诗》句"。越问,这个人越怕,终于说自己是假冒的,真名叫王之明。一旦败露,王之明露出了纯粹无赖的嘴脸,他反诬自己受高梦箕指使,一些别有用心的官员则借打击高梦箕而搞倒史可法、左良玉等。那么,这一桩假太子案,同时也暴露了南明小朝廷内部是怎样地勾心斗角,相互倾轧。

假皇妃则大言自己是弘光的原配,在从河南来南京的路上,"凡所经郡邑,或有司供馈稍略,辄诟詈,掀桌于地"。看到有人在路上站着,她以为是在行注目礼呢,"辄揭帘露半面,大言曰免",令"闻者骇笑"。但假皇妃一到南京就露馅了,一动刑,转口说自己是"周王妃,误闻周王作帝,故错认耳"。南明小朝廷相继成立,先是弘光,后有隆武、永历,弘光、隆武还曾并存,各自为政,她自己真的分不清哪个是哪个也说不定。

《清稗类钞》云,乾隆时福康安权势熏天,"每出行,所从家奴骚扰驿站,而牧令事之惟谨",得罪不起。有个人看到机会了,其与福康安的一个家奴住邻居,了解福康安的"情状嗜好,乃与其党数十人",干起冒充福康安的买卖,"沿途讹诈,称疾不会僚属",不露面。骗到湖南辰州,知府清安泰是福康安荐擢的,人家一定要见恩公,这边拼命"遏之"。清安泰起疑了,"突入",露馅,"立时擒获,无一逃者"。该书亦云,和珅当政时还有个冒充他儿子的,向江宁守借银三千,人家担心他是骗子,打听到和子擅写"鹅"字,就假装请他留墨宝。假和子来了个先发制人:"尔非乞我书,盖疑我为骗子,欲留笔据耳。吾父若知之,我何以自解?"算了,不借了。这招很奏效,吓得江宁守"速送三千金"。

把古今的此类骗子放到一起来考察,可以发现许多共同之处。大抵嘴皮子先要了得,能说会道,然后脸皮要厚得不知廉耻,这是行骗的必要条件;充分条件是有人会受骗。慑于淫威是一方面,而到假光绪那里大献殷勤的人,以为薛金安有天大本事可以帮人入学、找工作、转干的人,肚子里也在拨弄自己的算盘就是。那么,在骗子那里,固然时刻都在做着自己的"黄粱美梦",然而那些肯于受骗的人,又何尝没有梦境般的感觉呢!

2004年4月9日,2018年4月12日修订

助哭

4月8日出版的《南方周末》"写真"版,介绍了一位职业哭灵人高秀梅。职业哭灵,就是代办丧事的人家表达哀痛,用高秀梅的话说:"就是卖艺。"今年45岁的高秀梅从小生活在戏剧之家,练就了一副好嗓子。下岗后,去歌舞厅唱了几年歌,因为年龄偏大,一晚上只能挣八九元钱,乃从去年10月起,开始了职业哭灵生涯,既是"代哭",实际上也是"助哭"。

人死当哭,是我们的一项传统。就家族而言,哭声大小、高低,每成衡量悲切程度亦即孝心成色的一个标尺。《柳南随笔》云明朝陈继儒临终,给诸子立遗嘱曰:"内哭外哭,形神斯惑。请将珠泪,弹向花木。香国去来,无怖无促。读书为善,终身不辱。戒尔子孙,守我遗嘱。"如果有眼泪,就拿去浇花吧。"内哭外哭,形神斯惑"的说法很有意思。哭而分出内外,发自内心的还是给人看的搅和在一起,表明陈继儒认识到既然很难分清真哭与假哭,不如不哭,对于死,他也没什么好怕,自信一辈子的书不是白读的。但是多数人没他那么达观与潇洒,因而助哭也成民间习俗:客来灵前吊丧,丧主命人号哭以助哀。赵翼《陔馀丛考》云:"世俗有丧者,于吊客至,则多遣媪婢助哭。"北京农村以前在举办丧礼的时候,要雇用许多"小拿",就是身穿孝服的小孩子,八对至二十四对不等。出殡那天,"小拿"们边走边喊,左排喊"啊",右排喊"唉",以助丧主举哀。广州的助哭则有另外一种。某家死人,子媳少,或家人不善哭丧,就请人代哭,专司此业者俗称"喊口婆"。诸如此类。陈继儒的"外哭",亦可归入此类。

"内哭外哭,形神斯惑"的情形,亦每见之于官场,官场上的做法因人、因时而异,谈不上习俗就是。

《资治通鉴》卷一百一十四载,后燕皇帝慕容熙的皇后苻氏死了,慕容熙难过得很,"哭之殟绝,久而复苏"。他极宠爱苻氏,曾为其在生前造承化殿,"负土于北门",竟至于"土与谷同价",谁要是敢说什么,杀头。苻氏死了,慕容熙在自己大哭之余,"命百官于宫内设位而哭",让大家都得跟着举哀。并且,他"使人按检哭者,无泪则罪之"。这一来,群臣自然怕得不得了,"皆含辛以为泪"。慕容熙的做法实际上是借机施展权力的淫威,今天一些地方的官员借为亲属办丧事为名,动辄惊动当地,正与此相类。同书卷一百二十九另载,南朝宋孝武帝刘骏既葬殷贵妃,数与群臣至其墓。有一次他对刘德愿说:"卿哭贵妃,悲者当厚赏。"刘德愿毫不含糊,不仅"应声恸哭",而且哭得"抚膺擗踊,涕泗交流"。刘骏高兴极了,马上给了他豫州刺史的位子。刘骏又令医术人羊志哭贵妃,羊志"亦呜咽极悲"。过后有人问羊志:"卿那得此副急泪?"羊志倒是实话实说:"我尔日自哭亡妾耳。"胡三省注解至此,感叹真如史书所言,"上荒淫,为下所侮弄"啊!可惜的是,同样的话当时没有人问一问刘德愿,使我们无从知晓刘德愿怎么能一下子悲痛成那个样子。倘说是有厚赏的诱惑,那应该透着高兴才对呀?

福格《听雨丛谈》云:"至尊亲临大臣之丧,或望衡即哭,或见灵而哭,各视其臣之眷也。哭毕,祭酒三盏,既灌复哭。每哭必有中官助声,虽列圣大事,亦有助哭之宦寺等辈。"则皇帝哭大臣,也有助哭,太监们做帮手。于是,"一人出于哀切,众人出于扬声,闻之自有别也"。当然了,皇帝是不是哀切,只有他自己清楚。福格感叹,今京师吊丧者,"直以哭为吊礼,并不计涕之有无,人多笑之"。就是说,人来了,干嚎几声就可以,并不一定要哭到流出鼻涕,然而这种演戏般的做法,不免令人们感到好笑。吊丧的假哭,自然不等同于助哭,但代哭或助哭确有可弹之处。自家的悲伤要通过不相干的外人来表达,不是让人感到滑稽吗?古人已经认识到了这一点。《南史·王裕之传》载,王裕之的孙子王秀之曾经这样对人交代自己的后事:"朱服不得入棺,祭则酒脯而已。"然后又特别强调了不必助哭,"世人以仆妾直灵助哭,当由丧主不能淳至,欲以多声相乱。魂而有灵,吾当笑之"。赵翼认为"六朝时已有此(助哭)陋习",即源于此。

明朝大儒王阳明的父亲去世,后人编的年谱说他"久哭暂止",而这时又有人来吊唁,侍者提醒他应该再哭。王阳明说:"客至始哭,则客退不哭,饰情行诈也。"休说助哭,王阳明对自己的哭也是力求真切。与传统意义上的助哭不大相同的是,今日职业哭灵人高秀梅是主哭,丧家的亲属反倒成了陪衬,丧家不是大有"饰情行诈"的意味?不仅如此,如今每当清明节临近,代客扫墓都成了生意,项目有明细,价码标得分明,是是非非不在本文讨论范围。因为职业哭灵,高秀梅的嗓音已变得沙哑,由过去的唱高音现在听起来像中音;而且由于经常流泪,她的视力下降很快,左眼已经几乎看不见了。报道说,高秀梅的女儿今年22岁,歌也唱得不错,但她从不让女儿参与演出,带她到过现场几次,"主要是让她看看自己母亲是怎样给人下跪挣钱的"。则高秀梅的职业哭灵生涯,着实渗透着一种迫于生计的无奈。

2004年4月16日,2018年5月1日修订

叶公好龙

4月2日,我国大陆发行了成语故事特种邮票一套四枚,分别为《邯郸学步》《叶公好龙》《滥竽充数》和《鹬蚌相争》,故事的内容,想来妇孺皆知。历史文化题材,一直是我国邮票的重要题材之一,但专门为成语故事发行邮票,印象中还是第一次。

没有料到的是,其中的《叶公好龙》引来一名学者的不满。在他看来,"因为历史原因,许多人心目中的叶公形象与历史上的叶公真人不符,我们有责任还其庐山真面目"。也就是说,成语中的叶公被固化为言行不一的代名词,实在冤哉枉也。大概是小学时学的这个成语吧,对于我,一直把它当作寓言,经该学者这么一点拨,始知道原来确有"叶公子高"其人,而且"还是春秋楚国的一位著名的政治家、军事家",有过不少骄人的政绩。其实,稍微留意一下邮票发行信息,也可知叶公的存在。这枚邮票的首发式,正是"在叶公故里河南省叶县举行",该县澧水之滨建有叶公墓,现已辟为叶公陵园。

西汉刘向将"叶公好龙"故事收进著作的时候,绝不会想到两千年后有学者跟他较真。令人吃惊的,还在于该学者认为"叶公好龙真假自不必多说",因为"世间所谓的'龙'压根儿就不存在",以及"龙是神化了的动物,不可能下降叶宅"。这样的话,就要轮到在下跟他较较真了。按这样的观点,世间不仅不该存在寓言这样一个品种,而且大量脍炙人口的民间传说,不免存在全面否定的危险。比方白娘子、祝英台的故事就都要变成扯淡,哪有蛇能变成美女且跟男人成家、人死了双双变成蝴蝶又比翼齐飞的道理?又比如天仙配、牛郎织女、大闹天宫搅得玉帝王母不得安宁的孙悟空,应当被冠以大肆宣扬封建迷信才对。前些天清明节时,各地各级官员大张旗鼓地拜祭的黄帝、炎帝,以及燧人氏、伏羲氏、神农氏那三皇,也都只是传说中的神仙级人物,目前没有任何实物证据表明他们是确切的存在。

孟子曰:"尽信书不如无书。"宋人姚宽认为:"书安可无也,学者慎所取而已,不知慎所取,则不如勿学而已矣。"(《西溪丛语》)这里的"学者"概念,当然还不是今日的教授、研究员级别的人物,而只是普通的知"学"、能"学"的人。

"叶公好龙"众所周知是一则寓言,什么叫寓言呢?《现代汉语词典》(1996年版)释义为,乃是用假托的故事或自然物的拟人手法来说明某个道理或教训的文学作品。因此,不要说"叶公好龙"是刘向收进书中的,即便是他"编造"出来的,也符合寓言的特质,并无可以指摘之处。抬杠地说,那学者以为诸如古希腊著名的伊索寓言等等会是信史吗?当然,也要承认刘向在姓名权这一点上,的确没有寓言大家韩非聪明。韩非写"守株待兔",开篇还说"宋人有耕者"怎么样;写"自相矛盾",干脆就是"人有鬻矛与盾者",连哪里的人都不讲了。开玩笑说,他是不是已经先见了当时或后世的人可能会对号入座呢?

但刘向为什么要揪住"叶公子高"来寓意表里不一?想来自有他的道理。前人已经发现,我国古代寓言往往喜欢把"宋人"作为讽刺挖苦的对象,除了"守株待兔"里那个想着天上掉馅儿饼的,还有"狗恶酒酸"里那个卖酒的、"揠苗助长"里那个把庄稼拔高的等等,都是"宋人","宋人有酤酒者""宋人有闵其苗之不长而揠之者"云云。为什么会这样?一二三四,人们分析了许多,此不赘言,总之不是无缘由的。前人曾责难《三国志》作者陈寿,说他向丁仪的儿子乞米不得,因此不给丁氏兄弟立传;因有憾于诸葛亮,所以评价他"应变将略,非其所长"。这种责难有没有依据,见仁见智。但汉代的刘向和春秋时期的"叶公子高"想必没有什么直接的过节,因此,与其如那学者所言当"正确评价"叶公,倒不如认真研究为什么先有民间流传"叶公好龙"的故事,后有刘向在著作里郑重其事地收录。

对待传统文化,有两种趋向令人忧虑:一方面,影视作品愈发肆无忌惮地戏说历史,只要典籍中主要人物的名字,其余一概创作;另一方面,诸多一本正经的学者钻进了牛角尖,凡事皆欲"正本清源"。今年早些时候,有人曾建议以地方立法的形式保护唐伯虎的形象不再受侵犯和歪曲,理由是唐伯虎并非花花公子,点秋香纯属"捏造",影视作品和小说歪曲事实,贬低了唐伯虎的高尚品格和人格。唐伯虎自诩为"风流才子第一人",起其于地下而问之,不知道是否会认同后人的这番好意。对待历史,我们诚然当予以必要的尊重;而对于说不清楚的"叙事符号",是否仍然要摆出孜孜矻矻的架势?尤其对寓言故事,更应当探究的是其中蕴含的深刻人生哲理吧。

清人康放仁说:"真实学问之人,必不奔走风尘以求名誉。"(见《广阳杂记》卷三)我所理解的"风尘",一是趋炎附势,成为官样学者;一是趋世媚俗,行哗众取宠能事。这句话用在今天,并不一定过时。学者对"叶公好龙"的较真,就难逃后者的嫌疑。

2004年4月23日,2018年4月7日修订

印文

4月14日,河北省国税局原局长李真案涉案物品进行了专场拍卖,其中,起拍价为6450元的李真印章,以16.5万元的高价被人拍得。尽管这印章是金家伙,也才不过100.05克,拍出这个"天价",很有点儿出人意料。这枚印章的印文只是直白的"李真之印"四个字,作为手章,也足够了。但印章还有另外一种,就是闲章,闲章的印文称得上丰富多彩,甚至皇帝也喜欢这些。《养吉斋丛录》云,清朝嘉庆皇帝有900多方印,"其文多经史语",比如"谦受益""思无邪""为君难""政在养民""学古有获"等等。文人的就更多了。

陆以湉《冷庐杂识》里面说了好几则,有袁枚的"三十七岁致仕",郑板桥的"康熙秀才雍正举人乾隆进士",孔子后人孔庆镕的"九岁朝天子",孙振东的"其于人也,为寡发,为广颡,为多白眼"。这后一则,实际上是八卦中巽卦的卦辞,大约正与孙氏的外貌契合。郑、孔的用不着多做解释,袁枚的无妨多说两句。致仕就是去官还家,前些时金文明先生为什么要"逗"余秋雨先生,后者对"致仕"的误用是为其一。余在《山居笔记》里写到,"大量中国古代知识分子一生最重要的现实遭遇和实践行为便是争取科举、致仕",把致仕理解成了当官。三十七岁的袁枚放在今天,正是大有可为的年轻干部,就在当时也不算老。《万历野获编》之"致仕官"条云,唐宋士人以致仕为荣,"今则不然",为什么呢?因为模糊了去官的性质。"年老有疾者,而被论之善去者,与得罪之稍轻者,俱云着致仕去。于是林下之人,以致仕为耻矣"。这种观念,对袁枚生活的乾隆时期未必没有影响,则他的"致仕"告白,可能表现了对赖在官位上的人的一种轻蔑。

朱彭寿《安乐康平室随笔》也列了好几个"特镌印章以表自异者",郑板桥那个之外,还有李慈铭的"道光庚戌茂才,咸丰庚申明经,同治庚午举人,光绪庚辰进士";王鹏运的"三品服,四品阶,五品秩,六品俸"。朱氏在认为"皆奇巧可喜"之余,说自己也打算刻一方,写上:"癸未入邑庠,戊子登乡榜,乙未贡春官,戊戌成进士。"所谓"两戊两未,亦天然巧合"。印文成了他们的履历表或升官图。此外,陆以湉还极推崇杨铁崖之"湖山风月福人之印"、唐伯虎之"江南第一风流才子"以及魏禧之"乾坤一布衣",认为"非此三人,要皆不能当也"。但这话显然说得太满。以"乾坤一布衣"而言,明末清初的著名散文家魏禧固有可称道之处,今年早些时候,江西省石城县发现了包括《魏叔子(禧)全集》在内的《"三魏"全集》,使今人对魏禧的了解能够更全面深入。但同时期的浙东学派代表人物万斯同也足以当起这五个字,他的墓碑上甚至就刻着"班马三椽笔,乾坤一布衣"的对联。明亡之后,万斯同以遗民自居,绝不仕清;及入京修《明史》,亦不受俸,不署衔。

刘声木《苌楚斋随笔》云其买到了一册旧书,里面的两则印文也极有意思。其一是"三行行十字",文曰:"勿皱皮,勿卷角,勿爪侵而涎滴,勿墨渍而油污。愿我同志,鉴此箴言。廊未子白。"其二是"四行行六字",文曰:"列典籍,有定处。读看毕,还原处。虽有急,卷束齐。有缺坏,就补之。"老刘以为"数语颇简而赅,精而准"。然后面这则其实原封不动地搬自《弟子规》,老刘不知怎么连这个也没记起。

今天的闲章印文也有不少值得玩味。齐白石先生弃工从艺,开始是为了"卖画、刻字养家",冠画室以"甑屋"。甑,煮饭用的器具。他五十五岁时刻"甑屋"印,自注曰"其画作为熟饭,以活余年"。他还有一"老为儿曹作马牛"。如此印文,记录了画家的辛酸经历。侯宝林先生印章上刻的是"一户侯"。他解释道,我一家姓侯,我只管一家,过去的都叫万户侯什么的,我没那么多。漫画家方成说自己有三个闲章——"我画我的""中山郎""挤而后工",他还特意画了"一户侯"漫画像。"一户侯",只有幽默大家才想得出来。

柳亚子先生使用过的印章达160余枚,其中,他请忘年交曹立庵先生镌刻的两枚闲章——"兄事斯大林,弟畜毛泽东"和"前身祢正平,后身王尔德;大儿斯大林,小儿毛泽东"——在他去世后酿成了一场灾祸。不明典故的话,很容易理解为大不敬用语。而1945年在重庆刻章的时候,柳亚子已经担心"昧者不察",特地在边款申明"援正平例",按东汉祢衡祢正平的用法,"大儿""小儿"实乃敬称。但是,两枚印章还是难逃被砸碎的厄运。

一般来说,印章因人而贵。李真的金印之所以那么"值钱",也正是因为李真的名字,不管是不是臭名。这两年,拍卖贪官的不义之财是比较普遍的做法。记得拍卖江西省原副省长胡长清赃物的时候,有位以800元价格拍得胡长清旧手表的人士说,"购得这样一块不同寻常的手表,非常具有纪念价值和纪念意义",恐怕代表了一种比较典型的心态。但买贪官的东西纪念什么,我们这些旁观的人还真的弄不大清楚。

2004年5月14日,2018年5月21日修订

陶侃癖

4月15日,国务院召开电视电话会议,部署在全社会深入开展资源节约活动。会议提出,要提高全民族的资源忧患意识和节约意识,切实转变经济增长方式,调整经济结构,加快技术进步,用三年左右时间使建设资源节约型社会工作迈出实质性步伐。

建设节约型社会,需要榜样的示范。古人里有一个现成的典范,就是晋代的陶侃。《唐语林》云唐朝郭子仪有"陶侃之僻(癖),动无废物"。陶侃癖,就是勤俭节约的同义语。

陶侃者,东晋一代名将。在东晋建立的过程中,以及在稳定东晋初年动荡不安的政局上,他都颇有建树。其武功此处不表,单看《晋书·陶侃传》记载的他节俭的几个事例。其一,陶侃"尝出游,见人持一把未熟稻",就问那人拿它干嘛;那人说不干什么,路上看见了,"聊取之耳"。陶侃大怒道:"汝既不田,而戏贼人稻!"你自己不耕种,却要祸害人家的东西!说罢"执而鞭之"。陶侃非常反感那些毫不珍惜粮食的人,因此"百姓勤于农殖,家给人足"。其二,"时造船,木屑及竹头悉令举掌之,咸不解所以",大家都不明白陶侃留那些东西干什么;后来积雪融化的时候,"听事前余雪犹湿,于是以屑布地",木屑派上了用场;再后来桓温伐蜀,"又以侃所贮竹头做丁(钉)装船"。人们才知道,陶侃凡事都想在了头里。因此,陶侃癖的实质正在"动无废物"。今人认为,世间没有废物,只有放错了地方的资源。陶侃的概念里自然还没有循环经济,但其行为已然在践行之。

陶侃还是个"节约"亦即珍惜光阴的典范。他常对人说:"大禹圣者,乃惜寸阴,至于众人,当惜分阴,岂可逸游荒醉,生无益于时,死无闻于后,是自弃也。"那些级别较高的部下,如果"以谈戏废事",他就把他们喝酒、下棋的家什,"悉投之于江";级别较低的,"则加鞭扑",一边打还一边骂:"樗蒲者,牧猪奴戏耳!"对赌博的人鄙视到了极点。

郭子仪与陶侃很有一些可比之处。作为中唐名将,"安史之乱"时,是他率领大军收复长安、洛阳两京;作为大臣,晚年的他也是享有崇高的威望和声誉。唐肃宗感叹说:"虽吾之家国,实由卿再造。"有个故事说,郭子仪七十大寿时,幼子郭暧的老婆——唐代宗掌上明珠升平公主,因为拖拖拉拉不肯早来给公公拜寿,被积怒良久的郭暧拳脚相加,并且对动辄端着公主架子的老婆气愤地说,你不就是仗着你父亲是天子吗?我父亲还不愿做那皇帝呢!京剧里有一出保留曲目《打金枝》,讲的就是这回事。有意思的是,经此一番风波,升平公主来了个"脱胎换骨",不仅性情变得柔顺,而且一心一意相夫教子,孝敬公婆,循规蹈矩地扮演着郭家媳妇的角色。郭子仪的确有做皇帝的条件,但终其一生,却是"权倾天下而朝不忌,功盖一代而主不疑"。

有"陶侃之癖"的郭子仪,节约方面又到了什么程度呢?《唐语林》云,其"每收书皮之右劈下者,以为逐日须,至文帖余悉卷贮。"就是说,他经常让人把书信边上的空白部分纸给裁下来,日积月累地攒着;就是公文什么的,看完了也都收起来,装订好,干什么用呢?"每至岁终,则散与主守吏,俾作一年之簿",让大家翻过来继续使用。有一天,裁纸的小刀断了,"不余寸许",他身边的工作人员也不是丢掉了事,而是削了两小块木板,"加于折刃之上,使才露锋",继续用来裁纸。郭子仪"嘉其用心",感叹"真郭子仪部吏也"。

陶侃和郭子仪,位高权重,都是伸手要什么就可以来什么的人,原本不必凡事精打细算,换言之叫作"有条件挥霍",但在没有制度约束的情况下却能够自律至此,委实要令当时以及后世那些滥用"职务消费"且津津乐道以为能耐的官员汗颜。

从来有癖好的人,都容易给人找到攻克的"突破口"。《浪迹丛谈》里有个叶天士,医术没得说,在清朝雍乾间十分著名,但这人架子不小。有个富人家的孩子病得很重,"念非天士不能救",但又担心家里离城太远,叶天士不肯上门出诊,于是便百般打听他的嗜好。知道叶天士很喜欢斗蟋蟀后,"乃购蟋蟀数十盆"作为诱饵,通过中间人许诺:"君能治儿,则蟋蟀皆君有也。"结果,叶天士不仅大老远地跑来了,而且施展出了自己的看家本领,把孩子从死亡边缘抢救了回来。《明史》载,那个与唐伯虎齐名的大才子祝枝山"尤工书法,名动海内",一天到晚求他的文章及墨宝的人极多,因为他"好酒色六博",所以知道这层底细的人往往"多贿妓掩得之"。

这在今天也是一样。比方厦门海关原副关长接培勇原本对赖昌星不屑一顾,赖昌星曾提出送他儿子到国外读书,安排他弟弟到香港发展等都被接拒绝。后来赖昌星弄来绝版的《毛泽东评点二十四史》、一幅由九位当今知名画家合作的牡丹图和一些当今名家的书画作品奉上,这样一来,自诩颇有文化修养的接培勇便招架不住了。癖好就是这样容易使人入彀。但是显而易见,有陶侃癖者则不然。这是一个在任何时代都值得大力推介的"癖好",不仅仅是在建立节约型社会的前提下。

2004年5月21日,2018年5月15日修订

天×星

5月16日,中国羽毛球男队在印尼首都雅加达力挫丹麦队,夺回了阔别12年之久的"汤姆斯杯"。前一日,中国女队实现了"尤伯杯"四连冠。包揽汤尤杯向世人证明:中国羽毛球又已经开始全面领先于世界羽坛。对这一辉煌战绩,国人有理由为之骄傲,因此,媒体上的那些溢美之词完全可以理解。但在一家著名媒体的言论中,把林丹等几位主力队员捧上了天,比作了"星宿",就感觉有点儿不是滋味了。

怎么比的呢?第一单打林丹地位老大,所以是天罡星;第一双打蔡赟、傅海峰分别是天雄星、天勇星,没理由;第二单打鲍春来因为"伤得太多太久",所以是天伤星;第二双打郑波和桑洋分别是天猛星、天威星,因为"天威、天猛,本来就是一对儿";第三单打夏煊泽是天闲星,因为"中国羽毛球队新人的崛起,衬托出夏煊泽年纪有些大了,实力有些差了,一位昔日的悍将就这样慢慢闲了下来"……

对这种吹捧所以感觉很不是滋味,首先在于其"乱点鸳鸯谱",记者自己根本都没搞清楚"天×星"的对应关系。对多数人来说,恐怕未必是通过道教而是通过《水浒传》来知道天罡星和地煞星的。《水浒传》第七十一回"忠义堂石碣受天文 梁山泊英雄排座次"云,"宋公明一打东平,两打东昌,回归山寨忠义堂上,计点大小头领,共有一百八员,心中大喜",但想到此前杀人太多,宋江等乃商定四月十五日——道教八仙之一汉钟离生日——起,连续七昼夜,由本身就是道人的入云龙公孙胜"主行醮事"。到第七天,感动上苍了,"西北乾方天门上"掉下一块石头来,前面写着三十六天罡星、背面写着七十二地煞星,一一对应着一百零八个好汉。

那记者的这些知识应该是所从中来吧。比方说林丹,"天罡星宋江的位子是卢俊义让的,但在羽毛球队里,林丹的位子,绝不是别人让的,所以,作为中国男队的领军人物,林丹天罡星的位置坐得很稳"。可惜,读过《水浒传》的人都知道,宋江是天魁星,卢俊义才是天罡星。犹如七十二地煞中的地煞星,并不是排名首个的神机军师朱武,而是排名第二的镇三山黄信。魁者,首也。从前中了状元,叫作大魁天下。冯梦龙小说"卖油郎独占花魁"中的花魁,是"弄出天大的名声""就是西子比他,也还不如"的王美娘。所以,地煞中排名第一的朱武是地魁星。

撼倒丹麦第二双打的郑波和桑洋此番立了大功,但《水浒传》告诉我们,天猛、天威从来不是一对儿。威和猛可以组合在一起构成词语,用在"天×星"这里就不是那么回事。在《水浒传》中,天威星是双鞭呼延灼、天猛星是霹雳火秦明。梁山好汉出去打仗,大抵都有"固定组合",比方鲁智深和武松、杨雄和石秀、吕方和郭盛就总是并肩作战,但呼延灼和秦明却从来不会作为主将一起出现在阵前。要说威、猛本来就是一对,那该是童威、童猛两兄弟,而偏偏童威是地进星,童猛是地退星,并不在"天"字号之列。第一双打在决赛时输了,天雄星与天勇星就没了什么"来由",但如此名之蔡赟、傅海峰,相当于把林冲和关胜来了个"拉郎配",两个人虽然落草前都是官军中人,但前者是被逼上梁山,后者是让宋江他们"赚"上来的,性质不是一回事。夏煊泽如果是天闲星,他就该向"正牌天闲星"公孙胜学习"妖法"了？如果有人说,这不是较真的时候和地方,但容你拿林丹和宋江类比,容你借《水浒传》中的星宿说事,那就要容我"科普"一下,免得你继续开黄腔。

对此喻看不顺眼,还在于其倾向问题。《水浒传》里为什么要故弄玄虚地写那一回,把寻常汉子弄成上天星宿？前人的见解值得重视。把《水浒传》称为"天地间五大奇书之一"的李卓吾认为:"梁山泊如李逵、武松、鲁智深那一班,都是莽男子汉,不以鬼神之事愚他,如何得他死心塌地？"宋江所以假惺惺地要何道士"万望尽情剖灵,休遗片言",原来是为了愚人,愚弄自己的那些兄弟。宋江也果然达到了自己的目的,"众人看了,俱惊讶不已"之余,都纷纷表态:"天地之意,理数所定,谁敢违拗！"在这一番装神弄鬼里面,"连公孙胜共是四十九员"的道士里面,那个唯一号称认识石碣上"龙章凤篆蝌蚪之文"的何道士起了很大作用,但正像卓吾先生所嘲笑的:"既有黄金五十两,人人都是何道士。"钱花的是地方,子虚乌有完全可以变得言之凿凿。对《水浒传》的这一描写,称之为"第五才子书"的金圣叹大惑不解:"天罡地煞等名,悉与本人不合,岂故为此不了了之文耶？吾安得更起耐庵而问之。"

想不到,"悉与本人不合"的东西,在21世纪又能借尸还魂,那么,吾便欲以此文而问始作俑者了。忽然又见,低调出征奥运会落选赛的中国男排连克日本、韩国、伊朗,取得了不俗的成绩,却又发现,原来"副攻手郑亮的妻子在赛前曾专门赴杭州灵隐寺烧香,祈求中国队好运"。这类事后的"上应星曜"以及事前的"感动苍天",究竟想要告诉我们什么,自欺欺人罢了,即便没有"愚之"的成分,这种"糟粕"对体育事业也无半点益处可言。

2004年5月28日,2018年3月31日修订

诚

不久前,中国工程院院士钟南山为广州市政府及有关部门的官员们上课,在谈及政府应该如何应对突发性公共卫生事件时指出:"诚实永远是上策。"钟院士是就其所涉及的公共卫生领域而言,建立在去年"非典"肆虐的背景之下。实际上这样的要求,何尝不应该成为官员在任何时候、面对任何问题时的基本准则?

诚,此乃诚实,还可以是诚信、真诚。《后汉书·马援传》有"开心见诚,无所隐伏",《北齐书·尧雄传》有"雄虽武将,而性质宽厚,治民颇有诚信",《新唐书·曹华传》有"华虽出戎伍,而动必由礼,爱重士大夫,不以贵倨人,至厮竖必待以诚信,人以为难",说的都是这些含义。作为一个人,诚是一种基本的道德要求;作为一名官员,则应该是一种基本的政治品质。

6月1日,国家邮政局发行了《司马光砸缸》特种邮票一套三枚。这故事家喻户晓,是进了正史的,《宋史·司马光传》载:"群儿戏于庭,一儿登瓮,足跌没水中,众皆弃去,光持石击瓮破之,水迸,儿得活。"千百年来,这故事成为展示少儿机智的生动素材,那么,安排该套邮票在国际儿童节这一天发行应当说是有用意的。这里想补充一点的是,作为一名封建时代的高官,司马光还有难得的诚的一面。倘若再突出这一点,对今天儿童的教益势必更能增添一层内涵。

司马光说过:"有一言而可以终身行之者,其诚乎。"对于诚的重要性,他这样认为:"君子所以感人者,其为诚乎!欺人者不旋踵人必知之,感人者益久,人益信之。"在他看来,对一个官员而言,"诚意以行之,正心以处之,修身以帅之,则天下国家何为而不治哉?"刘安世问他怎么才能做到诚,司马光说"自不妄语始",就是从不说假话做起。

但对相当部分的官员来说,诚,却是个高不企及的要求。比方宋真宗时的王钦若每奏事,"或怀数奏,出其一二,其余皆匿之"。为什么要准备几个版本呢?哪个"己意称圣旨",才把哪个拿出来,因而做到始终与上面保持一致。有一次他跟同事一起"奏事上前",同事不知是刚发现他的秘密,还是有意要戳穿他,当着真宗的面说王钦若:"怀中奏何不尽出之?"这种怀中"数奏",正是许多见风使舵的官员的活写真。

周密《癸辛杂识》云,宋朝官场逢年过节的时候相互问候,如果不能自己亲自登门,则把名片"使一仆遍投之"。周密说他有个姓吴的表舅,"适节日无仆可出",正琢磨呢,忽然友人沈子公的仆人送名片来了,他一下有了主意,摆上酒菜招待之余,"阴以己刺尽易之";沈仆不知道,于是,再去"因往遍投之,悉吴刺也",等于给老吴打工了。但司马光从来不送,他那时并非已身居相位,有不送的"资本",而是觉得此举透着虚情假意,"不诚之事,不可为之"。其实当时的人也都知道这种风气"既劳作伪,且疏拙露见可笑",但还是默默地随大流,遵守着这个潜规则。

在大节方面,司马光更是如此。众所周知,他和王安石是尖锐对立的政敌,在变法问题上水火不容,但当宋神宗问他"王安石何如"的时候,他不是借机对安石贬损一顿,而是实事求是地摆出自己的看法："人言安石奸邪,则毁之太过,但不晓事而执拗耳,此其实也。"并且他对安石的文章极其赞赏,说他"动笔如飞,初若不措意,文成,见者皆伏其妙"。正是因为司马光的诚吧,王安石对他也有这样的评价："自议新法,始终言可行者,曾布也;言不可行者,司马光也;余则前叛后附,或出或入。"言语中流露出对骑墙者的鄙视,以及对曾布和司马光的敬佩。

司马光诚的养成,正来自儿时。《邵氏闻见后录》云他曾手书自己的一个教训："光年五六岁,弄青胡桃,女兄欲为脱其皮,不得。女兄去,一婢女以汤脱之。女兄复来,问脱胡桃皮者。光曰:'自脱也。'先公适见,呵之曰:'小子何得谩语。'光自是不敢谩语。"这就可见,从儿时、从小事上培养一个人的诚的重要性。司马光对自己盖棺定论曰："吾无过人者,但平生所为,未尝有不可对人言者耳。"这是他自己袒露的至诚内心世界;在他人看来也是如此。苏东坡在司马光神道碑上这样写道："论公之德,至于感人心,动天地,巍巍如此。而蔽以二言:曰诚,曰一云。"

苏辙写过一则故事:有一个人死而复生,问冥官如何修身,可以免罪。答曰："子宜置一卷历,昼日之所为,莫夜必记之,但不记者,是不可言不可作也。"我们之所以总是能从今天一些官员身上看到形式主义表演,而不是工作上的无懈可击和实实在在的业绩,归根到底,在于他们本身欠缺而绝对不可或缺的"诚"字。调查显示,信用危机居腐败之后已成为阻碍中国经济发展的第二大因素,这当中,岂可排除官员的信用? 司马光说自己"平生力行之(诚),未尝须臾离也,故立朝行己,俯仰无愧耳"! 这样的话,今天的官员们敢不敢在拍胸脯的同时,面不红、耳不赤地道出呢?

2004年6月4日,2018年4月6日修订

绍兴酒

5月下旬,央视《每周质量报告》记者在浙江绍兴一家黄酒生产企业采访时发现,本来是以稻米、小麦等为主要原料,采用独特工艺进行发酵酿造而成的黄酒,在那里却是用自来水加酒精勾兑出来的,为了把兑了自来水后淡而无味的酒调出味道来,还要掺入各种各样的添加剂。虽然只是个别厂家的行为,但是消息既出,还是严重影响了黄酒的声誉。黄酒即绍兴酒,我国名酒之一,以原产地为绍兴而得名。

《清稗类钞》云:"越酿著称于通国,出绍兴,脍炙人口久矣。故称之者不曰绍兴酒,而曰绍兴。"久到什么程度呢?《吕氏春秋》中已有提及:"越王苦会稽之耻"而励精图治,在"身不安枕席,口不甘厚味"之余,还有一个做法就是"以酒流之江,与民同之"。前人对这种做法注之曰:"昔良将用兵,人有馈一箪之醪,投河,令众迎流而饮之。夫一箪之醪,不味一河,而三军思为致死者,滋味及之也。"就是说,甘苦与共的心意到了。会稽,即绍兴。赵宋康王南渡之后,取"绍祚中兴"之意,会稽更名;成为高宗后,更以绍兴为年号。这么一算,绍兴酒的历史至少有三千年了。其酒精度并不高,但酒性柔和,还可作料酒,能避腥添味,是一种不可缺少的烹调佳品。1915年在巴拿马万国博览会上还获得过一等奖。

梁章钜《浪迹续谈》云，清朝时有一些人瞧不起绍兴，认为"绍兴有三通行，皆名过其实者"：一个是刑名钱谷之学，"本非人人皆擅绝技"，而绍兴师爷们"竟以此横行各直省，恰似真有秘传"；另一个是绍兴土话，非常难懂，却也到处行得通，至于当地"无一人肯习官话而不操土音者"；再一个就是绍兴酒，"酒亦不过常酒，而贩运竟遍寰区，且远达于新疆绝域"。在梁章钜看来，前两点大行其道还有不能理解的地方，而"酒之通行，则实无他酒足以抵抗"，这一点，应当是凭实力取胜的；并且酒销得越远，说明品质越好，"盖非致佳者亦不能行远"。他分析原因，应该在于绍兴的水"最宜酒"，不然怎么换个地方，同样由绍兴人制酿，"味即远逊"呢。

清朝著名诗人袁枚是烹饪专家，好吃，也懂得吃，其《随园食单》详细记述了自我国18世纪中叶上溯到14世纪的326种菜肴饭点，大至山珍海味，小至一粥一饭，无所不包，是我国饮馔食事中的一部重要著作。袁枚自称性不近酒但深知酒味，对绍兴酒与烧酒，他便有这样一个类比：绍兴酒堪称循吏或名士，而烧酒"乃人中之光棍，县中之酷吏"。因为烧酒性烈，"打擂台非光棍不可，除盗贼非酷吏不可，驱风寒、消积滞非烧酒不可"。但他同时认为："烧酒藏至十年，则酒色变绿，上口转甜，亦就光棍变为良民。"对绍兴酒，他则是这么评价的："绍兴酒如清官循吏，不掺一毫造作，而其味方真。又如名士耆英长留人间，阅尽世故而其质愈厚。"他特别强调，"绍兴酒不过五年者不可饮，掺水者亦不能过五年"。这后一句似乎在说，绍兴酒掺水同样是有历史渊源的。《清稗类钞》亦云："各处之仿绍，赝鼎耳，可乱真者惟楚酒。"鲁迅《孔乙己》里面那个咸亨酒店的小伙计，开始的工作就是专司往酒里掺水，不过因为短衣主顾们"往往要亲眼看着黄酒从坛子里舀出，看过壶子底里有水没有，又亲看将壶子放在热水里，然后放心"，于是,"在这严重监督之下,羼水也很为难。所以过了几天,掌柜又说我干不了这事。幸亏荐头的情面大,辞退不得,便改为专管温酒的一种无聊职务了"。但昔日的掺水,大抵属于稀释,没有央视记者披露的这般恶劣、这般触目惊心吧。

袁枚如此推崇绍兴酒,但在他的《随园食单》里酒类名列第一的却是金坛于酒,依次是德州卢酒、四川郫筒酒等。绍兴酒没排上,惹得梁章钜老大不高兴,认为袁枚"仍不免标榜达官之故态"。为什么上升到这种讥讽的高度?不很清楚。对前两位的于酒和卢酒,梁章钜没说什么,但他对郫筒酒名列酒之"探花",先给袁枚再扣了顶"未免依附古人之陋习"的大帽子,再道出他之所以不屑一顾:"据称郫筒酒清冽彻底,饮之如梨汁蔗浆,不知其为酒,然则竟饮梨汁蔗浆可矣,又奚烦饮酒乎?"他进一步理论道:"大凡酒以水为质,而必借他物以出之,又必变他物之本味,以成酒之精英,即如酿米为酒,而但求饮之者如饭汁粥汤,不知其为酒,可乎?"攻其一点,不及其余,倘梁章钜生在今日,必是不错的时评家。但梁氏为维护绍兴酒的地位而不惜开罪袁大才子,大抵确实出于对绍兴酒本身的热爱,因为他是福建人,绝没有故土情结掺杂在内。

绍兴酒早已成为绍兴的一张名片,并于2000年荣获我国第一个原产地保护产品。按照世贸组织《原产地规则协议》等多边贸易规则,得到本国原产地标记保护,其他国家就有对其加以保护的义务。因此,充分利用这一国际通行做法,可促进我国出口商品国际名牌的快速成长,提高出口商品附加值。现在来看,标志易得,保护实难。金华火腿是浙江省第五个获得原产地保护的产品,但一些厂家用"新工艺"做出来的火腿连苍蝇都不敢往前凑,一千二百年的声誉不已经自己毁了吗?

2004年6月11日,2018年4月15日修订

改名(续)

6月1日,一代豫剧宗师常香玉走完了81年的人生历程。从报道中我们知道,正是常香玉"戏比天大"的艺术追求,才使豫剧这样一个乡间小戏演变成为中国五大戏曲剧种之一、中国第一大地方剧种。"刘大哥讲话理太偏,谁说女子享清闲?"央视春晚的地方戏曲部分,我们每每都能听到这一粗犷、激昂的旋律。豫剧不仅唱遍了黄河两岸、大江南北,而且走出了国门,拥有亿万观众和戏迷。从报道中我们还知道,常香玉的本名叫张妙玲,所以要改名,在于其初学戏时,村里张姓的人认为宗族出了女"戏子",是个耻辱。

常香玉的改名甚至改姓,实有被迫的意味。历史上,诸多改名或者改姓大抵都是出于被迫,或者避难,或者避讳。西汉有著名的疏广、疏受叔侄,疏广当过太子太傅,治《春秋》而成经学大师。王莽时,疏广的曾孙疏孟达为了避难,便不得已"去疏之足而为束",从此改姓了束。西晋著名学者束皙,就是疏广的后人。《晋书·束皙传》载,时有人"盗发魏襄王墓,或言安釐王冢,得竹书数十车",对上面的"科斗字",正是束皙"随疑分释,皆有义证"。宋代著名的文彦博、文天祥,其祖先在唐五代时皆为敬姓,为了避晋高祖石敬瑭——就是那个"儿皇帝"之名讳,被改成了文姓;儿皇帝倒了,他们恢复了敬姓,不料到宋朝,又要避太祖赵匡胤爷爷赵敬的讳,只有再更姓为文。明初,燕王朱棣要把已在皇位上的侄子一脚踢开,自己干,打的旗号却是"清君侧",也就是清除曾经力主削藩的齐泰、黄子澄。后来黄子澄被俘,不屈而死,"无惭臣节",他的儿子则只有"易其姓为田"以避祸。如此等等,可以列举许多。

比较地看,因为避讳而改名更要多见一些。概王朝的每一更迭,百姓不仅要避庙讳,还要避皇帝的父亲、祖父的讳,进而改名。这是宗法社会与国家权力相结合的产物。唐朝著名史学家刘知幾,因避唐玄宗李隆基的讳,在当时只好不称名而称字,叫刘子玄;到了清朝,又要避康熙皇帝玄烨的讳,所以又被改为刘子元。不是同时代的也得改,谁叫你是名人呢。先前各种古籍里的人名也要改来改去,避讳制度便不可避免地要造成混乱,因此,一些比较开明的皇帝就主动改名,将名字由常见字改为僻字。比如宋太宗赵匡义先是避哥哥匡胤的讳改名赵光义,继位之后则改名"炅",同时申明:"旧时二字,今后不须回避。"也有一些帝王,在给皇子取名字的时候干脆就预防在先,所以宋代帝王中有叫顼、煦、佶、昀、罡的,明代帝王中有叫棣、祁、祐、垕、榔的,清代帝王中有叫烨、琰、旻、湉的,等等。在这个问题上,他们倒真有为百姓着想的意味。而明白了这层道理,今天那些乐于以僻字为名的人,反倒难以理解了。

除了避讳或者避难,也有一些改名是皇帝意志的结果。《戒庵老人漫笔》云,明朝弘治时皇宫用的毛笔都由吴兴笔工制作,每月分阴历十四、三十两次进御,各二十管。这些笔讲究得很,"冬用绫裹管,裹衬以帛,春用紫罗,至夏秋用象牙水晶玳瑁等"。有一天,弘治皇帝发现笔管上细刻了几个小字:"笔匠施阿牛。"——古人做事"留名",大抵是出了质量问题便于追究责任。弘治在"鄙其名"之余,御笔一挥,"施阿牛"从此改名"施文用"。这种

"上以其名不雅"的事,不仅见诸人,而且见诸物。《柳南随笔》云,江苏名茶"碧螺春"本名"吓杀人香",当地百姓早就喜欢喝这种生于山间石壁上的野茶,历数十年"未见其异也"。康熙年间,那几株野茶大丰收,采摘的时候,筐没装下,"因置怀间,茶得热气,异香忽发,采茶者争呼'吓杀人香'"。吓杀人,乃吴中方言,方言区之外的人难解其神韵,但这是惊奇之余的感叹决不会错。后来康熙也是大笔一挥,改成了碧螺春。成为贡品之后,"地方大吏岁必采摘,而售者往往以伪乱真"。看起来,在古代也是一样,什么产品一出名,假冒伪劣马上蜂拥而至。

《菽园杂记》还载有一则改名的趣事,那是"善谑谈"的童缘杜撰出来的,说元世祖忽必烈当政时,"令华人皆辫发、缒髻、胡服"。其视察太学,下令把孔子及四配十哲塑像的衣服也换过来,于是子路到上帝那儿告状——这个上帝,当然不是基督教里的GOD,而是一度被孙悟空搅得不得安宁的玉皇大帝。上帝很想得开:"汝何不识时势?自盘古以来,历代帝王下至庶人,皆称我曰天(帝)。今名我曰腾吉理,只得应他。盖今日是他时势,须耐心等待,必有一日复旧也。"童缘之谑,于今日来看不免掺杂了狭隘的民族意识在内,但正说明了改名姓者往往迫于"时势"的道理。

改名的结果,还有一种叫作"改之以名而不以实",这当然已经超出人名的范畴了。南朝宋孝武帝刘骏打算提高散骑常侍的地位,使与吏部并重,乃用当时两位名士为之。蔡兴宗对人说:"选曹要重,常侍闲淡,改之以名而不以实,虽主意欲为轻重,人心岂可变邪!"果然没过多久,"常侍之选复卑,选部之贵不异。"中国足球在由"甲A"改成"中超"之后,仍然被舆论诟病不断,恐怕也是这个道理。

2004年6月18日,2018年4月19日修订

端午节

6月22日是端午节。今年的端午节多少有一点特别,因为前一段韩国江陵市的"端午祭"曾吓了我们一跳,因此部分国人有"保护端午"的呼声。其实,韩国并没有说端午节是他们发明的、原创的,而只是说他们的端午祭也有把地区的知名历史人物作为守护神加以敬奉,并有一套祭祀活动。不过,我们一位比较著名的民俗学者"出于未雨绸缪的心理"——应当说是没弄明白,就急急忙忙地上书文化部官员,从而引发了一场莫名其妙的"保卫战"。

即使在端午节的发源地中国,祭祀的对象和祭祀活动也并非那么单一。撮其要者,有祭祀伍子胥、曹娥、屈原等。伍子胥有两件事很有名,一个是过昭关时一夜急白了头发;另一个是为报父兄之仇,掘楚平王之墓鞭尸三百。因为吴王夫差听信越国的谗言将以加害,子胥对邻舍人说,他死后,将他的眼睛挖出悬挂在吴京之东门上,"以看越国军队入城灭吴"。夫差闻言大怒,令取子胥之尸体装在皮革里于五月五日投入大江。因此江南一带的人们,在每年端午,都要划龙船迎接已被天帝封为潮神的伍子胥。东汉的曹娥则以孝女闻名。传其父溺于江中,数日不见尸体,14岁的曹娥便昼夜沿江痛哭,过了17天,到了五月五日依旧找不到,遂投江自尽,几天后人们发现两人尸首一同浮出水面。曹娥殉父之处因此更名为曹娥江,并在每年五月五日划龙舟竞渡。这是浙江绍兴一带的习俗。此外,还有把端午和勾践、介子推联系起来的,只是纪念屈原说流传最广、影响最大而已。

除了纪念人物,近代学者闻一多先生还考证认为,端午节是四五千年以前古代南方以龙为图腾的吴越民族举行图腾祭的一个节日,在每年五月五日这一天,他们将各种食物装在竹筒中,或裹在树叶里,往水里扔,献给神龙吃。他们还把乘坐的船,刻画成龙的形状,配合着岸上急促的鼓声,在水面上作各种游戏和竞赛划船。因此,关于端午的起源,实在众说纷纭。

端午节在今天是一个欢乐祥和的节日,但在以前,却是一年里最不吉利的一天。古人把五月叫作恶月,把五日叫作恶日,五月五日就是恶月恶日。战国时的孟尝君、三国时的张飞、南朝宋的王镇恶、宋徽宗、西夏皇帝赵元昊等都出生在这一天,留下了不少故事。比如《史记》载,孟尝君田文五月五日出生时,其父田婴告诫其母"勿举也",不要生他;但其母偷偷把他养活下来。待田婴发现,孟尝君已经长大了,乃对其母大发雷霆说:"五月子者,长与户齐,将不利其父母。"但孟尝君后来位至齐相,又成了人们驳斥所谓恶月恶日不吉利的标本。又比如王镇恶出生之时,"家人以俗忌,欲令出继疏宗",倒是让他生出来了,但想送走。他的爷爷、前秦将相王猛坚持把他留了下来,并为之取名"镇恶",对抗俗忌。后来王镇恶也是颇有作为,率领大军东征西讨,成就了刘裕的霸业。不过因为性贪,也差点被刘裕给收拾了。王镇恶之贪,"极意收敛,子女玉帛,不可胜计",刘裕对这些并不在乎,"以其功大";但他灭后秦时,把姚泓的辇给藏起来了,令刘裕心里发毛,怕他自立。派人去侦察了一下,发现"泓辇饰以金银,镇恶悉剔取,而弃辇于垣侧",才放下心来。

《金史》里有位田特秀,一生都跟"五"有关:五月五日生,小字五儿,所居里名半十,排行第五,二十五岁参加科举,乡、府、省、御四试皆第五,八月十五去世,终年五十五岁。这样有才华的人,可惜命短,加剧了人们对恶月恶日的恐惧。为了避恶,宋徽宗还特地将生日改为十月十日,并定该日为"天宁节",希望上天保佑其安宁。可见,恶月恶日的阴影不仅笼罩着平常百姓,也困扰着皇家宫廷。事实上,在一年当中任何一个日期出生的人,境遇都有大相径庭的可能,完全不可一概而论。我疑心,因为恶月恶日的观点根深蒂固,所以古人要在这一天举行一系列用吉祥物避恶和祭祀不幸死亡者的活动,乃形成了具有宗教色彩的端午节习俗。而许多著名历史人物却未必都在此日故去,不排除强拉硬拽的可能。

我们的端午节祭祀对象尚且众多,韩国的"江陵端午祭"在内容上就更不可能一样。事实上,端午祭只是地区性庆典,祭拜对象是韩国的山神,其中之一是新罗时期在江陵消灭高句丽和百济两国军队的领军主帅金庾信将军。此外,端午祭的时间从农历四月五日开始一直要持续到农历五月七日,且主要活动是荡秋千、上演戴面具的无言剧等,总的来看与端午节毫不搭干。所以,还是《南方周末》报道此事时的标题用得准确:"你的端午祭,我的端午节"。

2004年6月25日,2018年3月21日修订

酷暑

6月25日《南方都市报》的一则新闻说,夏日炎炎,深圳有一位妙龄女子却无论怎么运动就是不出汗;甚至在干蒸桑拿时,皮肤都蒸红了也没用。为此,该女子很有一点儿担心,不知道自己得了什么怪病,公布电话寻找同病相怜的人。

不出汗是不是属于病征,我不很清楚,但知道古人里至少有两位是不出汗的。一位是明朝崇祯皇帝宠爱的田贵妃。《三垣笔记》云:"妃性寡言,虽酷暑热食,或行烈日中,肌无纤汗。"瞧,大夏天的,加上吃热东西,不出汗;在太阳底下赶路,也不出汗。"汗"这个字有一些两面性,见之于须眉,往往与"臭"字连用。《水浒传》里关于卢俊义上山前有一段描写,梁山英雄采用车轮战进行佯攻,一会儿出来一个跟他打斗一番,每每"累得卢俊义又是一身臭汗"。见之于巾帼,则往往与"香"字连用。《红楼梦》里宝钗扑蝶,就是"香汗淋漓,娇喘细细"。这个田贵妃汗且不出,自然"枕席间皆有香气"了。

另一位是清朝高官高士奇,《清稗类钞》说他"生有异质,身御盛服,虽时尝酷暑,曾无点汗,便遗之事,终日不行"。不出汗带来的"副产品"重要了,老高"以是出入禁闼,从容中礼,侍从诸臣俱莫能及",估计在宫廷里面上个厕所十分不便吧。高士奇著作甚丰,《左传纪事本末》等享誉后世,不出汗是先天的,这个可就是后天的了。

然而,对绝大多数的人来说,酷暑大汗是一种必然。古人没有今人那么多避暑的手段,加上许多清规戒律,想必夏天的日子非常遭罪。于慎行《谷山笔麈》云,万历皇帝有一天御讲,"一中官旁侍,窃摇扇"。就这么偷偷地扇了一下,还是给万历看见了,回到宫里,"召而杖之",说:"诸先生在旁,见尔摇扇,以为我无家法也。尔不畏诸先生见耶?"瞧,扇一下扇子就挨一顿打,万历的"家法"该有多严厉。那中官显然是知道"家法"的,否则摇扇不至于"窃";不过,如果不是热得太难受,他恐怕也没有违背的胆子。

清朝方濬师《蕉轩随录》告诉我们一个细节,酷暑面前人人平等,即便皇帝也不例外。他说大理卿杨介坪很为嘉庆皇帝赏识,有一天蒙召,"值天暑",杨介坪"方掀帘,见上摇扇挥汗"。待他跪倒听旨,"上将扇子却在左右,不复用,问公事甚详"。两人那次谈的时间较长,嘉庆热得"面汗如雨",但却始终没扇一下扇子。杨介坪当然就更不会了,出来时,已经"湿透纱袍矣"。方濬师所以记载此事,是想说明当时的君臣相见,如何的隆而重之。这样一比较,上面那个中官挨揍也就算不上很冤,在万历的"家法"看来,此举一定显得轻浮,没准跟现在开会时手机动不动出声的那种烦人差不多。

但古代还是有一些规定很莫名其妙。明朝余继登《典故纪闻》云:"南京各官旧张伞,弘治时为御史郭纤劾,命城中许张油伞,不得用凉伞。"油伞、凉伞都可以遮阳,前者兼可挡雨而已,区别得那么清楚干什么呢? 又云:"正德初,令京官三品以上用大扇,四品以下止许用撒扇遮日。"撒扇就是折扇。同朝的刘若愚说:"撒扇,其制用木柄,长尺余,合竹作小骨二十余根,用蓝绢糊裱,两面皆撒大块金箔,放则遮日,收则入囊。"看起来,撒扇这东西跟聂卫平他们下棋时摆弄的道具有得一比,怎么遮得了阳呢?不思其解。三品四品,一级之差,"凉快权"都差别这么大,难免有的人要投机钻营向上爬了。同朝的刘元卿认为撒扇始于永乐皇帝时,"因朝鲜国进撒扇,上喜其卷舒自由之便,命工如是为之"。他还说,"南方女人皆用团扇,惟妓女用撒扇",这好像有点骂人了,想来他说这话时心有所指。

1568年,明朝隆庆皇帝考选吉士,"在金水桥南设几,北向,几上各贴姓名"。考场露天,就有"地利"的问题。果然,有一个人桌子被分配在太阳底下,没遮没挡,但他见另一个人的在荫凉地方,而其人正在别处闲聊,乃一不做二不休,"遽走据其案,除其纸帖,以己名帖之",来了个公然调包。不料给人家看见了,"急走还与争",还是没来得及挽回;这人指着案上名字说,这写着是我的。二人"相持久之,竟不能夺"。那人请同僚作证,大家"亦笑不能面质也",谁也不愿出面作证。两人还都是名士呢,在一点儿荫凉面前不惜连面皮都撕破了,从中也可见古人对酷暑的那种无奈。

《竹叶亭杂记》云,清朝有位"扇癖"叫莫清友,"不论冬夏,居则几上、架上、塌上、座上无非扇也"。此公好扇,却不是因为自己怕热,而是喜欢在扇子上舞文弄墨,不仅要画,画完了还要题诗,"且一题再题,多至十数题,无不叠韵,俱细书于扇头"。别人画的也题,画得怎么样他不管,但有空处"则补以诗焉"。莫清友善画兰花,人家说他用笔不输于郑板桥。想来,扇扇子的"扇癖"当时恐怕更大有人在,没人家莫清友雅致,上不了台面罢了。

那个不出汗的田贵妃很得崇祯宠幸。崇祯生前并没有为自己修建陵寝,李自成打进北京后,就将崇祯和皇后周氏一起葬入了田贵妃的墓,成为思陵。这是另话。

2004年7月2日,2018年4月11日修订

剽窃

6月24日出版的《南方周末》有一篇关于学术剽窃的报道,讲的是《中国悬棺葬》作者陈明芳的一场痛苦官司,用她自己的话说,一个从没有涉足过悬棺葬研究的人,"在转瞬之间就偷走了我二十多年历经风雨艰辛的科研成果"。那个人,现在是四川大学的博士生导师。据陈明芳粗算,其人所著的14万字的《魂归峭壁》,涉嫌抄袭《中国悬棺葬》的部分达7万多字,甚至一些笔误、标点符号的错误也照抄不误。

学术剽窃,这几年渐渐地不成新闻了;能成为新闻的,只是如陈明芳的痛苦官司一般,如此白纸黑字根本无法抵赖的剽窃,却没有公正的判决结果。翻开历史,剽窃自然也不陌生。比如宋之问是初唐很有名的诗人,"尤善五言诗,其时无能出其右者",跟那个博士生导师是"考古学界一个不可缺少的人才,川内无人能比"一样。他的诗以属对精密、音韵谐调的特色而与沈佺期齐名,号"沈宋体",代表着律诗成熟的开始。关于宋之问的"夺句疑案",至少就有两起。

其一,剽窃的是今人熟知的诗句:"年年岁岁花相似,岁岁年年人不同。"剽窃谁的呢?他外甥刘希夷。检索中华书局出版的《全唐诗》,这一首《有所思》正放在宋之问名下,但同时标注"一作刘希夷诗,题为《代悲白头翁》"。《大唐新语》云,刘希夷先写的是"今年花落颜色改,明年花开谁复在?"既而"更作此句",旋又一声叹息,"乃两存之"。然"诗成未周,为奸所杀。或云宋之问害之"。这里还只是怀疑,《刘宾客嘉话录》则予以坐实,说刘希夷得出此句之后,宋之问"苦爱此两句,知其未示人,恳乞,许而不与。之问怒,以土袋压杀之"。当然,这一唐代发生的因剽窃而导致的谋诗害命案,应当算是疑案,不少人并不认同。如金王若虚云:"年年岁岁,岁岁年年,何等陋语,而以至杀其所亲乎?"清沈德潜云:"宋之诗高于刘,不用攘窃他人也。"其二,剽窃骆宾王的《灵隐寺》诗,"楼观沧海日,门对浙江潮"云云。再当然,明朝以后,也是提出疑问、加以辩驳者渐多,以王世贞说为代表。宋之问何以背上杀人之名?前人指出其"人品污下而恶归",怕是极为重要的因素。

《邵氏闻见后录》云,刘敞"每戏曰":欧阳修于韩愈的文章,"有公取,有窃取,窃取者无数,公取者粗可数"。那个"戏"字道得分明,刘敞其实是在开玩笑,他与欧阳修"同为昭陵侍臣,其学问文章,势不相下,然相乐也"。公取、窃取说,就属于"相乐"的一种。欧阳修非常崇拜韩愈,对韩文到了"皆成诵"的地步,刘敞戏之以"韩文究"。他说欧阳修《赠僧》有"韩子亦尝谓,收敛加冠巾",韩愈《送僧澄观》有"我欲收敛加冠巾",这还不是"公取"吗?但他又笑着补充说:"永叔无伤事主也。"这种高雅的玩笑,折射了二人关系的亲密无间。

不过,欧阳修的文章被他人公然剽窃却是事实。事见魏泰《东轩笔录》。那是欧阳修刚到滑州(今河南滑县)上任,宋子京对他说:"有某大官,颇爱子文,俾我求之。"欧阳修说没问题,"遂授以近著十篇"。过一个多月,子京又来说:"某大官得子文读而不甚爱,曰'何为文格之退也?'"欧阳修笑而未答。没多久,人们又说那大官极其赞赏丘良孙的文章,欧阳修乃"使人访之",看看都是些什么作品,不料却发现他所赞赏的,正是自己先前给他的那十篇文章,"良孙盗为己文以赞"!欧阳修知道这大官是谁,但"不欲斥其名,但大笑而已"。后来,欧阳修为河北都转运使,又得知丘良孙"以献文字,召试拜官",因为他有剽窃的前科,"心颇疑之",等到看到他所献的文字,果然又是剽窃的,那篇文章"乃令狐挺平日所著之《兵论》也"。看起来,这个丘良孙堪称当时的"剽窃大盗"了。可惜,欧阳修又一次采取了纵容的态度。在与仁宗谈起丘良孙时,"仁宗骇怒,欲夺良孙官",欧阳修说:"此乃朝廷已行之命,但当日失于审详,若追夺之,则所失又多也。"仁宗"以为然,但发笑者久之"。这一笑,又让剽窃者阴谋得逞。

丘良孙是何方神圣?目前我没有看到其他材料,但他用剽窃来的文章作敲门砖,想来至少是附庸风雅之士。宋朝的学者有"三多"说,即看读多、持论多和著述多。孙莘老曾就此请教欧阳修,修曰:"此无他,唯勤读书而多为之自工,世人患作文字少,又懒读书,每一书出,必求过人,如此少有至者。疵病不必待人指摘,多作自见之。"孙莘老把这话当成了名言,"书于座右"。《四友斋丛说》云,欧阳修晚年审定自己生平所做的文章,"用思甚苦",夫人止之曰:"何苦自如此,当畏先生嗔耶?"欧阳修笑答:"不畏先生嗔,却畏后生笑。"欧阳修所戳中的未尝不是今日一些学者的要害。

明朝学者宋濂说过:"古人为学,使心正身修,措之行事,俯仰无愧而已。"从学术剽窃的各种事实看,当代不少学者所欠缺的,正在"俯仰无愧"这一点上。他们的所谓"学",纯粹是为了达到个人目的而装饰出的一种门面。

2004年7月9日,2018年4月11日修订

赝品

17世纪荷兰著名画家约翰尼斯·维米尔最出名的画作《戴珍珠耳环的少女》,7月7日在英国成功拍卖,售价高达3000万美元。媒体在报道此事时,并没有点出画作的名称,大概是不识此画,因而不知道这个"新闻点"吧。蓝白分明的蹼头、土黄色的披肩,窗前的年轻姑娘略侧着俊俏的脸庞,左耳戴着一枚硕大的珍珠耳环,清晰自然,充满了生命之美……此画之所以引起我的注意,主要是同名电影的功劳。去年英国拍摄的这部电影,轰动一时,影片借助同名小说的力量把这幅名作演绎得感人至深。

但这幅名作,几十年来却一直被怀疑是赝品,英国国家美术馆的专家们足足花了十年时间才确认其真。赝品,即伪造的东西。《韩非子·说林下》云,"齐伐鲁,索谗鼎",鲁国的东西到手后,齐人曰:"雁(赝)也。"鲁人曰:"真也。"齐人说,把你们的乐正子春叫来,问问他。乐正子春来了,问鲁君"胡不以其真往也",干吗不给人家真的。鲁君说:"我爱之。"子春说:"臣亦爱臣之信。"讲好的事就要兑现啊。看起来,子春是当时的谈判代表。

赝品正多指书画文物。书画作伪,由来已久,鉴别也早就是一门学问,清人陈其元《庸闲斋笔记》认为,此学"大抵凭一己之见,不必尽真识也。其识之精者,不过能辨妍媸耳"。他这话虽然悲观,却有一定的道理。去年北京故宫博物院以两千万元的"天价"买进隋人的《出师颂》,真伪问题即引起了很大一场风波。同样是大师级的鉴别专家,观点却针锋相左。的确,寻常的"三脚猫"功夫易于识别,而一等一的甚至超一流的高手作伪呢?

苏东坡的字,北宋当时即人人追捧,得他的字有个窍门,"必预探公行游之所,多设佳纸,于纸尾书记名氏,堆积案间,拱立以俟"。东坡先生大概很好说话,往往"见即笑视,略无所问,纵笔挥染,随纸付人"。然大家如东坡即上过"赝品"一当。有一次过扬州,秦少游知道了,跟他开玩笑,"作坡笔语题壁于一山寺中",结果东坡"大惊",大约是记不起何时在此挥毫,而且那时他也还不认识少游,想不到还有人本领如此了得。

何良俊《四友斋丛说》云,明朝周东村是画坛高手,据说唐伯虎起初就是拜他为师。唐寅诗词里即有一首《题画师周东村之郊秋图》:"鲤鱼风急系轻舟,两岸寒山宿雨收;一抹斜阳归雁尽,白萍红蓼野塘秋。"唐伯虎名噪天下之后,如果有人求画,自己又懒于着笔,"则倩东村代为之"。当时的人仿当时的画,又有当事人授意,真要难为鉴赏家们了。此前的大书画家米芾也是如此,常借别人收藏的作品玩赏,然后把临摹的赝品还回去。今人则有张大千先生。其成名之初,被人们称奇的不是他创作的作品,而是摹仿明末清初画家石涛而作的赝品。张大千也曾自嘲自己是个用纸用笔的骗子。他仿石涛画,其神韵、表现手法、构图特点,惟妙惟肖,活脱脱"石涛复生"。他的赝品石涛,不知使多少著名的画家、收藏家、鉴赏家上当,张学良不用说了,黄宾虹、罗振玉等亦不能幸免。但这一类有关大画家作伪的记载,往往却被作为名人逸事而津津乐道。

鉴别如此之难,并不是说对赝品的东西就只有束手无策。假的就是假的,总能露出破绽。因而对鉴别家来说,考验的是综合素质,见多识广、博闻强记等等是最基本的,读书得多,得熟知书画源流,精通书理画理。另外,还要心细如发,目锐如刀,思密如网。清初尚书宋牧仲精于鉴别,"凡法书名画,只需远望,便能辨为某人所作"。这种本领有一点儿神,但宋牧仲看得多,能辨识书画的气韵是不会错的。当代徐邦达先生,人称"徐半尺"。据说他鉴定古书画时,常于画轴展开半尺之际,已辨出真伪,故海内外对他有"华夏辨画第一人"之誉。如果了解徐先生的成长道路,就知道他的本领并非与生俱来,完全是后天练就。

与唐伯虎齐名的文徵明,亦精于书画鉴别,"凡吴中收藏书画之家,有以书画求先生鉴定者,虽赝物,先生必曰此真迹也"。人家问他为什么要这样做,他说:"凡买书画者必有余之家,此人贫而卖物,或待以此举火,若因我一言而不成,必举家受困矣。我欲取一时之名,而使人举家受困,我何忍焉?"则文徵明的鉴别很有点"劫富济贫"的味道。不仅如此,有人拿仿文徵明的假画来请他题款,他"即随手书与之,略无难色"。不过换个角度看,说文徵明对当时乃至后世并不负责任,恐怕也并不冤枉。

曾巩写过一首《假髻行》:"东家美人发委地,辛苦朝朝理高髻。西家美人发及肩,买装假髻亦峨然。金钗宝钿围珠翠,眼底何人辨真伪?夭桃花下来春风,假髻女儿归上公。"同样是漂亮姑娘,真的长头发这个,不如假的长头发那个归宿更好——后者给高官娶去或纳去了嘛,这里姑且不要计较前人婚姻方面的"三观",但问为什么会有这样的结果呢?清人金埴的话颇能给人启发:"此所谓真不如假能行时也。"在许多时候,衡之以书画文物之外的许多事情,不亦然乎?

2004年7月16日,2018年5月6日修订

口碑

7月12日,中央纪委、中央组织部第二巡视组在人民网发表题为《深入群众明查暗访 提高巡视质量》的文章披露,副省部级以上的领导干部,省委、省政府两个班子的成员,特别是两个"一把手",是巡视组巡视的重点。在巡视中,强调注重党政主要领导有无不廉洁的行为,其配偶子女干净不干净、口碑好不好。

"劝君不用镌顽石,路上行人口似碑。"《五灯会元》中的这一句,道出了石碑与口碑这两个事关颂扬的品种。石碑是有形的,是要把颂扬文字镌刻于石质材料之上,以期垂之后世。口碑则是无形的,是人们口头上的称颂,所谓不胫而走。一般来说,如果竖块有形的石碑对一个人作出评价,相当于官方的盖棺论定。不是说一定不准确,但相对而言,却是无形的口碑更接近客观真实。南宋曾极有《金陵百咏》,其《没字碑》咏道:"漫漫荒地浸绿芜,残碑一丈载龟趺。当年刻画书勋伐,雨打风吹字已无。"很难说他在"就事论事"之外,没有其他的意味,就是在这个问题上,有形的往往不及无形的。把口碑怎样作为考察领导干部的标尺之一,等于纳入了民意。事实表明,如今的贪官,尽管有一些伪装得相当巧妙,如江苏邳州的"布鞋书记"邢党婴、陕西宝鸡的"挎包局长"范太民之类,平时就是以一副清廉模样示人,但他们在东窗事发之前,不论曾经往自己的头上巧取豪夺了多少荣誉、何种荣誉,其作为在所在地或所在部门的干部群众心目中每每昭然若揭,新近的典型莫过于安徽王怀忠,当地百姓早就把他看透了。

口碑有许多种表现形式,俗谚是重要的载体之一。何良俊《四友斋丛说》云,明朝时江浙一带有个说法:"凡府县官一有不善,里巷辄有歌谣或对联,颇能破的。"何良俊说他记得小时候听到过一个对子:马去侯来齐作聂张,仲贤良是太守喻公。这里便涉及了五名官员:马骥、侯自明为松江府同知;聂瓒、齐鉴为松江府通判,而张仲贤则是知县。那么这一联,无疑是对五人作出的褒贬,所谓"臧否莫遁",虽然在外人看来还是"隔"了一层。因此,不要小看这些来自草根阶层的归纳,其间能够真实地反映一定时代的民心民意,对于社会现象与社会问题的讽刺、批判,往往也充满智慧,能够出人意表地揭示问题与现象的本质,或者揭示出某一个具体个人的真实面目。《汉书·艺文志》在言及我国第一部诗歌总集《诗》时说:"古有采诗之官,王者所以观风俗,知得失,自考正也。"观风俗如此,观人亦如此。

清人梁章钜《归田琐记》里也有一则俗谚:"前生不善,今生知县;前生作恶,知县附郭;恶贯满盈,附郭省城。"就是说,人越坏,官当得越大。得出如此极端的结论,一定确有所指,至少有那么一些令百姓痛恨的人,高高地坐在官位上,奈何他不得吧。书里还有一首十字令,相当于为其时官员画了幅集体像:"一曰红,二曰圆融,三曰路路通,四曰认识古董,五曰不怕大亏空,六曰围棋马钓中,七曰梨园子弟殷勤奉,八曰衣服齐整、言语从容,九曰主恩宪德、满口常称颂,十曰坐上客常满、樽中酒不空。"其中的"认识古董"不大好理解,梁章钜说不少人是用名家字画来沟通关系的,笑纳者势必得学到一手鉴别的本领,要不人家用假家伙蒙你,你可能还挺高兴呢。中中,乃中等、一般的意思。梁章钜认为这首"十字令",当真"语语传神酷肖",则起码在梁的心目中都能一一对上号,其所产生,当然也不是空穴来风。

宋人文莹《玉壶清话》云,五代十国时,南唐大将边镐与王建各率一路大军进攻闽之都城建州(今福建建瓯),"凡所克捷,惟务全活",建州人德之,称边镐为"边罗汉"。——当然,另有记载,建州城破之后,原本是要大屠杀的,赖一位叫作练隽的女士对边、王慨然陈词,二将深为感动,城乃得保全,练隽因此赢得"芝城(建州别称)之母"的美誉。后来边镐率军灭楚,攻克潭州(今湖南湘潭),"诸将欲纵掠,独镐不允,军入其城,巷不改市",潭州的百姓因此很拥戴他,叫他"边菩萨";然而,"及(镐)帅于潭,政出多门,绝无威断,惟事僧佛",人们感到非常失望,又改口叫他"边和尚"。从"边罗汉"到"边菩萨"再到"边和尚",离不开佛家用语,一方面说明了当时崇佛风气的盛行,另一方面也说明了人们对边镐评价的变化。"菩萨",修行到了相当程度、地位仅次于佛的人;"和尚",不过只是出家修行了而已。倘若当时的政府要考察边镐的作为,称谓就是一个参考,它们相当于来自草根阶层的口碑。

不可否认,有一些民谣对于社会问题、社会矛盾的理解存在着一定的片面性、情绪性,乃至极端性,但它代表着民间的意识形态,蕴含着民众的政治心声,从这点来看,其积极意义不容低估。民谣一般是以非严肃的面目出现,戏谑、嘲弄、否定,但在谐谑的背后,它所表达的内容,既直接又快捷,往往蕴含着真理,保持着清醒的批判意识,寄寓了民众严肃的政治思考。因此,口碑问题在任何时代都值得高度重视,起码对上面来说,这是了解下面官员真实情况的必要参考。

2004 年 7 月 23 日,2018 年 5 月 15 日修订

庸医

7月23日，不少媒体都刊发了新华社的一条特稿，说最新一期英国《新科学家》杂志报道说，拿破仑死于一名庸医导致的灌肠医疗事故。这位法兰西帝国的皇帝虽然已经去世了近两百年，但对他的死因人们至今仍然莫衷一是。在此之前，即有胃癌说、砒霜中毒说、慢性药物中毒说等好几种说法，每一种都言之凿凿。那么，庸医说也未必就是最终的结论。

"庸医司性命，俗子议文章。"陆游的句子。"杀人何必尽砒附？庸医至矣精消亡。"龚自珍的句子。贬损的都是庸医。关于庸医夺命的新闻今天也偶尔见诸报端，不要说从前了。苏轼《策略一》就社会治理打过一个比方，"今夫医之治病，切脉观色，听其声音，而知病之所由起"，这是良医的诊治。"今且有人恍然而不乐，问其所苦，且不能自言，则其受病有深而不可测者矣。其言语饮食，起居动作，固无以异于常人"，这样的病，扁鹊、仓公也会"望而惊"，概"固非鲁莽因循苟且之所能去也"，然庸医"以为无足忧"，不在他们的话下。庸医之庸，一个重要因素在于根本不懂对症。

一般说庸医，每指那些游走于江湖的角色，其实，身份堂正的也未必不庸。宋朝有位"用药多孟浪"的王泾，就是皇帝的御医呢。据说南宋第一个皇帝就是给他灌肠灌得病危的："高宗苦脾疾,泾误用泻药,竟至大渐。"王泾庸到什么程度?出了如此天大的医疗事故,本来是要杀头的,朝廷因为担心"自此医者不敢施药",才改为"杖其背,黥海山"。在挨打之前,王泾"怀金箔以入",打完了,赶快把金箔贴在伤口上。有什么用呢?王泾认为"金木之性相制耳",打人的板子是木头的,而五行之中金克木,所以金箔能治木板造成的创伤,不留疤痕。王泾从海山流放归来,重操旧业,大门口打出的广告还是"四朝御诊",不过有人在旁边添了一行小字:"本家兼售施泻药。"这几个字令王泾"惭甚",等于揭了老底。

正因为王泾式的庸医太多,有些前人对医生的作用不那么信任,认为人之病可分死病和不死病,"药医不死病,死病无药医",医生的功劳不大。《菽园杂记》还说:"古人以病不服药为中治,盖谓服药而误,其死甚速。不药,其死犹缓。"但接着又说:"万一得明者治之,势或可为耳。"可见,"病不服药",担心的是撞到庸医。《浪迹丛谈》云古语有"医不三世,不服其药",此中三世,并非指医疗世家,祖、父、子传承三世——如果那样,爷爷和父亲开的药因为世数不够也吃不得了,而是"必通于三世之书"。这三世之书,即《黄帝针灸》《神农本草》和《素问脉诀》。为什么"必通"呢?概因"《脉诀》可以察证,《本草》所以辨药,《针灸》所以去疾,非是三者,不可以言医"。显然,这只是对医生的一种理论上的要求。《巢林笔谈》云,吴中有位医生"始以痘科得名,渐及大方",出名之后,他就什么都行了,而且"负技而骄,不多与金钱,虽当道或不赴"。但他给人治病,除了狮子大开口,还不肯负责任,"小效归其功,大害委于命"。当地人说他死了之后,"堕落狗胎,有文在腹"。这当然是无稽之谈,但折射了对庸医的痛恨程度。

元末明初有位吕复,他本人不仅"以医名世,取效若神",而且善于评点历史上的医家,虽"自来评文、评诗、评书、评画者最多,独评医颇罕"。吕复是怎么评的呢?说神医扁鹊,"医如秦鉴,烛物妍媸不隐;又如弈秋,遇敌着着可法,观者不能测其神机"。说医圣张仲景,"医如汤武之师,无非王道,其攻守奇正,不以敌之大小,皆可制胜"。说神医华佗,"医如庖丁解牛,挥刀而肯綮无碍,其造诣自当有神,虽欲师之,而不可得"。说药王孙思邈,"医如康成注《书》,详于制度训诂,其自得之妙,未易以示人;味其膏腴,可以无疾矣"。此外,还评价了许多今日不太知名的人物,如说陈无择,"医如老吏断案,深于鞫谳,未免移情就法;自当其任则有余,使之代治则繁剧"。说张子和,"医如老将对敌,或陈兵背水,或济河焚舟,置之死地而后生,不善效之,非溃则北矣"。说严子礼,"医如欧阳询写字,善守法度,而不尚飘逸;学者易于模仿,终乏汉、晋风度"。如此等等,不必一一列举。由这几例亦可见出,吕复的评点让我们非医疗界的人士对古代医家的医术也有了至为形象的了解,如前人所言,"不特词旨华赡,并可见其医理精妙,非三折肱不能道也"。可惜吕复对庸医不屑一顾,否则同样来上一篇,一定趣味横生。

在1890年《共产党宣言》德文版序言中,革命导师恩格斯谈到了社会庸医。他说:"在1847年,所谓社会主义者是指两种人。一方面是指各种空想主义体系的信徒,特别是英国的欧文派和法国的傅立叶派,这两个流派当时都已经缩小成逐渐走向灭亡的纯粹的宗派。另一方面是指形形色色的社会庸医,他们想用各种万应灵丹和各种补缀办法来消除社会弊病而毫不伤及资本和利润。"社会庸医,今天倒是被忽视了,或许,是他们已经变换了恩格斯所指的那种面目了吧。

2004年7月30日,2018年4月25日修订

不认识

8月2日出版的第298期《三联生活周刊》,"封面专题"做的是《凡人赵忠祥》。不用说,这是因为"饶赵事件"已经到了"撕票"(赵语)的地步,由不得他们不予以关注。在这起是非暂时未有结论也可能不会有结论的事件中,给我印象最深的不是中央电视台女保健医生饶颖说了什么,赵忠祥是否与之有婚外情、是否有特殊癖好之类,而是赵忠祥的"不认识",他说他不认识饶颖。照寻常人等的本能理解,饶颖有可能把事实夸大,但恐怕不至于对一个不认识的虽然是"凡人"但却是名人的人大泼污水。三联的记者们显然更注意到了,因而在7月22日对赵忠祥长达两个小时的采访中,要求他"给出确切的判断":到底认不认识饶颖。赵的回答是:"没必要再说。"那就仍然是"不认识"。

查"认识"一词,认得、相识,只是其义项之一,在历史上和现实中,还有更值得关注的其他义项,探究起来也更有意义一些,虽然在很多时候,"不认识"来得没有那么直接。

《宋史》卷二百八十八里有一则记载,范仲淹"坐言事夺职知睦州,余靖、尹洙论救仲淹,相继贬斥",欧阳修愤愤不平,写信给职掌规谏朝政缺失的高若讷,责之曰:"仲淹刚正,通古今,班行中无比。以非辜逐,君为谏官不能辨,犹以面目见士大夫,出入朝廷,是不复知人间有羞耻事耶!今而后,决知足下非君子。"在这里,欧阳修一是痛斥高若讷"不认识"范仲淹究竟是怎样的一个人,二是痛斥他也根本"不认识"自己的职责所在,不过但求纱帽戴得安稳而已。可叹的是,面对欧阳修的指责,高若讷非但没有丝毫反省,反而"以其书奏,贬修夷陵令",到皇帝那里把欧阳修又告了一状。高若讷其人,"自秦、汉以来诸传记无不该通,尤喜申、韩、管子之书",用民间俗话说,读的东西真是都喂狗了。

同书卷四百三十五亦载,北宋靖康元年(1126),钦宗问政胡安国,安国指出了不少弊端,诸如"纪纲尚紊,风俗益衰,施置乖方,举动烦扰"等等,并且具体指出:"用人失当,而名器愈轻;出令数更,而士民不信。若不扫除旧迹,乘势更张,窃恐大势一倾,不可复正。"这番肺腑之言,却被门下侍郎耿南仲扣了一顶大帽子:"中兴如此,而曰绩效未见,是谤圣德也。"对耿南仲这种官场上的马屁精来说,永远都属于"乐观地"看待现在或眺望未来的一类,而不可能"认识"或正视社会已然存在的尖锐问题。事实无情地证明,仅仅在胡安国说话的第二年,便徽钦"北狩",北宋亡国。

姚元之《竹叶亭杂记》里有这样一个故事。某年除夕,姚元之到朱珪家拜年,闲谈中"问公岁事如何",朱珪"因举胸前荷囊",说:"可怜此中空空,压岁钱尚无一文也。"正在这时,仆人来报:"门生某爷某爷节仪若干封。"按道理,缺钱的时候有人把钱主动送上门来,要喜形于色才是,但朱珪平静地对姚元之说:"此数人太呆,我从不识其面,乃以阿堵物付流水耶!"从不识其面,当然不等于不认识,因此不妨理解为朱珪打发行贿所表现出的一种幽默,他当然知道那几位为什么要来送钱。《清史稿》里有《朱珪传》,翻一翻就可知道,他是乾隆、嘉庆两朝的重臣,因为"不沾恩市直",被乾隆帝评价为:"朱珪不惟文好,品亦端方。"嘉庆帝登基后,则"时召独对,用人行政悉以咨之。珪造膝密陈,不关白军机大臣",看得出,他是可以越过职能部门而直接通天的人物。朱珪去世的时候,嘉庆亲来赐奠,"驾至门即放声哭",且赐以诗,内有"半生唯独宿,一世不谈钱"。这前半句,大抵是说他76岁去世,而"年四十余,即独居,迄无妾媵";后半句,该是他一以贯之的写照了。历来给文臣的最高谥号是"文正",清朝也不例外,然清朝三百年间享有此谥的,只有朱珪、曾国藩等8人。从上面这件小事看,朱珪有不虚此谥的作为,只是今天的一些权力在握者可能认为,"太呆"的该是朱珪本人。

明季"有道之士"陈其德著有《垂训朴语》,其中说道:"人非圣人,不能无过,过而能改,仍是好人。故以过告我者,爱我之甚也,以过责我,则我之师也;若以过容我、谅我,则彼为君子,而我不适成为小人乎?"当然,饶颖之"告"属于告发、披露,赵忠祥先生是绝对不会"师"事之的;何况,在事件尚未水落石出之际,谁是君子、谁是小人还很难定论。不过,综合各种公开报道,二人之间似乎是因为一件原本属于几千块医疗费纠纷的区区小事而撕破面皮,发展成如此扑朔迷离的公共事件,媒体追踪不已,我以为应该是"凡人"的"不认识"惹的祸。不好理解的是,对并不认识的人如此公开玷污自己的名声,赵忠祥何不拿起法律武器,以维护自己作为"一个时代的符号"(赵语)的应有形象?

忽然又想起一件清朝的事情,乾隆年间监察御史钱沣奉旨查办贪官山东巡抚国泰,国泰因为有朝臣和珅撑腰,根本不把他放在眼里。审问的那一天,国泰一开始就盛气凌人,大骂钱沣:"汝何物,敢劾我耶!"不知怎的,这让我想起"凡人赵忠祥"说的话:饶颖"算个什么东西"。无他,口气上很接近。

2004年8月13日,2018年5月6日修订

前世

不久前在凤凰卫视看到一个李敖参与的娱乐节目,由台湾蔡康永和小S徐熙娣共同主持的《康熙来了》。此"康熙",自然不是指电视剧里"真想向天再借五百年"的那个康熙皇帝,而是从两名主持人的名字中各取一字,组合而成。

看海峡彼岸的娱乐节目,往往都有星相界人士的介入。胡瓜、高怡平主持的红极一时的婚恋交友节目《非常男女》,对"速配"成功了的,都有嘉宾卜卦一样预测二人的未来,《康熙来了》也不例外。节目开始不久就有两女一男三个"算命的"坐在那儿,尽管李敖明确表示根本不信此道,但他们还是一会儿分析李敖的印堂,一会儿分析他的眼距,总之是要在"命里注定"方面证明李敖之所以为李敖。末了亮相的一个嘉宾,更令人惊讶万分,他说他知道李敖的前世是谁。是谁?历经清朝康、雍、乾时期的重臣孙嘉淦。为什么?他"推算"出来的,用紫薇斗数什么的,说二人有许多共同之处:都坐过两次牢,都好色,都直言不讳,等等。

今天仍然听到神神道道的"前世"说法,新鲜之余,恍若跨越了时空。古人是非常笃信"前世"说的。

前世,犹如前生、前身,相对于今生而言。桐城派代表人物方苞的文章,"誉之者以为韩、欧复出,北宋后无此作;毁之者谓所得者古文之糟粕,非古人之神理"。这两个极端的评价是否精当,且不去理论,这前半句,就有前世的意味在内,但显然还不是。前世说不是神似而是"等于",此即彼,彼即此,生活于不同的时空而已。《颜氏家训》云:"今人贫贱疾苦,莫不怨尤前世不修功业。"《西游记》里,孙悟空打死的妖怪不少都是虎豹熊罴之属,而在棒落之前,它们往往都是"人"的模样。吴承恩有这样的奇想,实乃古人世界观的一个组成部分。人的前世可以是人,也可以是动物。《蕉轩随录》说,"郑愚醉眠,左右见一白猪",这意味着郑愚的前世是一头白猪。还说五代十国时的吴越国王钱镠前世为蜥蜴;欧阳修闻到榆荚香,乃悟自己前世为会说话的八哥;袁枚前世为点苍山白猿,纪晓岚为蟒精,吴香亭侍郎为蛤蟆……

　　人的前世为动物,并不见得含有任何贬义,甚至政敌说王安石前世"乃上天之野狐"也是如此。但人的前世,更多的还是人,主要是名人。《春渚纪闻》云,南唐大将边镐,其前世是南朝谢灵运,因此他的小名便取作"康乐"——灵运世袭为康乐公;宋朝范纯夫的前世是东汉邓禹,所以取名祖禹,这个说法是他妈妈做梦梦来的,所以他的字为梦得。另外还有人说,东汉蔡邕蔡伯喈的前世为同朝的张衡张平子,苏东坡的前世是战国时的邹阳。人们认为,"即其习气,似皆不诬也",就是说,前世与后世的人物,相互之间存在相近之处。这其实是一句废话,若无一丝类似的地方,原本风马牛不相及的两个人,或者人和动物,也不会硬生生地给拢到一起。不过,对蔡邕的前世为张衡,逻辑上却不能成立。蔡邕是大文学家,张衡是科学家同时也是文学家,他不仅发明了地动仪,而且其《二京赋》在众多汉赋中也脱颖而出,这是二人"习气"的近似,但张衡在公元139年去世的时候,公元132年出生的蔡邕已经七岁了,两人曾经并世,前世却从何谈起呢?

黄瑜《双槐岁钞》云，大宗伯周洪谟甚至看见过自己的前世。那是他考中举人的那一天，舟泊邗江，夜见一人对他说，我是你的前世，嘱他"前程万里，终身清要"。周洪谟问他是谁，那人说自己姓丁，家在维扬，号友鹤山人。后来，周洪谟官翰林，以诗询问维扬太守王恕："生死轮回事杳冥，前身幻出鹤仙灵。当年一觉扬州梦，华表归来又姓丁。"王恕"甚讶，集郡之耆老询之"，还真的有这个人，"以诗名家，元末隐逸"。不过黄瑜并不相信这种事，认为周洪谟是嗜学之人，"精神恍惚，人或附会之耳"。也许是对周洪谟有一点敬仰之心吧，对其他类似现象，黄瑜可没这么客气："此皆豪俊之士自诧神灵以欺人耳，安足信哉！"

其实，早在宋朝，周煇《清波杂志》对这种穿凿附会的前世说就颇有微词了。时称房琯为永禅师、白居易为蓬莱仙人、韩琦为紫府真人、富弼为昆仑真人、苏东坡为戒和尚，周煇认为："第欲印证今古名辈，皆自仙佛中来。然其说类得于梦寐渺茫中，恐止可为篇什装点之助。"无非是想说，今天的名人，从前就了不起。有趣的是，"篇什装点之助"往往来自他人，南朝齐梁间的道教思想家陶弘景却自认前世，晚年时他宣称自己前生是佛教中的胜力菩萨，投胎下凡来度众生的。

前世说对古人确实魅力无穷。如今，孙嘉淦即为李敖，作为娱乐节目，聊博一笑可也，但主持人居然向李敖表示道歉，大抵是孙的"分量"不够，委屈了李。撇开孙嘉淦做过湖广总督、翰林院掌院学士等官职不谈，即从犯颜直谏这一点上，孙也不会低过李。他向乾隆皇帝所上著名的《三习一弊疏》，所表现出的盛世之下的忧患意识，开口就骂的李敖如何可比？看到今天的星相家们那么煞有介事，那么谄媚，唯一感到的只是好笑。

2004年8月20日，2018年4月6日修订

直言,多言

中国男篮在奥运赛场上奇迹般地赢了世界冠军塞黑队,闯入八强,坐到新闻发布厅里的姚明,在说话的时候"第一次停停顿顿,顿顿停停"。而在此前,从第一场输给西班牙之后,姚明基本上都在怒吼,甚至"对国家队失去了信心",以至于有领导说他从NBA那里学了不少坏毛病。

姚明以言语进行的发泄方式,是不是从美国学来的,我不大清楚,但不合乎中国的祖训是无疑的。言多必失、祸从口出,向来是国人行为处事的箴言之一。金埴《不下带编》云,意大利人利马窦当年说过:"舌在口中,如鸟在笼中。鸟从此树飞彼树,言从此人飞彼人,故曰口为飞门,士君子不可不慎言也。"金埴对此话推崇至极,以为"可以悬之座右,以代金铭"。金铭,即天启年间的张慎言(字金铭)。张氏说过:"寡言之味饶于多,无言之味长于寡。"看起来,在金埴推崇的"语愈浅而意愈深"格言中,原来最青睐这一句。可惜他没有交代,是利马窦原本固有此言,还是来了咱们中国之后的感悟所得。我疑心,后者的可能性大些。

古人云:"心直口快,君子之一病。"这种告诫并没有原则界限,就是说,对社会丑恶现象,"心直口快"同样毫不足取。《郎潜纪闻初笔》云,咸丰八年(1858),顺天乡试舞弊案发,"首辅弃市,少宰戍边,内外帘官,及京兆闱新中举子,军流降革,至数十人之多,可谓科场大狱矣",后世更定性为清朝三大科场舞弊案件之一。该案由御史孟传金弹劾而发,确切地说,先后受到惩处的共91人,其中斩决者即有5人,包括主考官大学士柏葰,使这个一品大员成为科举史上死于科场案的职位最高的官员。这个案件固有时握朝政大权的载垣、端华、肃顺等人"平日挟有私仇",借机"擅作威福"的成分,但柏葰听受嘱托,撤换试卷,副主考程庭桂于入闱后,其子程炳采收受关节条子,交家人带入场内等等,也确是事实。然而孟传金的弹劾,却并没有得到普遍认同,"众皆咎其多言",虽然他们同时承认,自此之后,"朱门后起之秀,始知束身安分,不致妨寒俊之进身"。但此中"多言"的含义明白无误,就是孟传金多此一举。

历史上,祸从口出的例子更是不胜枚举。《隋书·贺若弼列传》载,贺若弼的爸爸贺敦,为北周金州总管,"宇文护忌而害之"。如何忌,不得其详,但他在临刑前告诫儿子"吾以舌死,汝不可不思",表明是说出去的话给宇文护抓住了把柄。因此,他用锥子把贺若弼的舌头刺出了血,"诫以慎口"。可惜,贺若弼还是没管住自己的嘴。他与韩擒虎分率大军,一举灭陈,擒获南朝陈之最后一位皇帝陈叔宝,为隋朝完成统一大业。然而,作为开国名将的贺若弼,先是与韩为此争功争得不亦乐乎,后又"自谓功名出朝臣之右,每以宰相自许",没当上,"动辄形于言色",到什么程度呢?说皇帝你选的当朝宰相高颎、杨素,"惟堪啖饭耳"!贺若弼最后"瘐死狱中",忘却父训不是唯一原因,但也是重要原因。

《鸡肋编》载宋朝有位蔡先生,"既以诗得罪,遂以言为戒",干脆连话也不说了。他有一个爱妾号琵琶姐,他甚至在叫她的时候也不开口,而通过鹦鹉,"每呼其妾,止击小钟,鹦鹉闻之,即传呼琵琶姐"。老蔡的诗,究竟写了些什么不大清楚,获罪的前提因为直言、误解或者被有意曲解,都是有可能的,但是也可以有其他原因。明朝即有人进诗献谀获罪,因为马屁拍得太露骨。嘉靖十三年(1534),道士张振通"作中兴颂诗二十一首",还有什么金台八景、武夷九曲、皇陵八咏以及赞美各种祥瑞,可能想要结集出版吧,请皇帝给他作序,结果以"希图进用"而"诏下法司逮系讯问"。嘉靖二十六年(1547),敕谕天下入觐官员,"此不过旧例套语耳",但给事中陈棐以为有了献媚的机会,将敕谕尽情发挥,"衍作箴诗十章之上",结果却是"上大怒,谓棐舞弄文墨,辄欲将此上同天语,风示在外臣工,甚为狂僭"。发生这样的事情,与嘉靖帝的喜怒无常有很大的关系,在多数"正常"的情况下,献谀还是可以大行其道的,即便得不到赏识,也不至于构罪。

必须看到,尽管诸多"教训"在前,历史上还是涌现了不少直言进谏之士,这也是检验一个民族终究还有没有血性的标尺之一吧。宋朝张延赏怙权矜己,嫉柳浑之守正,派人递话说:"相公旧德,但节言于庙堂,则名位可久。"这其实是一种威胁。柳浑说:"为吾谢张相公,柳浑头可断,而舌不可禁。"落地铮然有声。同朝的胡安国也是喜欢"论列",有人说:"事之小者,盍姑置之。"胡安国说:"事之大者无不起于细微,今以小事为不必言,至于大事又不敢言,是无时可言也。"胡安国是怎样一个人呢?同时期的中丞许翰有个评价:"自蔡京得政,士大夫无不受其笼络,超然远迹不为所污如安国者实鲜。"就是说,胡安国论列的,即使是小事,也一定是触动了权贵们的小事。

"逢人不说人间事,便是人间无事人。"这句话不知道出自哪位古人,但是不难想象,讲这话的人,一定是因为要么直言、要么多言而得到过深刻教训。

2004年8月27日,2018年4月24日修订

胡子

雅典奥运会前,小巨人姚明立下了"不进八强半年不剃胡子"的誓言。于是,关于姚明胡子的去留一时间成了热门话题。小组赛最后一场,如果赢不了世界冠军塞黑队,则中国队就进不了前八,而在赛前,这被认为是不可能完成的任务。有人便给姚明的胡子详列了半年之内的养护守则,但终果中国队却赢了,人们也为姚明的胡子松了口气。果然,八强第一仗对立陶宛,姚明就把胡子剃干净了。

好在中国男篮进了前八——尽管只是第八,不然,胡子问题恐怕也要困扰姚明了。抛开他那个鹤立鸡群的大个子不谈,蓄了半年的胡子,在国人的行列中也会显得相当突兀。现在毕竟不同于古代,那个时候的"美髯公""虬髯客"好像随处可见,看俩皇帝吧。《汉书》说刘邦便是"美须髯",颜师古注曰:"在颐曰须,在颊曰髯。"这就是说,刘邦面颊上长着的是连毛胡子。唐太宗也是,《酉阳杂俎》说他"虬髯,尝戏张弓挂矢",浓密的程度可窥一斑。杜甫诗有"虬须似太宗,色映塞外春"。《南部新书》云太宗,"虬须上可挂一弓"。《清异录》云太宗"虬须壮冠,人号髭圣"。虬须者何?胡三省注《资治通鉴》曰:"虬须,卷须也;直视者,目不他瞩也。"如此种种,再加上《唐语林》中的"李昪鼻高""萧嵩多须"等等,被陈寅恪先生用以证明"唐为鲜卑种"。

古代的胡子客既多,围绕胡子也产生了不少故事。

《隋唐嘉话》云,山水诗鼻祖晋朝谢灵运的胡子很漂亮。他是以叛逆罪在广州被杀头的,临刑之前,不捐器官捐胡子,捐给了祇洹寺的维摩诘像,权当那塑像的胡子。对谢灵运的遗胡,"寺人宝惜,初不污损",不过到唐中宗时,安乐公主玩"斗百草",派人"驰驿取之",弄了若干根不算,因为"又恐为他人所得,因剪弃其余,遂绝"。斗百草,国人端午节传统游戏之一,刘禹锡诗曰"若共吴王斗百草,不如应是欠西施",说的是春秋末期,吴王和西施就已在宫中玩此游戏了。清朝有人考证说,《诗·周南·芣苢》讲的就是斗百草的歌谣。芣苢,车前子,玩斗草的好材料。斗草游戏主要是比较草的韧性,让两草交叉,两人各捏草之两头,用力拉扯,草被拉断的一方为败,不断的一方为胜。斗百草也可以是斗花,较量花茎的韧性。不管怎么说,胡须并不是要用的材料,安乐公主为什么打谢灵运遗胡的主意,比较费解,难道要以须充草来作弊不成?

《南村辍耕录》云,元中书丞相史天泽本来"须髯已白",然而"一朝忽尽黑",把世祖忽必烈吓了一跳,惊问曰:"史拔都,汝之髯何乃更黑耶?"史天泽说,我染了。染了干什么呢?"臣揽镜见髭髯白,窃伤年且暮,尽忠于陛下之日短矣,因染之使玄,而报效之心不异畴昔耳。"忽必烈听得非常高兴。史天泽或许是真心实意,但宋朝寇準的"促白须以求相",后人则说他"溺于所欲而不顺其自然者也",语出明朝陆容《菽园杂记》。该书亦云,晋代张华《博物志》即有染白须法,然以前大都用以"媚妾",如今"大抵皆听选及恋职者耳",所以,"吏部前粘壁有染白须发药,修补门牙法"。我猜,那时当官的如果想赖在官位上,无须在档案上把年龄改小,而在外貌上加工一番以示仍然"年轻"大概就行了。

白须染黑或者黑须染白以示老成,只是胡子的实用功能之一。元朝时有一个窃贼,夜入浙省丞相府偷盗,时"月色微明,相于纱帷中窥见之,美髭髯,身长七尺"。该相并不急于抓贼,"虑其有所伤犯",暴露了可能要杀人灭口,而是来个欲擒故纵。第二天,按照记忆中的样子,画影图形,责令有司官兵闭城搜捕,却"终不可得"。第二年却无意中擒获此人,原来他的偷盗方式是"脚履尺余木级,面带优人假髯"——用胡子打了个马虎眼。唐朝重臣李绩有次生病,则是用太宗的胡子治好的。医生说得服用龙须灰,太宗于是"剪须以疗之",李绩"服讫而愈"。这个李绩,就是单田芳评书《瓦岗英雄》里和程咬金他们并肩作战的徐懋功,原本是与李渊父子共同逐鹿中原的李密的部下。随李密降唐,乃被赐李姓;李密复叛被诛,是他收葬的,且"为密服,葬讫乃释"。按道理,这是一个"贰臣",但李渊父子都不这么看。李渊认为他是"纯臣",世民更认为"公昔不遗李密,岂负朕哉?"李绩病好后,"顿首泣谢",太宗客气地说:"吾为社稷计,何谢为!"后留宴,感激涕零的李绩更"因啮指流血",大醉之余,太宗还"亲解衣覆之"。瞧,几根胡须,收到了密切君臣感情的功效。

除了"实用意义",胡子在后世更多的却是符号意义。典型的莫过于梅兰芳先生的"蓄须明志"——不过,据徐城北先生考证,梅先生是做到了这四个字的,但并没有那么轻巧、那么流畅,而且事情远没有到以死相拼的地步,这是另话。姚明的意思,很有些"蓄须铭耻"。宋朝蔡君谟号"美髯须",仁宗有天问他:"卿髯甚美,长夜覆之于衾下乎?将置之于外乎?"君谟答不上来;晚上就寝的时候,思来想去,"以髯置之内外悉不安,遂一夕不能寝"。这段往事,被后人原封不动地、言之凿凿地冠在了张大千及于右任的头上,真张冠李戴也甚。

2004 年 9 月 3 日,2018 年 4 月 7 日修订

借书，还书

今年5月，天津一家中学在校门口举办了"诚信借书"活动，只要过往路人填写"诚信卡"并承诺一周后归还，就能拿走一本书免费阅读。报道说，该校搞这样一次活动，"可以看作是同学们用自己的稚嫩给坚硬的社会开列的一道准道德考题。到了约定还书的日子，借出的48本图书，有42本"完璧归赵"。于是，同学们认为这座城市的"真实道德水准"为：明媚大于阴暗，守信多于爽约。

归还了42本书而已，是否具备检测社会诚信的功能是令人存疑的，不是怀疑天津人的"道德水准"，而是怀疑检测方式。古人同样面临借书还书的问题，有的态度没这么"君子"，明朝陆容《菽园杂记》就很干脆地说："以书借人，是仁贤之德，借书不还，是盗贼之行！"他说这话是针对一则古谚，该谚的原始面目是：借书一嗤，还书二嗤；后来有人说，"嗤"其实是"痴"，且就此加以演绎，谓"借一痴，借之二痴，索三痴，还四痴"。后来又有人说，"痴"本作"瓻"，而瓻，酒罐子。到底是哪个chī，真把人弄得糊涂了。如果是后一个，"借时以一瓻为质，还时以一瓻为谢"，就是书不白借；如果是前面的，套用电影《哈姆雷特》的台词，有点"既不要借书给人，也不要向人借书"的味道，电影里，"书"的位置就是

"钱"而已。陆容没有理会那么多,借给人家书就该颂扬,不还给人家书就该痛骂。

忽然想起儿时的许多小人书,拥有者往往在封二写上这样的字样:好借好还,再借不难,如果不还,就是混蛋。《西游记》第十六回,孙悟空去南天门还辟火罩给广目天王,天王很高兴也很意外:"大圣太诚了。我正愁你不还我的宝贝,无处寻讨,且喜就送来也。"悟空说:"老孙可是那当面骗物之人?这叫做'好借好还,再借不难'。"结合陆容的话,却原来那"十六字令"的文化含量不轻呢。

周煇《清波杂志》云,唐朝杜暹有封家书,末自题云:"清俸买来手自校,子孙读之知圣道,鬻及借人为不孝。"周煇说,把书给卖了可称不孝,借给人家也这样认为,太过分了。今人亦多责杜暹自私。然而,评价杜暹的行为不能脱离时代背景,在活字印刷尚未发明、雕版印刷也并不兴盛之际,图书得之不易,对一个爱读书的人来说,经过自己点校的,宝贵程度更不言而喻。柳公权的哥哥柳公绰是著名藏书家,经史子集皆有三本。为什么呢?挑一本最好的"镇库"——作收藏,一本差一点的"长行披阅"——自己读,再一本"后生子弟为业"——供借阅。柳公绰的儿子柳仲郢继承了父亲衣钵,以唐代藏书家中抄书最勤奋而闻名,"小楷精谨,无一字肆笔"。抄书,可以看作是使读书生活更加丰富,也能从侧面佐证印刷业的并不发达。宋人宋敏求,所藏之书均为其亲手校定,世人视为善本。所以,古人对借书还书如此看重,也与藏书凝结了自己的极大心血相关。

清代康熙朝的汤斌同样有一封家书涉及借书还书的问题。当时他还在任上,书云:"家下书籍用心收著,一本不可遗失。有人借,当定限取来。书册愈旧者,愈当珍之,不可忽也。我回家赖此延年,此要务也。"在这里,汤斌把书看作延续自己生命的要素。这位汤文正公很有些事迹可谈,最著名的要算使郭琇洗心革面了。《履园丛话》云,汤斌在江苏任上,闻吴江令郭琇有墨吏声,面责之,郭曰:"向来上官要钱,卑职无措,只得取之于民。今大人如能一清如水,卑职何敢贪耶?"在郭看来,上梁不正才有下梁之歪,前任苏抚余国柱便"征贿巨万",当时谁敢不满足他呢?汤斌知道他这不是强词夺理,乃曰:"姑试汝。"郭回任,"呼役汲洗其堂",不仅在形式上显示决心,行为上果然大改前辙。康熙二十六年(1687),郭内升御史,半年功夫中,参罢三宰相、两尚书、一阁学,直声振天下,被称为"铁面御史",成了康熙年间的刚正名臣。

从前的图书固然宝贵,终究还有一些人士对借书还书持另外一种态度。比如西晋范蔚藏书七千卷,别人慕名到他家看书,他都热情招待,还为他们准备衣食,"远近来读书恒常有百余人"。南朝崔慰祖,对到他家看书的邻里少年非常热情,"亲自与取,未尝为辞"。陆容还有句话说得精辟:"积书不能尽读,而不吝人借观,亦推己及人之一端。若其人素无行,当谨始虑终,勿与可也。"借与不借,分清对象,不必如李逵劫法场,不问官军百姓,一概"排头砍去"。

国内有位先生去过美国硅谷的马丁·路德·金图书馆,说只要填上一份电子表格,就能成为该馆的会员,借书只需在一个扫描仪上自助扫描一下,还书则往一个专门的还书窗口一摆就行,没人检查,没人验收。该馆甚至还在临街的走道边专设了几个大铁桶,无论什么时候,还书人只要把书往铁桶里一扔便可以走人。在天津中学生的"试验诚信"面前,这真有点儿像是天方夜谭了。

2004年9月10日,2018年5月3日修订

陋吏铭

新一期《半月谈》杂志刊载文章说,我国现行盐业管理体制成了政企不分的最后堡垒。全国绝大部分省、自治区、直辖市的盐业公司和盐务局都是"两块牌子、一套人马",既是管理者,又是经营者。这种体制在抬高了食盐价格的同时,也使生产企业在被"盘剥"后微利或亏本经营,根本没有资金用于技术改造,使我国盐行业的生产远远落后于国际水平。

盐,是维持人类生命的必需品,"百姓开门七件事,柴米油盐酱醋茶"。对寻常百姓而言,它像空气、粮食一样不可或缺;对国家来说,从前它也享有"国之大宝"的美誉,是国家的财政命脉。因而经营食盐最容易致富,当然了,先要得到国家的特许权。

《史记·货殖列传》记载了战国时代的七个大商人,白圭、猗顿、郭纵等,其中有五个就是靠经营盐铁而致富。西汉时以吴王濞为首的"七国之乱"所以能乱起来,除了强大的王国势力与专制皇权的矛盾之外,主要在于吴国盛产铜和盐,吴王濞乃招天下各地的逃亡者铸钱、煮盐,积累了雄厚的财富,有起兵的经济资本。唐末农民起义领袖王仙芝、黄巢,元末农民起义领袖张士诚、方国珍等,也都是私盐贩子出身。所谓私盐,是相对官盐而言,就是没有经营许可、没有纳税,不能为国家提供法定财税收入的盐。

1997年5月,一次偶然机会我到了山西运城,为其丰富的文化遗存所震撼,其中就有著名的盐池以及全国唯一的池神庙。中条山下,涑水河畔,盐池犹如一条玉带向两侧延伸,用宋人苏祐的说法,就是"平浦横拖一匹练"。池神庙历史可上溯到唐朝大历年间,代宗以神赐瑞盐而敕建之。倘若依据神话传说,则黄帝大战蚩尤就发生在那里,一种观点认为,大战的目的正是为了争夺盐池。那首著名的《南风歌》——"南风之薰兮,可以解吾民之愠兮;南风之时兮,可以阜吾民之财兮",据说也是帝舜在盐池之畔吟唱的。撇开神话传说不谈,运城确实是因为盐而造就了以其为代表的河东文化的辉煌。

盐在古代同时关系到了地区地位乃至社会稳定,因而历朝历代对盐业的管理无不予以高度重视。《周礼·天官》有"盐人"条,云"盐人,掌盐之政令,以共百事之盐"。近代林振翰先生考证:"我国之盐法滥觞于管子。"概春秋之际,管仲在回答齐桓公"何以为国"的询问时,提出了"官山海""正盐策"的主张,把盐业资源收归国有的同时,建立盐的税征、专卖制度。在管仲看来,"十口之家,十人食盐,百口之家,百人食盐";他还具体地算出,"终月大男食盐五升少半,大女食盐三升少半"等等,"国"内"国"外的人们,生活都须臾离不开盐,而齐国正有"渠展之盐"的优势。齐国一度成为"春秋五霸"之首,管子之功大矣。管子的盐政理论为我国的盐法创立了理论基础,并为后世所依循。有趣的是,在接受这一切的同时,齐桓公还跟管子抬了一下杠:"然则国无山海不王乎?"

国家对食盐的垄断经营在西汉时期达到了高峰。先有汉武帝采纳东郭咸阳的建议,在全国各地设立均输官和盐铁官;再有汉昭帝时著名的盐铁会议。御史大夫桑弘羊阐述了盐铁官卖对国家强盛的促进作用,后来,桓宽根据这次会议的文献进行加工和概括,著成流传至今的《盐铁论》一书,"盐铁官营",从此成为一些朝代不可动摇的国策。但政府专营在什么情况下才具有正当性?政府专营产生的弊病会不会抵消甚至超过它的正面作用?撇开今人这些宏观层面的质疑不谈,单就如何制约掌管盐业官员的行为就是一个难题。《新唐书·食货志》载,代宗时,刘晏以"盐吏多则州县扰",提议在产盐之乡"因旧监置吏",负责收盐户之盐,转卖给商人,其余州县不再设官。

清雍正时,浙江巡抚兼管两浙盐务李卫反映,浙省场官与巡役兵丁"功名之念轻,贪利之心重",经常售私纵私。为此,雍正也专门调整了政策,"各省(盐务)大使员缺于候选知县"等"身家殷实取具京官印结到部拣选引见,并将盐课大使、盐引批验大使给与正八品职衔"。由家境殷实作保证,且给以品级激励,以此试图来抑制盐官的贪婪。不过,《履园丛话》里有一首《陋吏铭》,不知道是不是针对这种新情况而言的。说"近日捐官者,辄喜捐盐场大使",因为这个职位跟知县的级别等同了,"而无刑名钱谷之烦",有人就仿照刘禹锡的名篇《陋室铭》作了《陋吏铭》,铭曰:"官不在高,有场则名。才不在深,有盐则灵。斯虽陋吏,惟利是馨。丝圆堆案白,色减入桴青。谈笑有场商,往来皆灶丁(即煮盐工)。无须调鹤琴,不离经。无刑钱之聒耳,有酒色之劳形。或借远公庐(原注:署印有借佛寺为公馆者),或醉竹西亭(原注:候补人员每喜游平山堂,每日命酒宴乐而已)。孔子云:'何陋之有?'"

现行的盐业管理体制是非改不可的了,但这首《陋吏铭》告诉我们,无论怎么改,都要把制约人的因素考虑进去。"陋吏"免不了,把好经念歪就免不了。

2004年9月17日,2018年5月6日修订

中秋节

过几天就是传统的中秋节了。南宋张抡词曰:"光辉皎洁。古今但赏中秋月,寻思岂是月华别?都为人间天上气清澈。"八百多年过去了,中秋时的天"气"依然清澈如故,但在人间,因为月饼——主要是包装的日益高档化备受抨击并给人以种种猜想,这股"气"已多少显得浑浊。

"人逢喜事精神爽,月到中秋分外明。"(冯梦龙语)不合时令的话此时还是不要多言。毕竟当"圆月"被赋予"团圆"的社会内涵之后,其中的情感色彩还没有浊气在内。吴自牧《梦粱录》云:"八月十五日,中秋节,此日三秋恰半,故谓之中秋。"孟元老《东京梦华录》记载了北宋京城中秋节时的热闹情形:"中秋节前,诸店皆卖新酒,重新结络门面彩楼,花头画竿,醉仙锦旆,市人争饮,至午未间,家家无酒,拽下望子。……中秋夜,贵家结饰台榭,民间争占酒楼玩月。丝篁鼎沸,近内庭居民,夜深遥闻笙竽之声,宛若云外。闾里儿童,连宵嬉戏,夜市骈阗,至于通晓。"

有专家考证,中秋节虽然起源于先秦,添加赏月的习俗是到汉晋才形成雏形的;至于月饼,则是唐玄宗梦里飞到"广寒清虚之府",受到嫦娥的酥饴仙饼款待之后才仿制而成的产物。那一梦令明皇如痴如醉，根据对梦的记忆，还编成了著名的《霓裳羽衣曲》。李商隐说"嫦娥应悔偷灵药"，幸而是在玄宗之后，否则就是跟皇帝抬杠了。

中秋节在传统节日中属于长盛不衰的一个。"听月楼头接太清，依楼听月最分明。摩天咿哑冰轮转，捣药叮咚玉杵鸣。乐奏广寒声细细，斧柯丹桂响叮叮。偶然一阵香风起，吹落嫦娥笑语声。"当中秋赏月的习俗勃兴之后，古人留下的相关诗词汗牛充栋。唐代大诗人刘禹锡被贬到朗州（今常德）任司马的那一年，写有《八月十五夜桃源玩月》："尘中见月心亦闲，况是清秋仙府间。凝光悠悠寒露坠，此时立在最高山。碧虚无云风不起，山上长松山下水。群动悠然一顾中，天高地平千万里。……绝景良时难再并，他年此日应惆怅。"宦途上失意的刘禹锡，对着皎皎圆月，把落魄之时称为"良时"，恐怕月光确有陶冶的功能，而不能认为只是他一时的自我宽慰吧。

对月光，向来是"照之有余辉，揽之不盈手"（陆机语），所以在《望月怀远》里，张九龄咏出"海上生明月，天涯共此时"后，感叹"不堪盈手赠，还寝梦佳期"。但《铁围山丛谈》里的一则故事说，有位韩生夜不睡，抱个篮子，在院子里"以勺酌取月光，作倾泻入篮状"。人家问他在干什么，他说："今夕月色难得，我惧他夕风雨，倘夜黑，留此待缓急尔。"时人皆笑其妄。其实，国人向来缺少奇想，二十多年前电影里还有个把科幻片，今天则干脆缺了这个品种。所以如此，在于如韩生之举从来都是嘲笑的对象吧。

每到中秋，最让人期盼的该是圆月早一点露面，别让天气什么的给败坏了兴致。陆龟蒙有《中秋待月》诗："转缺霜轮上转迟，好风偏似送佳期。帘斜树隔情无限，烛暗香残坐不辞。"等一等，也无妨。苏东坡的名篇"明月几时有？把酒问青天"，从字面上看,大约也属于等得心急的一类。他在小序里说:"丙辰中秋,欢饮达旦大醉,作此篇,兼怀子由(苏辙)。"度其语意,好像又并非实指而是寓意了。

但即使在今天,不可抗拒的天公往往也有作梗的可能。不过,无月可赏的中秋也未必让人遗憾。沈德符《万历野获编》云,永乐时开中秋宴会,"月为云掩",成祖命解缙赋诗。解缙是大才子,《永乐大典》的主编,"墙上芦苇,头重脚轻根底浅;山间竹笋,嘴尖皮厚腹中空",就出自他那里。另外人们耳熟能详的则是那副对联:"门对千竿竹,家藏万卷书。"对门那家因此把竹子砍了,然这边的联立刻续成:"门对千竿竹短,家藏万卷书长。"对门索性把竹子连根挖出,联再续为:"门对千竿竹短无,家藏万卷书长有。"没月亮这点小事难不住解缙,他当即口占一首《落梅风》:"嫦娥面,今夜圆,下云帘,拼今宵倚栏不去眠,看谁过广寒宫殿。"成祖大喜,再命解缙"以此意赋长歌",把它展开。沈德符认为,同样是没月亮的作品,金海陵炀王的《鹊桥仙》似更"雄快可喜",词云:"停杯不举,停歌不发,等候银蟾出海。是谁遮定水晶宫?作许大、通天障碍。虬髯撚断,星眸睁裂,犹恨剑锋不快。一挥挥断彩云根,要看嫦娥体态。"在此前弘治时,薛格也有阁试中秋不见月诗,考第一,传诵一时。沈德符认为这些都相当不错,纳闷成祖为什么对解缙的如此赏识。

近人樊增礼也有一首《中秋无月诗》:"亘古清光彻九州,只今烟雾锁琼楼,莫愁遮断山河影,照出山河影更愁。"樊增礼1846年出生,1931年辞世。这首诗似乎是在感怀"国破",只不知在感怀哪一段。如果说第二次鸦片战争的时候他年纪还不大,那么八国联军、军阀混战,他都赶上了,或为其一吧。

2004年9月24日,2018年5月5日修订

重名

雅典奥运会中国体育代表团里一共有三个取得了成绩的李婷:一个和孙甜甜合作夺得了网球女双冠军,一个和劳丽诗合作夺得了女子双人十米跳台金牌,另一个获得了皮划艇女子单人皮艇500米第9名。早几年,运动员队伍里还有几个出了名的王涛,那个乒乓球世界冠军好说,另两个都踢足球就容易搞混,只有以年龄来区别:大王涛、小王涛。

李婷、王涛,如今都是寻常得不能再寻常的名字,重了很不足为奇。这里所说的重名,指的是名姓皆同。如战国时人们争名"勾践"、前文《外号》中的各种"关索"则不在此列。勾践,就是在卧薪尝胆的同时也坦然地尝(吴王夫差)粪的那位。许是他终于雪耻之故,成为励志典范吧,《孟子》里又出现了"宋勾践"(孟子谓宋勾践曰:"子好游乎?吾语子游。")、《史记》与《战国策》里出现了"鲁勾践"(荆轲游于邯郸,鲁句践与荆轲博,争道,鲁句践怒而叱之,荆轲嘿而逃去,遂不复会),等等。这一种重名有点像《焦点访谈》今年55周年国庆制作的特别节目,征集生于10月1日,并且名叫"国庆"的人们的故事,属于名重而姓不重。顺便说下,鲁句践得知荆轲失手之后曾有感叹:"嗟乎,惜哉其不讲于刺剑之术也!"李白《少年行》"少年负壮气,奋烈自有时。因击鲁勾践,争博勿相欺"云云,亦以此来说事。用《浪迹三谈》的通俗表达,鲁勾践剑术极高明,倘若荆轲能够虚心学学,"于入秦之举,未必无功",也就是说,把秦王真就给杀了是很有可能的。

明朝的唐寅字伯虎,鼎鼎大名,与文徵明、祝允明、徐祯卿并称"吴中四才子",亦说"江南四大才子"。《池北偶谈》云,宋朝时先有两个叫唐伯虎的,一个以治《易》《春秋》名世,另一个乃全州进士。当然,这两个唐伯虎与后来的毫无因果关联,前人爬梳出来纯粹为了寻趣。可巧的是,前一个唐伯虎字长孺,而今天又有一位历史学家也叫唐长孺。这个唐先生乃武汉大学教授,著作等身,余书架上即有其《魏晋南北朝史论丛》、点校之《魏书》(中华书局版)等。如果说,这几个唐伯虎重名还有点隔了一层——宋朝的是"名"伯虎,明朝的是"字"伯虎,那么,分属宋朝和明朝的两个刘瑾则是名姓不差了,虽然严格地说,后面的刘瑾原来姓谈,因为靠一个刘姓宦官的引见得以入宫乃用刘姓。明朝的刘瑾谁都知道是个臭名昭著的宦官,当权不过五年,排斥异己,陷害忠良,到了令人发指的地步,最终被凌迟处死。宋朝的刘瑾也是史书留名的人物。《宋史·刘瑾传》称,这刘瑾是个进士,"素有操尚,所莅以能称,然御下苛严,少纵舍,好面折人短,以故多致訾怨"。他爸爸死后,张璪起草悼词,他不满意,"泣涕不能食,阖门衰绖,邀宰相自言",非要给老父争个待遇,至于令张璪因此降职。从这一事实看,此刘瑾的"多致訾怨"不仅仅来自部属。

在古代,帝王的年号实际上也是一种用来纪元的"名字"。今天提到唐宗宋祖,讲的是庙号,对明清帝王的称呼,往往称的就是年号,洪武、永乐、康熙、雍正,等等。如果年号相重,那是相当忌讳的一件事。明朝朱厚照登基之后,改元"正德"。但正德这个年号此前至少已有三个,按年代顺序来说,第一个属于唐朝的李珍。

在所谓大唐盛世,与正牌皇帝并存的其实还有好多杂牌皇帝:唐初有高开道的"始兴"、王世充的"开明"、刘黑闼的"天造"等;"安史之乱"时又有安禄山的"圣武"、史思明的"顺天";唐末则有黄巢的"王霸"等。李珍的"正德"诞生于"安史之乱"时期,史书不载,不知罗振玉先生怎么考证出来的。第二个属于大理段氏政权的段思廉,金庸《天龙八部》里对段氏政权有过丰富的想象,只是这位段思廉似乎并未登场亮相。但是显然,被浙江大学聘为博士生导师的金庸先生,不是不知道此人,而是他写的章节不是段思廉的时代。第三个属于西夏国的崇宗李乾顺。按道理,定年号这样的大事是要严格把关的,偏偏一干大学士们硬是疏忽了,所以马文升有一年出科试题目,就出了道《宰相须用读书人》,让大家去发挥。在马文升眼里,那几位大学士根本没文化,可能是讥讽得过了头,没多久他就被弹劾去位,当然是另找别的茬子。

"人从宋后罕名桧",不要说姓秦的不再以桧为名,他姓的也避之唯恐不及了。但这样的特例毕竟少有,因而重名是不可避免的。陆以湉《冷庐杂识》里还列了三个姓名既同字亦同的:王承字安期,一个是晋人,一个是梁人。张先字子野,一个是宋仁宗天圣二年进士,当过亳州鹿邑知县;一个是天圣八年进士,当过都官郎中。并且欧阳修同时认识他们两个。陈凤字羽伯,一个是明嘉靖时的进士,另一个则是布衣。陆以湉认为,"古今同姓名者不可胜数",他本人知道这三个,而"典籍所载,恐尚不止此数"。的确如此。

重名问题在今天引起了高度重视,国家语委甚至在研制《汉语人名规范》。余以为,大量的重名表面上看是人们仅仅盯住常用的字眼所导致,实际上也多少显示了现时的一种文化状态,这恐怕是任何所谓规范都无能为力的。

2004年10月15日,2018年4月19日修订

憾事

豫剧大师常香玉在作客央视《艺术人生》时曾表示自己一生有两大遗憾：一是她的后代没有人能完整地把她的常派唱腔继承下来，二是这么多年将所有的心思都放到了豫剧事业上，忽略了丈夫和孩子。读报得知，著名电影演员于蓝也有三大憾事：没有能够塑造更多的银幕形象、没有陪伴丈夫迎来改革开放、没有在孩子小的时候好好养育他们。于蓝酷爱表演，但她演过的电影还不到十部。相信很多人对《英雄儿女》中的王政委印象至深，扮演者就是于蓝的丈夫田方，"文革"中，田方过早离开人世；于蓝的儿子田壮壮则是享誉国内外的第五代电影导演。

憾事，认为不完美的或感到不满意的事情。人皆有憾。古人所谓"天下不如意事十常居八九"，说的就是这层道理。

汉光武帝刘秀没发迹的时候到新野，听说有个叫阴丽华的姑娘长得不错，"心悦之"；后来到了都城长安，见执金吾车骑甚盛，羡慕得很，于是把两件事联系到一起发出感叹："仕宦当作执金吾，娶妻当得阴丽华。"意思是实现了这两个既定目标，可谓人生无憾。而执金吾不过是一个小小的仪仗官，阴丽华的漂亮程度也极其有限，所以刘秀后来远远地超越了当年的理想：当上了皇帝；封了阴皇后，还封了郭皇后。即便如此，刘秀依然留下憾事，封禅泰山的底气就不很足。在此之前,汉武帝刘彻明确提出了封禅的"资格":扫平宇内、一统天下仅仅是前提,还要做到在任上文治武功、四海升平。《后汉书·祭祀志》载,建武三十年(54)二月,群臣曾有封禅建议,刘秀尚能正确认识自己,回答得很干脆:"即位三十年,百姓怨气满腹,吾谁欺,欺天乎?"但是后来,他自己坐不住了。他夜读《河图会昌符》,到"赤刘之九,会命岱宗。不慎克用,何益于承"那些,告诉大臣那说的就是我啊,麻溜动身吧。也正是从刘秀开始,封禅泰山的意义便受到了质疑。

《酉阳杂俎》云,晋武帝司马炎的时候有个叫刘伯玉的,"常于妻前诵《洛神赋》",还对老婆说:"娶妇得如此,吾无憾矣。"老婆生气了,"君何得以水神美而欲轻我,吾死,何愁不为水神"。结果当晚就投河自尽了。"常于"而非"尝于",表明老刘不是开玩笑,而是一本正经。老婆这样死了,对他而言应该不算憾事。

唐高宗时的宰相薛元超富贵至极,平生也有"三恨"——三件憾事:始不以进士擢第,不娶五姓女,不得修国史。五姓女乃李、王、郑、卢、崔氏人家的女儿,这五姓当时把持朝政,形成了一个独立于皇权之外的权力集团。薛元超如此遗憾,大约他始终只是一个傀儡吧。不过倘若薛元超生在今世,三件憾事会少去一多半,文凭不够硬可以"交易"一个;修史嘛,以他的身份地位,那些惯于"拉大旗"的学者请还怕请不来呢!

宋朝胡旦曾经豪迈地说:"应举不作状元,仕官不为宰相,乃虚生也。"结果,状元是考得了,但当什么级别的官,可不是凭自己本事的事情。读《宋史·胡旦传》,觉其仕途真是坎坷不已,动辄被贬,黄河决口而复塞,他来了篇《河平颂》,大吹"圣道如堤",拍马屁的文字却也落下"词意悖戾"的罪名。两个宏愿只实现了一个,则胡旦之憾,要半其人生了。

金之李冶诗词极好，李屏山曾赞誉他"仁卿（冶字）不是人间物，太白精神义山骨"，说他爸爸"儒术吏事更精研，只向宦途如许拙"，可惜"当不好"官，而李冶当监察御史，"言纥石执中不法事，闻者悚然"，看起来跟他爸爸也差不多。清朝吴文溥的诗"清逸出尘"，著名学者阮元赞他为"两浙诗人第一"；但吴文溥在《示儿》中承认自己"除却惊人诗句外，平生事事不如人"，显然对自己的人生道路遗憾不已。另一位王苍也是如此，认为自己"任事太早、学业太浅、用心太苦而多忤人"。

陆以湉《冷庐杂识》对史震林的《西青散记》钦佩有加。《西青散记》是写苦命才女贺双卿的，双卿人称"清代李清照"。正所谓一部《红楼梦》，有人读出了爱情，有人读出了人生，有人读出了"万家血泪史"。陆氏读《西青散记》，"最爱其讽世之语隽而不腐"，他推崇的有："一生有可惜事：幼无名师，长无良友，壮无善事，老无令名。贫贱人可惜者二：面承唾为求利，膝生胝为求容。富贵人可惜者二：临大义沮于吝，荷重任败于贪。"此外还列举了聪明人、豪侠人"可惜"在哪里。陆氏所以极力推崇，显见是深表认同了。

因为欲望的不同，人而无憾，几乎是不可能的，憾之内涵不同而已。但高尚之士仍有自己的无憾观。明朝王琦说："吾求无愧于心耳。心无所愧，虽饥且寒，无不乐也。"清朝王懋竑说："老屋三间，破书万卷，平生志愿，于斯足矣。"如果说，这些无憾观取决于个人单方面的修养，那么明朝夏寅的"君子三可惜"理论，则可视为应当遵循的一条人生定理了。他说："君子有三惜。此生不学，一可惜。此日闲过，二可惜。此身一败，三可惜。"这样一条定理，当时即传为名言，今天又何不适用？

2014年10月22日，2018年5月5日修订

坊

当红的以流行音乐形式来演奏中国音乐的乐团——"女子十二乐坊"正在打官司:起诉媒体。概因8月份杭州一家报纸在报道中引述中央音乐学院副教授、硕士生导师章红艳的话,说假唱曾毁了不少歌手,假演奏也会毁掉很多民乐团,这是令人痛恨的行为,作假行为是对艺术的不尊重,也是对观众的不尊重。对此,章教授虽然"澄清"自己并非针对"女子十二乐坊",但还是跟着当了被告。

文艺圈和足球圈,是非多得让人目不暇接。我所喜欢的"黑鸭子"演唱组合,也忽地冒出了"两只"在争"正统",原来的一分为二,各自拉起了队伍。2+1(两个旧人、一个新人)这一边,力量对比上显然要强得多;而1+2(一个旧人、两个新人)那边的那个1,是创始人,以一敌二就找到了许多平衡。对"女子十二乐坊"我没大留意,一打美女台上一站,注意力容易偏离音乐;如今感兴趣的,也只是"乐坊"的称谓,因为这名字颇有点儿古意。

坊的释义很多,最普遍的是对城市中街市里巷的通称。《唐六典》云:"两京及州县之郭内分为坊,郊外为村。"两京,即长安与洛阳。清朝徐松有一部《唐两京城坊考》,是研究唐代两京的必备参考书,不但文献资料丰富,而且他很重视平面位置的复原,为此绘制了多幅平面示意图。当代杨鸿年先生有一部《隋唐两京坊里谱》,对徐著褒扬有加,然"常憾有关隋唐两京坊里的古籍,编排不很科学,以致检索困难",遂自己又编了一部。使用这些书是件趣味之事,因为你不仅能知道隋唐时两京的街道布局、名称,而且还能知道哪条街上当时住过谁,有什么名胜。比如宋璟住在安兴坊,杜牧私庙在延福坊,贾岛精舍在延寿坊,牛僧孺、路岩、白居易,宅第都在新昌坊,等等。杨先生说"凡遇史料载有某一坊名者,即为列出",所以使用这些成果时,你不能不惊叹前辈涉猎的广博、爬梳的细密。

坊,除此释义之外还有官署名称——隋太子宫署有典书坊,工场——即后世之作坊(乐坊之得名似与此接近),以及牌坊等。唐德宗时"五坊小儿"中的五坊,乃雕坊、鹘坊、鹞坊、鹰坊和狗坊等五个饲养部门,豢养那些猛禽及猎犬是为了跟随皇帝打猎。就机构来说,从唐到清,管理宫廷音乐的官署都叫教坊,专管雅乐以外的音乐,但却不叫乐坊。何谓雅乐?就是皇帝祭祀天地、祖先及朝贺、宴享时所用的音乐。教坊定义是如此明确,不知怎地,在元朝关汉卿的戏剧里,又可以指代妓院。《金线池》第二折云:"我想这济南府教坊中人,那一个不是我手下教导过的小妮子?"实际上,白居易笔下琵琶女的身份已经露出了这种嫌疑,"十三学得琵琶成,名属教坊第一部",但她先已"自言本是京城女,家在虾蟆陵下住",这个虾蟆陵,在唐朝就是歌楼酒馆的集中地。

音乐在古人日常生活中一定占有很重要的地位,早在战国时,曾侯乙就把庞大的编钟组合随葬在自己的墓穴。后来,有权或有钱人家拥有自己的戏班子都正常不过,这样的记载汗牛充栋。《古夫于亭杂录》有一则趣事:有天宴会时,来宾恭维主人家:"闻尊府梨园甚佳。"对方瞪大了眼睛,对梨园不明所以,以为讲他家的后园子呢,赶快谦逊地说:"如何称得梨园?不过老枣树几株耳。"后来大家就把他家的戏班子谐谑地称为"老枣树班"。唐玄宗时,乐工李龟年、彭年、鹤年三兄弟,一个善舞、两个能歌,"特承顾遇",因此兄弟三人"于京都大起第宅,僭侈之制,逾于公侯"。——亮亮嗓子即能富贵至此,在我们也是深有文化渊源的。后来,龟年流落江南,"每遇良辰胜赏,为人歌数阕"——应该不是走穴而是卖唱为生了,令大文豪杜甫很有点同病相怜,因有著名的《江南逢李龟年》留世,"岐王宅里寻常见,崔九堂前几度闻"云云,看得出,当年杜甫是常捧李龟年场子的。

风雅作为一种门面,越是粗人——谈不上有多少文化修养的人,往往越要起劲地追逐。《明皇杂录》云,导致大唐由盛转衰的安禄山,在攻克两京大肆烧杀抢掠之余,也"尤致意乐工,求访颇切",且"旬日获梨园弟子数百人",在凝碧池大开宴会。为了达到演出效果,安禄山对伶人采取"露刃持满以胁之"的卑劣手段,但有个叫雷海清的,还是"投乐器于地,西向恸哭",显示了不为屈服的气节,最后被"肢解以示众"。王维知道后,还赋诗一首,"秋槐叶落空宫里,凝碧池头奏管弦"云云,以示敬佩。

在"女子十二乐坊"之后,广州上半年又出了个"芳华十八",同样是由国内各大音乐学院学生组成的女子民乐组合。组合人数继续攀升,三十六、七十二,直到一百单八,满满地站它一台,恐怕也不是不可能的事。白居易诗曰:"古人唱歌兼唱情,今人唱歌惟唱声。"在千百年前的唐朝,机械地模仿或者有口无心,即为香山居士所唾弃。"兼唱情",音乐天赋不高的人办不到;但是,避免"兼弄情"应该是可以的。

2004年10月29日,2018年3月27日修订

文字何曾值一钱

10月20日出版的第10期《南方人物周刊》有篇金庸先生访问记,其中的一问一答很有意思。问:以您八十高龄的见识,做了一辈子新闻工作,相信"一支笔比得上三千毛瑟枪",新闻真有那么大力量吗?答:(笑)没有。你拿一支毛瑟枪就把我打死了。记者这一问,显然是针对毛泽东1936年12月赠丁玲的《临江仙》词而言,"纤笔一支谁与似?三千毛瑟精兵"嘛。这是毛对丁的文学成就的高度肯定。问答双方心照不宣,所以金庸来了个虚话实说,尽显其幽默风趣的一面。

与这两句词形成鲜明对照的,是清人吴祖修的一首《芜湖绝句》:"关吏狰狞去复还,客囊颠倒在江船。书签莫怪无人检,文字何曾值一钱!"不难想象,这首绝句要是提前在唐代,韩愈等人大约要不以为然。昌黎先生为文"必索润笔",因而刘禹锡《祭退之文》有"一字之价,辇金如山"的语句,表明文字不仅值钱,而且很值钱。此外,以"元白"并称的"白"——白居易,给"元"——元稹写墓志铭,元家也要"酬以舆马、绫帛、银鞍、玉带",则香山居士的文字也是值钱的。宋时谚有"苏文熟,啖羊肉"的说法,乃一姚姓殿帅每得东坡手帖,不是收藏,而是去换几斤羊肉改善生活。东坡知道后,对再来的姚某谐谑地说:"本官今日断屠。"便是东坡自己,也有将自己的文字即时变现之举。他从儋耳北归时诗别黎子云,诗罢写道:"新酿佳甚,求一具理,临行写此。以折菜钱。"收录此事的张邦基在《墨庄漫录》里说,宋徽宗宣和年间,"南州一士人携此帖来",他亲眼见过,"粗厚楮纸,行书,涂抹一二字,类颜鲁公《祭侄文》,甚奇伟也"。

金庸先生也曾被他的好友倪匡称为"千古以来以文致富的第一人"。作为新武侠小说的代表作家之一,其"飞雪连天射白鹿,笑书神侠倚碧鸳"等十五部洋洋大作,不仅奠定了他武侠小说作家的"武林泰斗"地位,而且一而再再而三地出版、被拍成影视,都是"值钱"的佐证。但吴祖修的"值钱"说,首先大约不是实指白花花的银两,其次是表达一种愤懑:气势汹汹的关吏怀疑旅客的行李中夹带私货,回过头来又再搜了一通,但对于抖落在地的书却不屑一顾。吴祖修是在自嘲。

文字终究是有一点儿用处的。"建安七子"之一的陈琳为袁绍起草讨曹操檄,骂了曹操的祖宗三代,说他是"赘阉遗丑",说他"身处三公之位,而行桀虏之态,污国害民,毒施人鬼";"初唐四杰"之一的骆宾王为徐敬业起草《讨武曌檄》,骂武则天"昔充太宗下陈,曾以更衣入侍。洎乎晚节,秽乱春宫",身事父子、惑乱宫闱、杀子废子,"人神之所同嫉,天地之所不容"。两篇文字都震动一时,乃至在袁、徐兵败之后,曹、武这两个爱杀人的人对陈、骆的才华不约而同地表现出了钦佩有加,并没有置两人于死地,这两篇文字对后世的影响就更大了。但倘若把文字的力量夸大到无以复加,也说不上理智。还说那位昌黎先生吧,他在潮州,"运雷霆斧钺之笔,而鳄鱼尽徙";不过头脑清醒的后人不这么看,说此事扯淡,"自来为贤哲作传,多附会其奇行异闻,以为不如此不足表其气概。"(《蕉轩随录》)乾隆年间闹蝗灾,有大臣又想起了韩夫子遗事,请乾隆亲自出马,"御制祭文,颁发有蝗郡县"。不料乾隆答复说:"蝗蝻害稼,惟当实力扑灭,此人事所当尽。……若欲假文词以期感格,如韩愈之祭鳄鱼,其鳄鱼之远徙与否,究亦无可稽求,未必非好事者附会其说。朕非有泰山北斗之文笔,似此好名无实之举,深所弗取,所请不必行。"(《郎潜纪闻二笔》)这就是说,乾隆对韩愈文章驱鳄的事不大相信。

唐人李德裕《文章论》云:"文章当如千兵万马,风恬雨霁,寂无人声。"那是强调文章的气势,不料若干后人直接与兵马等同。《世载堂杂忆》云,民国时的陆朗斋谓得章太炎作一篇文字,胜过用十万兵马;这已经够夸张了,参谋次长陈宧还觉得"彼犹轻视太炎耳",他认为"太炎一语,足定天下之安危"。为什么给章太炎戴这么高的帽子?可能是因为章太炎刚见陈宧时给他戴的一顶高帽子:"此中国第一等人物,然他日亡民国者,必此人也。"陈宧常语人曰:"太炎云殁,世间无真知我陈某为何如人者,太炎真知我,我亦真知太炎。"这番表白,显示出当年的陈宧是很有些野心的。当然,后来的事态发展与太炎的预测南辕北辙。"当如千兵万马"与"胜过用十万兵马"之用,一如《史记·蔺相如传》记相如持璧却立倚柱,"怒发上冲冠",而《晋书·王逊传》却来了个"怒发冲冠,冠为之裂",因此,前者被视为描摹传神,后者逾越了比方、夸张的底线,落得贻笑大方。

但金庸先生在接受采访时同时认为,如果你真的能够将真相暴露给人民大众,那么人民大众的力量就要强过三千毛瑟枪。新闻只是一支笔,一个人就可以拿起来写,因此中国新闻界每个人都有一支毛瑟枪,但不是每个中国的新闻记者都可以做到。大侠的这一番话,不能不发人深思。

2004年11月5日,2018年5月1日修订

鸦片

克里在日前的美国总统大选中落败,小布什成功连任。在选举尚未揭晓之时,有国人翻开历史一看,原来克里的祖先早在19世纪前半叶就与我们中国打过交道。11月3日第2期《新周报》报道,1839年,美国"旗昌洋行"的福布斯家族曾成功迷惑清朝钦差大臣林则徐,使其鸦片贸易逃避了打击,一跃而成为与英商"太古""怡和"比肩的"鸦片巨头"。"旗昌洋行"的拥有者,正是克里母系的祖先。

对鸦片,国人一向恨之入骨。当年,"虽十室之邑,必有烟馆,游手之人嗜之若命,有心世教者无不痛心疾首"。因为鸦片而引发的战争,使1840年成了中国古代与近代的分野。实际上,在此前一个世纪,国人已经多少认识到了鸦片的危害。陈其元《庸闲斋笔记》云,雍正七年(1729),商户陈远贩卖鸦片34斤被捉,漳州知府李国治拟将其充军。然而陈远在过堂时,"坚称鸦片原系药材必需,并非做就之鸦片烟"。药铺也作证说:"药名鸦片,熬膏药用的;又可制鸦片丸,医治痢疾。这是并未做成烟的鸦片。"福建巡抚刘世明最后拍板:"鸦片为医家需用之药品,可疗病,惟加入烟草始淫荡害人,为干犯例禁之物。李国治以陈远家藏之鸦片为鸦片烟,甚属乖谬。"陈其元说,读了这个奏折自己不禁失笑,"夫鸦片即鸦片烟,岂又须加入烟草乃成鸦片烟之事?"不过他也认为,可能是"当时吸食者极少,故尚不识鸦片烟为何物耳"。

谈到禁烟,人们的目光往往首先集中在林则徐身上,起因却为进士出身的黄爵滋。道光帝评价黄爵滋"遇事敢言",故"特加擢任",并且还告诫他"勿因骤得生阶,即图保位",不要一下子当官了,就不敢吭声了。有部自署"闲园散人"的《烟海纪闻》,煌煌八巨册,专门记载道光年间禁烟。该书"首录黄鸿胪(爵滋)折子;次廷臣会议折及谕旨;次林文忠(则徐)拟议章程折二、片奏二,附戒烟药方;次林文忠为钦差大臣谕各国夷人文一道",将黄爵滋排在第一位。《清史稿·黄爵滋传》完整地收录了这篇奏折。在指出"上自官府缙绅,下至工商优隶,以及妇女僧道,随在吸食"现状的同时,奏折强调"以中土有用之财,填海外无穷之壑,易此害人之物,渐成病国之忧"的严重性,然后开出了治理药方:从严禁海口转为严禁吸食,给一年的戒烟期,戒不了的,杀头!至于黄爵滋的建议为什么遭到多数方面大员反对而最终还是回到了林则徐去严禁海口,茅海建先生在其著作《天朝的崩溃》中有详细论述,其中,内地官员把责任推向广东一地以摆脱干系、乐得自己轻松的做法,给我的印象最深。

"有鬼有鬼日之夕,两肩高耸骨知腊。倒身径上榻旁眠,袖中管竹横三尺。一灯荧然大如粒,挑烟入管向灯吸。……可怜万钱一两土,令人食之如食蛊。始则精力顿充盈,继乃形神日消沮。"清朝范广文的《咏吸鸦片烟》,道出了吸食者的活写真。林则徐虎门销烟时也做了阕《高阳台》词,"双管横陈,何人对拥无眠?不知呼吸成滋味,爱挑灯夜永如年。最堪怜,是一丸泥,捐万缗钱"云云,表达了相当的厌恶之情。安徽巡抚彭玉麟与遭乱"隔绝二十年"的弟弟重逢,"爱护甚笃,与共寝食",不料弟弟吸鸦片烟已经成瘾，人以情告，玉麟"大怒，立予杖四十，斥出之"，且曰："不断烟瘾，死无相见。"弟弟"感愧自恨，卧三日夜，濒死，竟绝不更服，复为兄弟如初"。

但是像彭氏兄弟这样有如此决心和毅力的并不多见，比如光绪、宣统间"厉行禁烟，官吏亦须调验"，我们看到的多是官员们如何"下有对策"。《清稗类钞》云，"福州鼓楼前某鞋肆出售新履，其底空，为中藏烟泡吗啡之用，冀调验时，不至为所搜及也"，这种鞋极贵，"每双银三十圆"。又云，有人馈京师某官节礼两匣，"其门丁启视，均腊肠也，乃私窃一串，预备午觞佐酒。熟而剖之，中皆墨汁，臭之，有异味，细察之，知为大土烟膏，复出以献主人。主人大惭，给以银币数圆，戒勿声张"。最可笑的，当推《世载堂杂忆》所云江苏一次议禁鸦片烟事。时全省司道重要职掌人员会集于江宁都署，大家都到齐了，独藩司孙衣言久候不至。藩司是主管一省民政与财务的官员，他不来，会开不起来。派人骑马去催促，还不来；等到孙衣言终于来了，却是进门就说：你们究竟要议什么事催得这么急？"我尚有鸦片烟两三口未吸，议事不能振起精神也"。大家一听，"瞠目相视，不能作一语"。开会的目的是讨论禁烟，而藩司当场自认吸鸦片，首先犯禁，怎么办呢？一点儿辙也没有，只有"改议他事，敷衍了局"。因为孙衣言的"清德、名望、辈行俱高"，人们"不便奏参"，使其"在江南任内，终莫可如何"。

虽然在一百多年前，"旗昌洋行"几乎就是"鸦片贸易"的代名词，但其后代之一的克里表现出禁毒态度的十分坚决，在竞选演说中他甚至声称："如果怀疑是运毒的飞机，我们可以把它打下来。"我们今天也在不断反思历史，除了记取前人的民族气节和爱国主义精神，恐怕更多地还得检讨当时官员们的作为。

2004年11月12日，2018年4月17日修订

前苏联·故明

12月8日,是标志苏联解体的《独联体章程》签署十三周年纪念日。当年,在别洛维日这个专供苏联党和国家领导人休养的所在,俄罗斯、白俄罗斯和乌克兰领导人作出了让世人感到震惊的决定:解散苏联,成立独联体。苏联这个国家,作为国际法主体从此在世界上消失。从那以后,国内媒体涉及苏联的文字,大抵都在国名前面加个"前"字,成为"前苏联"。

这种称呼妥当与否,已有不少人士论及,但类似的问题在古代已经出现过。明朝遗民王弘撰《山志》中便曾经质疑:"今人称明曰'故明',不知何所本?"他说他见过邸报上的圣旨,也有"明不得称故"的字样。必须看到,王弘撰的说法并非其遗民情结在起作用,因为并非孤例。

王士禛《池北偶谈》云,康熙二十二年(1683),陕西平凉府盗发韩康王、定王二冢,"法司按律拟罪"。韩康王与定王是爷孙关系,明朝宗室的世袭藩王,领地在平凉。这件事引起了康熙的关注,"以发掘前代帝王陵墓,特令加等";在要求对历代帝王陵"应加守冢人户"的同时,"并禁称'故明''废陵'等语"。康熙说:"凡云废者,必如高煦等有罪废为庶人,然后可。彼生为藩王,谁废之耶?"高煦,成祖的二儿子;成祖曾想立他为太子,但迫于立储的惯例,只好封之为汉王。而宣德皇帝一上台,汉王即起兵造反。显然,在康熙眼里,明朝就是明朝,天下丢了也不是故明;陵就是陵,当时废了才叫废。这倒是很有点儿历史唯物主义的态度。

扬州十日、嘉定三屠,清兵入关之后,对明朝百姓犯下了惨绝人寰的罪行,但江山奠定之后,除兵制自有八旗为根本外,其他的都沿袭明制,几乎无所更改。孟森先生指出:顺治皇帝更"直自认继明统治,与天下共遵明之祖训。此古来易代时所未有"。其直接功效,"不以因袭前代为嫌,反有收拾人心之用"。对明朝一头一尾两个皇帝,清朝尤其表现出了特殊的一面。

顺治帝对崇祯推崇备至。《郎潜纪闻四笔》云:"本朝入关定鼎,首为崇祯帝、后发丧,营建幽宫,为万古未闻之义举。"当然了,有一种说法认为,那动用的是明朝国库的银两,清政府自己并没花钱。1657年,顺治谕工部曰:"朕念明崇祯帝孜孜求治,身殉社稷。若不急为阐扬,恐于千载之下,竟与失德亡国者同类并观,朕用是特制碑文一道,以昭悯恻。"谒崇祯陵,顺治曾"失声而泣",呼曰:"大哥大哥,我与若皆有君无臣。"

《山志》还说,僧弘觉向顺治索字,顺治说:"朕字何足尚,崇祯帝乃佳耳。"说罢一并拿出八九十幅崇祯的字,一一展示,"上容惨戚,默然不语"。看完了,顺治说:"如此明君,身婴巨祸,使人不觉酸楚耳。"又说:"近修《明史》,朕敕群工不得妄议崇祯帝。"顺治的话,连弘觉都给感动了:"先帝何修得我皇为异世知己哉!"大学者王士禛说他在京城的一位士大夫家,见到过崇祯御书王维诗句"松风吹解带,山月照弹琴",评价为"笔势飞动"。

康熙帝则更看重明太祖,表现在他拜祭孝陵之频,《池北偶谈》里就记载了好几次。1681年那一次,"诸公卿三品以上皆从,多赋诗纪事"。这当中,王士禛最推崇魏象枢的,诗曰:"蓟门西望望皇畿,共侍銮舆展谒归;礼罢祾门云自阖,梦回寝殿泪频挥。老臣将去填沟壑,何日重来拜翠微;廿载承恩无寸补,钟鸣漏尽尚依依。"其中,王又格外称赞第五句和第六句,说"最沁人心脾",想来也是他自己的内心写照了。1684年冬那一次,"上由甬道旁行,谕扈从诸臣皆于门外下马",并且"上行三跪九叩礼,诣宝城前行三献礼;出,复由甬道旁行",恭敬得很。1689年春下江南,康熙"再谒孝陵"。这一回,"父老从者数万人,皆感泣"。

康熙对前代开国皇帝如此谦卑,另一方面,清代最著名的文字狱却也首先发生在他当政的这一朝,庄廷鑨《明史》狱、戴名世《南山集》狱,等等,令天下读书人为之寒心。庄廷鑨把大学士朱国桢的明史遗稿当成自己的著作出版,不料被人找到了不少"悖逆"的词句——不过是用了南明的年号而已,于是凡作序者、校阅者及刻书、卖书、藏书者均被处死。后来,更发展到捕风捉影,明、清并提的诗句也容不得,雍正时徐骏因为"明月有情还顾我,清风无意不留人"而掉脑袋,最能说明问题了。

有意思的是,王士禛明知道禁用"故明",而《池北偶谈》里却照用不误。"阎立本画《孝经图》一卷,褚河南书,故明大内物""故明潞藩敬一主人,风尚高雅,尝造琴三千张""龙眠无可和尚,本方姓,故明崇祯庚辰进士""(尼涵光)每谈故明门户事,源流甚晰",等等。纠正积习之难,可窥一斑。

到11月5日,清史纂修工程已完成第四轮招标评审,150项课题明年有望启动,届时这部浩繁之作会使答案更明朗吧。然康熙的"不得称'故明'",不论是收敛还是虚伪,应当说都没有用错,倒是今天的"前苏联"大有商榷的余地。

2004年11月19日,2018年3月27日修订

鹦鹉

11月中旬在广东美术馆看了"黄永玉八十艺展"。看这老先生的画,不懂得绘画技巧什么的不要紧,看画里面的文字,足以令人捧腹。那些画似乎皆有文字,有的长篇大论,构成独立的文章;有的只三言两语。殊途同归的是:幽默。文字的幽默风趣,令稍显单薄的画面顿时提升了立意。举一例说,作品中有一只色彩斑斓的鹦鹉,很普通的造型,很普通的表情,但说明文字是:"鸟是好鸟,就是话太多。"同样的题材,同样的文字,未几又看到了第二幅,可见老先生并非出于一时兴致,更可能是深有感触。

鹦鹉我们都很熟悉,这种鸟舌大而软,特性是能够模仿人的说话。《侯鲭录》云:"河间王琛,有妓朝云,善歌;又有绿鹦鹉,善语。"每当朝云唱歌的时候,鹦鹉都来附和,模仿得惟妙惟肖,"声若出一",因此这只鹦鹉又号为"绿朝云"。有人翻开史书,考证出咱们中国是世界上最早人工饲养鹦鹉的国家,理由是《礼记》中有"鹦鹉能言,不离飞鸟"的记载。很有可能吧,《礼记》不是传说是由孔夫子的七十二弟子及其学生们所作的吗?即便是从编纂的西汉礼学家戴圣算起,距现在也有两千多年了。

东汉祢衡即席作过一篇《鹦鹉赋》。那是黄祖的儿子黄射大会宾客,有人献来鹦鹉,黄射举着酒杯对祢衡说:"愿先生赋之,以娱嘉宾。"祢衡乃"揽笔而作,辞采甚丽",立即便来了一篇,赞美鹦鹉"飞不妄集,翔必择林。绀趾丹觜,绿衣翠矜。采采丽容,咬咬好音"云云,字面上是替鹦鹉诉衷怀,实则是在写像他这样的有志之士在离乱时期的委屈和苦闷。祢衡这种高超的文笔,后人称之为"鹦鹉笔"。可惜后来黄祖大会宾客时,祢衡当面骂之"死公",令黄祖下不来台,一气之下杀了他,祢衡才刚刚二十六岁。

《明皇杂录》云,杨贵妃也养过一只白鹦鹉,称之为雪衣女。这只鹦鹉聪明到不只是会学舌,明皇"令以近代词臣诗篇授之,数遍便可讽诵",而且,还很会理解主人的心思。明皇在宫里玩"博戏",倘落下风,"左右呼雪衣娘,必飞入局中鼓舞,以乱其行列,或啄嫔御及诸王手,使不能争道",完全是助战的态势。有一天,雪衣女玩得正高兴呢,"忽有鹰搏之而毙",这场意外令老夫少"妾"伤心不已,专门为鹦鹉立了坟,后世又有了"鹦鹉冢"这个词语。

《玉壶清话》云,宋朝有个段姓巨商养的鹦鹉也不得了,"能诵《陇客》诗及李白《宫词》《心经》",有客人来了,"则呼茶,问客人安否寒暄",跟人简直没什么两样。陇客,鹦鹉的别称,以其多产于陇西而得名。宋代李日方曾在园亭中畜养了五种珍禽,各以"客"来命名,除了鹦鹉为"陇客",还以鹤为"仙客",孔雀为"南客",白鹭为"雪客",白鸥为"闲客"。段家鹦鹉能诵的是名曰《陇客》的诗,还是写"陇客"的诗,不是很清楚,倘是后者,那可就多了。比方唐朝诗人中,李白有"落羽辞金殿,孤鸣托绣衣。能言终见弃,还向陇山飞",抒发的是对故土的眷恋。皮日休有"陇山千万仞,鹦鹉巢其巅。穷危又极险,其山犹不全。蚩蚩陇之民,悬度如登天。空中觇其巢,堕者争纷然。百禽不得一,十人九死焉",写的是陇山百姓捕捉鹦鹉作为贡物所历经的艰险。罗隐有"莫恨雕笼翠羽残,江南地暖陇西寒。劝君不用分明语,语得分明出转难",借向鹦鹉说话的形式来吐露自己的心曲,表面上劝鹦鹉实际上是安慰自己。

段家的鹦鹉还有后话。有一天,老段忽然被捉进了监狱,半年后才放回来,一到家,他就到鸟笼前面和鹦鹉说话:"鹦哥,我自狱中半年不能出,日夕惟只忆汝,汝还安否?家人喂饮,无失时否?"不料鹦鹉答曰:"汝在禁中数月不堪,不异鹦哥笼闭岁久。"抱怨的意味非常明显:你在"笼子"里关那几个月算什么呢?我在笼子里都呆半辈子了。联想到自己的遭遇,段商人大有感悟,许愿要亲自把鹦鹉送回老家,"乃特具车马携至秦陇,揭笼泣放"。这一段故事,亦为丰子恺先生看中,画在他著名的《护生画集》第六集里,取名《归山》,不过丰先生的文字出自《乐善录》。

鹦鹉是这样的聪慧,但在人的词汇里,"能言鹦鹉"却是绝对的贬义。明代著名的理学家陈献章(白沙)云:"夫学贵自得,苟自得之,则古人之言,我之言也。"通过自己的思考悟出前贤悟出的真谛,当然不是古人眼中的"能言鹦鹉",什么才是呢?罗大经《鹤林玉露》云南宋朱熹的一段语录:"今时秀才,教他说廉,直是会说廉;教他说义,直是会说义。及到做来,只是不廉不义。"这种秀才才真正叫作"能言鹦鹉",罗大经并借此发挥道:"夫下以言语为学,上以言语为治,世道之所以日降也。"就是说,"能言鹦鹉"不仅是学舌,而且还为害不浅。也正是这层因素吧,前面说的《礼记》记载鹦鹉,并不是要给后人留下"之最"一类的骄傲资本,而是告诉人们怎样区别人与禽兽:"鹦鹉能言,不离飞鸟;猩猩能言,不离禽兽。今人而无礼,虽能言,不亦禽兽之心乎!"

回到黄老先生的画作,他所调侃的不是鹦鹉能言与否,而是说得太多而聒噪。落笔之时,想他一定确有所指。不过在我看来,话多话少并不是问题,要看说的是不是废话。

2004 年 11 月 26 日,2018 年 3 月 25 日修订

六字箴言

10月22日,著名画家罗工柳辞世。罗工柳先生的作品,我印象最深的是油画《地道战》《整风报告》,以及他为吴运铎《把一切献给党》画的一组插图。看《罗工柳年表》得知,1951年他创作前两幅享誉后世的作品时,不过才三十六岁。11月2日《人民日报》有一篇综述性的报道,又知罗工柳先生还在1950年至1985年间主持设计了第二、三、四套人民币,因其完美的设计而入选奥地利出版的《国际钱币制造者》一书。罗工柳先生怎样取得如此辉煌的艺术成就?报道披露了他给青年画家的"六字箴言",曰:人民、祖国、传统。他的作品、理论显然都是这样践行的。

箴言者,规谏、劝诫之言也。《左传·宣公二十五年》有"箴之曰:'民生在勤,勤则不匮'",是说百姓的生计在于勤劳,勤劳就不会匮乏。箴,至于在日后形成了文体的一种,扬雄有《冀州箴》、张华有《女史箴》等。

具体到"六字箴言",历史上也有不少。北宋杨亿口述、门人黄鉴笔录的《杨文公谈苑》里,杨亿提出"学者当取三多":看读、持论、著述,可视为对治学者的六字箴言。杨亿是有资格讲这个话的。《杨亿年谱》作者李一飞先生评价道:"杨亿作为宋初文臣和文学家,生前有名于时,身后常为人论道。以杨亿为中坚的西昆派,是北宋诸文学集团中最早、影响也较大的一个。而且,他的创作,非西昆一派所能包;他的成就,非西昆一体所能限。"欧阳修在当时对杨亿就钦佩得不得了,他在《归田录》里记述,杨亿每当要写文章的时候,"则与门人宾客饮博、投壶、弈棋",一心数用,"语笑喧哗,而不妨构思"。玩儿着玩儿着,"以小方纸细书,挥翰如飞,文不加点,每盈一幅,则命门人传录",写作速度之快,竟至令"门人疲于应命",没多少工夫,几千字的文章就写成了。欧阳修因此评价杨亿:"真一代之文豪也。"杨亿认为"三多之中,持论最难",那意思,学者不要沾沾自喜于自己看了多少书、出了多少书,关键要看有没有因此生发出自己的观点。

金代刘祁在《归潜志》里认为人生有三乐:志气、形体、性命,可视为其人生观的"六字箴言"。他这个"志气"跟今天的概念不大一样,包括事业、功名、权势、爵位,因此,他的志气之乐为"得时者之所有";形体之乐呢?包括酒色、衣食、使令、车马,为"富厚者之所备";性命之乐则包括仁义、礼知、忠信、孝悌,这是不需要那些先决条件的。他这样说,首先是在感慨自己,"居荒山之中,日惟藜藿之为养,其所享无一毫过于人,舍性命其何乐哉?"藜藿,乃粗劣的饭菜。那么,刘祁"六字箴言"的意思就很清楚了:有权有钱的人固然有自己的快乐之处,然而不具备这二者的人们也根本用不着悲观,因为还可以体味到人之所以不枉为人的快乐!

《冷庐杂识》云,清朝循吏李化楠对如何当官也有六个字:眼到、身到、心到。李化楠先宰余姚,复摄平湖县事,"前令某七年积案三千有奇",然李化楠"计日定程,早、午、晚决讼各数事,纵民观听,三月尽理",百姓高兴地说:"云雾七年,三月见天。"促使李化楠能够为百姓着想,显然就是其"居官六字诀"亦即"六字箴言"的作用。六字当中,倘若套用杨亿的话,叫作"心到最难"。拿李化楠来说,那么多积案,眼睛看见了,可以装作没有看见,或者来一个新官不理旧事,眼睛到了也就白到;"身到"呢?视察什么的,也是常下去走走,身子算是到了,但可以是认真调研,也可以是作秀走过场,或者趁机摆谱,"平生跋扈飞扬气,消尽官厅一坐中"。如果是这样的"到",就还不如不到。赵慎畛《榆巢杂识》有一则《解惑十则》,"言仕,则止知有己,不知有人;居官,则止知有上官,不知有百姓;论事,则止见己之是,不见己之非,止见人之非,不见人之是"云云,极有意思。"居官"不能做到"心到",大抵就是眼睛向上那种结局了。

清朝李石渠论吏治云,居官者,"要济事,勿喜事;要惜名,勿沽名;要任怨,勿敛怨;要近情,勿徇情。"类似的话,前人说过不知凡几,今天也还在说,其实早已无须多说。此所谓"知",关键是"行"。康熙皇帝时,言不由衷的官员可能是个普遍现象,因为讨论过"知"与"行"的问题,事见《池北偶谈》。康熙问:"知行孰重?"叶方蔼答:"宋臣朱熹之说,以次序言,则知先而行后。以功夫言,则知轻而行重。"康熙说:"毕竟行重。若不能行,则知亦空知耳。"今天谁能对腐败分子的智商有什么怀疑呢?论讲道理或现实乃至深远意义,更有长篇大论、滔滔不绝之辈,结果呢?就是"知亦空知"!

李化楠的"居官六字诀"总结的是怎样"当好官",怎样用之于贴近百姓;可惜的是,现实生活中的实例,却是许多人不自觉地应用于怎样"当上官"。对上级时刻察言观色,是之为"眼到";"不跑不送原地不动,又跑又送提拔重用",是之为"身到";对上级的"歪主意"也能够心领神会,是之为"心到"。例子恐怕就不用再举了。

2004年12月3日,2018年4月1日修订

做事与做官

在母校中山大学怀士堂的外墙壁上，镶嵌着由著名古文字学家商承祚先生篆书的孙中山名言："学生要立志做大事，不可要做大官。"话虽有一点拗口，但并不影响对意思的理解。那是1923年12月孙中山先生在岭南大学的演讲词，因循成为对中大学子的告诫。按我的理解，中山先生的话并不是要使做事与做官泾渭分明，截然对立，事实上，母校学子做官、"做大官"的，从前和现在都为数很不少，未必就是不遵从教诲，时事使然，舍我其谁？只要不是一心想着做官就是了。

历史上很有一些人对做官没有丝毫兴趣。《南村辍耕录》云，元朝学者许谦隐居金华山著书立言，"四十年不入城府"。搜寻"遗贤"的人们访到了他的名声，"以学行荐于朝"，请他出山来做官，也确实办成了。然而"有录其举文至者，先生方讲说，目不少一视"，看都不看一眼。参见《元史》，可以对许谦的行为有一个大致完整的了解。许谦天资极高，很小时父亲就去世了，母亲陶氏"口授《孝经》《论语》，入耳辄不忘"，长大后，"于书无不读"。然许谦读书，不是一味死读，"有不可通，则不敢强；于先儒之说，有所未安，亦不苟同也"。后来，他开门延徒，也很讲究方式方法，"惰者作之，锐者抑之，拘者开之，放者约之"，使"著录者千余人，随其才分,咸有所得",至于"四方之士,以不及门为耻"。但许谦的原则,是"独不以科举之文授人",乡闱大比,请他去阅卷他都不干。许谦认为读书、科举,"此义、利之所由分也",读书如果为了科举,性质就变了。作为精通《论语》的人,许谦对"学而优则仕"这句话当然是清楚得很的,那么,我们不仅见到了许谦对做官的态度,而且见到了其对先儒甚至圣贤"不苟同"的实证。

《榆巢杂识》云,清朝周邰生本来是刑部主事,当着官,而且当得好好的,忽然有一天"淡于仕进",于是"未华颠即抽簪去",回去的时候,行囊是满满的一船书。后来,他直截了当地教育学生们:"书可读,官不必作。"他儿子已经考中举人,离做官只有一步之遥了,他却"不令其与廷试,发所藏书读之"。华颠,即白头,年老的意思;抽簪,谓弃官隐退。《后汉书》有"唐且华颠以悟秦、甘罗童牙而报赵"的典故,说的是九十岁的唐且与十二岁的甘罗同样能为国家有所贡献。这就是说,周邰生在还没到退下来的年龄即自己带着铺盖还乡了,不像今天许多到了退下来的年龄的人还要千方百计地能拖就拖。周邰生是自己想通了,还是在官场上受了刺激,看透了,不大清楚,但前人诸如此类的思想,想必是对中山先生构成了一定影响的。

显而易见,在有些甚至不少情况下,"做大事"与"做大官"却是不可分割的一个整体,前者以后者为前提、为基础、为保障。在全国各地热播过的反腐电视剧《绝对权力》里,齐全盛被调到"镜州市"担任市委书记,省委问他有什么要求,他要求自己要有"绝对权力"。于是,为了让齐全盛放开手脚,省委将可能构成阻力的市长刘重天调离了"镜州"。而剧情表明,齐全盛确实是个好官,对"绝对权力"并没有滥用。它也同时告诉我们,齐全盛要做再造"镜州"辉煌的大事,他首先得做大官,还得是拥有"绝对权力"的大官,否则,他将一事无成。就耳闻目睹的社会现实来看,电视剧除了人物、地点之外,其他的倒未必是虚构。

所以,即使有了"做大官"的想法也并不可虑,可虑的是"做大官"的动机和"做大官"之后的作为。宋朝王元之的家里以磨面为生,有位官员试探他的才能,让他做一首《磨诗》,元之立刻吟道:"但存心里正,无愁眼下迟。若人轻着力,便是转身时。"以之喻官,可以理解为在一点儿见不得人的手段面前就浑然忘却了党纪国法,这种官才可怕。王元之也许正有这个层面的意思吧。这样的官一旦拥有了"绝对权力",后果更不堪设想。丁柔克《柳弧》里记述清朝的一个太守,没有点名,说他"官气甚重",每天的行为就是"以官为题,以身为文章,而日夜做之者也"。对该太守,丁柔克恨之入骨,说"其骄人也,令人眥裂;其谄人也,令人肉麻。总之,一举一动,一言一行,皆不忘官字"。这样一种官当然也可怕。更可怕的,还是明朝被招安了的海盗郑广,当了一段官后所观察到的那种——"众人做官却做贼",在郑广看来,这些人还不如他这个"做贼还做官"的呢。

"学生要立志做大事,不可要做大官。"作为近乎校训的这句话,八十年来,各个年级的中山大学学子想必都耳熟能详,不能排除有口无心的叨咕之辈,但确有以之为励志格言而践行的。有一年怀士堂大修之时,一位恰回母校的著名学者没见到那块镌石,乃撰文在一家著名杂志上发表感慨,大意是说母校不要这个传统了。由该学者的痛心疾首,实际上可以窥见以之为代表的那部分中大学子的纯净胸怀。"做大事"与"做大官",尽管没有绝对意义上的互为因果,尽管更没有绝对意义上的价值高低,但是较之立志于"做大官",立志于"做大事"或许更值得推崇吧。

2004年12月10日,2018年3月26日修订

下围棋(续)

12月9日,第九届三星火灾杯世界围棋公开赛冠军再次旁落,我国的王檄以0:2完败给韩国的李世石。用中国棋院院长王汝南的话说,"输得无话可讲"。李世石也在接受韩国媒体采访时,直言赛前赛后都丝毫没把王檄放在眼里。这样,在"中韩四大决战"中,中方先失一阵。接下来,常昊将在应氏杯、丰田杯决赛中分别与李世石和崔哲瀚、周鹤洋在春兰杯决赛中与李昌镐一决雌雄。在一些人看来,胜负如何将涉及中国围棋的尊严问题。

以前,古代的职业棋手,如前文《下围棋》所举之贾元,下棋的时候也是有一定精神负担的。唐朝起设立的"棋待诏",从业者无疑俱为专业人士。彼时,不仅文词经学之士,而且医卜技术之流,亦供值于内廷别院,以待诏命,棋待诏之外,还有医待诏、画待诏等等。欧阳修《归田录》云,宋太宗棋待诏贾玄(即贾元),号为国手,"以棋供奉"。但在贾玄之后几十年,"未有继者",好不容易出了个李憨子,棋艺倒是"举世无敌手",但因为"状貌昏浊,垢秽不可近",失去了"置之罇俎间"的机会。这就可见,那时要当国手,光有下棋的本领还不行。但棋待诏的"专业"水准会不会因此打个折扣呢?宋朝的状元胡旦这样说过:"以棋为易解,则如旦聪明尚或不能;以为难解,则愚下小人往往造于精绝。"话虽然有点儿居高临下,却说出了一定道理。

从前无论在官场还是民间,围棋都是很流行的。《唐诗纪事》引《幽闲鼓吹》云,李远"青山不厌三杯酒,长日唯销一局棋"句子很有名,令狐绹推荐他当杭州刺史时,宣宗怀疑说,成天下棋的人,当得了官吗?令狐绹赶快解释,那是"诗人之言,非有实也",诗人的话您也信吗?惯常夸张而已。《南部新书》云,唐朝还有个叫李讷的,性子特别急,但是一旦坐到棋盘边上就能安静下来,"极于宽缓"。所以每当他"躁怒作"的时候,家人"则密以弈具陈于前,讷睹便忻然改容",至于"以取其子布弄,都忘其恚矣"。李讷这个棋迷就果然不是好官。《新唐书》有一则他的小传,只记载了一公一私两件事,前者足可窥其一斑。私事是:他的房子和宰相杨收的挨着,杨收"欲市讷冗舍以广第",想搞扩建,惹得李讷大怒:"先人旧庐,为权贵优笑地邪?"公事是:他当河南尹的时候,"时久雨,洛(水)暴涨,讷行水魏王堤,惧漂汩,疾驰去,水遂大毁民庐",来了个临阵脱逃,因而"议者薄其材"。那么,李讷便确有坐实李远"诗人之言"的意味。

《浪迹三谈》转引魏瑛《耕蓝杂录》云,乾隆年间福州有位围棋高手薛师丹,把围棋划分为"士大夫之棋"与"市井之棋"。薛师丹这个名字即与围棋有关,其自解曰:"尧以围棋教丹朱,余岂敢言师尧,但窃愿师丹而已。"意谓以丹朱为师,类似林则徐的"则徐"——其出生时,福建巡抚徐嗣曾正坐轿鸣锣经过他家门口,林父希望儿子能效仿之。魏瑛小时候想学下围棋,薛师丹说:"若有志学棋,但务学士大夫之棋,不可学市井之棋。"什么叫市井之棋呢?"偶有一知半解,即自是甚高,一局未终,而鄙倍嚣陵,令人不可向迩"。在薛师丹眼里,市井之棋就是那种井蛙之棋、山中无老虎时的猴子之棋。可惜什么叫士大夫之棋,他没有接着说,只有借助旁证。福州官府里有个皂役叫王登碧,"人颇粗俗",又好喝酒,但像李讷一样,一下起棋来人就完全变了,"甚觉温雅"。有一天魏瑛跟他下棋,他一边打瞌睡一边落子,魏瑛问他怎么那么困,他说:"昨夜伺候本官坐堂,彻晓未睡。"但睡归睡,魏瑛未尝"得其一着之差也"。上面那个李憨子也是,与人对弈,一副昏睡的模样,"但随手应之,多出人意表"。魏瑛向王登碧讨教下围棋的秘诀,王说:"士大夫之棋,自有根器,不可如我之下流,但须处处出人头地,不被人笼罩,即得之矣。"用这番话去逆向推理,大约能窥见一点儿士大夫之棋的影子了。

北宋著名诗人林和靖经常说自己:"世间事皆能之,惟不能担粪与著棋耳。"当时即有人认为这话说得太过分,下围棋那么高雅的行为怎么能与挑大粪的粗俗不堪相提并论呢?这话要是由别人说,肯定会招来一顿臭骂,而林和靖说的则不同,因为他不是寻常人物。林和靖一生不娶不仕,以梅为"妻",以鹤为"子",因有"梅妻鹤子"之说。他的"疏影横斜水清浅,暗香浮动月黄昏",更成了咏梅的千古绝唱。人们猜度,可能是林和靖"自嫌其棋力之不高,故为此谰语以自解耳"。据说,棋下得不好的人被称为臭棋篓子,根源就在于此。齐白石有一幅《竹院围棋图》,自题曰:"阖群纵横万竹间,且消日月雨转闲,笑侬尤胜林和靖,除却能棋粪可担。"这是老先生诙谐地赞美竹子胜过林和靖,虽不会下棋毕竟还能用来挑粪,而林和靖却两样都不行。

非国手,或非职业选手,下围棋应该是没有精神负担的。曾国藩晚年,每天午饭后都要下一两盘,叫作"养心棋"。当然,他也不是糊里糊涂,"偶有人走一好着,中堂见而大惊,亦必沉思冥想,凝神注意,逾数时刻"。下围棋,在他那里成了修养的一个途径。

2004年12月17日,2018年4月18日修订

读书

两年一度的"全国国民阅读与购买倾向抽样调查"发现,五年来我国国民的读书率持续走低。有分析认为,众多新兴媒体对传统纸质媒体市场形成了分割是其中一个因素,但主要还在于现代人生活节奏紧张,人们"没有时间"读书。与此同时得出的数据显示,国民中有读书"习惯"的只占5%左右。

没有时间,很气壮的一个理由。据此来个逻辑反推:读书多的人莫非是悠闲一族不成?那可是不见得的。宋朝参与编修《册府元龟》的钱惟演说自己:"坐则读经史,卧则读小说,上厕则读小辞,盖未尝顷刻释卷也。"从中可见,他的读书时间就是挤出来的,而这前提,则取决于他"平生惟好读书"。宋太宗也是如此。他曾"诏诸儒编故事一千卷,曰《太平总类》。文章一千卷,曰《文苑英华》。小说五百卷,曰《太平广记》。医方一千卷,曰《神医普救》"。在《太平总类》编纂完成之后,太宗坚持每天阅读三卷,"一年而读周",并赐名《太平御览》。这部综合性类书因为门类繁多,征引赅博,被后世视为"类书之冠"。因此,一个人读书与否、读多少书,应该是有没有读书"习惯"的问题,而不是有没有读书"时间"的问题。

因为读书,古人有"头悬梁,锥刺股"的,有"凿壁偷光"的,有

"囊萤映雪"的,《三字经》概括得好,"彼不教,自勤苦",全凭的是一种自觉。当代有"聪明人"读到那些故事笑了,笑前人愚笨,该睡就睡,熬什么熬,都困到那个份儿上了读书又有什么效果呢?实则前人并不是鼓励机械地模仿,困了真拿把锥子扎扎大腿,而是突出那种勤读、苦读的精神。所以司马光批评一种人读书,"罕能自第一卷至卷尾,往往或从中,或从末,随意读起,又多不能终篇"。顺便说一句,清朝时有位叫作何涉的学士,大约看到了这句话,而且铭记在心,案上"惟置一书,读之自首至尾。若未终卷,誓不他读"。所以近人瞿兑之说:"能看毕《二十四史》殊不为难,然肯用此功者殊不多见。"他认为如史学家陈垣先生用一年时间把《四库全书》翻了一遍,才是了不起的。的确,中华书局标点本绿皮的《二十四史》,不过区区 240 余册,3000 多卷罢了;而《四库全书》共收书 3400 多种、总计 79000 多卷!

《邵氏闻见录》云,王安石读书非常刻苦,及第之后在韩琦手下当个佥判——文案一类的工作,仍然"每读书至达旦,略假寐,日已高,急上府,多不及盥洗"。韩琦开始时误会了,以为安石年轻,"夜饮放肆"才弄成这般模样,有一天便语重心长地教育他:"君少年,无废书,不可自弃。"不料,这个小小的误会却深深伤害了安石,他当时一声不吭,退而言曰:"韩公非知我者。"等到韩琦了解到了真相,已经晚了,他想把安石收为弟子,安石"终不屈";不仅如此,安石还常常大讲韩琦的坏话,什么"韩公但形相好尔"等,并作《画虎图》诗诋之。安石变法,反对声起,韩琦也说了不同意见,致安石"怒甚",拿韩琦的文字"送条例司疏驳,颁天下",欲借此打倒韩琦,赖神宗庇护而不得。韩琦逝后,安石挽诗云"幕府少年今白发,伤心无路送灵輀",对当年之事仍然耿耿于怀。包括读书在内,安石的很多方面都令余钦佩,但在这个问题上气量终究小了些。

《杨文公谈苑》云，后周精通历法的王处讷不用读书，"知识神授"。说王做过一梦，有人"持巨鉴，众星灿然满中，剖其腹纳之，后遂通星历之学"，这么就全结了。蒲松龄《聊斋志异·陆判》也讲述了一个类似的故事，说"素钝"的朱尔旦因为胆子大，跟人家打赌把十王殿里"貌尤狞恶"的木雕判官给扛到了酒桌上，结果那判官感动了，背地里悄悄地活了；且鉴于朱尔旦"作文不快"，便在冥间千万颗心中"拣得佳者一枚"，剖开他的肚子给换上，令朱尔旦"文思大进，过眼不忘"。不料朱尔旦得寸进尺，嫌自己的老婆不够漂亮，让判官给她换个头；换成后，先把晨起览镜自鉴的老婆本人吓了一跳，因为临近出现了无头女尸又差点儿惹出官司。这一庄一谐两件事，实际上寄托了懒于读书者的共同愿望：不"读"而获。有报道添油加醋地聒噪说，这一美景在 21 世纪的前十年或二十年就可能成为现实，届时，把高性能硅芯片和人脑直接相连，一部《大英百科全书》之类装入大脑就变得轻而易举。这样看来，对国民阅读指标下降倒没什么可虑的，反正以后有办法从技术层面加以解决。

前几年有个地方搞家庭读书"一二三活动"，在规定时间内，使他们那里的每个家庭都有"一个书柜、两份报纸、三百本藏书"。不知道如今进展得怎么样、还搞不搞，记得古人说过一句"田连阡陌心犹窄，架插诗书眼不瞅"，就是说，书柜可以立起来，书也可以摆进去——摆什么另当别论，但这终究是面上的功夫，跟市民阅读与否是两码事。上个月金庸先生在深圳第 5 届读书月论坛演讲时说，读书就像追男朋友、女朋友一样，最重要的是要自己喜欢。这个比喻非常形象，喜欢是一个不可或缺的前提。喜欢读书的人，总能找到时间读书；而不喜欢读书的人，也总能找到种种未读的理由。

2004 年 12 月 24 日，2018 年 5 月 3 日修订

后记

《今古一凭栏》是对《意外或偶然》的修订。后者是我的第一集读史札记,商务印书馆出版于2006年3月。犹记当年收到谢仲礼兄所寄样书时,拆封之时的那种欣喜。

一纪之后回头审视,对原作中的史料征引之误、理解之误、录入之误,有些不忍卒睹;且相当篇目亦觉举例单薄,乃有全面修订的冲动。所谓全面,即涉及到每一篇。拉拉杂杂五个月下来,增补了六万余字。当然,深知自己学力所限,无论主观上如何努力,前误仍不可能杜绝,错漏仍不可能避免,相对好些而已。诚请方家不吝见教。

本集请中山大学社会学与人类学学院院长张应强教授作序。应强虽年轻于我却是师兄,早我两年入读中山大学人类学系本科,那还是20世纪80年代中叶的事情。其后的三十多年来,相互间结下深厚友谊,小酌之时,天南海北,纵横捭阖。因而,明知应强学术研究、行政事务均极端繁重,仍可坦然邀其命笔。

我的读史札记已出七集,以后续各集书名皆出自前人诗词,乃将此修订本易名《今古一凭栏》,副题缀上"初集",无他,求划一也。句出南宋戴复古《世事》诗:"世事真如梦,人生不肯闲。利名双转毂,今古一凭栏。春水渡傍渡,夕阳山外山。吟边思小范,共把此诗看。"

大泉对全书审校殚精竭虑,一丝不苟,连同广东"特支计划"及母校出版社,一并表示衷心的感谢!

2018年11月3日于羊城不求静斋